Gothaisches Genealogisches Handbuch

Fürstliche Häuser

Gothaisches Genealogisches Handbuch

Herausgegeben von der Stiftung Deutsches Adelsarchiv;
bearbeitet unter Aufsicht des Deutschen Adelsrechtsausschusses

Band 19 der Gesamtreihe
2024

In Fortführung des Almanach de Gotha, der Gothaischen Genealogischen Taschenbücher und der Genealogischen Handbücher des Adels

Verlag des Deutschen Adelsarchivs
Marburg

Gothaisches Genealogisches Handbuch der Fürstlichen Häuser

Fürstliche Häuser
Band 4

Hauptbearbeiter:

Gottfried Graf Finck v. Finckenstein

2024
Verlag des Deutschen Adelsarchivs
Marburg

Impressum

Bibliographische Information der Deutschen Nationalbibliothek
Die Deutsche Nationalbibliothek verzeichnet diese Publikation in der Deutschen Nationalbibliographie; detaillierte bibliographische Daten sind im Internet über http://dnb.d-nb.de abrufbar.

www.gotha-handbuecher.de

ISSN: 2364-7132
ISBN: 978-3-9820762-8-7

Heinrich Fürst zu Fürstenberg

* 1950 † 2024

s. S. 305

Inhaltsverzeichnis

Erstaufnahmen

Die Genealogie des folgenden in diesem Band veröffentlichten Geschlechtes war bisher weder im Gothaischen Genealogischen Handbuch (GGH) noch im Genealogischen Handbuch des Adels (GHdA) enthalten:

Yourievsky (Jurjewskij)

Verzeichnis der Bildtafeln

Mitarbeiter

Baron Heinrich v. Hoyningen gen. Huene
Elisabeth v. Köckritz geb. Freiin v. Süßkind-Schwendi
Peter Marx
Dennis Möller
Jessica Sotzek
Dr. Marion Stein

Wappenzeichnungen:
Baron Wolf v. Buchholtz †

Vorausplanung

Das Erscheinen der in Vorbereitung befindlichen Bände ist wie folgt vorgesehen:
Band 20: Adelige Häuser 10
Band 21: Gräfliche Häuser 4
Band 22: Adelige Häuser 11

Vorschläge zu Eintragungen bzw. Wiederaufnahmen von Genealogien in das Gothaische Genealogische Handbuch erbittet die Redaktion unter ihrer Adresse:
Deutsches Adelsarchiv, Schwanallee 21, 35037 Marburg
Tel.: 06421-26162, Fax: 06421-27529, eMail: info@adelsarchiv.de

Aufnahmebedingungen

Vorbemerkung zum Adelsrecht

Die am 14.8.1919 in Kraft getretene Weimarer Reichsverfassung vom 11.8. 1919 hat bestimmt, daß die öffentlich-rechtlichen Vorrechte der Geburt oder des Standes aufzuheben seien und daß Adelsbezeichnungen nicht mehr verliehen werden dürften. Wenn wir trotzdem ein genealogisches Adelshandbuch herausgeben, so kann diese Bezeichnung nur im rein historisch-genealogischen Sinne gemeint sein. Infolgedessen müssen auch der Inhalt und seine Formulierungen dieser Tatsache angepaßt sein, d.h. also, den Anforderungen des historischen, praktisch 1.000 Jahre lang bestehenden Adelsrechts entsprechen, das bis 1919 in Deutschland geltendes Recht war. Nach diesem Adelsrecht wurde die Zugehörigkeit zum Adel nur durch legitime, eheliche Abstammung vom adeligen Vater oder durch Heirat einer Dame mit einem adeligen Herrn erworben, nicht dagegen durch Adoption oder andere juristische Übertragungsformen.[1] Einzig dieser Tatbestand kann aus den oben dargelegten Gründen für die Form und Einteilung unserer Darstellung maßgebend sein. Das bedeutet, dass alle Personen, die nicht auf Grund ehelicher Abstammung den Namen der Familie des Vaters führen, gemäß dem bis 1919 gültigen Adelsrecht in dem Familienartikel nicht erscheinen. Ausnahmen gibt es

Ausnahmen gibt es für:

- durch Geburt Adelige
  - bei Weglassung ihres Stammnamens (Stammfolge im Rahmen ihrer Familiengenealogie im Kleindruck)

1 Bei Adoptionen nichtadeliger Personen durch Adelige erhielt der Adoptierte den Namen des Adoptivvaters ohne Adelsbezeichnungen. Das gleiche gilt für die Legitimation unehelicher Kinder. Sollten oder wollten diese Personen adelig werden, so mußten sie genau so wie jeder andere Bürger beim Landesherrn um Nobilitierung nachsuchen. Die Ausnahme war die sogenannte »legitimatio per matrimonium subsequens« (l.p.m.s.), d.h. die Legitimation unehelich Geborener durch nachfolgende Eheschließung der Eltern, wodurch die Kinder vollbürtig und ehelich wurden und auch den Adel erbten. Faktisch kam eine derartige l.p.m.s. einer Nobilitierung gleich.

  ◦ deren geänderte Namensführung eine Nichtbeanstandung durch den Deutschen Adelsrechtsausschuss (ARA) erhalten hat (Stammfolge in einem eigenen Artikel im Normaldruck).
- Nichtadelige, deren bürgerlich-rechtliche Führung eines adeligen Namens eine Nichtbeanstandung durch den Deutschen Adelsrechtsausschuss (ARA) erhalten hat, ohne aber dadurch zum historischen Adel zu gehören (Stammfolge im Anhang im Normaldruck).

Darstellungsform (erstmalige Aufnahme)

– Der Titelkopf (geschichtliche Einleitung) enthält: Konfession, Heimat, erstes urkundliches Auftreten (unter Angabe der Nachweise dafür), Stammvater, mit dem die sichere Stammreihe beginnt, Diplom-Verleihungen und –Empfänger, Geschlechtsverband (Errichtung, Vorstand, Tagung und ggf. Website), Wappenbeschreibung und Literaturhinweise. Das Stammwappen oder das Wappen, welches für alle im Artikel aufgenommenen Familienmitglieder gültig ist, wird auf der ersten Seite des Artikels dargestellt.

– Es folgt eine urkundlich nachgewiesene Stammreihe, die möglichst weit zurückgeht, mindestens aber vom Diplomerwerber abwärts lückenlos ist und den Zusammenhang der Linien zeigt, es sei denn, die Stammreihe wäre schon im Gothaischen Genealogischen Taschenbuch oder Genealogischem Handbuch des Adels veröffentlicht worden.

– Im Familienbestand, der, etwa um 1650 beginnend, die Genealogie aller (auch der evtl. im 17., 18., 19. und 20. Jahrhundert erloschenen) Linien, Äste usw. umfaßt, sind bei jedem einzelnen Familienmitglied anzugeben:
  - Sämtliche Vornamen mit Hervorhebung (durch Unterstreichung) des Rufnamens, der im Text fett gedruckt erscheint, Ort und Datum (Tag, Monat, Jahr) der Geburt, Ort und Datum der standesamtlichen und der kirchlichen Vermählung und gegebenenfalls Ort und Datum des Todes, bei den einheiratenden Personen nur die Rufnamen. Entsprechend angegeben werden können zudem ohne Nennung von Schwiegereltern bzw. Vor- und Folgeverbindungen standesamt-

liche Eheschließungen bzw. zivilrechtlich eingetragene Partnerschaften, die keine adelsrechtliche Wirkung entfalten;
- Gutsbesitz (vormalige Rittergüter, Stammgüter des hohen Adels und Fideikommisse etc.) mit Angabe der Lage (Kreis);
- Ausbildungsabschluß, Beruf und Titel, bei aktiven Soldaten militärischer Rang;
- die genaue Anschrift (in Schrägdruck aus dem Text hervorgehoben; die Wiedergabe von Emailadressen ist erwünscht);
- Die Angaben zu den Gemahlen verheirateter Familientöchter sowie zu den Eltern einheiratender Damen beschränken sich auf die genealogischen Grunddaten. Daher werden bspw. Ordenszugehörigkeiten und Reservedienstgrade ebensowenig angeführt wie – im Unterschied zu einheiratenden Damen – Vor- und Folgeehen der Gemahle.

– Folgende Orden und Ehrenzeichen gelten als aufnahmefähig:
  - Ritterorden:
    - Die vom Hl. Stuhl anerkannten Ritterorden;
    - die in der Allianz der Orden vom Hl. Johannes verbundenen Orden;
    - die spanischen Ritterorden.
  - Dynastische Orden:
    - Dynastische Orden regierender Häuser;
    - dynastische Orden nach 1848 entthronter Häuser mit einer ungebrochenen Verleihungstradition seit Untergang der Monarchie, die nur an Mitglieder des Hauses verliehen werden;
    - allgemein anerkannte dynastische Orden nach 1848 entthronter Häuser mit einer ungebrochenen Verleihungstradition seit Untergang der Monarchie, die auch an Hausfremde verliehen werden.
  - Verdienstorden:
    - Vom eigenen Staat verliehene staatliche Orden einschließlich der von den Bundesländern verliehenen Orden ab der Stufe Ritterkreuz bzw. Verdienstkreuz am Bande;
    - von fremden Staaten einschließlich der vom Hl. Stuhl verliehenen Orden ab der Stufe Ritterkreuz bzw. Verdienstkreuz am Bande.

  Insgesamt wird höchstens ein Verdienstorden aufgeführt.

Wiederaufnahme
Bei der Wiederaufnahme eines Artikels ergeben sich gegenüber der oben geschilderten Darstellungsform aus Gründen der Raumersparnis folgende Änderungen:

– Die Stammreihe entfällt, sofern nicht neue Forschungsergebnisse eine erneute Darstellung notwendig erscheinen lassen.
– Erloschene Linien, Äste usw. entfallen.
– Nur noch einmal nach ihrem Tod erwähnt werden:
  - Familiensöhne, von denen keine lebende Nachkommenschaft vorhanden ist;
  - deren Gemahlinnen;
  - die unverheirateten Familientöchter;
  - die verheirateten Familientöchter, sofern deren Gemahl bereits verstorben ist.

  So lange ihre Eltern oder Geschwister noch leben, werden sie in Kurzform (Rufname, Geburtsjahr, Todesjahr) genannt, in Langform dann, wenn es sich um Gefallene aus dem letzten Krieg handelt. Auf besonderen Wunsch kann auf die ursprüngliche Anzahl der Kinder jeweils hingewiesen werden.
– Schriftleitung und Herausgeber gehen davon aus, daß die Familien und einzelnen Personen wie bisher mit der Wiederholung ihrer Artikel unter Berücksichtigung aller Ergänzungen und Berichtigungen einverstanden sind.

Ergänzungen und Berichtigungen
Diese sind laufend erwünscht. Es ist unsere dringende Bitte, der Schriftleitung besonders alle gedruckten Anzeigen von Geburten, Vermählungen und Todesfällen stets zuzusenden. Weiterhin sind für das Archiv im Druck erschienene Familiengeschichten sowie Stamm- und Ahnentafeln unentbehrlich. Die Zusendung bereits erschienener älterer und neuerer Drucke an die Schriftleitung in Marburg an der Lahn wird daher sehr begrüßt.

Ahnentafeln

Zur Feststellung der starken Verbundenheit des gesamten Adels, aber auch zur Anregung für soziologische Betrachtungen ist die Beigabe von Ahnentafeln in üblicher Listenform vorgesehen. Die Auswahl bleibt der Schriftleitung vorbehalten. Die Aufnahme solcher Ahnentafeln bedarf eines dem Umfang entsprechenden Druckkostenzuschusses.

Eigentums- und Urheberrecht an Handschriften und Bildern

Alle Einsendungen von Manuskripten sowie die Wappenentwürfe gehen in das Eigentum der Stiftung Deutsches Adelsarchiv über, wo sie als Quellenbelege im Archiv aufbewahrt werden. Sie werden auch bei Korrekturen nicht zurückgegeben. Es empfiehlt sich daher, Abschriften zurückzubehalten. Dagegen werden eingesandte Urkunden, Lichtbilder, Wappenzeichnungen auf Wunsch nach erfolgtem Abdruck zurückgesandt. Die Vervielfältigung solcher Vorlagen geschieht unter der Voraussetzung, daß der Besteller das Urheberrecht besitzt und volle Verantwortung für die Berechtigung der Vervielfältigung übernimmt.

Bilder

Die Beigabe von Familienporträts und Abbildungen von Besitzungen ist sehr erwünscht. Die steigende Zahl der Bildbeigaben zeigt das dafür gewachsene Interesse. Preise und Aufnahmebedingungen können beim Verlag erfragt werden.

Zusätzliche Anmerkungen

- Historische Wahrheit: Bei Abfassung eines Artikels ist es oberstes Gebot, die historische Wahrheit festzustellen. Auf keinen Fall dürfen deshalb Tatsachen wie Legitimierung, Scheidung, Wiedervermählung, sozialer Niedergang und dergleichen unterdrückt werden. Hauptbearbeiter und Herausgeber müssen sich das Recht vorbehalten, unvollständige Angaben zu ergänzen, nachweislich falsche Angaben zu berichtigen und nötigenfalls die Vorlage von Urkunden zur Nachprüfung von Angaben zu erbitten oder solche selbst zu beschaffen.

- Mangelndes Einverständnis mit der Darstellungsform: Familien oder Personen, die - aus welchen Gründen auch immer - mit der Darstellungsform nicht einverstanden sind, können nicht aufgenommen werden. Wir betonen abschließend ausdrücklich, daß unsere Darstellung das heute geltende Namensrecht nicht berührt, vielmehr lediglich die Zugehörigkeit zum historischen Adel nach adelsrechtlichen Gesichtspunkten in genealogischer Form feststellt.
- Neue Forschungsergebnisse: Das Gothaische Genealogische Handbuch will klare Forschungsergebnisse bringen und verweist auf die bei den Stammfolgen angegebenen Quellenvermerke. Die Beweispflicht für die Richtigkeit einer von diesen Quellen abweichenden Darstellung bei einer Wiederaufnahme obliegt dem Antragsteller.
- Entscheidung über die Aufnahme: Inhalt und Form der im Gothaischen Genealogischen Handbuch veröffentlichten Artikel werden im übrigen von den durch den Herausgeber aufgestellten Richtlinien und Grundsätzen bestimmt. Die letzte Entscheidung in Zweifelsfragen liegt daher stets bei diesen. Insbesondere bleibt jede Entscheidung über die Aufnahme oder Nichtaufnahme von Familien oder Personen vorbehalten. Es besteht kein Anspruch auf eine Aufnahme in das Gothaische Genealogische Handbuch.

Erfordernisse für die Aufnahme in das Gothaische Genealogische Handbuch der Fürstlichen Häuser

Die I. Abteilung der »Fürstlichen Häuser« (Hofkalender) umfaßt die in Europa regierenden Häuser sowie die seit Anfang des 19. und im 20. Jahrhundert entthronten europäischen Fürstenhäuser und hängt von politischen Vorgängen ab. Die II. Abteilung ist abgeschlossen. Zur Aufnahme in die III. Abteilung ist die Urkunde (Diplom, Dekret, Handschreiben usw.) vorzulegen[1], durch die der fürstliche oder herzogliche Titel durch einen europäischen regierenden Fürsten oder seine Regierung (Ministerium, Heroldsamt, Adelsamt usw.)[2] verliehen, bestätigt oder anerkannt worden ist.

1 Nur insoweit die Geschlechter nicht schon anläßlich der früheren Veröffentlichungen im Gothaischen Genealogischen Taschenbuch oder im Genealogischen Handbuch diese Erfordernisse erfüllt haben.

2 Diese Erfordernisse gelten auch als erfüllt durch die adelsrechtliche Nichtbeanstandung einer Titel- und Namensführung durch den seit 1918 hierfür eingesetzten Ausschuß für adelsrechtliche Fragen der deutschen Adelsverbände bzw. dem Deutschen Adelsrechtsausschuß.

Abkürzungen und Zeichenerklärung

Stern (*) bei den Artikelüberschriften bezeichnet Geschlechter, in denen sich die Titel nur in der Erstgeburt oder anderweit beschränkt vererben. Abkürzungen, welche den letzten Buchstaben des Wortes enthalten, sind am Ende ohne Punkt gesetzt.

Abg. – Abgeordnete(r)
Abt. – Abteilung
a.D. – außer Dienst
ad hon. – ad honorem
ADB – Allgemeine Deutsche Biographie
adel. – adelige(n, -r, -s)
a.d.H. – aus dem Hause
Adj. – Adjutant
adopt. – adoptierte(r)
A.E. – Allerhöchste(r) Entschließung (Erlaß)
ÄG – Ältere Genealogie
Ä.L. – Ältere Linie
AG – Aktiengesellschaft
agr. – agrar-
akad. – akademisch (e, -er)
A.KO. – Allerhöchste Kabinettsorder
Amtm. – Amtmann
Angest. – Angestellte(r)
anglik. – anglikanisch
ao. – außerordentlich(e, -er)
apl. – außerplanmäßig(e, -er)
App. – Appelations-
AR – Ahnenreihe(n)
Art. – Artikel
Art. – Artillerie
AT – Ahnentafel(n)
Ausb. – Ausbildung
B. – Bachelor
BA – Berufsakademie
B.A. – Bachelor of Arts
BAST – Baltische Ahnen- u. Stammtafeln
Bat. – Bataillon
BBA – Bachelor of Business Administration
B.Com. – Bachelor of Commerce
Bd – Band
BDA – Bund Deutscher Architekten
B.Ec. – Bachelor of Economics
B.Eng. – Bachelor of Engineering
Bes. – Besitz, Besitzer
best. – bestätigt
Bez. – Bezirk
B.F.A. – Bachelor of Fine Arts
BGB – Bürgerliches Gesetzbuch
Brig – Brigade
B.Sc. – Bachelor of Science
BTA – biologisch-techn. Assistent(in)
BWL – Betriebswirtschaftslehre
bzw. – beziehungsweise
cand. – candidatus
CEO – Chief Executive Officer
CFO – Chief Financial Officer
chem. – chemisch (e, -er)
Cod. [dipl.] – codex [diplomaticus]

C.P.G.S. – Certificate of Postgraduate Studies
D. – Dame
D. – (Ehren-) Doktor der Theologie
d. – der, des
d.Ä. – der Ältere
Dekr. – Dekret
Dep. – Deputierter
Dept – Departement
Ders. – Derselbe
DevRr – Devotionsritter
DFA – Deutsches Familienarchiv
DGB – Deutsches Geschlechterbuch
Dipl. – Diplom(a)
Dir. – Direktor(in), director
d.J. – der Jüngere
Dott. – Dottore(ssa)
DPhil – Doctor of Philosophy
Dr. – Doktor
DRK – Deutsches Rotes Kreuz
Durchl. – Durchlaucht
E – Ehren-
E 1-4 – Ausgewählte Ahnentafeln der Edda 1-4
ebd. – ebendort
ED. – Ehrendame
e.h. – ehrenhalber
ehem. – ehemals
Ehzg, Ehzgin – Erzherzog(in)
EK – Eisernes Kreuz
emer. – emeritiert, emeritus
erbl. – erblich(er)
Erl. – Erlaucht
ERr – Ehrenritter
etc. – et cetera
ETH – Eidgenössische Technische Hochschule
EU – Europäische Union
europ. – europäisch (e, -er, -es)
ev. – evangelisch
EWG – Europäische Wirtschaftsgemeinschaft
exam. – examinierte(r)
f. – für
Fa – Firma
Fachm. – Fachmann
Fahnenjkr – Fahnenjunker
Fam. – Familie(n)
FAO – Food and Agriculture Organization of the United Nations
FH – Fachhochschule
Fkhr – Fideikommißherr
Fkm. – Fideikommiß
FregKpt. – Fregattenkapitän
Frfr. – Freifrau
Frhr – Freiherr
frhrl. – freiherrliche (n, -r, -s)
Frhrn – Freiherren
Fst, Fstin – Fürst, Fürstin
Fstl. – Fürstlich
Fstn – Fürsten
Fstt. – Fürstentum
geb. – geborene
Gefr. – Gefreiter
Geh. – Geheim(er)
gek. – gekauft
Gem. – Gemeinde
gem. – gemäß
Gen. – General
gen. – genannt
GenLt – Generalleutnant
gepr. – geprüfte(r)
Ger. – Gericht
Gesch. – Geschichte
gesch. – geschieden

geschäftsf., Geschäftsf. – geschäftsführend(e, -er, -es), Geschäftsführer(in)
Gf, Gfin – Graf, Gräfin
gfl. – gräfliche (n, -r, -s)
Gfn – Grafen
Gfschaft – Grafschaft
Gfst, Gfstin – Großfürst, Großfürstin
GGH – Gothaisches Genealogisches Handbuch
GGT – Gothaisches Genealogisches Taschenbuch
GHBy – Genealogisches Handbuch des in Bayern immatrikulierten Adels
GHdA – Genealogisches Handbuch des Adels
GHdBR (NF) – Genealogisches Handbuch der Baltischen Ritterschaften (Neue Folge)
Ghzg, Ghzgin – Großherzog, Großherzogin
Ghzgl., Ghzgt. – Großherzoglich, Großherzogtum
Goth. Hofkal. – Gothaischer Hofkalender
Gouv. – Gouverneur
Gouvt – Gouvernement
GT – Gemeindeteil
GTU – Genealogisches Taschenbuch des Uradels
Hauptm. – Hauptmann
h.c. – honoris causa
Hdb. – Handbuch
Hdb. Bayern – Genealogisches Handbuch des in Bayern immatrikulierten Adels
HF – Höhere Fachschule
Hg., hg. – Herausgeber(in), herausgegeben
hist. – historisch(e, -er, -es)
Hl. – Heilige(n, -r)
Hon. – Honourable
Hons – with Honours
Hr, Hrin – Herr, Herrin
Hzg, Hzgin – Herzog, Herzogin
Hzgl., Hzgt. – Herzoglich, Herzogtum
i.G. – im Generalstab
Inf. – Infanterie
Ing. – Ingenieur(in)
Inh. – Inhabe(r, -rin)
Insp. – Inspekto(r, -rin)
int. – international (e, -er, -es)
i.R. – im Ruhestand, in Ruhe
IT – Informationstechnik
Jb. – Jahrbuch
Jg – Jahrgang
Jh. – Jahrhundert
Jhr – Jonkheer
Jkvr. – Jonkvrouw
J.L. – Jüngere Linie
JohO. – Johanniterorden
Kais. – Kaiserlich

1 Mit Wirkung vom 1.1.1868 wurden die gemeinsamen Institutionen des österr. Kaiserreichs und des ungar. Königreichs (Kaiserhaus, Hof, Außenministerium, Finanzministerium, Oberster Rechnungshof usw.) und ihre Angehörigen mit Ausnahme des gemeinsamen Heeres und der Kriegsmarine, die erst am 17.10.1889 folgten, mit »K.u.K.« bezeichnet. Dagegen wurde allen Institutionen der im österreichischen Reichsrat vertretenen Königreiche und Länder die Bezeichnung »K.K.« belassen. Diese Regelung bestand bis 1918.

kath. – katholisch
kaufm., Kaufm. – kaufmännisch(e, -er), Kaufmann
Kav. – Kavallerie
Kfz – Kraftfahrzeug
Kg, Kgin – König, Königin
Kgl., Kgr. – Königlich, Königreich
Khr – Kammerherr
kirchl. – kirchlich
Kjkr – Kammerjunker
K.K. – Kaiserlich-Königlich[1]
Kl. – Klasse
Km. – Kämmerer
Kmdr – Kommandeur
Kmdt, kmdt – Kommandant, kommandiert
KO. – Kabinettsorder
Kom. – Komitat
KorvKpt. – Korvettenkapitän
Kpt. – Kapitän
Kr. – Kreis
Kr. – Kreuz
Kr. – Krone
Ksp. – Kirchspiel
Kt. – Kanton
K.u.K. – Kaiserlich u. Königlich[1]
Landgf, Landgfin – Landgraf, Landgräfin
Landw. – Landwehr
LegRat – Legationsrat
Lic. – Lizentiat
LL.B. – Bachelor of Laws
LL.M. – Master of Laws
lt – laut
Lt – Leutnant
ltd. – leitende(r, -s)
Ltd – Limited
Luftw. – Luftwaffe
luth. – lutherisch
M. – Master
M.A. – Magister Artium, Master of Arts
Mag. – Magist(er, -ra)
MagD. – Magistraldame
MagRr – Magistralritter
MaltRrO. – Malteser-Ritterorden
MArch – Master of Architecture
MBA – Master of Business Administrations
M.D. – Doctor of Medicine
MdB – Mitglied des Bundestages
MdEP – Mitglied des Europäischen Parlaments
MdL – Mitglied des Landtages
MdR – Mitglied des Reichstages
med. – medizinisch (e, -er, -es), medicinae
M.Eng. – Master of Engineering
M.F.A. – Master of Fine Arts
Min. – Minister, Ministerium, Ministerial-
Mitgl. – Mitglied
MLitt – Master of Letters
morg. – morganatisch
mormon. – mormonisch
MPhil – Master of Philosophy
M.P.P. – Master of Public Policy
M.Sc., M.S. – Master of Science
MTA – med.-techn. Assistent(in)

M.Th. – Master of Theology
N – Nieder-
nachm. – nachmals
nat. – natürlich
NDB – Neue Deutsche Biographie
NF – Neue Folge
Nob. – Nobile
Nr. – Nummer
O – Ober-
O. – Orden
O. vom GVlies – Orden vom Goldenen Vlies
o. – ordentliche(r)
öffentl. – öffentlicher
Offz. – Offizier
orth. – orthodox
OT – Ortsteil
PD. – Palastdame
pers. – personam, persönlich(e, -er)
PgDip – Postgraduate Diploma
Ph.D. – Doctor of Philosophy
PLt – Premierleutnant
Pr. – Prinz
PR – Public Relations
Präd. – Prädikat
Präs. – Präsident(in)
primog. – Primogenitur
Prof. – Professor
Prov. – Provinz
Prssa – Principessa
Prsse – Princesse
Przssin – Prinzessin
PTA – pharmazeutisch-techn. Assistent(in)
Pz. – Panzer
ref. – reformiert
Reg. – Regierung(s-)
Res. – Reserve
Rgt – Regiment
Rr – Ritter
RRr – Rechtsritter
Rt Hon. – Right Honourable
Schriftf. – Schriftführer(in)
Schw. AdlerO. m. Br. – Schwarzer Adler-Orden mit Brillianten
SecLt – Secondeleutnant
Sekr. – Sekretär(in)
selbst. – selbständig (e, -er, -es)
s.o. – siehe oben
souv. – souverän(e, -en)
s.S. – siehe Seite
St – Staats-
St – Stammreihe(n)
staatl. – staatlich
standesamtl. – standesamtlich
stellv. – stellvertretende(r, -s)
StkrD. – Sternkreuz-Ordensdame
stud., Stud. – studiosus, studiert, Student(in)
s.u. – siehe unten
TAM – Tiroler Adelsmatrikel
T.d. – Tochter des
techn. – technisch(e, -er, -es)
TH – Technische Hochschule
TMS – Tiroler Matrikelstiftung
Tschb. – Taschenbuch
TU – Technische Universität
U – Unter-
u. – und
u.d. – und der
Uffz. – Unteroffizier
UNESCO – United Nations Educational, Scientific and Cultural Organization
Univ. – Universität, University

UNO – United Nations Organization
Urk. – Urkunde(n)
urkundl. – urkundlich
u.s. – und seiner
usw. – und so weiter
v. (abgekürzt) – Adelsprädikat
Verb. – Verband
vereid. – vereidigte(r)
verk. – verkauft
versch. – verschiedene
verw. – verwitwete(r)
vgl. – vergleiche
von (ausgeschrieben) – Namensbestandteil
vorm. – vormals
Vors. – Vorsitzender
VWL – Volkswirtschaftslehre
W. – Wappen
WGehRat – Wirklicher Geheimer Rat
WGT – Wiener Genealogisches Taschenbuch
wiss. – wissenschaftlich(e, -er, -es)
WT – Wappentafel(n)
z.D. – zur Disposition (Dienstverwendung)
zugl. – zugleich
z.V. – zur Verfügung
z.Wv. – zur Wiederverwendung

* – geboren
~ – getauft
⚭ – eheliche Verbindung
o-o – nichteheliche Verbindung bzw. zivilrechtlich begründete Partnerschaft
† – verstorben
⚰ – beerdigt
⚔ – gefallen
§ – Im Osten gelegener Grundbesitz ist nach dem Stande vor 1945 angeführt. Die rechtmäßigen Eigentümer sind entweder enteignet oder vertrieben
... – Daten sind nicht bekannt bzw. die Genehmigung zur Veröffentlichung der Daten liegt nicht vor

Gesamtverzeichnis aller Stammfolgen

Aufgeführt wird die jeweilige Letztaufnahme einer Genealogie im Gothaischen Genealogischen Handbuch bzw. im Genealogischen Handbuch des Adels. - Das Jahr der Aufnahme letztmals in den Gothaischen Genealogischen Taschenbüchern bis 1942 behandelter Häuser ist enthalten im Gesamtverzeichnis in: Thomas Frhr v. Fritsch, Die Gothaischen Taschenbücher, Hofkalender und Almanach (Aus dem Deutschen Adelsarchiv, Bd 2), Limburg a.d. Lahn 1968.

A – Adeliges, nicht tituliertes Haus, F – Freiherrliches Haus, G – Gräfliches Haus, Fü – Fürstliches Haus, † – Erloschenes Geschlecht, GHdA – Genealogisches Handbuch des Adels, GGH – Gothaisches Genealogisches Handbuch

GHdA Fü – Fürstliche Häuser, Band I-XX (1951-2014)
GGH Fü – Fürstliche Häuser, Band 1-4 (2015-2024)

GHdA GA – Gräfliche Häuser A, Band I-VII (1952-1973)
GHdA GB – Gräfliche Häuser B, Band I-IV (1953-1973)
GHdA G – Gräfliche Häuser, Band VIII-XX (1976-2012)
GGH G – Gräfliche Häuser, Band 1-3 (2016-2022)

GHdA FA – Freiherrliche Häuser A, Band I-XIII (1952-1982)
GHdA FB – Freiherrliche Häuser B, Band I-VIII (1954-1982)
GHdA F – Freiherrliche Häuser, Band XIV-XXVI (1986-2014)
GGH F – Freiherrliche Häuser, Band 1-3 (2017-2023)

GHdA AA – Adelige Häuser A, Band I-XXIX (1953-2007)
GHdA AB – Adelige Häuser B, Band I-XXVI (1954-2006)
GHdA A – Adelige Häuser, Band XXX-XXXVI (2008-2015)
GGH A – Adelige Häuser, Band 1-9 (2015-2023)

A

A	Abel (1892) GHdA AB X (1972)
A	Abendroth GGH A 4 (2018)
G	Abensperg u. Traun GGH G 1 (2016)
Fü	Abercorn GHdA Fü II (1953)
A	Abercron GHdA AB XIII (1980)
Fü	Abrantès GHdA Fü XVI (2001)
F	Accurti v. Königsfels GHdA FB V (1970)
A	† Achenbach (1909) GHdA AB III (1958)
Fü	Acquaviva d'Aragona GHdA Fü IV (1956)
F	Adamovich GHdA F XXV (2011)
F, A	Adelebsen GHdA FA V (1963)
A	† Adelebsen GHdA AA XII (1973)
G	Adelmann v. Adelmannsfelden GGH G 2 (2019)
G	Adelmann v. u. zu Adelmannsfelden (1979) GGH G 2 (2019)
F	† Adelsheim GHdA FA VIII (1971)
F	Adelsheim v. Ernest GGH F 2 (2020)
A	Aderkas GHdA A XXXV (2014)
G	Adlerberg GHdA G IX (1979)
F	† Adlerfelt GHdA FB IV (1967)
A	Adlerscron s. Behaghel
A	Adriani GHdA AB X (1972)
G, F, A	Aehrenthal s. Lexa
A	Ahlefeld(t) GHdA AA XXIX (2007)
G	Ahlefeldt GHdA GA VI (1970)
F, A	Ahlefeldt (v. Dehn) GHdA F XXIV (2008)
G	Aichelburg GHdA G XII (1988)
F	Aichelburg GHdA FB V (1970)
A	Aichholz s. Miller zu Aichholz
F	Aigenhorst s. Loebenstein
F	Airoldi s. Ajroldi
G	Aix s. Seyssel
F	Ajroldi GHdA FB IV (1967)
A	Åkerman GGH A 2 (2016)
Fü	† Albanien GHdA Fü XIV (1991)
F	Albedyhll (1720) GHdA FB IV (1967)
F	Albedyhll (1925) GHdA FB IV (1967)
A	Albedyhll GHdA AB XXII (1998)
F	† Albedyll GHdA FB IV (1967)
A	Albedyll GHdA AB XXII (1998)
F	Alber v. Glanstätten GHdA FB VIII (1982)
Fü	Albert s. Luynes
A	Albert (1776) GHdA AB IV (1959)
A	Albert (1837) GGH A 6 (2020)
G	Alberti v. Enno GHdA G XI (1983)
G	Alberti v. Poja GHdA G IX (1979)
A	Albertis s. Belzer
F	Albori GHdA FB IV (1967)
Fü	Albufèra GHdA Fü XVI (2001)
G	Aldenburg GHdA Fü XIV (1991), Art. Bentinck
Fü	Aldobrandini GHdA Fü V (1959)
Fü, G	Aldringen s. Clary
F	† Alemann GHdA FB IV (1967)
A	Alemann GHdA AB XX (1993)
A	† Alers GHdA AB XVII (1986)
Fü	Alliata GHdA Fü IV (1956)
F	Allmayer-Beck GHdA F XXVI (2014)
F	Allnoch v. Edelstadt GHdA FB IV (1967)
G	Almásy GHdA GB II (1960)
G	Almeida GHdA GB IV (1973)
G, A	Alten GGH G 2 (2019)
A	Alten GGH A 3 (2017)
G	† Alten-Linsingen GHdA GA VII (1973)
A	Altenbockum GGH A 3 (2017)
Fü	Altenburg GHdA Fü XVI (2001)
F	† Altenburg GHdA FB IV (1967)
F	Altengottern s. Marschall v. Altengottern
A	Altenstadt s. Schmidt v. (auf) Altenstadt
A	Altenthan(n) s. Grundherr
F	Altenwoga s. Mengden
G	Althann GGH G 1 (2016)
F	Althaus (1860) GHdA FB III (1963)
F	Althaus (1889) GHdA FB III (1963)
A	Althen GHdA AB XI (1974)

B

A	Brandenstein GHdA A XXXIII (2012)
G	Brandis GGH G 1 (2016)
F	Brandis GHdA F XXIV (2008)
A	Brandis (1769) GHdA AB XXV (2004)
A	Brandis (1820) s. Tiedemann gen. v. Brandis
Fü	Brandon s. Hamilton
F	† Brandt GHdA FB IV (1967)
A	Brandt (Meißen) GHdA AA XXIV (1996)
F	Brandt u. Diepoltsdorf s. Gugel
A	Brandt v. Fackh GHdA AB XIX (1990)
A	Branitz s. Schipp
A	Brasch GHdA A XXXVI (2015)
Fü	Brasilien GHdA Fü XIV (1991)
F	Brassó s. Szterényi
A	Brauchitsch GGH A 9 (2023)
A	† Brauer GHdA AB XI (1974)
F	Braun GHdA F XXV (2011)
A	† Braun GHdA FA III (1959)
A	Braun (1818) GHdA AB XXVI (2006)
A	Braun (1911) GHdA AB X (1972)
A	Braun v. Stumm GGH A 1 (2015)
A	Braunmühl GHdA AB IX (1970)
Fü	Braunschweig s. Hannover
A	Braunschweig GHdA AB XXI (1995)
A	Brause s. Müller v. Brause
G	Bray-Steinburg GHdA GB IV (1973)
A	† Bredau GHdA A XXXIII (2012)
A	Brederlow GHdA AA XII (1973)
G	Bredow GHdA G XVIII (2006)
F	Bredow GHdA F XXV (2011)
A	Bredow GHdA A XXXII (2010)
A	Brehm GHdA AB XVI (1985)
F	Breidbach-Bürresheim gen. v. Riedt GHdA FA V (1963)
F	Breidenbach zu Breidenstein GHdA F XXVI (2014)
A	Breitenb(a)uch GHdA AA XXV (1998)
F	Breiten-Landenberg, s. Landenberg
A	Bremen GHdA A XXXIV (2013)
A	Bremer GHdA AA XXVII (2003)
F	Brenken GHdA F XXV (2011)
F	Brenken (1962) GHdA F XXV (2011)
A	† Brenkenhoff GHdA AB II (1956)
F	† Brenn GHdA FB III (1963)
F	Brenner v. Felsach GHdA FB III (1963)
F	† Brentano GHdA FB IV (1967)
A	Brentano GHdA AB I (1954)
A	Bresselau v. Bressensdorf GHdA AB XX (1993)
G	† Breßler GHdA GB III (1965)
A	Bret s. Le Bret
A	Breunig GHdA AB X (1972)
G	Breunner GHdA G VIII (1976)
A	Brevern GHdA AB XXV (2004)
G	† Brevern de la Gardie GHdA G X (1981)
F	Breycha s. Vauthier
G	Breza GHdA G XIII (1991)
A	Briesen (Mark) GHdA AA XXIX (2007)
A	Brietzke GHdA AA XII (1973)
F	Brincken GHdA FB V (1970)
Fü	Brissac GHdA Fü VI (1961)
A	Britzke GHdA AA XII (1973)
A	Brochwitz-Trembecki GHdA AB II (1956)
G, F	Brockdorff GHdA G IX (1979)
F	Brockdorff GHdA F XXVI (2014)
A	† Brocken GHdA AB XXIII (2000)
A	Brockh(a)usen (Bruchhausen) GGH A 1 (2015)
A	Brodorotti s. Stettmund
A	Broen GGH A 2 (2016)
Fü	Broglie(-Revel) GHdA Fü XIV (1991)
A	Brogniez GHdA AB XVII (1986)
F	Broich GGH F 3 (2023)
A	Broich GHdA A XXXVI (2015)
A	Broich-Oppert GHdA AB X (1972)
A	† Broizem GHdA A XXXIII (2012)
A	Bronk GHdA AB XXII (1998)
F	† Bronn GHdA FB IV (1967)

A	Bronsart v. Schellendorff GHdA A XXX (2008)
A	† Brozowski GHdA AB XVIII (1989)
A	Bruchhausen s. Brockh(a)usen
F	Bruck GHdA FB III (1963)
F	Brück GHdA FB III (1963)
A	Brück GHdA AB XVII (1986)
F	Brüggen GGH F 1 (2017)
F	Brüggen (1843) s. Göler v. Ravensburg gen. v. Brüggen
F	Brügghen s. Coels
G	Brühl GHdA G XVIII (2006)
G, A	† Brünneck(-Bellschwitz) GHdA GA VII (1973)
A	Brünneck GHdA AA XII (1973)
G	† Bruges GHdA GB I (1953)
A	Brunn (1835) GHdA A XXXIV (2013)
A	Brunner GHdA AB XXV (2004)
A	† Brunner v. Wattenwyl GHdA AB IX (1970)
G	Brusselle-Schaubeck GHdA G XI (1983)
F	† Brusselle-Schaubeck GHdA FB V (1970)
G	Brzezie-Lanckoroński s. Lanckoroński
G	Bubna GHdA GA IV (1962)
Fü	Buccleuch and Queensberry GHdA Fü III (1955)
A	Buch GHdA AA XXI (1990)
A	Buch (1858) GHdA A XXXII (2010)
F	Buchau s. Prinz
A	Buchberg s. Mikusch
F	Buchenrode s. Haupt
F	Buchholtz GHdA F XVII (1994)
A	† Buchholtz GHdA FB III (1963)
A	Buchka GHdA AB XIX (1990)
A	Bucholtz GHdA AB XXII (1998)
A	Buchwald(t) GHdA AA XV (1979)
Fü	† Buckingham and Chandos GHdA Fü III (1955)
F	Buddenbrock GHdA F XXV (2011)
A	Buddenbrock GHdA AB XXIV (2002)
F	† Budwiński GHdA F XXIII (2005)
G	Büdingen GHdA G XIII (1991)
F	Büllesheim s. Spieß
G,A	Bülow GGH A 9 (2023)
F,A	Bülow GGH A 9 (2023)
A	Bülow GGH A 9 (2023)
A	Bülow (seit 1928) GHdA AB IV (1959)
G	Bülow v. Dennewitz GGH A 9 (2023)
A	Bültzingslöwen GHdA A XXXVI (2015)
G	† Bünau GHdA GA III (1958)
A	Bünau GGH A 6 (2020)
F	† Büsing-Orville GHdA F XIX (1996)
A	Büttner GHdA AB XXII (1998)
G,F	Bug GHdA GB IV (1973)
A	Buggenhagen GHdA AA XXVIII (2005)
F	Buhl gen. Schimmelpenning v. der Oye GHdA FB III (1963)
G	Bukowa s. Lažanzký
G	† Bukuwka v. Bukuwky GHdA G XVII (2003)
Fü	Bulgarien GHdA Fü XV (1997)
G	Bulgarini GHdA G XX (2012)
G	Bullion GHdA GB I (1953)
A	Bulmerincq GHdA A XXXII (2010)
F	Buol v. Berenberg GHdA FB III (1963)
G	Buquoy GHdA G XIX (2009)
G	Burckersroda s. Zech, sonst v. Burckersroda gen.
A	Burg GHdA AB XIII (1980)
A	Burger(-Scheidlin) GHdA AB XXIII (2000)
F	† Burgk GHdA FB VIII (1982)
G	Burgsdorff s. Hahn v. Burgsdorff
A	Burgsdorff GHdA A XXXIV (2013)
A	† Buri GHdA AB IX (1970)
G	† Burián GHdA G XVI (2000)
A	Burkersroda GHdA AA XVII (1983)
F	† Bursian GHdA FB VI (1976)
A	Burski GGH A 6 (2020)
F	Burtenbach s. Schertel
F	Buschman GHdA F XVIII (1995)
F	Buseck GHdA FA V (1963)

C

A † Carlowitz-Maxen GHdA AA VII (1965)
G Carmer GHdA G XX (2012)
F, A † Carnall GHdA AB V (1961), Art. Cardinal
F Carnap GHdA F XVI (1992)
A Carnap GHdA AB XII (1977)
Fü Carolath-Beuthen GGH Fü 4 (2024)
A Carolsfeld s. Schnorr
Fü Carovigno s. Serra
Fü Carrara s. Massa
Fü Carrega Bertolini GHdA Fü VI (1961)
Fü Cars GHdA Fü II (1953)
G † Cartlow GHdA AA XX (1988), Art. Heyden
Fü, F Casalanza GHdA FB V (1970), Art. Bianchi
A Casati GHdA AB XXVI (2006)
Fü Cassano s. Acquaviva, Imperiali, Perrelli, Serra
G Cassis-Faraone GHdA GB II (1960)
Fü Castagneto s. Caracciolo
Fü Castelbarco-Albani-Visconti-Simonetta GHdA Fü III (1955)
G Castelbarco-Visconti-Simonetta GHdA GB II (1960)
Fü Castelcicala s. Ruffo, Sallier
Fü, G Castell GGH Fü 1 (2015)
F Castell (1672) s. Girardi
F Castell (1806) GHdA FB V (1970)
A Castell Rombaldo s. Lammer
Fü Castelreale s. Notarbartolo
G Castelromano s. Lodron
Fü Castel San Lorenzo s. Carafa
Fü Castiglione s. Rospigliosi
Fü Cattaneo della Volta GHdA Fü V (1959)
Fü Caumont s. La Force
Fü † Cavaniglia GHdA Fü VI (1961), Art. Caracciolo
Fü Cavendish s. Devonshire
Fü Cavendish-Bentinck s. Portland
Fü Caylus GHdA Fü II (1953)
G † Cebrian GHdA G XVIII (2006)
A Cederstolpe GHdA AB VII (1965)
Fü Cellamare s. Caracciolo
Fü Centurione-Scotto GHdA Fü III (1955)
Fü Cerami s. Rosso
Fü Cerveteri s. Ruspoli
G Ceschi GHdA G XIX (2009)
F Cesenatico s. Pirquet
F Cetto GHdA FB III (1963)
F Ceumern GHdA F XXII (2002)
G Chamaré s. Harbuval
A Chamisso GHdA AB V (1961)
Fü Chandos s. Buckingham
Fü † Chapelle de Jumilhac de Richelieu GHdA Fü XII (1984)
A Chappuis GHdA AB IV (1959)
A † Charpentier GHdA A XXXIII (2012)
Fü Chaulnes s. Luynes
A Chavanne GHdA A XXXIV (2013)
A Chevallerie GHdA AB XI (1974)
Fü Chevreuse s. Luynes
F Chiari GHdA FB VI (1976)
Fü Chigi della Rovere Albani GHdA Fü II (1953)
Fü Chimay s. Riquet
F Chizzola GHdA F XXII (2002)
F Chlędowski s. Pfaffenhoffen
Fü Choiseul GHdA Fü II (1953)
G † Chołoniewski GHdA G XVII (2003)
G, F Choltitz s. Sedlnitzky
A Choltitz GHdA AB II (1956)
G Chorinsky GHdA G VIII (1976)
G † Chotek GHdA G VIII (1976)
G Christalnigg v. u. zu Gillitzstein GHdA GB II (1960)
A Christen GHdA AB XIV (1981)
A Christenfels s. Heyszl
F Christiani-Grabieński-Kronauge v. Kronwald GHdA F XXIII (2005)
A Christoph s. Linnenfeld
G Chudenitz s. Czernin
Fü Churchill s. Marlborough

D

F Dobeneck GHdA FA XI (1979)
F Doblhoff GHdA FB VIII (1982)
F Dobrz s. Kotz
G Dobrzensky v. Dobrzenicz GGH G 2 (2019)
A Dobschütz GHdA AB XVII (1986)
F Dóczy GHdA FB VI (1976)
A Doderer GGH A 8 (2022)
G Dönhoff GHdA G XII (1988)
A Döring (Braunschweig) GHdA AB X (1972)
G † Dörnberg GHdA FA VII (1969)
F Dörnberg GHdA F XXVI (2014)
F Dörnberg (1953) GHdA F XXVI (2014)
A † Doerr GHdA AB VIII (1968)
A Dörring s. Witt
F Döry GGH F 2 (2020)
A Doetinchem de Rande GHdA A XXXV (2014)
F, A Doetinghem s. Doetinchem
G Dohalský v. Dohalitz GHdA G XVII (2003)
Fü, G Dohna GGH Fü 2 (2018)
G Dohna GGH G 2 (2019)
A Dolffs s. Bockum gen. Dolffs
A Dombois GHdA AB XXII (1998)
A † Dommes GHdA AB VI (1964)
A Donat GHdA AA XXVIII (2005)
A Donat (1769, 1906) GHdA AB III (1958)
F, A Donner GHdA FB V (1970)
Fü, G, A Donnersmarck s. Henckel
F † Donnersperg GHdA FB VI (1976)
A Donop GHdA AA XXII (1992)
F Dorgelo s. Lützow
Fü Doria GHdA Fü V (1959)
F † Dornberg GHdA FB IV (1967)
F Dornheim s. Fuchs v. Bimbach
A Dorrer GHdA AB IV (1959)
F † Dorth GHdA FA IX (1975)
Fü Doudeauville s. La Rochefoucauld
G Douglas GHdA G XII (1988)
G, A Douglas (1886) GHdA G XII (1988)
Fü Douglas-Hamilton s. Hamilton
A Drabich-Waechter GHdA AB XVIII (1989)
F Drachenfels GHdA FB VIII (1982)
A † Drachenfels GHdA FB III (1963)
Fü Drago GHdA Fü VI (1961)
F Drasche v. Wartinberg GHdA FB III (1963)
G Draskovich v. Trakostjan GHdA G XV (1997)
A Dratzig s. Schultz v. Dratzig
A Dravodol s. Matić
G Drechsel GHdA G XVI (2000)
A Dreher GHdA AB XII (1977)
F Dreihann GHdA F XXIII (2005)
A Dreising GHdA A XXXV (2014)
A Dresky GHdA AA XXI (1990)
A Dreßler (1766) GHdA AB X (1972)
A Drigalski s. Drygalski
F Droste zu Hülshoff GHdA F XVII (1994)
F Droste zu Senden GHdA F XXVI (2014)
G Droste zu Vischering GHdA G XX (2012)
F Droste zu Vischering GHdA F XXVI (2014)
A Drouart GHdA AB XVII (1986)
A Druffel GHdA A XXXII (2010)
A Drygalski GHdA AB XVI (1985)
F Dubnitz s. Reisky
G Dubsky v. Třebomyslic GHdA G XIV (1993)
A † Ducius v. Wallenberg GHdA AB XV (1984), Art. Wallenberg
G † Dücker GHdA G VIII (1976)
F, A Dücker GHdA F XXV (2011)
G Dücker-Plettenberg s. Plettenberg
F † Dückher v. Haslau GHdA FA V (1963)
A Dülong (1884) GHdA AB XXI (1995)
A Dülong (1991) GHdA AB XXI (1995)
G Dürckheim GGH G 1 (2016)

F † Eskeles GHdA FB V (1970)
G Essen-Stenbock-Fermor s. Stenbock
Fü Essling GHdA Fü III (1955)
Fü Esterházy GHdA Fü XV (1997)
G Esterházy GHdA G X (1981)
Fü Estissac s. La Rochefoucauld
G, A Estocq s. L'Estocq
A Estorff GGH A 4 (2018)
F Etthofen GHdA FB V (1970)
A Etzdorf GHdA AB IV (1959)
Fü, G Eulenburg GHdA Fü XVI (2001)
G Eulenburg GHdA G XVII (2003)
A Eulitz GHdA AB VII (1965)
F Eyb GHdA FA XI (1979)
F Eybesfeld s. Conrad
F Eynatten GHdA FA XIII (1982)
A † Eynatten GHdA AA XVII (1983)
A Eynern GHdA AB XIII (1980)
F Eyrl GHdA F XXIV (2008)
F Eyßeneck s. Baur
G Ezdorf GHdA G XX (2012)

F

A Fabeck GHdA A XXXIV (2013)
F † Faber GHdA FB VI (1976)
A Faber (1798) GHdA AB V (1961)
G Faber-Castell GHdA G XVII (2003)
F Fabrice GHdA FB III (1963)
A † Fabrice (Fabricius) (1644) GHdA AB XVI (1985)
A Fackh (1743) GHdA AB I (1954)
A Fackh (1953) s. Brandt v. Fackh
A Fahland GHdA AB VI (1964)
F Fahnenfeld s. Codelli
F, A † Failly(-Goltstein) GHdA FB V (1970)
A Falckenberg GHdA AA X (1969)
Fü Falcó (Falcò) GHdA Fü III (1955)
A Falconnet s. Palézieux
F Falke v. Lilienstein GHdA FB III (1963)
G Falkenberg s. Grundemann
A Falkenberg GHdA AA X (1969)
A Falkenberg (1872) GHdA AB VI (1964)
F Falkenhausen (1747, 1754) GHdA FB IV (1967)
F, A Falkenhausen (1862) GHdA FB II (1957)
A Falkenhausen (1836) GHdA AB XVIII (1989)
G † Falkenhayn GHdA GA IV (1962)
A Falkenhayn GHdA AA XX (1988)
F Falkenstein (Franken) GHdA F XXIV (2008)
A Fallois GHdA AB XIV (1981)
A Farenheid-Beynuhnen s. Schmidt v. (auf) Altenstadt
G Faust v. Stromberg s. Eltz
F † Fechenbach GHdA FA VI (1966)
A Feilitsch GHdA AB XVI (1985)
G † Feilitzsch GHdA G VIII (1976)
F Feilitzsch GHdA FA XIII (1982)
F Fejérváry GHdA FB VI (1976)
A Felbert GGH A 6 (2020)
A Felbinger GHdA AB V (1961)
F, A Feldegg s. Fellner v. Feldegg
F † Fellner (1800) GHdA FB VI (1976)
F Fellner v. Feldegg GGH F 2 (2020)
A Fellner v. Feldegg GHdA AB XXIV (2002)
F Felsach s. Brenner
F Felsőház s. Obenaus
F † Ferber GHdA FB V (1970)
G Fermor s. Stenbock
Fü Fernán-Núñez s. Falcó
Fü Ferrari GHdA Fü XIV (1991)
G Ferrari(s) d'Occhieppo GHdA GB II (1960)
G Ferri GHdA GB IV (1973)
G Fersen GHdA GA VII (1973)
F Fersen GHdA F XV (1989)
A Festenberg GGH A 2 (2016)
Fü, G Festetics GGH Fü 2 (2018)
G Festetics GHdA GB IV (1973)
A Fetter GHdA AB IV (1959)

G

H

I

J

K

G Kielmansegg (1641) GHdA G XX (2012)
G Kienburg s. Küenburg
A Kienitz GGH A 7 (2021)
A Kienlin GHdA AB XI (1974)
A Kiesenwetter GHdA AB I (1954)
F Killinger GHdA FB II (1957)
A Kindinger GHdA AB XII (1977)
Fü,G Kinsky GGH Fü 1 (2015)
G Kinsky GHdA G VIII (1976)
G,A Kirchbach GHdA AB XVII (1986)
F Kirchbach GHdA AB XVII (1986)
A Kirchbach GHdA AB XVII (1986)
G † Kirchbach auf Lauterbach GHdA GB I (1953)
F † Kirchbach auf Lauterbach GHdA AB XVII (1986)
G Kirchberg s. Fugger v. Kirchberg
A Kistowski (Kistowsky) GGH A 1 (2015)
F Kittlitz GHdA FA III (1959)
A Kitzing GHdA AB XVII (1986)
A Klaeden s. Kloeden
A Klaß GHdA AB XXII (1998)
A Klaudy (1875) GHdA AB XXVI (2006)
G Klebelsberg GHdA G XVIII (2006)
A Kleemann GHdA AB XXII (1998)
A Klein (1708) GHdA AB XVI (1985)
F Klein v. Wisenberg GHdA FB V (1970)
G Klein-Ellguth s. Pfeil
A Kleinschmit GHdA AB I (1954)
F,A Kleinsorgen GHdA F XVI (1992)
G,A Kleist GHdA AA XXV (1998)
F Kleist GHdA AA XXV (1998)
A Kleist GHdA AA XXV (1998)
G † Kleist-Retzow GHdA GA VII (1973)
A Klemenau s. Klemperer
A Klemperer v. Klemenau GHdA A XXXI (2009)
A Klencke GHdA AA I (1953)
Fü Klewaú s. Czartoryski
A Klewitz GHdA AB X (1972)
F Kleydorff GHdA FB III (1963)
F Klimburg GHdA FB I (1954)
G Klinckowstroem GHdA G XVIII (2006)
A Klinckowström s. Klinkowström
F Klinger GHdA FB VIII (1982)
F Klingerstorff s. Klinger
A Klinggräff GHdA AB XXVI (2006)
A Klinkowström GHdA AB XI (1974)
A Klitzing GHdA A XXXVI (2015)
A Klobuczinsky s. Müller v. Klobuczinsky
A Klocke GHdA A XXXV (2014)
A Kloeden (Klaeden, Klöden) GHdA AA XXVII (2003)
F Klopmann GGH F 2 (2020)
A Klot GHdA AB XIX (1990)
G,F Klot-Trautvetter GHdA AB XIX (1990)
A Klüchtzner s. Becke-Klüchtzner
A Klüfer GHdA AB XXI (1995)
A Kluge GGH A 8 (2022)
A Knauer GHdA AB XXII (1998)
A Knebel (Doeberitz) GHdA A XXX (2008)
A Knesebeck GHdA AA XXVIII (2005)
A Knesebeck (1987) GHdA AB XXVI (2006)
F Knesebeck-Milendonck GHdA FA X (1977)
A Knieriem GHdA AB XX (1993)
F Kniestedt GHdA FA V (1963)
F Knigge GHdA F XX (1999)
F,A Knobelsdorff (-Brenkenhoff) GHdA A XXXII (2010)
A Knoblauch GHdA AA XII (1973)
A Knoblauch zu Hatzbach GHdA AA III (1957)
F,A Knobloch (v. Hausen-Aubier) GGH F 3 (2023)
A Knoch GHdA AB VIII (1968)
A Knonow s. Meyer
A Knoop GHdA AB VI (1964)
F,A Knorring GHdA FA III (1959)

L

M

A	Mohl GHdA AB XXII (1998)
Fü	Molfetta s. Gallarati
A	Mollard s. Fischer v. Mollard
A	Moller GHdA AB V (1961)
G,A	Moltke GHdA AA XXV (1998)
F	Moltke GHdA AA XXV (1998)
G	Moltke-Kirsten GHdA GB III (1965)
Fü	Monaco GGH Fü 4 (2024)
Fü	Moncada GGH Fü 3 (2021)
Fü	Monforte s. Moncada
Fü	Monroy GHdA Fü IV (1956)
A	Monroy GHdA AB XX (1993)
A	Monschaw GHdA AB V (1961)
A	Monshoff s. Perko
A	Monsterberg GHdA AA XII (1973)
Fü	Montagu s. Manchester
Fü	Montbazon s. Rohan
Fü	Montebello GHdA Fü V (1959)
G	Montecuccoli GHdA GB II (1960)
G	Monteforte s. Montfort
Fü	Monteleone s. Napoli
Fü	Montellano s. Falcó
Fü	Montenegro GHdA Fü XIII (1987)
Fü	Montenuovo GHdA Fü XV (1997)
Fü	Montereale s. Giovanni
Fü	Monteroduni s. Pignatelli
F	Monteton s. Digeon
G	† Montfort GHdA GB II (1960)
G	Montgelas GHdA G XVI (2000)
G	Montgelas v. der Heydte GHdA G XVI (2000)
Fü	Montignano s. Castelbarco
G	† Montignoso GHdA GB IV (1973)
F, A	Montigny GHdA F XXII (2002)
G	Montjoye GHdA GB I (1953)
Fü	Montrose GHdA Fü IV (1956)
G	Monts GHdA G XI (1983)
F	Monzello s. Fraydt
G	Moraván s. Zedtwitz
F	Moreau GHdA FB VI (1976)
A	Morgen GHdA AB V (1961)
Fü	† Morny GHdA Fü XVII (2004)
F	Morsey gen. Picard GHdA FB V (1970)
A	Morst(e)in GHdA AB XXIII (2000)
G	Morstin GHdA G XII (1988)
Fü	Mortier s. Trévise
G	Morzin s. Czernin
A	Mosch GHdA AA VI (1962)
G	Moser GHdA AB IX (1970)
A	Moser (1573) s. Moser v. Filseck
A	Moser v. Filseck GHdA AB IX (1970)
Fü	Moskowa s. Ney d'Elchingen
A	Mossner GHdA AB XV (1984)
Fü	Motta San Giovanni s. Ruffo
F	Motte Fouqué GHdA FB II (1957)
A	Motz GHdA AB V (1961)
Fü	Mouchy s. Noailles
G	† Moulin GHdA GB III (1965)
G	Moulin-Eckart (Mühle-Eckart) GHdA G XVII (2003)
Fü	Mountbatten s. Battenberg
G	Moÿ GHdA G XX (2012)
F	Moysa v. Rosochacki GHdA F XXII (2002)
A	Mudra GHdA AB III (1958)
A	Mücke GHdA AB III (1958)
F	Müffling GHdA FA XII (1980)
G	Mühle-Eckart s. Moulin-Eckart
F	Mühlen GHdA FB V (1970)
A	† Mühlen, v. (1753) GHdA FB I (1954)
A	Mühlen, v. zur (1792) GHdA AB XV (1984)
A	Mühlen, v. u. zur (1801, 1803) GHdA AB XXV (2004)
A	Mühlendahl GGH A 1 (2015)
A	Mühlenfels GHdA AB XII (1977)
A	Mühlhaim s. † Mumb; s. Banfield
A	Mülbe GHdA AA XV (1979)
G	Mülinen GHdA GA VII (1973)
F	Müllenheim-Rechberg GHdA F XXI (1999)
A	† Müllenheim-Rechberg GHdA AA XXVIII (2005)
A	Müller (1753) GHdA AB V (1961)

N

O

P

F Pfetten GHdA F XXIII (2005)
A Pfister (1700) GHdA AB II (1956)
A Pflug GHdA AB XIV (1981)
A Pflugk GHdA AA XIX (1987)
A Pförtner v. der Hölle GHdA A XXXIV (2013)
A Pforte GGH A 9 (2023)
A † Pfreundt GHdA AB X (1972)
A Pfuel (Pfuhl) GGH A 7 (2021)
A Pfuhlstein GGH A 3 (2017)
F Pfungen s. Steiner v. Pfungen
F Pfusterschmid v. Hardtenstein GHdA FB VII (1978)
F Pfyffer v. Altishofen GHdA FB III (1963)
F Philergos s. Giannelia
A Philipsborn GHdA AB XVI (1985)
F † Phull(-Rieppur) GHdA AA XX (1988)
A Phull GHdA AA XX (1988)
G Piatti GHdA G XIX (2009)
F Picard s. Morsey
F Picot de Peccaduc v. Herzogenberg GHdA FB IV (1967)
Fü Piedimonte s. Gaetani
A Pierer v. Esch GHdA AB XXII (1998)
Fü Pierre s. Pallavicini
Fü Pignatelli GHdA Fü XVII (2004)
F Pilar v. Pilchau GHdA GB I (1953), Art. Kotzebue
G Pilati GGH G 2 (2019)
A Pilgrim GHdA AB II (1956)
F Pillerstorff GHdA FB II (1957)
F, A Pilsach s. Senfft
G Pińiúski GHdA G XV (1997)
Fü Pio s. Falcò
Fü Piombino s. Boncompagni
A Pirch GHdA AA VIII (1966)
F Piret de Bihain GHdA FB II (1957)
F Pirquet v. Cesenatico GHdA F XVI (1992)
A Pirscher GHdA AB XX (1993)
F Pitner GHdA FB V (1970)
F † Pitreich GHdA FB III (1963)
A Pitreich GHdA AB III (1958)
Fü Plaisance s. Maillé
A Planitz GHdA AA XXIV (1996)
F Plappart v. Leenheer GHdA FB V (1970)
A Plate GGH A 5 (2019)
F Plate v. Stralenheim GGH A 5 (2019)
F Platen GHdA AA XIII (1975)
A Platen (Mark) GHdA A XXXIV (2013)
F,A Platen (Rügen-Pommern) GHdA A XXXIV (2013)
G Platen Hallermund GHdA Fü XVIII (2007)
G Platen-Hallermund GHdA GA VII (1973)
F Plato GHdA FA XII (1980)
A Plato GGH A 6 (2020)
G Plauen s. Fü Reuß
A Plehwe GHdA AB II (1956)
Fü Pleß s. Hochberg
G Plessen GHdA G XX (2012)
G Plessen (1802) s. Maltzahn v. Plessen
G, F Plessen (1829) GHdA G XIII (1991)
A Plessen GHdA A XXXIII (2012)
G † Plessen-Cronstern GHdA G XIII (1991)
G † Pleszowice-Fredro s. Fredro
G, F Plettenberg GHdA G XIX (2009)
F Plettenberg GHdA FA XII (1980)
A Ploetz (Neumark) GHdA AA XIII (1975)
A Ploetz (Pommern) GHdA AA XIII (1975)
F Plotho GHdA F XXVI (2014)
A Plottegg s. Wolff v. Plottegg
A Plottnitz-Stockhammer GHdA AB III (1958)
A Plüskow (1783) GGH A 5 (2019)
A Pobrucki s. Pabrutzki
G Pocci GHdA GB IV (1973)

Q

R

A Radecke GHdA AB I (1954)
G Radetzky GHdA G IX (1979)
Fü,G Radolin GHdA Fü XI (1980)
A Radowitz GHdA A XXX (2008)
F Radvánszky GHdA FB VI (1976)
Fü Radziwiłł GHdA Fü VIII (1968)
A Raesfeld GHdA AB III (1958)
F Rahden GHdA FA VIII (1971)
A † Rahden GHdA FA VIII (1971)
A Raison GHdA AB XXII (1998)
F Raitz v. Frentz GHdA F XXII (2002)
A Rajakovics GHdA AB XX (1993)
G † Rajecz s. Burián
G Rambaldi GHdA GB II (1960)
F Ramberg GHdA FB II (1957)
A Ramdohr GHdA AB XIII (1980)
A Ramin GHdA AA VIII (1966)
A Ramm (1624) GHdA AB XIII (1980)
A Ramm (1854) GHdA AB XV (1984)
A Rande s. Doetinchem
A Randich GHdA AB IV (1959)
A Randow GHdA AA XXVIII (2005)
G Randwijck GHdA GB IV (1973)
A Rango GGH A 6 (2020)
G Rantzau GHdA G XIX (2009)
A Rantzau GHdA AA XXVI (2001)
G † Rantzow GHdA GA VII (1973)
G Ranzow-Engelhardt GHdA GB II (1960)
A Rappard GHdA AB XXIII (2000)
F Raßler v. Gamerschwang GHdA F XXV (2011)
A † Rathenow GHdA AA XXVI (2001)
A Rathenow s. Kuhlwein
A Rathlef GHdA AB XXIV (2002)
Fü Ratibor s. Hohenlohe
A Rauch GHdA AB XXI (1995)
A Rauch (1808) GHdA AB XXI (1995)
A Rauchfuß GHdA AB XV (1984)
A Rauchhaupt GHdA AA XVIII (1985)
A Rauscher auf Weeg GHdA AB XVII (1986)
G Rautenburg s. Keyserlingk
A Rautenstrauch GHdA AB VIII (1968)
G Rautter-Willkamm GHdA GA VI (1970)
A Raven GHdA AA XVII (1983)
F Ravensburg s. Göler
A Ravenstein GGH A 8 (2022)
G Razumovsky v. Wigstein GHdA G XIII (1991)
F Rechbach auf Mederndorf GHdA F XX (1999)
G Rechberg GGH Fü 1 (2015)
F Rechenberg GHdA F XVII (1994)
A Rechenberg GHdA AA XVIII (1985)
G Rechteren-Limpurg GHdA Fü XIX (2011)
G Rechteren-Limpurg-Speckfeld (1979) GHdA G XI (1983)
A Reck (1627) GHdA AB XVI (1985)
G Recke GGH G 2 (2019)
F Recke GHdA F XVIII (1995)
A Reckow GHdA AA X (1969)
F Recum GGH F 1 (2017)
A Redecker GHdA AB XIX (1990)
F,A Reden GHdA AA XXIX (2007)
G Redern GHdA GA VII (1973)
F Redwitz GHdA F XXVI (2014)
A Rège GHdA AB XV (1984)
F Regendorf s. Harnier
Fü Reggio GHdA Fü III (1955)
F Regner v. Bleyleben GHdA F XVIII (1995)
Fü Régnier s. Massa
G Rehbinder GHdA G XI (1983)
F Reibnitz GGH F 3 (2023)
A Reibnitz GGH A 8 (2022)
A Reiche (1790) GHdA AB VI (1964)
G Reichenbach GHdA G XIII (1991)
F † Reichenbach (1655, 1678) GHdA GA IV (1962)
F Reichenbach (1820) s. Stromer
A † Reichenbach GHdA GA IV (1962)

S

T

G	Tisza GHdA GB II (1960)
A	Tluck GHdA AA XVII (1983)
A	Tluk GHdA AA III (1957)
A	Tobien GHdA AB XXIII (2000)
G	Toerring-Jettenbach GGH Fü 4 (2024)
G	† Törring-Minucci GHdA GA IV (1962)
G	Toggenburg GHdA G XX (2012)
G	Toldalagi s. Tholdalagi
G	Toll GHdA GB II (1960)
F	Tomaschek GHdA FB III (1963)
G	† Torby GHdA G XIII (1991)
Fü	Torchiarolo s. Caracciolo
Fü	Torella s. Caracciolo
Fü	Torlonia (1814) GHdA Fü IV (1956)
Fü	Torlonia (1875) GHdA Fü V (1959)
Fü	Torre e Tasso GHdA Fü XII (1984)
Fü	Torriglia s. Doria
A	† Tortilovitz v. Batocki GHdA AB XVIII (1989)
A	Tortilowicz v. Batocki-Friebe GHdA AB XVIII (1989)
Fü	Toscana s. Österreich
Fü	Trabia s. Lanza
G	Trach s. Rothkirch
Fü	Trachenberg s. Hatzfeldt
G	Trampe GHdA GA IV (1962)
A	Transehe-Roseneck GHdA AB XXIV (2002)
G	Trapp GHdA G XVIII (2006)
G	Traun s. Abensperg
F	Trauttenberg GGH F 3 (2023)
Fü, G	Trauttmansdorff-Weinsberg GHdA Fü XIX (2011)
G, F	Trautvetter s. Klot
A	Trauwitz-Hellwig GHdA AB III (1958)
F	Trebbienau s. Kopfinger
G	Třebomyslic s. Dubsky
A	Trebra(-Lindenau) GGH A 6 (2020)
Fü	Trecastagni s. Giovanni
A	Treichel GHdA AB XIII (1980)
A	Trembecki s. Brochwitz
G, A	Trenck GHdA G VIII (1976)
A	Trenkwald GHdA AB XXIV (2002)
A	Trentini GHdA A XXXI (2009)
A	Tresckow GHdA A XXXVI (2015)
A	Treskow GHdA AB XXV (2004)
A	Treu GHdA AB XX (1993)
G	Treuberg s. Fischler
A	Treuenfeld s. Fischer-Treuenfeld
A	Treuenfels GHdA AB XXI (1995)
A	Treuenstätt s. Ehrlich
F	Treuheim s. Pauli
F, A	Treusch s. Buttlar
Fü	Trevignano s. Ginori
Fü	Trévise GHdA Fü II (1953)
A	Treyden s. Trotta
G	Trips s. Berghe
Fü	Trivulzio GHdA Fü III (1955)
A	La Trobe GHdA AB XXIV (2002)
F	Trockau s. Groß v. Trockau
F	† Troilo GHdA A XXXV (2014)
A	Troilo (1557) GHdA A XXXV (2014)
A	Troll-Obergfell GHdA AB II (1956)
F	Troschke GHdA F XIV (1986)
A	Trotha GHdA AA XXVI (2001)
A	Trotha (1967) GHdA AB XXIV (2002)
A	Trott zu Solz GHdA AA XXIV (1996)
A	Trotta gen. Treyden GHdA AA IX (1969)
F	Truchseß v. Wetzhausen GHdA FA XIII (1982)
G	Trützschler s. Zedlitz
F	Trützschler GHdA FA V (1963)
A	Truszczynski GHdA AB III (1958)
A	Trzebiatowski s. Malotki, Schmude
A	Trzebon-Ferguson s. Tepper
F	Tschammer GHdA F XXIV (2008)
A	Tschammer GHdA AA XXVI (2001)
A	Tscharner GHdA AB IX (1970)
A	† Tschepe GHdA AB II (1956)
A	Tschirschky GHdA AA XXIX (2007)
A	Tschirschnitz GHdA AB XIV (1981)
A	Tschischwitz GGH A 8 (2022)

U

V

F Warthausen s. Koenig v. u. zu Warthausen
F Wartinberg s. Drasche
G † Wasaborg GHdA GB III (1965)
A Wasielewski GHdA AB XXVI (2006)
G Wass GHdA G XIII (1991)
G Wassiliko v. Serecki GGH G 1 (2016)
Fü Wassiltschikow GHdA Fü IX (1971)
A Watteck GGH A 9 (2023)
A Wattenwyl s. Brunner v. Wattenwyl
F † Wattmann-Maelcamp-Beaulieu GHdA F XX (1999)
A Watzdorf GHdA A XXXI (2009)
F † Watzdorff GHdA FA XI (1979)
G Waxenstein s. Barbo
Fü, G Wchinitz s. Kinsky
A † Weber (1829) GGH A 3 (2017)
A Weber (1845) GHdA AB XXIV (2002)
A Weber (1871) GHdA AB XX (1993)
F Weber v. Rosenkrantz GHdA FB V (1970)
A Websky GHdA AB XXVI (2006)
F Wechmar GHdA FA XI (1979)
F Weckbecker GHdA FB IV (1967)
A Wedekind GHdA AB V (1961)
G, A Wedel GHdA G XIX (2009)
A Wedel GHdA AA XXVI (2001)
A Wedel (1918) s. Zittwitz
A Wedelstaedt (Wedelstädt) GHdA AA XIII (1975)
A Wedemeyer GHdA AB XXII (1998)
F † Wedemeyer v. Sommer GHdA FB IV (1967)
A Weegmann GHdA AB VIII (1968)
A Wehrs GGH A 3 (2017)
F Weichs GHdA F XXII (2002)
G Weickmann-Frauenberg s. Linden
A Weidenbach GHdA AB X (1972)
F Weidenheim s. Korb
F Weigelsperg GHdA F XXV (2011)
A Weiher (Brandenburg) GHdA AA III (1957)
A Weiher (Pommern) GHdA AA VIII (1966)
A Weiher u. Nimptsch s. Scheel
Fü, G Weikersheim GGH Fü 1 (2015)
A Weikersthal s. Fischer v. Weikersthal
F Weiler (Schwaben) GGH F 3 (2023)
F Weinberg s. Kaschnitz
A Weinfeld s. Fioreschy
F Weinheim s. Horneck v. Weinheim
F Weiß s. Müffling
A Weiß (1790) GHdA AB XIV (1981)
A † Weiß (1888) GHdA AB XIV (1981)
F Weiss v. Weiss u. Horstenstein GHdA FB VI (1976)
A Weiß u. v. Wichert s. Weiß (1790)
F Weißdorf s. Leuckart
F Weissenberger GHdA FB I (1954)
F Weißenstein s. Notthafft
G Weißenwolff s. Ungnad
A Weitersdorf s. Helmberg
F Weitershausen GHdA F XXV (2011)
A Weittenhiller GGH A 7 (2021)
A Weitzel v. Mudersbach GGH A 8 (2022)
A Weizenbeck GHdA AB X (1972)
F Weizsäcker GHdA FB VI (1976)
F Welck GHdA F XXVI (2014)
G, F Welczeck GHdA G IX (1979)
F Welczeck GHdA FA V (1963)
Fü Welfen s. Hannover
A Wellenborn s. Fischer v. Wellenborn
G Wellenburg s. Lanjus
A Wellenburg s. Gulat
A Wellenheim s. Welzl
Fü Wellesley s. Wellington
Fü Wellington GHdA Fü XX (2014)
F Welsbach s. Auer
G Welsburg GHdA G XV (1997)
G Welser v. Welsersheimb GHdA G XVII (2003)
A Weltzien GHdA A XXXVI (2015)
A Welzl v. Wellenheim GHdA AB XXII (1998)

Stammfolgen in alphabetischer Reihenfolge

Erste Abteilung

Genealogie der regierenden sowie der seit Anfang des 19. Jahrhunderts entthronten europäischen Fürstenhäuser

Bei den in dieser Abteilung nachgewiesenen Häusern sind Adelsrechtsausschuß, Schriftleitung und Verlag nicht zuständig für die Nachprüfung der Frage, ob die von den Mitgliedern dieser Häuser geschlossenen Ehen den Erfordernissen des Fürstenrechts entsprechen und welche Prädikate zu führen sind. Entsprechendes gilt für die dem genealogischen Text vorangesetzte Chefbezeichnung

† **Albanien** s. GHdA, Fstl. Häuser, Bd XIV (1991)

Anhalt s. GHdA, Fstl. Häuser, Bd XIX (2011)

Askanien s. Anhalt

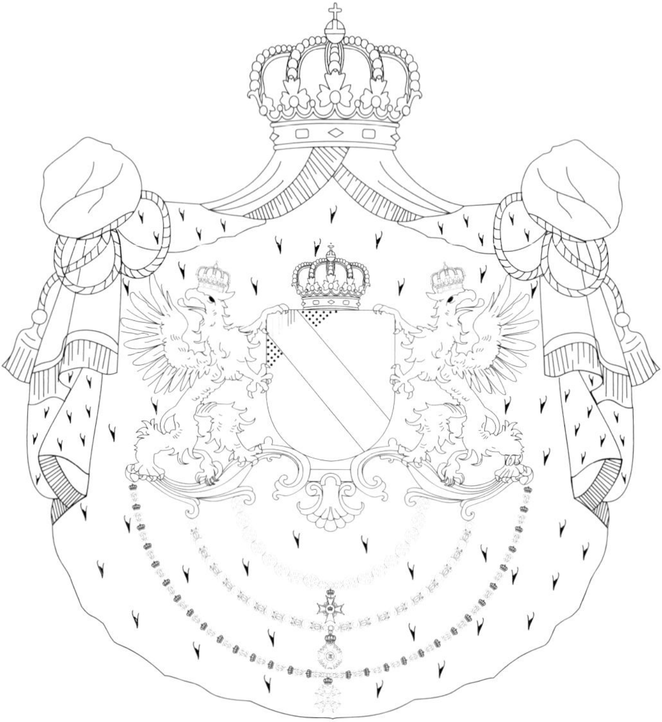

Haus Baden

(Haus Zähringen)

Ev. - Stammvater: Der schwäbische Graf Bezelin von Villingen/Berthold († 1024). Dessen Sohn Berthold I. »mit dem Barte« († 1078) erhielt durch Kaiser Heinrich III. die Anwartschaft auf das Hzgt. Schwaben, statt dessen 1061 das Hzgt. Kärnten, sein Sohn Hermann I. die Markgrafschaft Verona; beide Herrschaften waren allerdings auf Dauer nicht zu halten. Berthold I., sein jüngerer Sohn Berthold II. († 1111) und dessen Nachkommen führten seitdem den Herzogstitel, seit 1100 mit dem Zusatz »von Zähringen« (Burg oberhalb des gleichnamigen Dorfes bei Freiburg i.Br.). Der Titel, der am 18.2.1218 beim kinderlosen Tod Bertholds V. erloschen war, wurde wieder aufgenommen (s.u.). — Hermann I. († 1074 als Mönch in Cluny), führte den Markgrafentitel (wegen Verona). Sein Sohn Hermann II. († 1130) nannte sich seit 27.4.1112 Markgf. v. Baden nach Burg und Ort Baden (Baden-Baden, ehem. Aurelia aquensis), dem Erbe seiner Mutter Judith v. Backnang († 1091). Belehnung mit der Markgrafschaft Baden 1362. Erstgeburtsrecht und Unteilbarkeit des Landes im Testament Markgf. Georg Friedrichs (17.11.1615) bestätigt, allerdings unter Umgehung der (seit 1535) katholischen Linie des Hauses (Baden-Baden); deren Landesteil fiel endgültig erst seit dem Tod des letzten männlichen Vertreters August Georg 1771 an die evangelische Linie (Baden-Durlach). Bestätigung des Prädikats »Durchlaucht« 11.4.1664; Kurfst. v. Baden 25.2., publ. 8.5.1803; Titel Hzg. v. Zähringen für alle männlichen Mitglieder 10.1.1806; Ghzg. v. Baden mit dem Prädikat »Königliche Hoheit« 12.7.1806. Erklärung der Nachkommen des Großherzogs Carl Friedrich (*1728, † 1811) aus zweiter Ehe (1787) mit Caroline Louise Geyer v. Geyersberg, * 1768, † 1820 für thronfolgeberechtigt durch Akte des Ghzgs Carl Friedrich vom 10.9.1806; Ghzgl. Pr. und Markgfn zu Baden durch StUrk. des Ghzgs Karl vom 4.10.1817; Anerkennung als solche und des Erbfolgerechts ihrer Nachkommenschaft durch die Signatarmächte des Frankfurter Territorialrezesses 20.7.1819; Bewilligung des Prädikats »Königliche Hoheit« für den Erstgeborenen und »Ghzgl. Hoheit« für die Nachgeborenen 15.8.1844, Thronverzicht 14. bzw. 22.11.1918.

Staatswappen (1830): In Gold ein roter Schrägrechtsbalken; Schildhalter: 2 widersehende golden-gekrönte u. rot-bezungte silberne Greifen; auf dem Schild u. des mit Hermelin ausgeschlagenen Wappenmantels Königskrone; umhängt von Ketten u. Insignien des Zähringer Löwen, des Karl-Friedrich-Militär-Verdienst- u. des großherzoglichen Hausordens der Treue, welche von den Pranken der Schildhalter herabhängen.

Literaturhinweise s. GHdA, Adelslexikon Bd I (1972) u. Bd XVII (2008).
Letztaufnahme der Genealogie: GGH, Fstl. Häuser, Bd I (2015).

Maximilian (Max) Alexander Friedrich Wilhelm **Prinz v. Baden**, * Baden-Baden 10.7.1867, † Konstanz 6.11.1929 (folgt seinem Vetter, dem Ghzg Friedrich II. v. Baden, † 1928), Dr.sc.pol.h.c., vorm. Reichskanzler usw.;
⚭ Gmunden, OÖsterr., 10.7.1900 Marie Louise **Przssin v. Großbritannien u. Irland**, Hzgin zu Braunschweig u. Lüneburg, * Gmunden 11.10.1879, † Salem, Baden, 31.1.1948, ED. d. bayer. TheresienO., T.d. Kgl. großbrit. u. K.u.K. GenMajors Ernst August Kronpr. v. Hannover, Pr. v. G. u. I., Hzg v. Cumberland, Hzg zu B. u. L., u.d. Thyra Przssin v. Dänemark.

Sohn (von 1 Sohn, 1 Tochter):

Berthold Friedrich Wilhelm Ernst August Heinrich Karl **Markgraf v. Baden**, Herzog v. Zähringen, * Karlsruhe 24.2.1906, † bei Spaichingen, Württ., 27.10.1963, Adoptivsohn (Vertrag Freiburg ihm Breisgau 8.8. 1927) seines Onkels Friedrich II. Ghzg v. Baden, † 1928, u.s. Gem. Hilda Przssin v. Nassau;
⚭ Baden-Baden 17.8.1931 Theodora **Przssin v. Griechenland u. Dänemark**, * Athen 30.5.1906 (orth.), † Konstanz 16.10.1969, T.d. Andreas Pr. v. G. u.D. u.d. Alice Przssin v. Battenberg.

Söhne (von 2 Söhnen, 1 Tochter):

1) **Maximilian** (Max) Andreas Friedrich Gustav Ernst August Bernhard **Markgraf v. Baden**, Herzog v. Zähringen, * Salem 3.7.1933, † ebd. 29.12.2022;
⚭ (standesamtl.) Salem 23.9., (kirchl.) Persenbeug, NÖsterr., 30.9. 1966 Valerie **Ehzgin v. Österreich**, * Wien 23.5.1941 (kath.), T.d. Rittmeisters Dr.jur. Hubert Ehzg v. Ö. u.d. Rosemary Przssin zu Salm u. Salm-Salm, Wild- u. Rheingfin
(88682 Schloß Salem).

Kinder:

(1) **Przssin Marie Louise** Elisabeth Mathilde Theodora Cecilie Sarah Charlotte, * Salem 3.7.1969
(...);
⚭ Salem (standesamtl.) 15.9., (kirchl.) 25.9.1999 Richard **Baker**, * Biddenford, Maine, USA, 30.3.1936, ... (gesch. ...2021).

(2) **Bernhard** Max Friedrich August Gustav Louis Kraft **Markgraf v. Baden**, Herzog v. Zähringen (Kgl. Hoheit), * Salem 27.5.1970, Unternehmer;
⚭ Salem (standesamtl.) 22.6., (kirchl.) 23.6.2001 Stephanie **Kaul**, * Uelzen 27.6.1966 (ev.), T.d. ... Christian K. u.d. Hannelore Scheel
(88682 Schloß Salem).

Söhne:

a. **Pr. Leopold** Bernhard Max Michael Ernst-August Friedrich Guillaume **Erbpr. u. Markgraf v. Baden**, Herzog v. Zähringen (Kgl. Hoheit), * Ravensburg 18.5.2002.

b. **Pr. Friedrich** Bernhard Max Leopold Christian Berthold Christoph, * Ravensburg 9.3.2004.

c. **Pr. Karl-Wilhelm** Bernhard Max Alexander Ernst-August Heinrich-Donatus Mathias, * Ravensburg 11.2.2006.

(3) **Pr. Leopold** Max Christian Ludwig Clemens Hubert, * Salem 1.10.1971, Dr. ..., Dipl.-Ing.
(...).

(4) **Pr. Michael** Max Andreas, * Salem 11.3.1976, Unternehmer;
⚭ Salem (standesamt.) 3.7., (kirchl.) 4.7.2015 Christina **Höhne**, * Stuttgart 26.1.1977 (ev.), Unternehmerin, T.d. Unternehmers Claus H. u.d. Herlinde Geiger
(..., 88662 Überlingen).

2) **Pr. Ludwig** Wilhelm Georg Ernst Christoph, * Karlsruhe 16.3.1937, Forstwirt;
⚭ (standesamtl.) Salem 21.9., (kirchl.) Wald, NÖsterr., 21.10.1967 Anna Maria (Marianne) **Przssin v. Auersperg-Breunner**, * Zseliz, Kom. Bars, Ungarn, 15.12.1943 (kath.), T.d. Karl Pr. v. A.-B. auf Ainödt in Krain, Wlaschim, Böhmen, Wald, NÖsterr., Zseliz u. Ganad, Ungarn, u.d. Henriette Gfin v. Meran
(Schloss Zwingenberg, 69439 Zwingenberg).

Kinder:

(1) **Przssin Sophie** Thyra Josephine Georgine Henriette, * Heidelberg 8.7.1975, Dipl.-Betriebswirtin, MSc.
(Schloß Zwingenberg, 69349 Zwingenberg).

(2) **Pr. Berthold** Ernst-August Emich Rainer, * Heidelberg 8.10. 1976, Dipl.-Forsting.;
⚭ (standesamtl.) Bonn 24.10.2020, (kirchl.) Amorbach 28.8. 2021 Nina **Schröder**, * Bonn 29.9.1981, M.A. (Int. Management), Dipl. de grande école, T.d. Assessor jur. Erich S. u.d. Marie-Louise Noble
(Schloßstr. 1, 69439 Zwingenberg).

Tochter:

Przssin Hilda Marianne Marie-Louise Lori, * Heidelberg 16.2.2021.

(3) **Przssin Aglaë** Margarete Tatiana Mary, * Heidelberg 3.3.1981, Industriedesignerin, BSc.;
⚭ Amorbach 5.10.2019 Wolf-Georg **v. Trotha**, * Freckenhorst 28.8.1974, Unternehmer
(Ferdinand-Lassalle-Str. 8, 04109 Leipzig).

Bernhard Markgraf v. Baden

Bayern s. GGH, Fstl. Häuser, Bd 3 (2021)

Belgien s. GGH, Fstl. Häuser, Bd 3 (2021)

Bernadotte s. Schweden

Bonaparte s. GHdA, Fstl. Häuser, Bd XVIII (2007)

Bourbon s. GHdA, Fstl. Häuser, Bd XIV (1991), s. auch Brasilien, Spanien

Brabant s. Hessen

Braganza s. Portugal

Brasilien s. GHdA, Fstl. Häuser, Bd XIV (1991)

Braunschweig s. Hannover

Bulgarien s. GHdA, Fstl. Häuser, Bd XV (1997)

Capet s. Bourbon

Dänemark s. GGH, Fstl. Häuser, Bd 2 (2018), s. auch Griechenland

Frankreich s. Bourbon

Griechenland s. GGH, Fstl. Häuser, Bd 2 (2018)

Grimaldi s. Monaco

Großbritannien s. GGH, Fstl. Häuser, Bd 3 (2021)

Habsburg s. Österreich

Haus Hannover

Haus Braunschweig-Lüneburg (Welfen)

Luth. — Stammvater: Adalbert v. Este (Bezirkshauptstadt in der italienischen Provinz Padua) um 900; sein Sohn Otbert I., Markgf v. Este, 960 Pfalzgf, Gf v. Tortona, † 975; Ererbung der welfischen Güter 1055 infolge der Ehe (um 1035) Azzos II. v. Este, * um 997, † 1097, mit Kunigunde (Chuniza), Welfs II., Gfn v. Altdorf (jetzt Weingarten bei Ravensburg in Württ.), Tochter; Hzge v. Bayern 1070-1138 und 1156-1180; Ererbung der Hälfte der Billungschen Güter durch die Ehe (1095/1100) Heinrichs des Schwarzen, Hzgs v. Bayern († 1126), mit Wulfhild, † 1126, T.d. letzten Billung Magnus, † 1106; Ererbung der nordheim-supplinburg-braunschweigischen Stammgüter infolge der Ehe (1127) Heinrichs des Stolzen, † 1139, mit Gertrud, † 1143, Kaiser Lothars II., des letzten Gfn v. Supplinburg (jetzt Süpplingenburg im braunschweigischen Kr. Helmstedt), Tochter; Hzg v. Sachsen 1137-1138 und 1142-1180; Herr zu Braunschweig (nach dem durch Bruno Hzg v. Sachsen 861 gegründeten Ort) und Lüneburg 1181; Hzg zu Braunschweig und Lüneburg 21.8.1235. Von den Söhnen des Hzgs Ernst des Bekenners aus dem mittleren Hause Braunschweig entstammten: 1. die Linie Dannenberg, seit 1636 Wolfenbüttel, später Braunschweig (jüngeres Haus Braunschweig), erloschen 1884, 2. die Linie Celle (jüngeres Haus Lüneburg); sie erwarb 1598 nach dem Aussterben der dort regierenden Linie das Fstt. Grubenhagen und 1636 nach dem Aussterben des mittleren Hauses Braunschweig die Fstt. Calenberg und Göttingen; Hzg v. Sachsen-Lauenburg 1689; Kurfst v. Hannover 22.3.1692; Kg v. Großbritannien und Irland (infolge der Ehe [1658] des Kurfstn Ernst August, † 1698, mit Sophie, * 1630, † 1714, des Kurfstn Friedrich V. v. der Pfalz und der Elisabeth geb. Przssin v. England und Schottland a.d.H. Stuart, Tochter, zur Thronfolgerin von Großbritannien und Irland erklärt 22.3.1701) 1.8.1714 (bis 20.6.1837 bzw. 22.1.1901); Hzg v. Bremen und Verden 1720; Duke of Cumberland and Teviotdale (im Peerage von Großbritannien) und Earl of Armagh (im Peerage von Irland) 24.4.1799 (suspendiert 28.3.1919); Fst v. Osnabrück 1803; Kg v. Hannover 12.8.1814; Erwerb d. Fstt. Hildesheim, der Stadt Goslar, des Emslandes und des Fstt. Ostfriesland 1815; Einverleibung des Kgr. Hannover in das preußische Staatsgebiet 20.9.1866; Einspruch gegen die Einverleibung Wien 23.9.1866. Nach dem Tode des Kgs Georg V. v. Hannover Rechtsverwahrung des bisherigen Kronpr. Ernst August, welcher für die Dauer der Behinderung an der Regierung in Hannover den Titel Hzg v. Cumberland, Hzg zu Braunschweig u. Lüneburg führte (durch Schreiben an die Mächte und Höfe vom 11.7.1878). Nach Aussterben der in Braunschweig regierenden älteren Linie mit Hzg Wilhelm, † 1884, Regierungsantrittserklärung des Hzgs Ernst August 18.10.1884; Verhinderung des Regierungsantritts durch Bundesratsbeschluß 2.7.1885; zweiter Bundesratsbeschluß gegen die Regierung eines Mitgl. des Hauses Braunschweig-Lüneburg 28.2.1907; Verzicht des Hzgs Ernst August auf Braunschweig zugunsten seines Sohnes Ernst August 24.10.1913. Aufhebung der Behinderung des Hauses durch Bundesratsbeschluß 27.10.1913; Übernahme der Regierung des Hzgt. Braunschweig durch den Pr. Ernst August 1.11.1913, ohne Verzicht auf Hannover; Abdankung als Hzg von Braunschweig 8.11.1918. Die Nachgeborenen und ihre Gemahlinnen führen den Namen Prinz bzw. Prinzessin v. Hannover, v. Großbritannien u. Irland, Herzog bzw. Herzogin zu Braunschweig u. Lüneburg und, soweit sie den Hausgesetzen entsprechen, das Prädikat »Kgl. Hoheit«.

Wappen (von den Angehörigen des Hauses geführtes Kgl. hannoversches Wappen): Geviert mit Mittelschild und Herzschild; 1 und 4 in Rot pfahlweise 3 schreitende blau-bewehrte und -bezungte goldene Leoparden (England), 2 in Gold ein blau-bewehrter und -bezungter roter Löwe, im Doppellilienbord (Schottland), 3 in Blau eine goldene Harfe (Irland); Mittelschild: gespalten mit eingepfropfter Spitze; vorn übereinander in Rot 2 blau-bewehrte und -bezungte schreitende goldene Leoparden (Braunschweig), hinten in Gold mit roten Herzen bestreut ein rotbewehrter und -bezungter blauer Löwe (Lüneburg); Spitze: in Rot ein galoppierendes silbernes Ross (Niedersachsen); Herzschild: in Rot die deutsche Kaiserkrone seitlich. Über dem Schilde die hannoversche Königskrone. Schildhalter: rechts ein mit einer goldenen St.-Edwards-Krone versehener rot- bewehrter und -bezungter goldener Leopard, links ein silbernes gold-bewehrtes Einhorn mit ausgeschlagener roter Zunge, goldener Halskrone und Kette.

Literatur: Hinweise s. GHdA, Adelslexikon, Bd IV (1978) u. XVII (2008). Letztaufnahme der Genealogie: GGH, Fstl. Häuser, Bd 1 (2015).

Ernst August Christian Georg **Prinz v. Hannover**, v. Großbritannien u. Irland, **Herzog zu Braunschweig u. Lüneburg**, 1913-1918 reg. Herzog v. Braunschweig, * Penzing bei Wien 17.11.1887, † Schloß Marienburg bei Nordstemmen 30.1.1953, Kgl. preuß. GenMajor;
⚭ Berlin 24.5.1913 Viktoria Luise **Przssin v. Preußen**, * Marmorpalais bei Potsdam 13.9.1892, † Hannover 11.12.1980, ED. d. bayer. TheresienO., T.d. Wilhelm II., Deutscher Kaiser u. Kg v. Preußen, u.d. Auguste Victoria Przssin zu Schleswig-Holstein.

Söhne:

1. **Ernst August** Georg Wilhelm Christian Ludwig Franz Joseph Nikolaus Oskar **Prinz v. Hannover**, v. Großbritannien u. Irland, **Herzog zu Braunschweig u. Lüneburg**, * Braunschweig 18.3.1914, † Hannover 9.12.1987, Dr.jur., Oberstlt d. Res., Großmeister d. hann. St. Georg-, Guelphen- u. Ernst-August-O. sowie d. braunschw. O. Heinrichs d. Löwen, Rr d. dän. ElefantenO. u.d. griech. ErlöserO.;
⚭ I. (standesamtl.) Schloß Marienburg bei Nordstemmen 31.8., (kirchl.) Hannover 4.9.1951 Ortrud **Przssin zu Schleswig-Holstein-Sonderburg-Glücksburg**, * Flensburg 19.12.1925, † Hannover 6.2.1980, ED. d. bayer. TheresienO., T.d. GenLts, vorm. à la suite der Kgl. preuß. Armee Albert Pr. zu Sch.-H.-S.-G. u.d. Hertha Przssin zu Ysenburg u. Büdingen in Büdingen;
⚭ II. Laubach, OHessen, (standesamtl.) 16.7., (kirchl.) 17.7.1981 Monika **Gfin zu Solms-Laubach**, * Laubach 8.8.1929, † ebd. 4.6.2015, Buchhändlerin, T.d. erbl. Mitgl. der Ersten Kammer im Ghzgt. Hessen u. OLts Georg Friedrich Gf zu S.-L., Standeshrn auf Laubach, u.d. Johanna Przssin zu Solms-Hohensolms-Lich.

Kinder erster Ehe:

1) **Przssin Marie** Victoria Luise Hertha Friederike, * Hannover 26.11. 1952, Juristin;
⚭ (standesamtl.) Pattensen 4.6., (kirchl.) Schloß Marienburg 5.6. 1982 Michael **Gf v. Hochberg, Frhr zu Fürstenstein** a.d.H. der Fstn v. Pleß, * Züllichau 5.12.1943, Werbefachm.
(Dorotheenstr. 12, 22301 Hamburg).

2) **Ernst August** Albert Otto Rupprecht Oskar Berthold Friedrich-Ferdinand Christian-Ludwig **Prinz v. Hannover**, v. Großbritannien u. Irland, **Herzog zu Braunschweig u. Lüneburg** (Kgl. Hoheit), * Hannover 26.2.1954;
⚭ I. (mit Einwilligung d. Chefs d. Hauses vom 24.8.1981 gemäß Kap. 3 §§ 3 u. 5 des Hausgesetzes vom 19.11.1836) (standesamtl.) Pattensen 28.8., (kirchl.) Schloß Marienburg 30.8.1981 Chantal **Hochuli**, * Zürich 2.6.1955 (gesch. ... 23.10.1997), T.d. Architekten Johann (Hans) H. u.d. Rosmarie Lembeck
(...);
⚭ II. Monaco 23.1.1999 Caroline **Przssin v. Monaco**, * Monaco 23.1. 1957 (⚭ I. Monaco [standesamtl.] 28.6., [kirchl.] 29.6.1978 Philippe Junot, * Paris 19.4.1940, Finanzmakler, Ehe aufgelöst Monaco 9.10. 1980, Ehe kirchl. annulliert Rom 2.2.1992; ⚭ II. Monaco 29.12.1983 Stefano Casiraghi, * Mailand 8.9.1960, † [Bootsunfall] vor Cap Ferrat, Frankr., 3.10.1990, Industrieller), T.d. Rainier III. Fst v. M. u.d. Grace (Gracia) Patricia Kelly
(...).

Kinder: a) erster Ehe:

(1) **Erbpr. Ernst August** Andreas Philipp Constantin Maximilian Rolf Stephan Ludwig Rudolph, * Hildesheim 19.7.1983;
⚭ Hannover (standesamtl.) 6.7., (kirchl.) 8.7.2017 Ekaterina **Malysheva**, * Apatity, Oblast Murmansk, Russland, 30.7.1986, T.d. ... Igor M. u.d. Svetlana ...
(Alte Herrenhäuser Str. 14, 30419 Hannover).

Kinder:

a. **Przssin Elisabeth**, * Hannover 22.2.2018.

b. **Pr. Welf August**, * Hannover 14.3.2019.

c. **Przssin Eleonora**, * Hannover 26.7.2021.

d. **Przssin Margarita**, * München 18.7.2024.

(2) **Pr. Christian** Heinrich Clemens Paul Frank Peter Welf Ernst-Wilhelm Friedrich Franz, * Hildesheim 1.6.1985;
⚭ (standesamtl.) London 24.11.2017, (kirchl.) Lima, Peru, 16.3. 2018 Alessandra **de Osma**, * Lima 21.3.1988, ..., T.d. Managers Felipe de O. Berckemeyer u.d. Elizabeth Foy Vásquez
(...).

Kinder:

a. **Pr. Nicolas**, * ... 7.7.2020.

b. **Przssin Sofia**, * ... 7.7.2020 (Zwillingsschwester d. Vorigen).

c. **Przssin Alexia**, * ... 16.2.2024.

b) zweiter Ehe:

(3) **Przssin Alexandra** Sophia Ulrike Maryam Virginia, * Vöcklabruck, OÖsterr., 20.7.1999.

3) **Pr. Ludwig Rudolph** Georg Wilhelm Philipp Friedrich Wolrad Maximilian, * Hannover 21.11.1955, † Grünau bei Gmunden am Traunsee, OÖsterr., 28.11.1988, Bankkaufm.;
⚭ Bleiburg 4.10.1987 Isabella **Gfin v. Thurn u. Valsássina-Como-Vercelli**, * Klagenfurt 12.2.1962, † Gmunden 28.11.1988, Sekr., T.d. Dr.rer.pol. Heriprand (Ariprand) Gf v. Th. u. V.-C.-V. auf Eisenkappel, Mithrn auf Bleiburg, u.d. Maria Przssin v. Auersperg.

Sohn:

Pr. Otto Heinrich Ariprand Georg Johannes Ernst August Vinzenz Egmont Franz, * Gmunden 13.2.1988, ...
(Ziegelstadlstr. 1, 5026 Salzburg-Aigen, Österreich).

4) **Przssin Olga** Sophie Charlotte Anna, * Hannover 17.2.1958, ...
(...).

5) **Przssin Alexandra** Irene Margitha Elisabeth Bathildis, * Hannover 18.2.1959;
⚭ (standesamtl.) Amorbach, Odenwald, 5.10., (kirchl.) Gmunden 11.10.1981 Andreas **Fst zu Leiningen**, * Frankfurt am Main 27.11.1955, Unternehmer
(Palais, 63916 Amorbach, Odenwald).

6) **Pr. Heinrich** Julius Christian Otto Friedrich Franz Anton Günter, * Hannover 29.4.1961, Mag.phil. (Sportwissenschaften), Verleger;
⚭ Teistungen, Thür., (standesamtl.) 30.4., (kirchl.) 19.6.1999 Thyra **v. Westernhagen**, * Oldenburg in Oldenburg 14.8.1973, Dipl.-Forstwirtin, T.d. Prof. f. Hals-, Nasen- u. Ohrenheilkunde Dr.med. Burkhard v. W. u.d. Uta Maria v. Pape
(Brentanoweg 5, 37075 Göttingen).

Kinder:

(1) **Pr. Albert** Thilo Ludwig Arndt, * Göttingen 14.12.1999, ...

(2) **Przssin Eugenia** Friederike, * Göttingen 19.7.2001, ...

(3) **Pr. Julius** Eduard Emanuel, * Göttingen 22.2.2006.

2. **Pr. Georg Wilhelm** Ernst August Friedrich Axel, * Braunschweig 25.3.1915, † München 8.1.2006, Dr.jur., Oberstlt d. Res.;
⚭ Salem, Baden, (standesamtl.) 23.4., (kirchl.) 24.4.1946 Sophie **Przssin v. Griechenland u. Dänemark**, * Korfu 26.6.1914, † Neuhaus, OBayern, 24.11.2001 (orth.) (⚭ I. Kronberg, Taunus, 15.12.1930 Chris-

toph Pr. v. Hessen, ⚔ in den Apenninen 7.10.1943, Major d. Luftw.), T.d. Andreas Pr. v. G. u. D. u.d. Alice Przssin v. Battenberg.

Kinder:

1) **Pr. Welf** Ernst August Andreas Philipp Georg Wilhelm Ludwig Berthold, * Schloß Marienburg 25.1.1947, † Poona, Indien, 10.1.1981, Landwirt;
⚭ (in nicht hausgesetzmäßiger Ehe) (standesamtl.) München 23.5., (kirchl.) Essen-Bredeney 25.5.1969 Wibke **van Gunsteren** (s. Abt. III B) (gesch. ... 1979).

   Tochter: s. Abt. III B.

2) **Pr. Georg** Paul Christian, * Salem 9.12.1949, Heilpraktiker;
⚭ (in nicht hausgesetzmäßiger Ehe) (standesamtl.) Schliersee 20.8., (kirchl.) Rottach-Egern 17.9.1973 Victoria Ann **Bee** (s. Abt. III B) *(Rahnhazweg 103, 85521 Ottobrunn).*

   Töchter: s. Abt. III B.

3) **Przssin Friederike** Elisabeth Victoria Luise Alice Olga Theodora Helene, * Salem 15.10.1954;
⚭ Vancouver, British Columbia, Kanada, 17.8.1979 Jerry **Cyr**, * Port Alberni, British Columbia, 16.1.1951, ...
(...).

3. **Pr. Christian** Oskar Ernst August Wilhelm Viktor Georg Heinrich, * Gmunden 1.9.1919, † Lausanne 10.12.1981, Rittmeister;
⚭ (in nicht hausgesetzmäßiger Ehe) Salzburg 23.11.1963 Mireille **Dutry** (s. Abt. III B) (gesch. Brüssel 18.12.1979).

   Töchter: s. Abt. III B.

4. **Pr. Welf Heinrich** Ernst August Georg Christian Berthold Friedrich Wilhelm Louis Ferdinand, * Gmunden 11.3.1923, † Frankfurt am Main 12.7.1997, Dr.jur., Bankkaufm.;

⚭ Büdingen, OHessen, (standesamtl.) 20.9., (kirchl.) 21.9.1960 Sophie-Alexandra **Przssin zu Ysenburg u. Büdingen**, * Frankfurt am Main 23.10.1937, † ebd. 1.6.2015, T.d. Otto Friedrich Fst zu Y. u. B. u.d. Felizitas Przssin Reuß.

Ernst August Erbprinz v. Hannover

Hessen s. GGH, Fstl. Häuser, Bd 3 (2021)

Haus Hohenzollern

Kath. — Als älteste bekannte Namensträger werden Burchardus et Wezil de Zolorin (Zollern, heutige Burg Hohenzollern bei Hechingen), † 1061, genannt (vgl. Bertholdi Annales, abgedruckt in Monumenta Germaniae historica, hrsg. von Georg Heinrich Pertz, Scriptores 5, Hannover 1844, S. 272). Stammvater des nachstehend behandelten Geschlechts ist wahrscheinlich Friedrich (I.) v. Zollern, urkundl. 1085-1115, 1125 tot, der seit 1111 mit dem Gfntitel erscheint. Belehnung mit der Burggfschaft Nürnberg (Reichslehen) um 1192 infolge der Ehe (um 1184) des Gfn Friedrich (III.) (als Burggf Friedrich I.) v. Zollern († 1200) mit Sophie, T.d. letzten Burggfn a.d.H. der Gfn v. Raabs. Gf Friedrich (IV.) v. Zollern, urkundl. 1205-1251, teilt 1214 mit seinem Bruder Konrad; dieser erhält die bis dahin gemeinschaftlich besessene Burggfschaft Nürnberg und die Gfschaft Abenberg und begründet die fränkische und brandenburg-preußische Linie des Geschlechts (s. den Art. Preußen). Teilung der schwäb. Linie 1288 in Zollern u. Zollern-Schalksburg († 1408). Erwerbung der Herrschaft Haigerloch 1497. Gf Karl (I.), 24.12.1535 mit den Gfschaften Sigmaringen u. Veringen belehnt, erbt 1558 die Stammgfschaft Zollern. Teilung in die Linien Haigerloch († 7.3.1634), Hechingen († 3.9.1869) u. Sigmaringen unter seinen Söhnen 1576. — Reichsfstnstand (primog.) Regensburg 28.3.1623 (für Johann Georg Gfn v. Hohenzollern-Hechingen u. Johann Gfn v. Hohenzollern-Sigmaringen); Aufnahme in das Reichsfstnkollegium 30.6.1653 (für die † Linie Hechingen); Annahme d. Titels Burggf v. Nürnberg aufgrund der zwischen den Häusern Brandenburg u. Hohenzollern geschlossenen Erbeinigung Nürnberg 20./30.11.1695 (erneuert 29.4.1707); Souveränität infolge des Beitritts zum Rheinbund seit 12.7.1806 (für die Linien Hechingen u. Sigmaringen); Beitritt der Fstn v. Hohenzollern-Hechingen und Hohenzollern-Sigmaringen zum Deutschen Bund 7.6.1815; Böhm. Inkolat im Herrenstand 16.7.1841 (für Fst Karl Anton v. Hohenzollern-Sigmaringen); Abtretung der Souveränitätsrechte der Fstn v. Hohenzollern-Hechingen und Hohenzollern-Sigmaringen an Preußen durch Staatsvertrag Berlin 7.12.1849; preuß. Verleihung des Prädikats »Hoheit«

(primog.) durch A.KO. Charlottenburg 20.3.1850 (für die Chefs der beiden Linien); Annahme der vereinfachten Bezeichnung Fst v. Hohenzollern durch den Fstn v. Hohenzollern-Sigmaringen nach Erlöschen der Linie Hechingen 3.9.1869. — Die Nachgeborenen und ihre Gemahlinnen führen den Namen Prinz bzw. Prinzessin v. Hohenzollern und das Prädikat »Durchlaucht«.

Wappen (Stammwappen): Von Silber und Schwarz geviert; auf dem Helm mit schwarz-silbernen Decken ein wie der Schild bezeichneter Brackenrumpf.

Literatur: Hinweise s. GHdA, Adelslexikon, Bd V (1984). - Markus Twellenkamp, Die Burggfn von Nürnberg u. das deutsche Kgtum (1273 - 1417), Nürnberg 1993. — Volker Trugenberger (Hrsg.), Hohenzollern - Burg, Adelshaus, Land. Katalog zur Ausstellung des StArchivs Sigmaringen u. Hohenzollerischen GeschVereins, Stuttgart 2017.
Letztaufnahme der Genealogie: GGH, Fstl. Häuser, Bd 1 (2015).

I. Linie

Wilhelm August Karl Joseph Peter Ferdinand Benedikt **Fürst v. Hohenzollern**, * Benrath 7.3.1864, † Sigmaringen 22.10.1927, verzichtete auf die Thronfolge in Rumänien Baden-Baden 20.2.1886, Kgl. preuß. Gen. d. Inf.;
⚭ I. Sigmaringen 27.6.1889 Maria Theresia **Przssin v. Bourbon-Sizilien**, * Zürich 15.1.1867, † Cannes 1.3.1909, T.d. Ludwig Pr. v. B.-S. u.d. Mathilde Ludovika Hzgin in Bayern;
⚭ II. München 20.1.1915 Adelgunde **Przssin v. Bayern**, * Villa Amsee bei Lindau 17.10.1870, † Sigmaringen 4.1.1958, T.d. Ludwig III. Kg v. B. u.d. Maria Therese Ehzgin v. Österreich-Este.

Söhne erster Ehe (von 2 Söhnen, 1 Tochter):

1. **Friedrich** Viktor Pius Alexander Leopold Karl Theodor Ferdinand **Fürst v. Hohenzollern** usw., * Heiligendamm, Meckl., 30.8.1891, † Krauchenwies 6.2.1965, Kgl. preuß. Hauptm.;

⚭ Sibyllenort 2.6.1920 Margarete **Przssin v. Sachsen**, Hzgin zu Sachsen, * Dresden 24.1.1900, † Freiburg im Breisgau 16.10.1962, T.d. Friedrich August III. Kg v. S. u.d. Luise Ehzgin v. Österreich.

Söhne (von 4 Söhnen, 3 Töchtern):

1) **Friedrich Wilhelm** Ferdinand Josef Maria Manuel Georg Meinrad Fidelis Benedikt Michael Hubert **Fürst v. Hohenzollern** usw., * Umkirch, Breisgau, 3.2.1924, † Sigmaringen 16.9.2010, Großkr. u. EBailli d. souv. MaltRrO., JustizGroßkr. d. KonstantinO. von St. Georg, Träger des Bundesverdienstkr. I. Klasse, EBürger der Gemeinden Bayer. Eisenstein, Sigmaringen, Sigmaringendorf u. Umkirch;
⚭ (standesamtl.) Sigmaringen 5.1., (kirchl.) Amorbach 3.2.1951 Margarita **Przssin zu Leiningen**, * Coburg 9.5.1932, † Überlingen 16.6.1996, GroßkrD. d. souv. MaltRrO., T.d. KorvKpt. d. Res. Karl Fst zu L. u.d. Maria Gfstin v. Rußland.

Söhne:

(1) **Karl Friedrich** Emich Meinrad Benedikt Fidelis Maria Michael Gerold **Fürst v. Hohenzollern**, Burggraf zu Nürnberg, Graf zu Sigmaringen u. Veringen, Graf zu Berg, Herr zu Haigerloch u. Wehrstein usw. (Hoheit), * Sigmaringen 20.4.1952, lic. rer. pol., Betriebswirt, Hauptm. d. Res., Träger des Bundesverdienstkreuzes am Bande;
⚭ I. (standesamtl.) Sigmaringen 17.5., (kirchl.) Beuron 15.6.1985 Alexandra **Schenk Gfin v. Stauffenberg**, * Detmold 25.5.1960 (gesch. Sigmaringen 21.1.2010), T.d. Clemens Sch. Gf v. St. u.d. Clementine Gfin Wolff Metternich zur Gracht;
(...);
⚭ II. Umkirch bei Freiburg 17.7.2010 Katharina **de Zomer**, * Freiburg im Breisgau 16.7.1959, T.d. ... François de Z. u.d. Renate Krauss
(Karl-Anton-Platz 2, 72488 Sigmaringen).

Kinder erster Ehe:

a. **Erbpr. Alexander** Friedrich Antonius Johannes, * New York 16.3.1987, MBA, verzichtet … für sich und seine Abkömmlinge auf die mögliche Nachfolge in der Position des Chefs des Hauses Hohenzollern;
⚭ (standesamtl.) Sigmaringen 11.11.2021 Michelle **Keith**, * Voorhees, New Jersey, USA, 24.8.1986, …, T.d. … Michael K. u.d. Joan …
(…).

b. **Przssin Philippa** Marie Carolina Isabelle, * New York 2.11. 1988, M.A.
(…).

c. **Przssin Flaminia** Pia Eilika Stephanie, * München 9.1.1992, B.F.A.;
⚭ (standesamtl.) St. Anton am Arlberg 4.7.2020, (kirchl.) Sigmaringen 26.6.2021 Károly **Frhr v. Stipsicz de Ternova**, * Wien 13.6.1990, M. Sc.
(…).

d. **Przssin Antonia** Elisabeth Georgina Tatiana, * München 22.6.1995, M.A.
(…).

(2) **Pr. Albrecht** Johannes Hermann Meinrad Stephan, * Umkirch 3.8.1954, Kunsthändler
(…);
⚭ Rom 8.9.2001 Nathalie **Viets**, * Hamburg 10.11.1970 (gesch. … 10.1.2012), Gemmologin, T.d. Claus V. u.d. Generalkonsulin Hortensia Rocabado
(…).

Töchter:

a. **Przssin Josefine** Marie Isabelle Sophie Margarita, * München 31.10.2002, …
(…).

b. **Przssin Eugenia** Bernadette Maria Theresia Esperanza, * Sigmaringen 8.6.2005, …
(…).

(3) **Pr. Ferdinand** Maria Fidelis Leopold Meinrad Valentin, * Sigmaringen 14.2.1960, Dipl.-Ing., Architekt;
⚭ (standesamtl.) Sigmaringen 10.5., (kirchl.) Csicsó, Slowakei, 3.8.1996 Ilona **Gfin Kálnoky de Kőröspatak**, * Bruck an der Mur 9.6.1968, Keramikerin, T.d. Ing. Alois Gf K. de K. u.d. Sieglinde Freiin v. Oer
(…).

Kinder:

a. **Pr. Aloys** Maria Friedrich Karl, * Berlin 6.4.1999, B. Sc.
(…).

b. **Pr. Fidelis** Maria Anton Alexis Hans, * Berlin 25.4.2001, stud. Architektur
(…).

c. **Przssin Victoria** Margarita Lindi Johanna Isabelle Maria, * Berlin 28.1.2004, stud. Touristikmanagement
(…).

2) **Pr. Franz Joseph** Hubertus Maria Meinrad Michael, * Umkirch 15.3.1926, † Sigmaringen 13.3.1996, Landwirt, Großkr. u. EBailli d. souv. MaltRrO., JustizGroßkr. d. KonstantinO. von St. Georg;
⚭ I. Regensburg 15.7.1950 Fernanda **Przssin v. Thurn u. Taxis**, * Schloß Haus bei Regensburg 19.12.1927, † München 9.6.2018, führte wieder den Geburtsnamen (gesch. Freiburg im Breisgau 30.10.1951,

Ehe vom Hl. Stuhl durch Reskript vom 7.12.1954 annulliert), T.d. Franz Joseph Fst v. T. u. T. u.d. Elisabeth v. Braganza, Infantin v. Portugal;
⚭ II. (standesamtl.) London 15.3., (kirchl.) Krauchenwies, Hohenzollern, 16.4.1955 Diane **Przssin v. Bourbon v. Parma**, * Paris 22.5. 1932, † Bad Krozingen 4.5.2020 (gesch. Stuttgart 19.1.1961; Ehe kirchl. annulliert Freiburg im Breisgau 11.5.1992; ⚭ II. [standesamtl.] Stuttgart 21.3.1961, [kirchl.] Bad Krozingen 6.6.1992 Hans-Joachim Oehmichen, * Barnitz, Kr. Meißen, 4.4.1920, † Bad Krozingen 11.7. 1995, Landwirt), T.d. Gaetan Pr. v. B. v. P. u.d. Margarete Przssin v. Thurn u. Taxis.

3) **Pr. Johann Georg** Carl Leopold Eitel-Friedrich Meinrad Maria Hubertus Michael, * Sigmaringen 31.7.1932, † München 2.3.2016, Dr.phil., GenDir der Bayer. Staatsgemäldesammlungen, EBailli u. Großkr. d. souv. MaltRrO., JustizGroßkr. d. KonstantinO. von St.Georg;
⚭ (standesamtl.) Stockholm 25.5., (kirchl.) Sigmaringen 30.5.1961 Birgitta **Przssin v. Schweden**, * Schloß Haga 19.1.1937, T.d. Kgl. schwed. Oberstlts, finnländ. EObersten Gustav Adolf Erbpr. v. Sch., Hzg v. Västerbotten, u.d. Sibylla Przssin v. Sachsen-Coburg u. Gotha, Hzgin zu Sachsen
(…).

Kinder:

(1) **Pr. Carl Christian** Friedrich Johannes Meinrad Maria Hubertus Edmund, * München 5.4.1962, Landwirt, techn. Bereichsleiter *(…);*
⚭ (standesamtl.) Grünwald 8.7., (kirchl.) Kreuzpullach 26.7.1999 Nicole **Neschitsch**, * München 22.1.1968, T.d. … Nikolaus N. u.d. Margot Mayer
(…).

Sohn:

Pr. Nicolas Johann Georg Maria, * München 22.11.1999, stud. Biologie
(...).

(2) **Przssin Désirée** Margarethe Victoria Louise Sibylla Katharina Maria, * München 27.11.1963;
⚭ I. (standesamtl.) Weitramsdorf 21.9., (kirchl.) Hechingen 6.10. 1990 Heinrich **Erbgf zu Ortenburg**, * Bamberg 11.10.1956 (gesch. Coburg 3.7.2002), Land- u. Forstwirt, Betriebsinh.;
⚭ II. Schloß Bruchsal 27.11.2004 Eckbert **v. Bohlen u. Halbach**, * Essen 24.3.1956, Dipl.-Betriebswirt
(...).

(3) **Pr. Hubertus** Gustav Adolf Veit Georg Meinrad Maria Alexander, * München 10.6.1966, Lichtdesigner;
⚭ (standesamtl.) Grünwald 10.7., (kirchl.) Palma de Mallorca, Mallorca, 23.9.2000 Ute Maria **König**, * Trier 25.2.1964, T.d. Kaufm. Wilhelm K. u.d. Marianne Wehlen
(...).

Kinder:

a. **Pr. Lennart** Carl Christian, * München 10.1., † ebd. 14.1.2001.

b. **Przssin Vivianne**, * ... 2009.

4) **Pr. Ferfried** Maximilian Pius Meinrad Maria Hubert Michael Justinus, * Schloß Umkirch 14.4.1942, † München 26.9.2022, Jurist;
⚭ I. Sigmaringen 21.9.1968 Angela **v. Morgen**, * Berlin 11.1.1941, † Vogtareuth 11.1.2019 (gesch. München 25.10.1973; ⚭ II. Hollywood, Kalifornien, 2.8.1979 Fritz Wepper, * München 17.8.1941, † ebd. 25.3.2024, Schauspieler), T.d. Majors Ernst v. M. u.d. Margarethe Gfin v. Schlitz gen. v. Görtz;

⚭ II. Büsingen 7.4.1977 Eliane **Etter**, * Luzern 4.5.1947 (gesch. München 28.11.1987), T.d. Dr.med Hans E. u.d. Irmgard Zosso
(...);
⚭ III. Dresden 19.3.1999 Maja **Meinert**, * Dresden 8.10.1971 (gesch. Berlin 8.3.2007), Dipl.-Immobilienwirtin, T.d. Dipl.-Ing. Heinz M. u.d. Eva Ritter
(...).

Kinder: a) erster Ehe:

(1) **Przssin Valerie** Alexandra Henriette Margarethe, * München 10.4.1969, ...;
⚭ Grünwald 8.7.1993 Peter **Brenske**, * Duisburg 4.1.1956, Dr.rer. pol.
(...).

(2) **Przssin Stephanie** Michaela Sigrid Birgitta, * München 8.5.1971, Journalistin;
⚭ I. (standesamtl.) München 23.6., (kirchl.) Hechingen 28.9. 1996 Hieronymus **Gf Wolff Metternich zur Gracht**, * Gelsenkirchen-Horst 21.6.1955 (gesch. München 26.7.1999), lic.oec.;
⚭ II. Hechingen 2.10.2009 Martin **Haag**, * Diersdorf 16.5.1960, ...
(...).

b) zweiter Ehe:

(3) **Przssin Henriette** Anabella Gabriele Adrienne, * Zürich 26.3. 1978, ...
(...).

(4) **Pr. Moritz** Johannes Axel Peter Meinrad, * Münsterlingen, Schweiz, 5.8.1980, ...;
⚭ ... 2014 Heidi Irina **Rodríguez Peñuela**, * ..., Kolumbien, ... 1975, ..., T.d. ... u.d. ...
(...).

Töchter:

a. **Przssin Ailani**, * … 25.5.2016.

b. **Przssin Fiona**, * … 25.5.2016 (Zwillingsschwester d. Vorigen).

2. **Franz Joseph** Maria Ludwig Anton Thassilo **Prinz v. Hohenzollern-Emden** (Hinzufügung des Beinamens »Emden« für die Besatzung des Kreuzers »Emden« gemäß A. KO. d. Deutschen Kaisers Wilhelm II. durch Erlaß d. Preuß. Ministeriums d. Innern vom 18.11.1933), * Heiligendamm, Meckl., 30.8.1891 (Zwillingsbruder d. Vorigen), † Tübingen 3.4.1964, KorvKpt. d. Res.;
⚭ Sibyllenort 25.5.1921 Maria Alix **Przssin v. Sachsen**, Hzgin zu Sachsen, * Wachwitz bei Dresden 27.9.1901, † Hechingen 11.12.1990, EGroßkrD. d. souv. MaltRrO., StkrD., T.d. Friedrich August III. Kg v. S. u.d. Luise Ehzgin v. Österreich.

Kinder (von 3 Söhnen, 1 Tochter) (Prinzen bzw. Prinzessinnen v. Hohenzollern):

1) **Pr. Meinrad** Leopold Maria Friedrich Christian Ferdinand Albert, * Sigmaringen 17.1.1925, † Murnau-Hechendorf 9.9.2009, Lic.jur., FregKpt. d. Res., EBailli u. Großkr. d. souv. MaltRrO.;
⚭ (standesamtl.) Frankfurt 25.8., (kirchl.) Sigmaringen 11.9.1971 Edina **Freiin v. Kap-herr**, * Wien 23.8.1938, T.d. Alfred Frhr v. K.-h. u.d. Editha v. Burski gen. Habicht
(…).

Tochter:

Przssin Stephanie-Antoinette Alexandra Calixta Edina Maria Theresia, * Stuttgart 6.12.1974;
⚭ Ludwigsburg 6.8.1999 Sebastian **Exner**, * Böblingen 23.2.1977, Landschaftsgärtner
(…).

2) **Przssin Maria Margarete** Anna Viktoria Luise Josephine Mathilde Theresia vom Kinde Jesu, * Sigmaringen 2.1.1928, † Hechingen 4.8. 2006;
⚭ (standesamtl.) Hechingen 18.12.1965 (kirchl.) Burg Hohenzollern 23.4.1966 Carl Gregor **Hzg zu Mecklenburg**, * Remplin, Meckl., 14.3.1933, † Hechingen 23.7.2018, Dr.phil., M.A., Kunsthistoriker.

3) **Pr. Emanuel Joseph** Maria Wilhelm Ferdinand Burkhard, * München 23.2.1929, † Balingen-Stettberg 8.2.1999, Kaufm.;
⚭ (standesamtl.) Hechingen (kirchl.) Burg Hohenzollern 25.5.1968 Katharina **Przssin v. Sachsen-Weimar-Eisenach**, Hzgin zu Sachsen, * Breslau 30.11.1943 (gesch. Hechingen 1.7.1985), T.d. Bernhard Friedrich Pr. v. S.-W.-E., Hzg zu S., u.d. Felicitas Przssin zu Salm-Horstmar
(...).

Kinder:

(1) **Przssin Eugenia** Maria Margarete Adelheid Felicitas Luise Henriette, * Hechingen 13.3.1969, ...;
⚭ Kirchentellinsfurt 15.11.1991 Alexander **Sautter**, * Kirchentellinsfurt 9.7.1966, ...
(...).

(2) **Pr. Carl Alexander** Franz Joseph Wilhelm Ernst Meinrad, * Hechingen 26.10.1970, Dekorateur
(...);
⚭ I. ...;
⚭ II. ...;
⚭ III. ...

Adoptivsohn.

II. Linie

Stammvater: Karl Anton, * 1868, † 1919.
Im Mannesstamm erloschen

Pr. Albrecht Ludwig Leopold Tassilo **v. Hohenzollern**, * Potsdam 28.9. 1898, † Bühlerhöhe 30.7.1977, Major d. Res., Landwirt u. Komponist, Großkr. u. EBailli d. souv. MaltRrO.;
⚭ Potsdam 19.5.1921 Ilse Margot **v. Friedeburg**, * Potsdam 28.6.1901, † Andernach 2.7.1988 (lt FamVertrag vom 30.4.1919 Przssin v. Hohenzollern), T.d. Kgl. preuß. GenLts Friedrich (Fritz) v. F. u.d. Willy v. Wenckstern.

Sohn (von 1 Sohn, 4 Töchtern):

Pr. Godehard-Friedrich Karl Anton Heinrich Albrecht Joseph Ernst Egon Hermann Johann Georg Rudolf Tassilo Benedikt, * Koblenz 17.4. 1939, † Namedy 21.5.2001, Lt d. Res., Bankkaufm.;
⚭ München 29.8.1971 Heide **Hansen**, * Neunkirchen 2.5.1943, T.d. Bergwerksdir. Hellmut H. u.d. Hedwig Simon
(...).

Kinder:

1) **Pr. Carlos** Patrick Godehard, * München 4.12.1978, † Frankfurt am Main 25.2.2018, ...

2) **Przssin Anna** Corinna Dione, * Bonn 19.8.1983, ..., führt ihren Geburtsnamen;
⚭ Andernach 1.6.2013 Roman **Goldschmidt**, * Moravský Krumlov (Mährisch Kromau), Tschechien, 7.10.1973, Banker
(...).

Karl Friedrich Fürst v. Hohenzollern

Holstein s. GGH, Fstl. Häuser, Bd 1 (2015)

Italien s. GGH, Fstl. Häuser, Bd 2 (2018)

Jugoslawien s. GHdA, Fstl. Häuser, Bd XIII (1987)

Kara-Georgewitsch s. Jugoslawien

Kardinäle s. Papst

Liechtenstein s. GGH, Fstl. Häuser, Bd 3 (2021)

Lippe s. GGH, Fstl. Häuser, Bd 3 (2021)

Lothringen s. Hessen, Österreich

Luxemburg s. GGH, Fstl. Häuser, Bd 3 (2021)

Mecklenburg s. GGH, Fstl. Häuser, Bd 3 (2021)

DEO JUVANTE

Monaco

(Haus Grimaldi)

Kath. — Das genuesische Patriziergeschlecht Grimaldi leitet seine Herkunft von Otto Canella, 1133 Konsul in Genua, ab, dessen Sohn Grimaldo dem Geschlecht den Namen gab. Carlo Grimaldi, seit 1341 Herr v. Monaco, ist als Begründer der Dynastie anzusehen. — Franz. Anerkennung der Souveränität der Hrschaft Monaco 20.2.1512 (vom Kg Ludwig XII. für Lucien Grimaldi, Herrn v. Monaco); Reichsfstnstand Burgos 27.6.1524 (für seinen Bruder Augustine Grimaldi, Regenten von Monaco); Annahme d. Fstntitels 1612 (durch Honoré II.); span. Anerkennung d. Fstntitels 1633 (für denselben); franz. Zession der Hrschaften Crest, Montélimar u. Romans (alle in der Dauphiné) u. Errichtung des mit der Pairswürde verbundenen Hzgt. Valentinois aus diesem Besitz im Mai 1642 (vom Kg Ludwig XIII. für den vorgenannten Honoré II. Fstn v. Monaco); franz. Zession des Marquisats Les Baux (in der Provence) im Mai 1642 (für seinen Sohn Hercule Grimaldi); franz. Zession der Gfschaft Carladès (im Lyonriais), der Baronie Le Buis (in der Dauphiné) u. der Hrschaft St. Rémy (in der Provence) 1643 (für den vorgenannten Honoré Fstn v. Monaco). — Annahme d. Namens u. Wappens Grimaldi u. d. Titels Duc de Valentinois (primog.) gemäß Fstl. monegass. Erlaß Marly (durch Jacques François Léonor de Goyon de Matignon a.d.H. der Comtes de Thorigny, seit 24.10.1715 Gemahl der [seit 20.2.1731] Fstin Louise Hippolyte v. Monaco, T.d. Fstn Antoine I., † 20.2.1731, Letzten d. Hauses Grimaldi); franz. Erneuerung der Pairswürde 4.6.1814; erbl. Pair 19.8.1815; erbl. Duc-Pair de Valentinois 31.8.1817 (alles für Honoré IV. Fstn v. Monaco). — Annahme d. Namens u. Wappens Grimaldi u.d. Titels Duc de Valentinois (primog.) gemäß Fstl. monegass. Erlaß vom 18.3.1920 (durch Pierre Comte de Polignac, seit 19.3.1920 Gemahl der Erbprzssin Charlotte v. Monaco, T.d. Fstn Louis II., † 1949, Letzten d. Hauses [Goyon de Matignon-]Grimaldi). Deren Sohn Rainier III. folgte 1949 als Fst v. Monaco. — Die Nachgeborenen führen den Titel u. Namen Prinz bzw. Prinzessin v. Monaco (Durchlaucht), der Erbprinz zusätzlich den Titel Marquis des Baux; Anerkennung des

Fstntitels durch Kg Ludwig XIV. 8.6.1688 (für Fst Louis I.). Die Mitgliedschaft im Fürstenhaus ist durch Art. 10 der monegass. Verfassung in der Fassung v. 2.4.2002 und Art. 20 des monegass. Hausgesetzes v. 2.6.2015 geregelt; sie richtet sich nach dem Grad der Verwandtschaft zum jeweiligen Monarchen und ist an die Sukzessionsfähigkeit gebunden.

Wappen: Von Silber u. Rot in 4 Reihen zu je 5 Plätzen gerautet, Saint Charles Ordenskette; Schildhalter: 2 Mönche, in der freien Hand ein blankes Schwert schwingend; Wahlspruch: Deo Juvante; Fürstenkrone und -mantel.

Literatur: Hinweise s. GHdA, Adelslexikon, Bd IX (1998).
Letztaufnahme der Genealogie: GGH, Fstl. Häuser, Bd 2 (2018).

Rainier III. Louis Henri Maxence Bertrand, **Fürst v. Monaco**, Duc de Valentinois usw., * Monaco 31.5.1923, † ebd. 6.4.2005, folgte seinem Großvater 9.5.1949;
⚭ Monaco (standesamtl.) 18.4., (kirchl.) 19.4.1956 Grace (Gracia) Patricia **Kelly**, * Philadelphia, Pennsylvania, USA, 12.11.1929, † (Autounfall) Monaco 14.9.1982, vorm. Filmschauspielerin, T.d. Großindustriellen John Brendan K. u. d. Margaret Majer.

Kinder:

1. **Przssin Caroline** Louise Marguerite, * Monaco 23.1.1957;
   ⚭ I. Monaco (standesamtl.) 28.6., (kirchl.) 29.6.1978 Philippe **Junot**, * Paris 19.4.1940, Finanzmakler (Ehe aufgelöst Monaco 9.10.1980, Ehe kirchl. annulliert Rom 2.2.1992);
   ⚭ II. Monaco 29.12.1983 Stefano **Casiraghi**, * Mailand 8.9.1960, † (Bootsunfall) vor Cap Ferrat, Frankr., 3.10.1990, Industrieller;
   ⚭ III. (standesamtl.) Monaco 23.1., (kirchl.) Marienburg 27.1.1999 Ernst August **Pr. v. Hannover, v. Großbritannien u. Irland, Hzg zu Braunschweig u. Lüneburg**, * Hannover 26.2.1954.

Kinder: a) zweiter Ehe:

1) **Andrea** Albert Pierre **Casiraghi**, * Monaco 8.6.1984, MBA, ...;
   ⚭ (standesamtl.) Monaco 31.8.2013, (kirchl.) Rougemont, Schweiz, 1.2.2014 Tatiana **Santo Domingo**, * New York 24.11.1983, T.d. Geschäftsm. Julio Mario S. D. u.d. Vera Rechulski.

2) **Charlotte** Marie Pomeline **Casiraghi**, * Monaco 3.8.1986, B.A.;
   ⚭ (standesamtl.) Monaco 1.6., (kirchl.) ... 29.6.2019 Dimitri **Rassam**, * ... 16.11.1981, Filmproduzent.

3) **Pierre** Rainier Stefano **Casiraghi**, * Monaco 5.9.1987, Geschäftsm.;
   ⚭ (standesamtl.) Monaco 25.7., (kirchl.) Isola Bella, Piemont, Italien, 1.8.2015 Beatrice **Borromeo-Arese**, * Innichen, Südtirol, 18.8.1985, Journalistin, T.d. Don Carlo Ferdinando Conte B.-A. dei Principi di Angera u.d. Paola Marzotto dei Conti M.

b) dritter Ehe:

4) **Przssin** Alexandra Sophia Ulrike Maryam Virginia **v. Hannover, v. Großbritannien u. Irland, Hzg zu Braunschweig u. Lüneburg**, * Vöcklabruck, OÖsterr., 20.7.1999, ...

2. **Albert II.** Alexandre Louis Pierre, **Fürst v. Monaco**, Duc de Valentinois, Comte de Carladès, Baron du Buis, Seigneur de Saint-Rémy, Sire de Matignon, Comte de Torigni, Baron de Saint-Lô, de la Luthumière et de Hambye, Duc d'Estouteville, de Mazarin et de Mayenne, Prince de Château-Porcien, Comte de Ferrette, de Belfort, de Thann et de Rosemont, Baron d'Altkirch, Seigneur d'Isenheim, Marquis de Chilly, Comte de Longjumeau, Baron de Massy, Marquis de Guiscard, Großmeister d. O. d. Hl. Karl (Durchlaucht), * Monaco 14.3.1958;
   ⚭ Monaco (standesamtl.) 1.7., (kirchl.) 2.7.2011 Charlène **Wittstock**, * Bulawayo, Rhodesien, 25.1.1978 (kath. seit ... 4.2011), vorm. Leistungsschwimmerin, T.d. Unternehmers Michael W. u.d. Lynette Humberstone.

Kinder:

1) **Przssin Gabriella** Thérèse Marie, Comtesse de Carladès, * Monaco 10.12.2014.

2) **Erbpr. Jacques** Honoré Rainier, Marquis des Baux, * Monaco 10.12. 2014 (Zwillingsbruder d. Vorigen).

3. **Przssin Stéphanie** Marie Elisabeth, * Monaco 1.2.1965;
⚭ I. Monaco 1.7.1995 Daniel **Ducruet**, * Beausoleil, Dept Alpes-Maritimes, 27.11.1964, vorm. Polizist, Personenschützer (gesch. Monaco 4.10. 1996);
⚭ II. Genf 12.9.2003 Adans **Peres**, * Crema, Italien, 16.8.1975, Zirkusartist (gesch. ... 24.11.2004).

Kinder erster Ehe:

1) **Louis** Robert Paul **Ducruet**, * Monaco 26.11.1992, B.A. (Sports Management), Manager;
⚭ (standesamtl.) ... 26.7., (kirchl.) ... 27.7.2019 Marie **Chevallier**, * ..., ...

2) **Pauline** Grace Maguy **Ducruet**, * Monaco 4.5.1994, Modedesignerin.

Montenegro s. GHdA, Fstl. Häuser, Bd XIII (1987)

Napoléon s. Bonaparte

Nassau s. Luxemburg, Niederlande

Niederlande s. GGH, Fstl. Häuser, Bd 3 (2021)

Norwegen

(Haus Schleswig-Holstein-Sonderburg-Glücksburg)

Luth. — Nach Auflösung der Personalunion von Norwegen mit Schweden 7.6.1905 wurde Christian Frederik Carl Pr. v. Dänemark 18.11.1905 zum König v. Norwegen gewählt und nahm am gleichen Tag als Kg Haakon VII. die Krone an und wurde Trondheim 22.6.1906 gekrönt. — Die Nachgeborenen führen den Titel Prinz bzw. Prinzessin v. Norwegen (Kgl. Hoheit).

Wappen: In Rot ein gekrönter goldener Löwe mit golden-gestielter silberner Axt des heiligen Olav in den Pranken. Königskrone und hermelingefütterter purpurner Mantel, der Schild von der Kette des St. OlavO. umgeben. — Wahlspruch: Alt for Norge.

Literatur: Hinweise s. GHdA, Adelslexikon, Bd IX (1998).
Letztaufnahme der Genealogie: GGH, Fstl. Häuser, Bd 2 (2018).

Olav V. Alexander Edward Christian Frederik, **König v. Norwegen**, * Appleton House, Sandringham, 2.7.1903 (als Alexander Pr. v. Dänemark), † Kongsseteren, Oslo 17.1.1991 (seit 18.11.1905 Kronprinz Olav, folgte seinem Vater Kg Haakon VII., * 1872, † 21.9.1957), Kgl. norw. Gen. d. Generalität, Admiral u. Gen. d. Luftw., Großmeister d. St. OlavO., Großkmdr d. DanebrogO.;
⚭ Oslo 21.3.1929 Märtha **Przssin v. Schweden,** * Stockholm 28.3.1901, † Oslo 5.4.1954, T.d. Carl Pr. v. Sch., Hzg v. Vestergötland, u.d. Ingeborg Przssin v. Dänemark.

Kinder:

1. **Przssin Ragnhild** Alexandra, * Oslo 9.6.1930, † Rio de Janeiro, Brasilien, 16.9.2012, führte den Namen »Przssin Ragnhild Frau Lorentzen« (Hoheit);
   ⚭ Asker bei Oslo 15.5.1953 Erling Sven **Lorentzen**, * Ullern bei Oslo, 28.1.1923, † Oslo 9.3.2021, Schiffsreeder.

2. **Przssin Astrid** Maud Ingeborg, * Oslo 12.2.1932, führt den Namen »Przssin Astrid Frau Ferner« (Hoheit);
⚭ Asker bei Oslo 12.1.1961 Johan Martin **Ferner**, * Oslo 22.7.1927, † ebd. 24.1.2015, Geschäftsmann.

3. **Harald V. König v. Norwegen** (Majestät), * Skaugum, Asker, 21.2.1937, Kgl. norw. Gen. d. Generalität, Admiral u. Gen. d. Luftw., Großmeister d. St. OlavO.;
⚭ Oslo 29.8.1968 Sonja **Haraldsen**, * Oslo 4.7.1937, BrigGen. d. Heeres u.d. Luftw., Commodore d. Marine, T.d. Kaufm. Karl H. u.d. Dagny Ulrichsen.

Kinder:

1) **Przssin Märtha Louise**, * Oslo 22.9.1971, Physiotherapeutin;
⚭ I. Trondheim 24.5.2002 Ari **Behn**, * Århus, Dänemark, 30.9.1972, Schriftsteller (gesch. ... 2017);
⚭ II. Geiranger 31.8.2024 Derek David (seit ... Durek) **Verret**, * Scramento, Kalifornien, USA, 17.11.1974, Autor.

2) **Kronpr. Haakon** Magnus, * Oslo 20.7.1973, B.A. (Politikwissenschaften), M.Sc. (Development Studies);
⚭ Oslo 25.8.2001 Mette-Marit Tjessem **Høiby**, * Kristiansand 19.8.1973, M. of Management, T.d. Journalisten Sven H. u.d. Bankkauffrau Marit Tjessem.

Kinder:

(1) **Przssin Ingrid Alexandra**, * Oslo 21.1.2004.

(2) **Pr. Sverre Magnus**, * Oslo 3.12.2005.

Obotriten s. Mecklenburg

Österreich s. GGH, Fstl. Häuser, Bd 1 (2015)

Oldenburg s. GHdA, Fstl. Häuser, Bd XVII (2004)

Oranien s. Niederlande

Orléans s. Bourbon, Brasilien, Spanien

Papst s. GHdA, Fstl. Häuser, Bd XX (2014)

Parma s. Bourbon

Petrowitsch Niegosch s. Montenegro

Portugal s. GHdA, Fstl. Häuser, Bd XIV (1991)

Preußen s. GGH, Fstl. Häuser, Bd 3 (2021)

Reuß s. GGH, Fstl. Häuser, Bd 1 (2015)

Romanow s. Rußland

Rumänien s. GGH, Fstl. Häuser, Bd 3 (2021)

Rußland s. GHdA, Fstl. Häuser, Bd VIII (1968)

Sachsen s. GGH, Fstl. Häuser, Bd 1 (2015), s. auch Belgien, Bulgarien, Großbritannien

Savoyen s. Italien

Schaumburg-Lippe s. GGH, Fstl. Häuser, Bd 3 (2021)

Schleswig-Holstein s. Holstein

† **Schwarzburg** s. GHdA, Fstl. Häuser, Bd XIV (1991)

Schweden

(Haus Bernadotte)

Luth. — Jean Bernadotte, * Pau, Südfrankreich, 26.1.1763, † Stockholm 8.3. 1844, wurde als Marschall des franz. Kaiserreichs Prince et Duc de Pontecorvo (Stadt in der ital. Prov. Caserta) 5.6.1806; von den schwed. Ständen zum Thronfolger in Schweden erwählt 21.8.1810, vom Kg Carl XIII. v. Schweden a.d.H. Holstein-Gottorp (* 1748, † 1818, seit 4.11.1814 auch Kg v. Norwegen, unter dem Namen Karl Johan an Kindes Statt angenommen 5.11.1810, folgte er diesem als Karl XIV. Johan Kg v. Schweden u. Norwegen 1818. — Verzicht auf die Krone von Norwegen 26.10.1905 (durch Kg Oscar II. * 1829, † 1907); geänderte Thronfolgeordnung seit 1.1.1980. — Die Nachgeborenen führen den Titel Prinz bzw. Prinzessin v. Schweden (Kgl. Hoheit). — Die Kinder des Prinzen Carl Philipp sowie die Kinder der Prinzessin Madeleine gehören gemäß Kgl. Beschluss v. 7.10.2019 ohne das Prädikat Kgl. Hoheit zu führen der Kgl. Familie, jedoch nicht dem Kgl. Haus an.

Wappen (des Königs): Durch ein goldenes Tatzenkreuz geviert und belegt mit gespaltenem Herzschild, darin rechts in von Blau, Silber und Rot schrägrechts-geteiltem Felde eine gebundene goldene Wasagarbe, links über silber-gewelltem Wasser in Blau eine 3bogige silberne Brücke mit 2 krenelierten silbernen Türmen, darüber schwebend ein nach links gewendeter, auffliegender goldener napoleonischer Adler mit goldenem Donnerkeil mit Blitzen in seinen Fängen, überhöht von 7 fünfstrahligen goldenen Sternen, das Sternbild des Großen Bären darstellend (Bernadotte-Pontecorvo), 1 und 4 in Blau 3 (2,1) goldene Blätterkronen (Schweden), 2 und 3 in Blau schräglinks 3 silberne Wellenbalken, überdeckt von einem gekrönten goldenen Löwen (Folkungar); Schwedische Königskrone, Seraphinen Orden; Schildhalter: 2 widersehende mit einer schwedischen Königskrone gekrönte rot-bewehrte und rot-bezungte doppelschwänzige goldene Löwen. Fürstenmantel, schwedische Königskrone.

Literaturhinweise s. GHdA, Adelslexikon, Bd XIII (2002).
Letztaufnahme der Geneaolgie: GHdA, Fürstl. Häuser, Bd XIX (2011).

I. Linie

Oscar Fredrik Vilhelm Olaf **Gustaf VI. Adolf König v. Schweden**, * Stockholm 11.11.1882, † Helsingborg 15.9.1973, folgt seinem Vater, Dr.phil. et techn. h.c.;
⚭ I. Windsor 15.6.1905 Margaret **Przssin v. Großbritannien u. Irland**, * Bagshot Park 15.1.1882, † Stockholm 1.5.1920, T.d. Kgl. großbrit. GehRats, Feldmarschalls u. pers. Adj. d. Kgs u. vorm. GenGouv. von Kanada Arthur Pr. v. G. u. I., Hzg v. Connaught u. Strathearn, Earl of Sussex, u.d. Luise Margarethe Przssin v. Preußen;
⚭ II. London 3.11.1923 **Lady Louise Mountbatten** (bis 1917 Przssin v. Battenberg), * Heiligenberg bei Jugenheim a.d. Bergstraße 13.7.1889, † Stockholm 7.3.1965, T.d. Kgl. großbrit. Großadmirals, Ersten Seelords der Admiralität u. GehRats Dr.jur.h.c. Ludwig (Louis) Pr. v. Battenberg, 1. Marquess of Milford Haven usw., u.d. Victoria Przssin v. Hessen u. bei Rhein.

Söhne erster Ehe:

1. **Erbpr. Gustaf Adolf** Oscar Fredrik Arthur Edmund, Hzg v. Västerbotten, * Stockholm 22.4.1906, † (infolge Flugzeugunglücks) Kastrup bei Kopenhagen 26.1.1947, Kgl. schwed. Oberstlt, finnländ. EOberst;
   ⚭ Coburg (standesamtl.) 19.10., (kirchl.) 20.10.1932 Sibylla **Przssin v. Sachsen-Coburg u. Gotha**, Hzgin zu Sachsen, * Schloß Friedenstein in Gotha 18.1.1908, † Stockholm 28.11.1972, T.d. Kgl. preuß. u. Kgl. bulg. Gen. d. Inf. Karl Eduard Hzg v. S.-C. u. G. u.d. Viktoria Adelheid Przssin zu Schleswig-Holstein-Sonderburg-Glücksburg.

   Kinder:

   1) **Przssin Margaretha** Désiree Victoria, * Schloß Haga in Stockholm 31.10.1934;
   ⚭ Gärdslösa, Insel Öland, 30.6.1964 John **Ambler**, * Dorking, Surrey, 6.6.1924, † ... 31.5.2008, Kaufm.

2) **Przssin Birgitta** Ingeborg Alice, * Schloß Haga 19.1.1937;
⚭ (standesamtl.) Stockholm 25.5., (kirchl.) Sigmaringen 30.5.1961 Johann Georg **Pr. v. Hohenzollern**, * Sigmaringen 31.7.1932, † München 2.3.2016 (kath.), Dr.phil., Kunsthistoriker, GenDir. der bayer. Staatsgemäldesammlungen.

3) **Przssin Désirée** Elisabeth Sibylla, * Schloß Haga 2.6.1938;
⚭ Stockholm 5.6.1964 Niclas **Frhr Silfverschiöld**, * Koberg 31.5.1934, † ... 11.4.2017, Fkhr auf Koberg, Län Västergötland, u. Gåsevadholm, Halland.

4) **Przssin Christina** Louise Helena, * Schloß Haga 3.8.1943;
⚭ Stockholm 15.6.1974 Tord **Magnuson**, * Stockholm 7.4.1941, kaufm. Dir.

5) **Carl XVI. Gustaf** Folke Hubertus **König v. Schweden** (Majestät), * Schloß Haga 30.4.1946, folgt seinem Großvater, Kgl. schwed. Gen. d. Armee, Gen. d. Luftwaffe u. Admiral, Kgl. großbrit. EAdmiral, Ordensmeister der schwed. Orden;
⚭ Stockholm 19.6.1976 Silvia **Sommerlath**, * Heidelberg 23.12.1943, T.d. kaufm. Dir. Walther S. u.d. Alice de Toledo.

Kinder:

(1) **Kronprzssin** (seit 1.1.1980) **Victoria** Ingrid Alice Désirée, **Hzgin v. Västergötland**, * Stockholm 14.7.1977;
⚭ Stockholm 19.6.2010 Daniel **Pr. v. Schweden, Hzg v. Västergötland** (Kgl. Hoheit) (Kgl. schwed. Verleihung mit Wirkung vom 19.6.2010), vorm. Olof Daniel Westling, * Örebro 15.9.1973.

Kinder:

a. **Przssin Estelle** Silvia Ewa Mary, **Hzgin v. Östergötland,** * Solna 23.2.2012.

b. **Pr. Oscar** Carl Olof, **Hzg v. Schonen**, * Solna 2.3.2016.

(2) **Pr. Carl Philip** Edmund Bertil, **Hzg v. Värmland,** Kronpr. bis 1.1.1980, * Stockholm 13.5.1979, Grafikdesigner;
⚭ Stockholm 13.6.2015 Sofia **Przssin v. Schweden, Hzgin v. Värmland** (Kgl. Hoheit) (Kgl. schwed. Verleihung mit Wirkung vom 13.6.2015), vorm. Sofia Hellqvist, * Danderyd, Schweden, 6.12.1984, Yogalehrerin, T.d. Berufsberaters Erik H. u.d. Marketingmanagerin Marie Rotman.

Söhne:

a. **Pr. Alexander** Erik Hubertus Bertil, **Hzg v. Södermanland**, * Danderyd 19.4.2016.

b. **Pr. Gabriel** Carl Walther, **Hzg v. Dalarna**, * Danderyd 31.8. 2017.

c. **Pr. Julian** Herbert Folke, **Hzg v. Halland**, * Danderyd 26.3. 2021.

(3) **Przssin Madeleine** Thérèse Amelie Josephine, **Hzgin v. Hälsingland u. Gästrikland**, * Schloß Drottningholm 10.6.1982, B.A.;
⚭ Stockholm 8.6.2013, Christopher **O'Neill**, * London 27.6.1974, B.A. (International Relations), MBA, Wertpapieranalyst.

Kinder:

a. **Przssin Leonore** Lilian Maria, **Hzgin v. Gotland**, * New York 20.2.2014.

b. **Pr. Nicolas** Paul Gustav, **Hzg v. Ångermanland**, * Danderyd 15.6.2015.

c. **Przssin Adrienne** Josephine Alice, **Hzgin v. Blekinge**, * Danderyd 9.3.2018.

2. **Carl Johan** Arthur, * Stockholm 31.10.1916, † Ängelholm, Schweden, 5.5.2012, durch seine Heirat seiner Anrechte auf den Thron, seiner Titel und Vorrechte als etwaiger Thronerbe für verlustig erklärt, erhielt

22.2.1946 den Namen »**Bernadotte**« (Ghzgl. luxemb. Gfnstand mit »**v. Wisborg**« 2.7.1951);

s. GHdA, Gfl. Häuser B, Bd II (1960).

II. Linie

Im Mannesstamm erloschen.
Stammvater: Pr. Carl, * 1861, † 1951;
s. GHdA, Fstl. Häuser, Bd XI (1980), Abt. III A (Art. Bernadotte).

Serbien s. Jugoslawien

Sizilien s. Bourbon

Spanien s. GGH, Fstl. Häuser, Bd 2 (2018)

Toscana s. Österreich

Ungarn s. Österreich

Waldeck s. GHdA, Fstl. Häuser, Bd XX (2014)

Welfen s. Hannover

Wettin s. Sachsen

Windsor s. Großbritannien

Wittelsbach s. Bayern

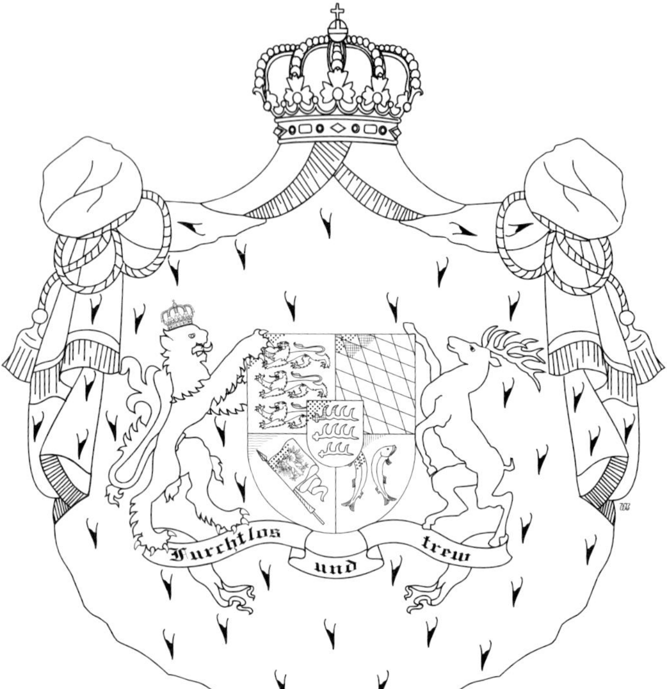
Furchtlos
und
trew

Haus Württemberg

Kath. — Das Geschlecht erscheint mit Konrad v. Wirtemberg (ehem. Schloß auf dem Rotenberg im Stadtkr. Stuttgart), urkundl. 1081-1092, dessen Großneffe Ludwig 1139 als Comes de Wirtemberg auftritt. — Erwerb der Gfschaft Urach 1260, der Gfschaft Calw um 1308 bzw. 1345, der Stammeshrschaft der Hzge v. Teck (a.d.H. Zähringen) 1325 bzw. 1381; Ererbung der Gfschaft Mömpelgard (Montbéliard, Dept Doubs) 1444; Erhebung der württ. Landschaft zum Hzgt., Reichsfstnstand als »Hzg u. Fst« sowie Namen- u. Wappenvereinigung mit denen der Hzge v. Teck Worms 21.7.1495 (für Eberhard Gfn v. Württemberg); Erhebung der Gfschaft Mömpelgard zur gefürsteten Reichsgfschaft Prag 26.5.1597 (für Friedrich Fstn u. Hzg v. Württemberg u. Teck, Gfn v. Mömpelgard); Kais. Verleihung d. Präd. »Durchl.« (primog.) Regensburg 6.3.1664 (für Eberhard Hzg zu Württemberg, Gfn v. Mömpelgard) bzw. Wien 30.10.1703 (für Leopold Eberhard Hzg zu Württemberg-Mömpelgard) bzw. Wien 20.12. 1770 (für Carl Hzg v. Württemberg); Entschädigung für die 1801 an Frankreich abgetretene Gfschaft Mömpelgard durch Ellwangen usw. 1803; Kais. Verleihung der Kurwürde Wien 24.8.1803 (für Friedrich II. Hzg zu Württemberg u. Teck); Kg 1.1.1806 (für den vorgenannten Friedrich Kurfstn v. Württemberg); Immatrikulation bei der Piltenschen Rrschaft 20.2.1805, bei der Kurländ. Rrschaft 27.2.1805 (beides für Alexander Hzg v. Württemberg auf Grünhof, Kais. russ. Gen. d. Kav. u. GenGouv. von Liv-, Est- u. Kurland); württ. Verleihung d. Präd. »Kgl. Hoheit« 11.9.1865 (für die den Nebenlinien angehörenden Hzge u. Hzginnen v. Württemberg); Thronverzicht 29.11.1918 (durch Wilhelm II. Kg v. Württemberg). — Sämtliche Mitglieder des Hauses führen den Titel u. Namen Hzg bzw. Hzgin v. Württemberg (Kgl. Hoheit).

Stammwappen: In Gold 3 schwarze Hirschstangen übereinander, die beiden oberen zu je 4, die unterste zu 3 Enden; auf dem Helm mit rot-goldenen Decken ein golden-beschlagenes rotes Hifthorn, dessen Mundloch mit 3 (rot-silbern-blau) Straußenfedern besteckt ist.

Hauswappen nach dem Ersten Weltkrieg: Geviert und belegt mit goldenem Herzschild, darin das Stammwappen, 1 in Gold übereinander 3 schreitende rotbezungte schwarze Löwen (Hohenstaufen), 2 von Gold und Schwarz gerautet (Herzöge von Teck), 3 in Blau an schräger roter Lanze eine goldene Fahne mit rotbewehrtem und rotbezungtem schwarzem Adler (Reichssturmfahne), 4 in Rot 2 aufrechte abgewendete Barben (Gfschaft Mömpelgard); Schildhalter: rechts gekrönter rotbezungter schwarzer Löwe, links rotbezungter goldener Hirsch mit 10 Enden; Fürstenmantel mit Königskrone; Motto: Furchtlos und treu.

Literatur: Hinweise s. GHdA, Adelslexikon, Bd XVI (2005). - Walter Greiner, Altschwäbischer Adel 746-1083. Die Zeit vom Cannstatter Blutbad bis zu den Stammeltern der Württemberger; Informationen über den Anfang des Hauses Württemberg, 1. Aufl., Sonthofen, 1996.
Letztaufnahme der Genealogie: GGH, Fstl. Häuser, Bd 2 (2018).

Albrecht Maria Alexander Philipp Joseph **Herzog v. Württemberg**, * Wien 23.12.1865, † Schloß Altshausen, Württ., 29.10.1939, folgt dem Kg Wilhelm II. v. Württemberg († 1921), als Chef des Hauses, Dr.phil. h.c., Dr.jur. h.c., Kgl. württ. u. Kgl. preuß. GenFeldmarschall;
⚭ Wien 24.1.1893 Margarete Sophie **Ehzgin v. Österreich**, * Artstetten 13.5.1870, † Gmunden 24.8.1902, T.d. K.u.K. Gen. d. Kav. Karl Ludwig Ehzg v. Ö. u.d. Annunciata Przssin v. Bourbon-Sizilien.

Söhne (von 3 Söhnen, 4 Töchtern):

1. **Philipp** Albrecht Carl Maria Joseph Ludwig Hubertus Stanislaus Leopold **Herzog v. Württemberg**, * Stuttgart 14.11.1893, † Ravensburg 15.4. 1975, Dr.jur., Kgl. württ. Major, Rr d. O. vom GVlies, d. Schw. AdlerO. usw., EBailli u. GroßkrRr d. souv. MaltRrO.;
   ⚭ I. Altshausen 24.10.1923 Helene **Ehzgin v. Österreich**, * Linz 30.10. 1903, † Tübingen 8.9.1924, StkrD., T.d. K.u.K. Gen. d. Inf. Peter Ferdinand Ehzg v. Ö. a.d.H. Toscana u.d. Maria Christine Przssin v. Bourbon-Sizilien;

⚭ II. Friedrichshafen 1.8.1928 Rosa **Ehzgin v. Österreich**, * Parsch bei Salzburg 22.9.1906, † Friedrichshafen 17.9.1983, StkrD., EGroßkrD. d. souv. MaltRrO., Schwester der ersten Gemahlin.

Kinder: a) erster Ehe:

1) **Hzgin Marie Christine** Helene Philippine Albertine Margarethe Amélie Elisabeth Therese Rosa Josepha Antonia Hedwig Aloysia, * Tübingen 2.9.1924, StkrD.;
⚭ Schloß Altshausen 23.9.1948 Georg **Pr. v. u. zu Liechtenstein, Gf zu Rietberg**, * Groß-Ullersdorf, Mähren, 11.11.1911, † Wien 18.1.1998, Dr.rer.agr., Dipl.-Ing.
(Schennastr. 3, 39012 Meran-Obermais, Italien).

b) zweiter Ehe

2) **Hzgin Helene** Maria Christine Rosa Margarethe Albertine Philippine Amélie Therese Josepha Antonia Alix Petrine Paula Pia, * Stuttgart 29.6.1929, † Altshausen 22.4.2021, JustizGroßkrD. d. KonstantinO. von St. Georg;
⚭ (standesamtl.) Altshausen 22.8., (kirchl.) Friedrichshafen am Bodensee 23.8.1961 Friedrich **Markgf Pallavicini**, * Budapest 23.12.1924, † Gmunden 8.8.2022, Konsulent.

3) **Hzg Ludwig** Albrecht Maria Philipp Peter Ferdinand Karl Gottfried Georg Alfons, * Stuttgart 23.10.1930, † Weingarten 6.10.2019, verzichtet Altshausen 29.6.1959 und 19.1.1960 auf seine etwaigen Thronrechte und die Zugehörigkeit zum Hause;

s. Abt. III B.

4) **Hzgin Elisabeth** Maria Margarethe Alix Helene Rosa Philippine Christine Josepha Therese vom Kinde Jesu, * Stuttgart 2.2.1933, † London 22.1.2022, JustizGroßkrD. d. KonstantinO. von St. Georg;
⚭ Altshausen (standesamtl.) 18.7., (kirchl.) 19.7.1958 Antoine **Pr. v. Bourbon-Sizilien**, * Cannes 20.1.1929, † ebd. 11.11.2019, Dipl.-Ing.

5) **Hzgin Marie Therese** Nadejda Albertine Rosa Philippine Margarethe Christine Helene Josepha Martina Leopoldine, * Altshausen 12.11.1934, erhält Paris 22.2.1984 vom Chef des Hauses Frankreich den Titel **Hzgin v. Montpensier**, JustizGroßkrD. d. KonstantinO. von St. Georg
(18 Rue Rousselet, 75007 Paris, Frankreich);
⚭ Dreux, Dept Eure-et-Loire, 5.7.1957 Heinrich (Henri) **Gf v. Paris, Pr. v. Frankreich**, * Woluwé-Saint-Pierre bei Brüssel 14.6.1933, † Paris 21.1.2019 (Ehe gerichtl. getrennt Paris 23.2.1977, gesch. ebd. 3.2.1984, Ehe kirchl. annulliert …).

6) **Carl** Maria Peter Ferdinand Philipp Albrecht Joseph Michael Pius Konrad Robert Ulrich **Herzog v. Württemberg**, * Friedrichshafen 1.8.1936, † Ravensburg 7.6.2022, Dr.theol. h.c., Rr d. O. vom GVlies, d. AnnunciatenO. usw., EBailli u. GroßkrRr d. souv. MaltRrO., Großes Verdienstkr. des VerdienstO der Bundesrepublik Deutschland, ESenator der Univ. Tübingen u. Hohenheim;
⚭ Altshausen (standesamtl.) 18.7., (kirchl.) 21.7.1960 Diane **Przssin v. Frankreich**, * Petropolis, Brasilien, 24.3.1940, JustizGroßkrD. d. KonstantinO. von St. Georg, EGroßkrD. d. souv. MaltRrO., T.d. Heinrich Gf v. Paris u.d. Isabelle Przssin v. Orléans u. Braganza
(88361 Schloß Altshausen).

Kinder:

(1) **Hzg Friedrich** Philipp Carl Franz Maria, * Friedrichshafen 1.6. 1961, † (Verkehrsunfall) Ebenweiler 9.5.2018, Oberst d. Res., Rr d. O. vom GVlies;
⚭ Altshausen (standesamtl.) 11.11., (kirchl.) 13.11.1993 Marie **Przssin zu Wied**, * München 27.12.1973, T.d. Ulrich Pr. zu W. u.d. Ilke Fischer
(…).

Kinder:

a. **Wilhelm** Friedrich Carl Philipp Albrecht Nikolaus Erich Maria **Herzog v. Württemberg** (Kgl. Hoheit), * Ravensburg 13.8.1994, Rr. d. O. Unserer Lieben Frau zur Empfängnis von Vila Viçosa
(88361 Schloß Altshausen).

b. **Hzgin** Marie-**Amélie** Diane Katharine Beatrix Philippa Sophie, * Ravensburg 12.3.1996, Konzertviolinistin;
⚭ (standesamtl.) Friedrichshafen 20.5., (kirchl.) Altshausen 2.9.2023 Franz-Ferdinand **Frhr v. Feilitzsch**, * Rottach-Egern 21.11.1997, Geschäftsf.
(...).

c. **Hzgin** Sophie-**Dorothée** Martina Johanna Henriette Charitas Maria, * Ravensburg 19.8.1997, ...
(...).

(2) **Hzgin Mathilde** Marie-Antoinette Rosa Isabelle, * Friedrichshafen 11.7.1962;
⚭ Altshausen (standesamtl.) 17.11., (kirchl.) 19.11.1988 Erich **Fst v. Waldburg zu Zeil u. Trauchburg**, * Ravensburg 21.11.1962
(Schloß Zeil, 88299 Leutkirch).

(3) **Hzg Eberhard** Alois Nikolaus Heinrich Johannes Maria, * Friedrichshafen 20.6.1963, Unternehmer, verzichtet Stuttgart 8.3.2011 für sich und seine Abkömmlinge auf die mögliche Nachfolge in der Position des Chefs des Hauses Württemberg;

s. Abt III B.

(4) **Hzg Philipp** Albrecht Christoph Ulrich Maria, * Friedrichshafen 1.11.1964, Dr.phil., Kunsthistoriker, Geschäftsf.
(Ditmarstr. 33, 60487 Frankfurt am Main);

⚭ Altshausen (standesamtl.) 28.6., (kirchl.) Tegernsee 27.7.1991 Marie **Hzgin in Bayern**, * München 23.6.1969 (gesch. Frankfurt am Main 17.7.2023), T.d. Max Emanuel Pr. v. B., Hzg in B., u.d. Elizabeth Gfin Douglas
(...).

Kinder:

a. **Hzgin Sophie** Anastasia Assunta Marie Pauline, * München 15.1.1994, ...;
⚭ (standesamtl.) Altshausen 15.9., (kirchl.) Tegernsee 20.10. 2018 Maximilien **d'Andigné**, * ..., GenDir.
(..., Paris, Frankreich).

b. **Hzgin Pauline** Philippa Adelheid Helena Marie, * London 15.4.1997, ...
(Ditmarstr. 33, 60487 Frankfurt am Main).

c. **Hzg Carl Theodor** Philipp Maria Max Emanuel, * London 15.6.1999, ...
(Ditmarstr. 33, 60487 Frankfurt am Main).

d. **Hzgin Anna** Maximiliana Elizabeth Mariella Marie, * Frankfurt am Main 2.2.2007.

(5) **Hzg Michael** Heinrich Albrecht Alexander Maria, * Friedrichshafen 1.12.1965, Mitgl. d. Hofkammerdirektion des Hauses Württemberg;
⚭ (in als ebenbürtig anerkannter Ehe gem. Familienbeschluß vom 1.8.2012) Altshausen (standesamtl.) 7.7., Friedrichshafen (kirchl.) 8.7.2006 Julia Ricarda **Storz**, * München 4.4.1965, Rechtsanwältin, T.d. Dipl.-Kaufm. Dr. Hans Ulrich St. u.d. Dipl.-Kauffrau Dr. Ingrid Wizemann
(...).

(6) **Hzgin** Eleonore **Fleur** Juanita Charlotte Eudoxie Marie-Ange, * Friedrichshafen 4.11.1977;

⚭ Altshausen (standesamtl.) 8.8., (kirchl.) 9.8.2003 Moritz **Gf v. Goëss,** Frhr zu Carlsberg u. Moosburg, * Klagenfurt 5.6.1966, Geschäftsf. der Goëss & Co. GmbH
(Freundsam 1, 9556 Liebenfels, Österreich).

7) **Hzgin Marie Antoinette** Conrada Rosa Helene Michaela Josepha Christine Margarethe Pia, * Altshausen 31.7.1937, † Friedrichshafen 12.11.2004.

2. **Hzg Albrecht Eugen** Maria Philipp Carl Joseph Fortunatus, * Stuttgart 8.1.1895, † Schwäbisch Gmünd 24.6.1954, Hr der Hrschaft Carlsruhe (§), OSchles., Kgl. württ. Hauptm.;
⚭ Bad Mergentheim 24.1.1924 Nadejda **Przssin v. Bulgarien**, * Sofia 30.1.1899, † Stuttgart 15.2.1958, StkrD., ED. d. bayer. TheresienO., T.d. Ferdinand I. Kg v. B. u.d. Marie Louise Przssin v. Bourbon u. Parma.

Kinder:

1) **Hzg Ferdinand Eugen** Albrecht Maria Joseph Ivan Rilsky Philipp August Clemens Karl Robert Ludwig Boris Cyrill Franz de Paula, * Carlsruhe, OSchles., 3.4.1925, † Friedrichshafen 2.11.2020, Forstdir., E- u. DevRr d. souv. MaltRrO.

2) **Hzgin Margarethe Louise** Eudoxie Nadejda Maria Josepha Albertine Therese Amélie Elisabeth Benedicta Rosa Catharina Elisabetha-Bona, * Carlsruhe, OSchles., 25.11.1928, † Paris 10.6.2017;
⚭ Altshausen (standesamtl.) 7.8., (kirchl.) 8.8.1970 François **Luce-Bailly de Chevigny**, * Paris 15.6.1923, † Neuilly-sur-Seine, Dept Hauts-de-Seine, Frankr., 6.3.2022.

3) **Hzg Eugen Eberhard** Albrecht Maria Joseph Ivan Rilsky Robert Ulrich Philipp Odo Carl Hubert, * Carlsruhe, OSchles., 2.11.1930, † Frankfurt am Main 26.7.2022, Dipl.-Volkswirt, Bankkaufm.;
⚭ (standesamtl.) Mondsee, OÖsterr., 31.8., (kirchl.) Salzburg 3.9. 1962 Alexandra **Ehzgin v. Österreich,** * Sonnberg, NÖsterr., 21.5. 1935 (gesch. Frankfurt am Main 6.4.1972, Ehe kirchl. annulliert

Rom 7.11.1973; ⚭ II. [standesamtl.] Mondsee 22.8., [kirchl.] Salzburg 29.12.1973 Victor Frhr v. Baillou, * Wien 27.6.1931, Dr.jur.), T.d. Anton Ehzg v. Ö. u.d. Ileana Przssin v. Rumänien
(...).

4) **Hzg Alexander** Eugen Philipp Albrecht Ferdinand Maria Joseph Ivan Rilsky Johannes-Joseph vom Kreuz, * Stuttgart 5.3.1933, † München 18.2.2024, Dr.phil., Kunsthistoriker.

5) **Hzgin Sophie** Eudoxie Maria Louise Josepha Margarethe Theresia vom Kinde Jesu Konrada Donata, * Stuttgart 16.2.1937
(25 Avenue Pierre I de Serbie, 75116 Paris, Frankreich);
⚭ Altshausen (standesamtl.) 17.2., (kirchl.) 18.2.1969 Antonio Manuel Rôxo **de Ramos-Bandeira**, * Santa Isabel bei Lissabon 2.8.1937, † Rio de Janeiro 26.2.1987, portug. Botschaftssekr. (gesch. München 11.2.1974, Ehe kirchl. annulliert Freiburg im Breisgau 18.10.1976).

Wilhelm Herzog v. Württemberg

Zähringen s. Baden

Souveräner Malteser-Ritter-Orden s. GGH, Fstl. Häuser, Bd 2 (2018)

Zweite Abteilung

Genealogie der deutschen Standesherrlichen Häuser

Vormals reichsständische, später standesherrlich untergeordnete Fürstliche und Gräfliche Häuser mit dem Recht der Ebenbürtigkeit den regierenden Fürstenhäusern gemäß Art. 14 der deutschen Bundesakte vom 8. Juli 1815.

Die in dieser Abteilung nachgewiesenen Familien sind nach genealogischen Gesichtspunkten aufgeführt. Es ist dabei nicht untersucht, ob die von den Mitgliedern des standesherrlichen Häusern geschlossenen Ehen den Erfordernissen der einzelnen Hausgesetze entsprechen oder nicht.

Arenberg

Kath. — Hennegauer Uradel, der mit Fastre v. Ligne (bei Leuze, belg. Prov. Hennegau) 1047 urkundl. (Urk. d. Bischofs Gerard von Cambrai) zuerst erscheint und dessen Stammreihe mit Dietrich (Thierry) v. Ligne, urkundl. 1142-1176, beginnt. — Ererbung der Herrschaft Barbançon vom Hause d'Abbeville um 1480 (Fstt. 8.2.1614, Übergang in das Haus Wignacourt-Lannoy 1715); Annahme des Namens u. Wappens der Gfn v. Arenberg (Bez. Koblenz) infolge der Heirat (18.10.1547) des Johann v. Ligne-Barbançon (* um 1525, ⚔ 1568) mit Margaretha (* 1527, † 1599), Schwester u. Erbin d. Robert III., letzten Gfn v. Arenberg a.d.H. der Gfn v. der Marck († 1544); Erhebung der Gfschaft Arenberg zu einer gefsteten Reichsgfschaft Wien 5.3.1576 (für die vorgenannte Margaretha Gfin v. Arenberg und ihre Kinder); Sitz u. Stimme im Reichsfstnkollegium 11.10.1576; Ererbung des Hzgt. Aerschot u.d. Fstt. Chimay sowie der Würde eines Granden von Spanien I. Kl. 13.1.1612 infolge der Heirat (4.1.1587) des Carl gefsteten Gfn v. Arenberg (* 1550, † 1616) mit Anna (* 1564, † 1635), Schwester u. Erbin d. Carl Fstn v. Croÿ-Chimay, Hzgs v. Aerschot († 1612); Hzg v. Arenberg (unbeschränkt) u. Erhebung der gefsteten Gfschaft Arenberg zu einem Reichshzgt. Wien 9.6.1644 (für das Gesamtgeschlecht); Ererbung der Gfschaft Schleiden u. Annahme d. Titels Gf v. der Marck (mit der Würde eines Granden von Spanien) 5.10.1773 infolge der Heirat (18.6.1748) des Carl Hzgs v. Arenberg (* 1721, † 1778) mit Louise Margarethe (* 1730, † 1820), T. u. Erbin d. Ludwig Engelbert, letzten Gfn v. der Marck; Entschädigung für die im Frieden von Lunéville (9.2.1801) verlorenen linksrhein. Besitzungen durch das ehem. Bischöfl. münstersche Amt Meppen 26.11.1802 und die ehem. Kurfstl. köln. Gfschaft Recklinghausen 1.2.1803; souv. Hzgt. Arenberg (bestehend aus Meppen u. Recklinghausen sowie dem ehem. Bischöfl. münsterschen, seit 1803 Hzgl. Croÿ'schen Amt Dülmen) 12.7.1806 bis 13.12.1810 bzw. 3.3.1811 (Meppen u. Dülmen werden Frankreich, Recklinghausen dem Ghzgt. Berg zugeteilt, auf dem Wiener Kongreß 1815 Hannover u. Preußen untergeordnet); böhm. Inkolat im Herrenstand Wien 12.12.1814 (für Ernst Pr. u. Hzg v. Arenberg); Zuständigkeit d. Präd.„Durchlaucht« (primog.) gemäß Bundestagsbeschluß vom 18.8.1825; hann. Erhebung von Meppen zum Hzgt. Arenberg-Meppen 9.5.1826; franz. Pair (primog.) 1827; franz. Duc-Pair (primog.) 1828 (beides von Kg Karl X. für Pierre Pr. u. Hzg v. Arenberg); preuß. Anerkennung d. Präd. „Durchlaucht« (primog.) durch A.KO. vom 21.2.1832; preuß. Ausdehnung (unbeschränkt) durch A.KO. vom 3.3.1833; österr. Anerkennung durch A.E. vom 22.2.1847; erbl. Mitgl. d. preuß. Herrenh. 12.10.1854; belg. Bestätigung als Prince d'Arenberg mit »Altesse Sérénissime« 16.7.1953 (für Evrard Pr. u. Hzg v. Arenberg); belg. Bestätigung dgl. 13.12.1993 u. Titel Herzog v. Arenberg für den Chef des Hauses 16.12.1993 (alles für Jean 12. Hzg v. Arenberg). — Die Nachgeborenen führen den Titel u. Namen Pr. u. Hzg bzw. Przssin u. Hzgin v. Arenberg (Durchlaucht). — Hausarchiv: Archiv- u. Kulturzentrum von Arenberg e.V. und Arenberg Stiftung, Rue de l'Yser 6-8, 7850 Enghien/Edingen, Belgien; Homepage: www.arenberg-foundation.eu.

Stammwappen: In Rot 3 (2, 1) 5blättrige goldene Mispelblüten; auf dem Helm mit rot-goldenen Decken ein natürlicher Pfauenwedel, belegt mit den 3 Mispelblüten.

Literatur: Hinweise s. GHdA, Adelslexikon, Bd I (1972) u. Bd XVII (2008). — Claude-Isabelle Brelot et Bertrand Goujon, La Maison d'Arenberg en France, Enghien 2018. — Mark Derez, Soetkin Vanhauwaert en Anne Verbrugge, Arenberg, Schoonheid en Macht, Brepols, Leuven 2018. — William Godsey und Veronika Hyden-Hanscho, Das Haus Arenberg und die Habsburger Monarchie, Enghien 2019. — Isabelle van den Hove, The dukes of Arenberg, the thousand-year history of a noble family, Enghien 2024.
Letztaufnahme der Genealogie: GGH, Fstl. Häuser, Bd III (2018).

Chef: **Leopold 13. Herzog v. Arenberg,** * 1956.

I. Linie

Stammvater: Hzg Prosper-Ludwig, * 1785, † 1861.

Jean Baptiste Engelbert Marie François Ghislain Léonard **Prinz u. Herzog v. Arenberg**, * Brüssel 18.10.1850, † Düsseldorf 2.4.1914;
⚭ Héverle 24.9.1889 Sophie **Przssin u. Hzgin v. Arenberg**, * Salzburg 26.7. 1871, † Düsseldorf 29.5.1961, T.d. Engelbert-August 8. Hzg. v. A. usw., u.d. Eleonore Przssin u. Hzgin v. Arenberg.

Söhne (von 5 Söhnen, 1 Tochter):

1. **Pr. u. Hzg Evrard**-Engelbert Antoine, * Brüssel 18.2.1892, † ebd. 12.8. 1969 (belg. Bestätigung als Prince d'Arenberg mit »Altesse Sérénissime« 16.7.1953), E- u. DevRr d. souv. MaltRrO., Rr d. bayer. St. GeorgO.;
⚭ Lausanne 25.8.1920 Anne-Louise **Gfin v. Merode**, * Loverval, Hennegau, Belgien, 13.9.1894, † Brüssel 18.11.1969, StkrD., T.d. Kgl. belg. Senators, OHofmarschalls der Kgin der Belgier Werner Gf v. M. a.d.fstl. H. u.d. Pauline de La Rochefoucauld a.d.H. der Ducs d'Estissac.

Sohn (von 3 Söhnen, 1 Tochter):

Jean-Engelbert **12. Herzog v. Arenberg**, 18. Herzog v. Aerschot, 7. Herzog v. Meppen, 7. Fürst v. Recklinghausen, Graf v. der Marck usw., * Den Haag 14.7.1921, † Lausanne-Ouchy, Schweiz, 15.8.2011 (belg. Anerkennung als Chef des Hauses mit dem Titel Herzog v. Arenberg 16.12.1993), Dr.jur., M.A., Dr.h.c., Präs. u. Verwaltungsratsmitglied verschiedener Gesellschaften, EBürger von Enghien u. Aarschot, E- u. DevRr d. souv. MaltRrO., Komtur ad hon. d. bayer. St. GeorgO.;
⚭ Berchtesgaden (standesamtl.) 18.1., (kirchl.) 20.1.1955 Sophie **Przssin v. Bayern**, * Starnberg 20.6.1935, E- u. DevD. d. souv. MaltRrO., ED. d. bayer. TheresienO., D. d. St. ElisabethenO., T.d. Rupprecht Kronpr. v. B. u.d. Antonia Przssin v. Luxemburg u. v. Nassau

(10 Avenue des Acacias, 1006 Lausanne, Schweiz; 88 Rue de la Foret, 6900 Champlon-Famenne, Belgien).

Kinder:

(1) **Leopold** Engelbert Evrard Ruprecht Gaspard **13. Herzog v. Arenberg**, 19. Herzog v. Aerschot, 8. Herzog v. Meppen, 8. Fürst v. Recklinghausen, Graf v. der Marck usw. (Durchlaucht), * Tervuren 20.2.1956, Lic.jur., M.B.A., Verwaltungsratsmitgl. verschiedener Gesellschaften, Vorstandsvors. der Arenberg Stiftungen, E- u. DevRr d. souv. MaltRrO., Rr d. bayer. St. GeorgO.; ⚭ (standesamtl.) Pully, Kt. Waadt, 30.6., (kirchl.) Funchal, Madeira, 9.9.1995 Isabel **Gfin zu Stolberg-Stolberg**, * Aachen 7.6. 1963, graduée marketing EPHEC, T.d. Kaufm. Wilhelm Gf zu St.-St. u.d. Irene (Irina) Przssin v. Isenburg
(Avenue de l'Avenir 19, 1009 Pully, Schweiz).

Kinder:

a. **Przssin u. Hzgin Natasha** Sophie Maria Annunziata Gaspara, * Brüssel 21.12.1996, Dipl.-Hotelkauffrau, M.A. (Art Business), Gemmologin
(19 avenue de l'Avenir, 1009 Pully, Schweiz).

b. **Erbpr. u. Hzg Philip**-Leopold Jean Wilhelm Engelbert Melchior, * Lausanne-Ouchy 20.5.1999, M.Sc. (Applied Biosciences and Biotechnology), M.Sc. (Sustainable Aquaculture)
(19 avenue de l'Avenir, 1009 Pully, Schweiz).

c. **Pr. u. Hzg Alexandre** Pierre Ernest Franz Josef Balthasar, * Lausanne 2.11.2001, B.A. (Business Administration), ...
(19 avenue de l'Avenir, 1009 Pully, Schweiz).

(2) **Pr. u. Hzg Charles** Louis Felix Melchior, * Tervuren 13.3.1957, Lic.jur., Verwaltungsratsmitgl. verschiedener Gesellschaften, Kgl. belg. Lt d. Res., E- u. DevRr d. souv. MaltRrO.;

Wappen der Herzöge von Arenberg

Johann v. Ligne-Barbançon

* 1525 † 1568

Annahme des Namens u. Wappens der Gfn v. Arenberg infolge der Heirat mit Margaretha Gfn v. Arenberg

Statthalter des Königs von Spanien in Friesland, gefallen bei der Schlacht von Heiligerlee (Groningen) am 23.5.1568

Margaretha Gfin v. Arenberg a.d.H. der Gfn v. der Marck

Gefürstete Gräfin v. Arenberg

* 1527 † 1599

Gemahlin des Johann v. Ligne-Barbançon

Leopold Philipp 4. Herzog v. Arenberg

* 1690 † 1754

Feldmarschall u. Oberbefehlshaber der kaiserlichen Truppen in den Österreichischen Niederlanden, Gouverneur von Mons usw.

Jean-Engelbert 12. Herzog v. Arenberg
* 1921 † 2011
Dr.jur., Dr.h.c., Präsident u. Verwaltungsratsmitglied verschiedener Gesellschaften, EBürger von Enghien u. Aarschot, E- u. DevRr d. souv. MaltRrO., Komtur ad hon. d. bayer. St. GeorgO

s. S. 179

Privileg Kaiser Maximilians II. über die Erhebung der Herzöge von Arenberg in den Reichsfürstenstand aus dem Jahr 1576

Taler der gefürsteten Grafschaft Arenberg 1576

Golddukat 1783 unter Ludwig Engelbert 6. Herzog v. Arenberg

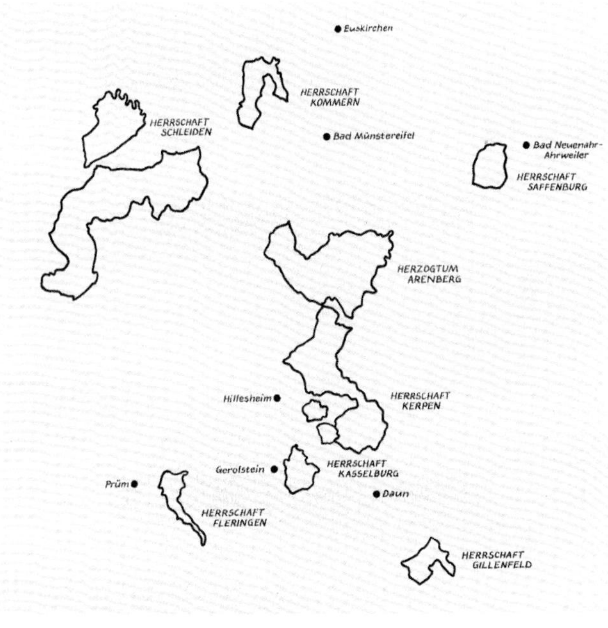

Karte des alten Herzogtums Arenberg im späten 18. Jahrhundert

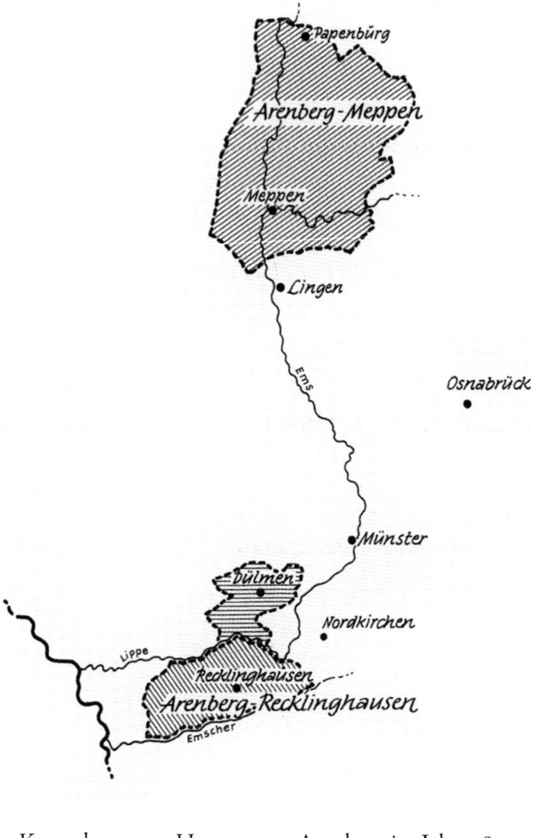

Karte des neuen Herzogtums Arenberg im Jahre 1810

⚭ Florenz (standesamtl.) 7.11., (kirchl.) 26.11.1988 Fiammetta **de'Frescobaldi Franceschi Marini**, * Florenz 22.5.1959, Dr.sc. agr., T.d. Dr.sc.agr. Vittorio de'F. F. M. dei Marchesi di Montecastello della Pineta u.d. Bona Marchi
(Avenue des Fleurs 2A, 1150 Brüssel, Belgien).

Kinder:

a. **Przssin u. Hzgin Anne-Hélène** Sophie Vittoria Laura Gaspara, * London 7.11.1989, M.Sc., Business Executive;
⚭ Brüssel 26.11.2022 Xavier **Rehman Fawcett**, * London, 12.11.1988, ..., Investment Dir.
(3 Vicarage Gate, W8 4HH London).

b. **Pr. u. Hzg Evrard** Guillaume Engelbert Jean Melchior, * Lausanne 18.1.1996, Dipl.-Hotelkaufm.
(Avenue des Fleurs 2A, 1150 Brüssel, Belgien).

(3) **Przssin u. Hzgin Marie-Gabrielle** Elisabeth, * Tervuren 2.6. 1958;
⚭ Lausanne 28.1.1984 Gilles **Morel de Boncourt**, * Humerœuilles, Dept Pas-de-Calais, 10.5.1955, Forstwirt
(La Texonnière, 87400 St Martin Terressus, Frankreich).

(4) **Pr. u. Hzg Henri** Antoine Marie, * Tervuren 20.5.1961, Dipl.-Hotelkaufm., Verwaltungsratsmitgl. verschiedener Gesellschaften, E- u. DevRr d. souv. MaltRrO.;
⚭ (standesamtl.) Löwen 12.1., (kirchl.) La Bastide d'Engras, Dept Gard, 28.4.2001 Marie-Thérèse (Daïné) **Vicomtesse de Spoelberch**, * Uccle 15.1.1972, T.d. Ing. André Vicomte de Sp. u.d. Claude de Clermont-Tonnerre a.d.H. der Comtes de C.-T.
(Avenue des Statuaires n°88, 1180 Brüssel, Belgien).

Kinder:

a. **Pr. Charles-Ferdinand** Jean André Engelbert Gaspard, * Lausanne 21.3.2002, B.A. (International Business Law), ...

b. **Przssin u. Hzgin Joia** Sophie Claude Maria Stéphanie Marguerite Melchiora, * Lausanne 27.7.2003, B.A. (International Relations).

c. **Przssin u. Hzgin Olympia** Sophie Claude Astrid Marie Balthazare, * Brüssel 3.12.2007.

(5) **Pr. u. Hzg Etienne** Albert Marie Melchior, * Brüssel-Uccle 11.12. 1967, Dipl.-Hotelkaufm, M.Sc. (Management), Unternehmer, E- u. DevRr d. souv. MaltRrO.;
⚭ Abbaye de Bonmont, Kt. Waadt, 17.9.1994 Andrienne **Keller**, * Genf 21.12.1970, B.Sc., T.d. Bankiers Dr. ... Pierre K. u.d. Claire-Jeanne de Senarclens
(6 Rue Charles Bonnet, 1206 Genf, Schweiz).

Töchter:

a. **Przssin u. Hzgin Amélie** Claire Sophie Gaspara, * Chênes-Bougerie bei Genf 9.6.2000, B.A. (History of Arts), Analyst intern.

b. **Przssin u. Hzgin Larissa** Lydia Louise Melchiora, * Chênes-Bougerie 18.3.2002, B.Sc. (Human Social Political Science), M.A. (International Relations).

2. **Pr. u. Hzg Robert**-Prosper, * Pesch am Rhein 10.8.1895, † München 24.2.1972, E- u. DevRr d. souv. MaltRrO.;
⚭ München (standesamtl.) 20.3., (kirchl.) 21.3.1922 Gabrielle **Fstin v. Wrede**, * Ellingen 26.6.1895, † München 14.11.1971, T.d. erbl. Reichsrats d. Krone Bayern u. Kgl. bayer. Km. Carl-Philipp Fst v. W. u.d. Anna Przssin v. Lobkowicz.

Tochter (von 2 Töchtern):

1) **Przssin u. Hzgin Rose-Sophie**, * Pesch 23.12.1922, † Guttenberg, OFranken, 17.11.2012, StkrD.;

⚭ München 6.7.1943 Karl Theodor **Frhr v. u. zu Guttenberg**, * Weisendorf, Mittelfranken, 23.5.1921, † Guttenberg, 4.10.1972, auf Guttenberg, OFranken, usw., OLt, Landrat, MdB, parlamentarischer StSekr.

2) **Przssin u. Hzgin Anna-Eugénie**, * Ellingen 5.7.1925, † San Angel, Mexico D.F., 9.6.1997, Dr.med.vet., StkrD.;
⚭ Beaulieu, Frankr., (standesamtl.) 18.11., (kirchl.) 19.11.1952 Felix **Ehzg v. Österreich**, * Schönbrunn 31.5.1916, † Mexiko-Stadt 6.9.2011, Bankier, DirMitgl. verschiedener Gesellschaften.

II. Linie

Stammvater: Pr. u. Hzg Pierre, * 1790, † 1877 (franz. Pair [primog.] 1827; franz. Duc-Pair [primog.] 1828).

Charles-Louis **Pierre Prinz u. Herzog v. Arenberg**, * Menetou-Salon, Dept Cher, Frankr., 14.8.1871, † Paris 3.8.1919, GenRat d. Dept Cher;
⚭ Paris 11.6.1904 Emma **de Gramont** a.d.H. der Ducs de Gramont, * Baillon bei Asnières-sur-Oise 3.10.1883, † Hay-les-Roses, Dept Val-de-Marne, 1.10.1958, T.d. Armand Comte de G., Duc de Lesparre, u.d. Hélène Duchesne a.d.H. der Ducs de Conegliano.

Söhne (von 2 Söhnen, 1 Tochter):

1. **Pr. u. Hzg Charles**-Auguste Armand, * Paris 27.5.1905, † ebd. 11.6.1967;
⚭ Paris (standesamtl.) 6.2.1961 Margaret (Peggy) **Bedford**, * New York 18.10.1932, † ... bei Saclay 16.10.1977 (⚭ I. New York 14.4.1951 Thomas Moore Bancroft, *..., † ..., Bankier, gesch. ..., Alabama, USA, 10.5.1960; ⚭ III. Marrakesch, Marokko, 5.7.1968 Emmanuel de Crussol Duc d'Uzès, * ..., † ... Castelnau-le-Lez, Dept Hérault, 8.9.1999, ...), T.d. Ölindustriellen Frederick Henry B. u.d. Margaret Wright Stewart.

Sohn:

Pr. u. Hzg Pierre-Frédérick Henri Charles Bernard William, * Zürich 19.8.1961, Verwaltungsratsmitglied in verschiedenen Gesellschaften;
⚭ (standesamtl.) Philadelphia 19.9., (kirchl.) Bourges, Dept Cher, 11.10.1997 Silvia **de Castellane**, * Neuilly-sur-Seine 13.6.1963, T.d. Präs. u. GenDir. Henri-Jean Comte de C. a.d.H. d. Marquis de C.-Novejean, u.d. Isabelle Manuela di Rovasenda
(633 Uhler Road, Easton, PA 18042, USA; Château de Menetou, 18510 Menetou Salon, Frankreich; Fondation pour l'Art et la Culture, chemin de la Bâtiaz n°1, 1008 Jouxtens-Mézery, Vaud, Schweiz).

Töchter:

(1) **Przssin u. Hzgin Lydia**-Athénaïs Margaretha Alix Isabelle Emma Marie Béatrice, * Chêne-Bougerie, Kt. Genf, 26.10.1998, B.A. (Soziologie), Postgraduate Diploma (Hospitality)
(...).

(2) **Przssin u. Hzgin Dorothée**-Anastasja Elise Amalia Margaret Mathilde Louise Pauline, * Saanen, Berner Oberland, 27.7.2000, B.A. (Fashion Communications Design), M.A. (Luxury Brand Management)
(...).

2. **Pr. u. Hzg Armand**-Louis Hélie, * Paris 14.4.1906, † ebd. 29.1.1985, E- u. DevRr d. souv. MaltRrO.;
⚭ Paris (standesamtl.) 7.8., (kirchl.) 9.8.1941 Gabrielle **de Lambertye-Gerbéviller**, * Biarritz 8.9.1920, † Paris 1.8.2022, T.d. Charles (Carlos) de L. Marquis de G. u.d. Loraine (Lina) Sancho-Mata y Contreras.

Kinder:

1) **Przssin u. Hzgin Marie-Virtudes** Loraine, * Boulogne-Billancourt 9.6.1947;

⚭ I. (standesamtl.) Menetou Salon, Dept Cher, 16.4., (kirchl.) Paris 21.4.1967 Louis **Loppin Comte de Montmort**, * Paris 11.10.1943, † Rio de Janeiro 18.5.1996, PR-Berater (gesch. Paris 27.6.1983);
⚭ II. Neuilly-sur-Seine 14.10.1983 Georges **Hervet**, * Bourges, Dept Cher, 5.6.1924, † Paris 18.1.2016, Bankier
(74 Boulevard Maurice Barrès, 92200 Neuilly-sur-Seine, Frankreich).

2) **Pr. u. Hzg Charles Louis** Pierre Armand Engelbert Roland, * Neuilly 20.2.1949, Land- u. Forstwirt;
⚭ I. St. Cirq Lapopie, Dept Lot, 25.10.1975 Philomène **Toulouse**, * St. Cirq Lapopie 9.1.1939 (gesch. Paris 26.11.2004), T.d. ... Pierre T. u.d. Françoise Gabrielle Delvert
(Château de Gerbéviller, 54830 Gerbéviller, Frankreich);
⚭ II. Paris 24.6.2005 Diane **d'Harcourt**, * Neuilly-sur-Seine 1.12. 1954, T.d. ... Amaury Vicomte d'H. u.d. François Hutteau d'Origny
(10 rue de l'Université, 75007 Paris, Frankreich; Château de Gerbéviller, 54830 Gerbéviller, Frankreich).

Tochter erster Ehe:

Przssin u. Hzgin Marie Gabrielle Charlotte, * Paris 2.8.1977, UNO-Funktionärin
(42 Boulevard de la Tour Maubourg, 75007 Paris, Frankreich).

Leopold Herzog v. Arenberg

Auersperg s. GHdA, Fstl. Häuser, Bd XIX (2011)

Bassenheim s. Waldbott

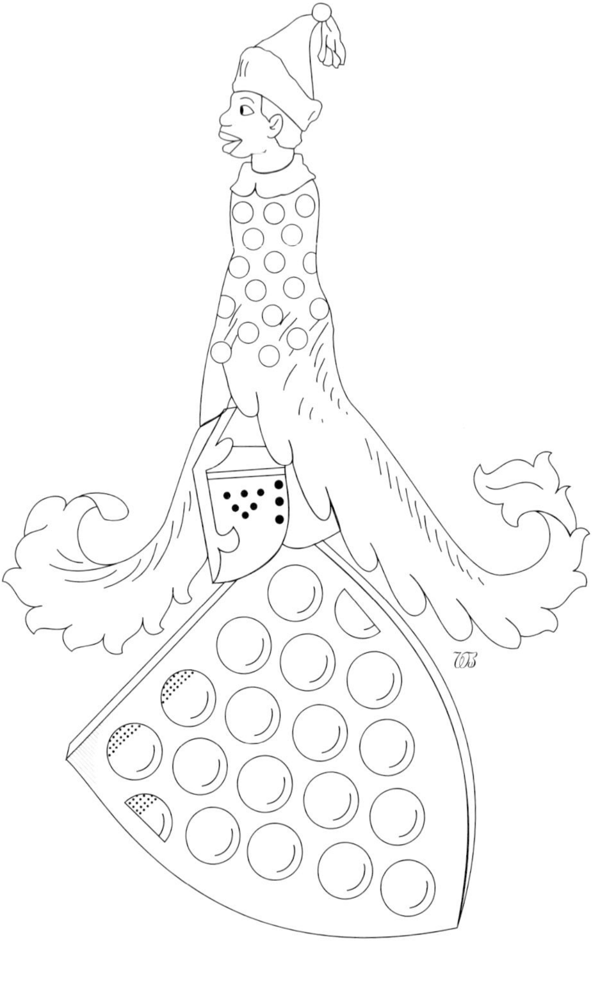

Bentheim

Ref. — Rhein. edelfreies Geschlecht, das mit Everwinus de Gotterswich (Götterswick in Götterswickerhamm, RegBez. Düsseldorf) 1191 urkundl. (StArchiv Düsseldorf, Clevisches Kopiar des 14. Jahrh., fol. 18) zuerst erscheint; Evervinus nobilis vir de Gotirswich tritt 22.4.1256 urkundl. (Orig. im StArchiv Düsseldorf, abgedruckt bei Lacomblet, UrkBuch f. die Gesch. des Niederrheins, Bd II, Nr 425) auf; Gf v. Bentheim (s. II. Linie) 1421 infolge d. Ehe des edelfreien Herrn Everwin v. Götterswick, † nach 1371, mit Hedwig, * vor 13.5.1317, † nach 1371, des Gfn Johann v. Bentheim (reg. 1302 bis 1332) Tochter und des Bernhard, letzten Gfn v. Bentheim a.d.H. der Gfn v. Holland, † 1421, Schwester und Erbin; Herr zu Steinfurt (s. II. Linie) 1421 bzw. 1432; Erbvereinigung zwischen Bentheim und Steinfurt 19.3. 1487; Herr zu Wevelinghoven 1492 und 1513 infolge der Ehe des Gfn Arnold v. Bentheim-Steinfurt mit Katharina v. Gemen; Gf v. Steinfurt Worms 26.4.1495 (für Everwin II. Gfn v. Bentheim und Herrn v. Steinfurt); Erwerbung von Tecklenburg (RegBez. Münster; Gfschaft Tekeneburg 1129) u. der Hrschaft Rheda (s.u.) infolge der Ehe (13.2.1553) Everwins III. Gfn v. Bentheim,* 1536, † 1562, mit Anna Gfin v. Tecklenburg a.d.H. Schwerin, * 1532, † 1582; Erwerbung der Hoyaschen Ämter (s.u.) Uchte u. Freudenberg 1583 infolge der Erbvereinigung zwischen Tecklenburg und Hessen-Kassel 20.4.1575; Anfall der Neuenahrschen Erbgüter (Gfschaft Limburg, Hrschaften Helfenstein, Lennep, Alpen, Erbvogtei Köln) 1589 u. 1602 infolge der Ehe (1573) des Gfn Arnold II. v. Bentheim, * 1554, † 1606, mit Magdalena Gfin v. Neuenahr, * 1548, † 1626; Besitzteilung 27.10.1609 unter den Söhnen des Gfn Arnold II. v. Bentheim-Tecklenburg, Steinfurt und Limburg, Hrn zu Rheda, von denen zwei die folgenden Linien stifteten.

Stammwappen Bentheim: In Rot 17 ganze und 2 halbe (4, 5 [½, 3, ½], 4, 3, 2, 1) goldene Münzen; auf dem Helm mit rot-goldenen Decken ein wie der Schild bezeichneter rot-gekleideter Mohrenrumpf mit goldenem Kragen und golden-gestulpter roter Spitzmütze mit goldener Quaste.

Literatur: Hinweise s. GHdA, Adelslexikon, Bd I (1972).
Letztaufnahme der Genealogie (II. Linie Bentheim u. Steinfurt): GGH, Fstl. Häuser, Bd 2 (2018). Gesamthaus: GHdA, Fstl. Häuser, Bd XIX (2011).

I. Linie: Bentheim-Tecklenburg

Stammvater: Gf Adolf, * 1577, † 1623;
s. GHdA, Fstl. Häuser, Bd XIX (2011).
Neuere Nachrichten fehlen.

II. Linie: Bentheim und Steinfurt

Stammvater: Gf Arnold Jobst, * 1580, † 1643. — Erbvogt von Köln 28.11. 1778; preuß. Fst zu Bentheim mit dem unbeschränkt vererblichen Präd. »Durchlaucht« Berlin 21.1.1817 (für Ludwig Wilhelm Geldricus Ernst Gfn zu Bentheim u. Steinfurt); erbl. Mitgl. des preuß. Herrenh. 12.10.1854; erbl. Mitgl. der württ. Kammer der Standesherren 11.2.1875; Fst bzw. Pr. u. Przssin zu Bentheim u. Steinfurt, Hubertusstock 6.10.1895. — Die Nachgeborenen und deren Gemahlinnen führen den Namen Pr. bzw. Przssin zu Bentheim u. Steinfurt und das Prädikat »Durchlaucht«.

Chef: **Ferdinand 7. Fürst zu Bentheim u. Steinfurt**, * 1977.

Alexis Carl Ernst Louis Ferdinand Eugen Bernhard **4. Fürst zu Bentheim u. Steinfurt** usw., * Burgsteinfurt, Westf., 17.11.1845, † ebd. 21.1.1919;
⚭ Arolsen 7.5.1881 Pauline **Przssin zu Waldeck u. Pyrmont**, * Arolsen 19.10.1855, † Wittgenstein 3.7.1925, T.d. Georg Victor Fst zu W. u. P. u.d. Helene Przssin v. Nassau.

Söhne (von 5 Söhnen, 3 Töchtern):

1. **Viktor Adolf** Wilhelm Otto **5. Fürst zu Bentheim u. Steinfurt** usw., * Potsdam 18.7.1883, † Burgsteinfurt 4.6.1961, Kgl. preuß. Referendar, Rittmeister, Kommendator d. JohO.;
   ⚭ I. Ratiboritz (Ratibořice), Bez. Nachod (Náchod), Böhmen, 9.9.1921 Stephanie **Przssin zu Schaumburg-Lippe**, * Ödenburg 19.12.1899,

† Burgsteinfurt 2.5.1925, T.d. Friedrich Pr. zu Sch.-L. u.d. Louise Przssin v. Dänemark;
⚭ II. Lich 30.6.1931 Rosa Helene **Przssin zu Solms-Hohensolms-Lich**, * Hohensolms 14.8.1901, † Burgsteinfurt 14.4.1963, T.d. Kgl. preuß. Oberstlts Reinhard Fst zu S.-H.-L. u.d. Marka Gfin zu Solms-Sonnenwalde.

Kinder: a) erster Ehe:

1) **Erbpr. Alexis** Friedrich Carl Christian, * Burgsteinfurt 30.7.1922, ⚔ (im Luftkampf) über dem Mittelmeer, südl. Marseille, 2.12.1943, Fahnenjunkeruffz. u. Flugzeugführer in der Jagdgruppe Süd.

2) **Christian** Max Gustav Albrecht **6. Fürst zu Bentheim u. Steinfurt**, * Burgsteinfurt 9.12.1923, † ebd. 12.12.2023, Privatforstmeister, Major d. Res. d. Luftw., RRr d. JohO.;
⚭ Burgsteinfurt 7.8.1950 Sylvia **Gfin v. Pückler**, **Freiin v. Groditz**, * Burkersdorf 16.5.1930, † Münster in Westf. 15.11.2013, T.d. Obersten Sylvius Gf v. P., Frhr v. G., auf Oberweistritz u. Burkersdorf, Kr. Schweidnitz, Schlesien, u.d. Alice (Alix) Freiin v. Richthofen.

   Adoptivsohn (Vertrag Münster in Westf. 11.4.1989, amtsgerichtl. bestätigt Nordhorn 13.3.1992):

   Carl **Ferdinand Pr. zu Bentheim u. Steinfurt**, * Rheine 5.10.1977 (s.u.).

   2 Adoptivtöchter.

b) zweiter Ehe:

3) **Przssin Juliane** Henriette Eleonore, * Münster in Westf. 22.12.1932, † ... 2.10.2013, Kindergartenleiterin.

4) **Pr. Reinhard** Georg, * Münster in Westf. 27.3.1934, † Bad Bentheim 4.4.2021, Ing., ERr d. JohO.;
⚭ (standesamtl.) Hamburg-Altona 22.8., (kirchl.) Steinfurt, Westf., 30.8.1975 Angelica **Emmermann**, * Perleberg 31.8.1944, T.d. Kaufm. Heinz E. u.d. Johanna Ermlich
(Schloß Bentheim, 48455 Bad Bentheim).

Kinder:

(1) Carl **Ferdinand 7. Fürst zu Bentheim u. Steinfurt**, Graf zu Tecklenburg u. Limburg, Herr zu Rheda, Wevelinghoven, Hoya, Alpen und Helpenstein, Erbvogt von Köln (Durchlaucht), * Rheine 5.10.1977, Dipl.-Betriebswirt (Adoptivsohn seines Onkels Christian Fst zu Bentheim u. Steinfurt, s.o.);
⚭ (standesamtl.) Bad Bentheim, 19.7., (kirchl.) Steinfurt 21.7. 2007 Elna-Margret **Rinn**, * Gießen 14.6.1979 (gesch. Düsseldorf 27.10.2023), T.d. Steuerberaters Manfred R. u.d. Brigitte Stauss
(Burgstr. 16, 48565 Steinfurt).

Sohn:

a. **Erbpr. Jonathan** Alexis Viktor, * Münster in Westf. 24.12. 2008.

b. **Przssin Wilhelmina** Pauline Helene, * Burgsteinfurt 22.6. 2018.

(2) **Przssin Johanna** Charlotte, * Rheine 5.10.1977 (Zwillingsschwester d. Vorigen);
⚭ (standesamtl.) Bad Bentheim 17.10.2008, (kirchl.) Steinfurt 14.4.2009 Dominic **Twyman**, * Leamington, England, 7.6.1969, …
(Nettelbeckweg 16, 21680 Stade).

(3) **Pr. Christoph** Peter, * Rheine 17.11.1978, Dipl.-Kaufm., Mag. theol., Vikar
(…).

(4) **Przssin Aleida** Elisabeth, * Rheine 24.10.1980, Fachärztin f. Kinderheilkunde
(…).

5) **Przssin Marie-Adelheid**, * Münster in Westf. 14.4.1935, † Bergisch-Gladbach 26.7.2023;

⚭ Burgsteinfurt 30.12.1965 István (Stefan) **Beliczey de Baicza,** * Budapest 10.11.1936, † Bergisch-Gladbach 22.2.2021, Dipl.-Ing.

6) **Przssin Charlotte** Elisabeth, * Münster in Westf. 3.7.1936;
⚭ Burgsteinfurt 23.5.1964 Wolfgang **Winkhaus**, * Münster in Westf. 11.5.1929, Fabrikant
(Bockhorner Heide 46, 48291 Telgte).

7) **Pr. Ferdinand** Ludwig Franz, * Münster in Westf. 13.8.1938, † Bornheim 19.9.2010, Dr.rer.nat., Studienrat;
⚭ (standesamtl.) Burgsteinfurt 29.12.1970, (kirchl.) Mons, Belgien, 10.1.1971 Leonie **Keller**, * Eßlingen 24.10.1946, T.d. Oberstlts Wolfgang K. u.d. Christa Corvinus
(Hennesenbergstr. 32, 53332 Bornheim).

Kinder:

(1) **Pr. Alexis** Matthias, * Bonn 31.7.1971, † Vejle, Dänemark, 10.8. 1975.

(2) **Przssin Christiane** Margarete, * Bonn 25.4.1974, Dipl.-Ing.;
⚭ (standesamtl.) Bornheim 30.3., (kirchl.) Burgsteinfurt 19.5. 2001 Christian Oliver **Bolz**, * Orléans, Frankr., 27.9.1971, Dipl.-Ing.
(...).

(3) **Przssin Friederike** Charlotte, * Bonn 23.8.1976, Dipl.-Ing.;
⚭ Steinfurt 22.8.2009 Christian **Ronig**, * Bottrop-Kirchhellen 3.11.1968, Dipl.-Ing. f. Sicherheitstechnik
(...).

8) **Pr. Otto-Victor**, * Münster in Westf. 24.7.1940, † ebd. 1.11.2016, Notar, RRr d. JohO.

9) **Pr. Oskar** Arnold, * Burgsteinfurt 8.3.1946, † ebd. 3.8.2021, Archivar u. Museumsdir. Burg Steinfurt;

⚭ (standesamtl.) Linz am Rhein 16.7., (kirchl.) Burgsteinfurt 16.8. 1980 Margot **Lücke,** * Bonn 29.8.1938, T.d. Konzertmeisters Alfred L. u.d. Ria Eilfgang
(Kommende 51a, 48565 Steinfurt).

2. **Pr. Karl** Georg, * Bentheim 10.12.1884, † Münster in Westf. 14.2.1951, Oberst d. Luftw.;
⚭ Haseldorf, Holst., 24.7.1914 Margarete **Przssin v. Schoenaich-Carolath**, * Davos-Dorf 5.6.1888, † Burgsteinfurt 18.4.1980, T.d. Emil Pr. v. Sch.-C.-Schilden, Fkhrn auf Haseldorf, u.d. Katharina v. Knorring a.d.H. Weißenfeld, Estland.

Söhne (von 4 Söhnen):

1) **Pr. Manfred** Alexander Josias Ludwig Friedrich Sieghard, * Burgsteinfurt 31.7.1918, † Jesteburg 18.12.1985, Bankkaufm., OLt;
⚭ I. Stockholm 1.9.1953 Karin **v. Grumme-Douglas**, * Köln 6.7.1929, † ... 26.1.2017, Krankengymnastin, führte wieder den Geburtsnamen (gesch. Hamburg 10.2.1956), T.d. Kaufm. Wilhelm v. G.-D. u.d. Annabel v. Arnim;
⚭ II. Hamburg 22.10.1957 Irene **v. Sydow**, * Hamburg 2.6.1931, T.d. Kaufm. u. Mitinh. einer Ölfirma Kurt-Victor v. S. u.d. Irmgard Christoph
(...).

2) **Pr. Hubertus** Friedrich Gustav Leopold Johann Georg Christian-Ernst, * Ilsenburg, Harz, 26.10.1919, † Bad Bentheim 6.3.2010, Oberstlt d. Luftw.;
⚭ Haseldorf 6.8.1957 Eva Luise **Wagner**, * Jena 20.10.1925, † Münster in Westf. 17.8.2003, Bibliothekarin, T.d. Studienrats Artur W. u.d. Elise Hühn.

Kinder:

(1) **Pr.** Rudolf **Alexander** Botho Georg Manfred Christian, * Oldenburg in Oldenburg 28.4.1959, Dipl.-Pädagoge
(Melhopweg 20, 22397 Hamburg).

(2) **Przssin Huberta** Sylvia Juliane Maria Irene Dorothea Gerda Luise, * Oldenburg in Oldenburg 19.6.1961, staatl. gepr. Erzieherin, führt ihren Geburtsnamen;
⚭ (standesamtl.) Berlin 29.6., (kirchl.) Bad Bentheim 7.10.1995 Ulrich **Deuse**, * Korbach 15.12.1961, Dr.med., Facharzt f. Innere Medizin
(...).

(3) **Pr. Nikolaus** Friedrich-Christian Karl Reinhard Peter, * Oldenburg in Oldenburg 3.10.1962, Dr.med., Facharzt f. Innere Medizin;
⚭ Bad Bentheim 31.8.2001 Tanja **Taufighi-Chirazi**, * Berlin-Schöneberg 30.5.1967, Dr.med., Fachärztin f. Allgemeinmedizin, T.d. Bauing. Mansour T.-Ch. u.d. Diätassistentin Sabine Szytar
(...).

Söhne:

a. **Pr. Leopold** Kyan Thomas Alexander Johannes Peter, * Münster in Westf. 18.12.2000, ...
(...).

b. **Pr. Xaver** Masiar Robert Burkhard Armin Carl, * Münster in Westf. 25.4.2004, Fähnrich
(...).

c. **Pr. Lorenz** Sassan Hubertus Ulrich Albrecht Gerd, * Greven, Westf., 8.2.2006.

3) **Pr. Botho** Alexander Adolf, * Ilsenburg 29.6.1924, † Kassel 9.6.2001, Oberstlt;
⚭ Arolsen 28.6.1949 Alexandra **Przssin zu Waldeck u. Pyrmont**, * Rastede 25.9.1924, † Arolsen 4.9.2009, T.d. Josias Fst zu W. u. P. u.d. Altburg Hzgin v. Oldenburg.

Söhne:

(1) **Pr. Georg-Victor** Karl Josias, * Münster in Westf. 30.3.1950, Bankkaufm., Börsenmakler;
⚭ Kreuth am Tegernsee (standesamtl.) 23.11.1984, (kirchl.) 16.3. 1985 Madeleine-Rose **Gerdes**, * Skien, Norwegen, 10.10.1945, T.d. Kpt. d. Handelsmarine Bernd Arnold G. u.d. Elisabeth Schmidt
(Ueberfahrt 7, 83700 Rottach-Tegernsee).

Sohn:

Pr. Maximilian Bernd Botho Wolfgang Reiner Paul Enrique Antony, * München 1.5.1986, stud. Medienkaufm.
(Wiedenmayerstr. 26, 80538 München).

(2) **Pr. Wolfgang** Manfred Friedrich Christian, * Arolsen 17.2.1952, † Baden bei Wien 3.8.2022, Verwaltungskaufm.;
⚭ I. Wien 28.11.1994 Karin **Moser**, * Wien 10.9.1962 (gesch. Wien 3.10.2002), T.d. ... u.d. Elfriede Moser
(..., Wien, Österreich);
⚭ II. München 12.12.2003 Sissy **Böhm**, * München 20.9.1955 (gesch. München 18.8.2006; ⚭ I. ...), T.d. Schauspielers Karl-Heinz B. u.d. Lieselotte Büchner
(...).

Sohn erster Ehe:

Pr. Benedikt Botho Georg-Viktor Ferdinand Sandor, * Wien 12.5.1995, ...
(...).

Ferdinand Fürst zu Bentheim u. Steinfurt

Bentinck s. GHdA, Fstl. Häuser, Bd XIV (1991)

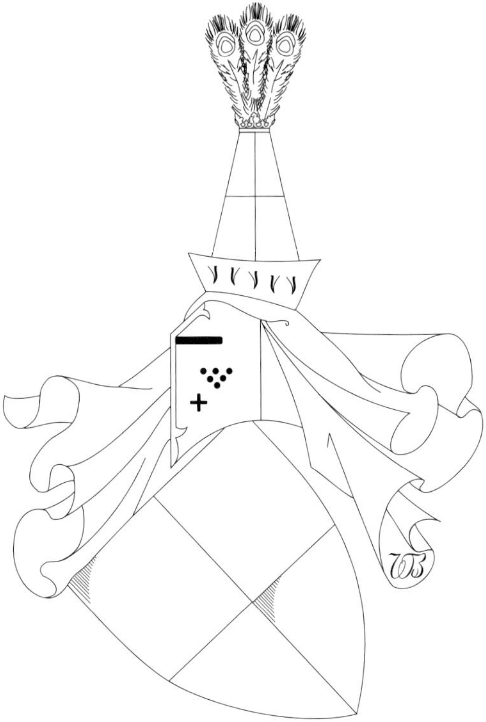
WB

Castell *

Ev. — Fränkisches edelfreies Geschlecht, das mit Ruobbrath (de Castele) 3.3.1057 urkundl. (Orig. im StArchiv Würzburg, WU 6; vgl. Pius Wittmann, Monumenta Castellana, München 1890) zuerst und mit Ruopreth de Castello urkundl. am 10.8.1091 unter den liberi erscheint; den Gfntitel führt erstmalig comes Robertus (de Castelo) 1202; die nachfolgenden Linien stammen von zwei Söhnen des Gfn Christian Friedrich Karl, * 1730, † 1773; gemeinschaftl. Hausgrundgesetz vom 6.12.1794, bestätigt 1796 und 1807, und Haus- und Familienvertrag vom 6.7.1827, abgeändert (neues Haus- und Familiengesetz) 14.6.1861, das die Benennung der beiden Linien regelt; der jeweilige Senior des Gesamthauses hat den Vorrang vor dem Haupt der anderen Linie. — Immatrikulation im Kgr. Bayern bei der Gfnklasse 18.8.1813 (für Christian Friedrich Gfn u. Hrn zu Castell in Rüdenhausen [II. Linie] u. die Kinder seines 1810 † Bruders Albrecht Friedrich Karl in Castell [I. Linie]).

Stammwappen: Von Rot und Silber geviert; auf dem Helm mit rot-silbernen Decken ein wie das Schildbild bezeichneter gekrönter Turnierhut, der mit einem natürlichen Pfauenwedel besteckt ist.

Literatur: Hinweise s. GHdA, Adelslexikon, Bd II (1974). — Hdb. Bayern, Bd XXXIII (2020).
Letztaufnahme der Genealogie: GGH, Fstl. Häuser Bd 1 (2015).

I. Linie: Castell-Castell

Stammvater: Gf Albrecht Friedrich Karl, * 1766, † 1810. — Erbl. Mitgl. der ehem. Kammer der Reichsräte in Bayern 26.5.1818; bayer. Genehmigung des Präd. »Erlaucht« (primog.) 22.4.1829 (auf Grund des Bundestagsbeschlusses vom 13.2.1829), Ausdehnung auf die gesamte Nachkommenschaft 7.3.1911; bayer. Fstnstand (primog.) mit »Durchlaucht« München 7.3.1901 (für Friedrich Carl Gfn u. Hrn zu Castell-Castell, erbl. Reichsrat der Krone Bayern); Immatrikulation im Kgr. Bayern bei der Fstnklasse 15.5.1901 (für denselben). Eintragung in das Kgl. sächs. Adelsbuch 6.10.1903 unter Nr. 29 (für Friedrich Gfn zu Castell-Castell, Kgl. sächs. BezAssessor in Pirna) bzw. 4.3.1912 unter Nr. 391 (für des Letztgenannten Bruder Wolfgang Gfn zu Castell-Castell, Kgl. sächs. Rittmeister u. EskChef im UlanenRgt 17). — Die Nachgeborenen führen den Namen Gf bzw. Gfin zu Castell-Castell (Erlaucht).

Chef: **Ferdinand Fürst zu Castell-Castell**, * 1965.

1. Ast

Friedrich **Carl** Wilhelm Ernst **Graf und Herr zu Castell-Castell**, * Castell 23.5.1826, † ebd. 2.1.1886, erbl. Reichsrat der Krone Bayern, Kgl. bayer. Major à la suite;
⚭ Assenheim 23.9.1856 Emma **Gfin zu Solms-Rödelheim u. Assenheim**, * Assenheim 19.8.1831, † Castell 2.6.1904, T.d. Ghzgl. hess. GenLts Carl Gf zu S.-R. u. A. u.d. Amalie Gfin zu Erbach-Schönberg.

Söhne (von 2 Söhnen, 5 Töchtern):

1. **Friedrich Carl 1. Fürst zu Castell-Castell**, * Castell 22.7.1864, † München 3.1.1923, Kgl. bayer. Kron-Oberstkämmerer, Oberst, vorm. à la suite d. Kgl. bayer. Armee, Dr.phil. h.c. der Univ. Würzburg, erbl. Reichsrat der Krone Bayern, Kommendator d. JohO.;
⚭ Merseburg 26.6.1895 Gertrud **Gfin zu Stolberg-Wernigerode**, * Rohrlach 5.1.1872, † Würzburg 29.8.1924, T.d. Kgl. preuß. OPräs. Constantin Gf zu St.-W. auf Jannowitz usw. u.d. Antonie Gfin zu Stolberg-Wernigerode.

Söhne (von 4 Söhnen, 4 Töchtern):

1) **Carl** Friedrich **2. Fürst zu Castell-Castell**, * Castell 8.5.1897, ⚔ Ronov bei Časlau, Böhmen, 10.5.1945, Oberstlt;
⚭ Lich 12.9.1923 Anna-Agnes **Przssin zu Solms-Hohensolms-Lich**, * Ilsenburg 11.1.1899, † Castell 8.9.1987, T.d. erbl. Mitgl. u. Präs. der Ersten Kammer im Ghzgt. Hessen u. erbl. Mitgl. d. preuß. Herrenh. Karl Fst zu S.-H.-L. u.d. Emma Przssin zu Stolberg-Wernigerode.

Kinder:

(1) **Erbgf Philipp** Friedrich Carl, * Castell 11.7.1924, ⚔ bei Wojciechowska, Polen, 21.10.1944, Lt d. Res. in einem KavRgt.

(2) **Albrecht** Friedrich Carl **3. Fürst zu Castell-Castell**, * Castell 13.8.1925, † Kitzingen 9.5.2016, Lt d. Res., ERr d. JohO.;
⚭ Arolsen (standesamtl.) 22.5., (kirchl.) 23.5.1951 Marie-Louise **Przssin zu Waldeck u. Pyrmont**, * Kiel 3.11.1930, T.d. Obersten Max Pr. zu W. u. P. u.d. Gustava Gfin v. Platen Hallermund
(Bergstr. 3, 97355 Castell).

Kinder:

a. **Gfin Philippa** Emma, * Castell 23.1.1952, Ergotherapeutin;
⚭ Castell (standesamtl.) 27.5., (kirchl.) 28.5.1977 Michael **Pr. zu Salm u. Salm-Salm**, * Heimerzheim 16.1.1953, Dipl.-Kaufm.
(Schloß, 55595 Wallhausen).

b. **Gfin Johanna** Bathildis, * Castell 23.1.1952 (Zwillingsschwester d. Vorigen);
⚭ Castell (standesamtl.) 2.9., (kirchl.) 3.9.1977 Johannes **Pr. v. Lobkowicz,** * München 22.8.1954, auf Drahenice, Böhmen, Jurist, Bankkaufm.
(26285 Drahenice 1, Tschechien).

c. **Erbgf Maximilian** Friedrich Carl, * Castell 23.5.1953, † Würzburg 21.12.1974.

d. **Gf Alexander** Friedrich Carl, * Castell 8.11.1954, Bankkaufm., Bankfachwirt (BA), Prädikant d. ev.-luth. Kirche in Bayern, Hauptm. d. Res.;
⚭ I. Castell (standesamtl.) 27.1., (kirchl.) 29.1.1983 Marion **Stepp**, * Düsseldorf 1.10.1957, Rechtsanwältin (gesch. München 15.10.1991, Ehe kirchl. annulliert München u. Augsburg 7.11.2003; ⚭ II. Pöcking (standesamtl.) 17.12.2001 Bertram-Tadeo Gf v. Plettenberg a.d.H. Lenhausen, * Montreal 8.8.

1955, MBA, Unternehmensberater, gesch. München 13.3. 2009), T.d. Hüttendir. Dr.phil. Walter St. u.d. Sigrid Christiani *(Dietlindenstr. 22, 80802 München)*;
⚭ II. (standesamtl.) Dresden 19.4., (kirchl.) Erfurt 25.5.2002 Donata **Herzfeld**, * Dresden 7.5.1965, Dipl.-Agraring., Bankkauffrau, T.d. SanRats Dr.med. Urs H. u.d. Renate Kalisch *(Trierer Str. 63, 99423 Weimar)*.

Kinder: a) erster Ehe:

a) **Gf Conradin** Albrecht Walther Friedrich Carl, * Deggendorf 23.2.1984, B.A. (Philosophie, Politik u. Volkswirtschaft), MBA, Unternehmer;
⚭ (standesamtl.) Berlin 15.12.2017, (kirchl.) Nideggen 2.6. 2018 Desirée **Peil**, * München 3.5.1987, MBA, Personalchefin T.d. Landwirts u. Unternehmers Dr. Eberhard P. u.d. Dr. Patricia Schoeller
(Schlegelstr. 28, 10115 Berlin).

Kinder:

(a) **Gfin Isabella** Christina Marion Patricia, * Berlin 13.10. 2019.

(b) **Gf Camillo** Albrecht Alexander Eberhardt, * Berlin 6.3.2022.

b) **Gfin Dorothea** Richiza Louise, * Deggendorf 31.5.1985, M.A. (klassische Archäologie), M.Sc. (Business Development), politische Referentin;
⚭ (standesamtl.) Frankfurt am Main 27.8., (kirchl.) Iphofen 21.9.2013 Heinrich XXIV. **Pr. Reuß**, * Frankfurt am Main 23.5.1984 (kath.), B.A., M.Sc., politischer Referent *(Rue Emile Claus 5, bte 4, 1000 Brüssel, Belgien)*.

b) zweiter Ehe:

c) **Gf Gustav** Wilhelm Alexander Nathanael, * Neustadt an der Aisch 20.3.2003, Fahnenjunker
(Trierer Str. 63, 99423 Weimar).

d) **Gf Johann** Georg Donatus, * Neustadt an der Aisch 13.5.2005, Stud.
(Trierer Str. 63, 99423 Weimar).

e) **Gf Albrecht** Friedrich Simeon, * Neustadt an der Aisch 26.5.2007.

e. **Gf Georg** Friedrich Carl, * Castell 26.11.1956, Rechtsanwalt u. Notar;
⚭ I. (standesamtl.) Bonn 21.6., (kirchl.) Ahlden an der Aller 5.8.1983 Franziska **Greuner**, * Düsseldorf 20.6.1961 (gesch. ... 2009; ⚭ II. ... Theo Koll, * Bensberg bei Köln 19.3.1958, Fernseh-Redakteur), T.d. Rechtsanwalts Dr.jur. Albrecht G. u.d. Beatrix Freiin v. Oldershausen
(...);
⚭ II. (standesamtl.) Bad Wilsnack 28.7.2017, (kirchl.) Sieseby 24.8.2019 Eva-Marie **v. Hippel**, * Kiel 25.6.1964, Lektorin u. Verlagsprogrammleiterin, T.d. GenVerwalters d. Hzgl. Hauses Holstein Klaus v. H. u.d. Elisabeth von der Groeben
(...).

Kinder erster Ehe:

a) **Gf Jacob** Albrecht Friedrich Carl, * Bonn 30.1.1984, B.Sc. (Hons), Landwirt, Leiter der Geschäftsentwicklung;
⚭ (standesamtl.) Berlin 20.12.2017, (kirchl.) Verona, Italien, 28.4.2018 Margherita **Allorio**, * Mailand 5.7.1986, Architektin u. Innenarchitektin, T.d. Rechtsanwalts Carlo A. u.d. Maddalena Cornaggia Medici Castiglioni
(Burg 6, 87634 Obergünzburg).

Töchter:

(a) **Gfin Mathilde** Maddalena Franziska, * Berlin 23.1.2019.

(b) **Gfin Olympia** Georgina Carline, * Berlin 17.9.2020.

(c) **Gfin Ludovica** Flaminia Louise Theresa Beatrix, * Berlin 17.4.2023.

b) **Gfin Johanna**-Franziska Beatrix Marie, * Bonn 20.3.1985, Dipl.-Theaterwissenschaftlerin, Regisseurin;
⚭ Berlin 14.12.2012 Anton **Waitz**, * Hamburg 30.7.1981, MBA, Dr.jur., Geschäftsf.
(Joachimstr. 2, 10119 Berlin).

c) **Gf Anton** Georg Friedrich Carl, * Berlin 16.9.1988, B.Sc. (BWL), Programmierer;
⚭ (standesamtl.) Berlin 14.6., (kirchl.) Hamburg 21.9.2019 Thyra **Fermann**, * Hamburg 20.11.1991, B.A. (Gesch. u. Kunstgesch.), M.A. (Arts and Cultural Management), T.d. Kaufm. Dag F. u.d. Thyra v. Leipzig
(Dürerstr. 2, 22607 Hamburg).

Söhne:

(a) **Gf Alexis** Dag Georg, * Berlin 27.12.2020.

(b) **Gf Cecil** Franz Curt Magnus, * Berlin 27.3.2023.

d) **Gf Franz** Philipp Friedrich Carl, * Berlin 17.4.1991, B.Sc.;
⚭ ... Jeanne **Tougard de Boismilon**, ...
(...).

e) **Gfin Emilie** Gustava Inge Louise, * Berlin 20.8.1995, Volljuristin, Richterin auf Probe
(Rosenheimer Str. 40, 10781 Berlin).

f. **Gfin Christina**, * Castell 4.3.1962, † ebd. 11.11.1964.

g. **Ferdinand** Friedrich Carl **4. Fürst zu Castell-Castell** (Durchlaucht), * Castell 20.5.1965, Rechtsreferendar, Land- u. Forstwirt, Mitinh. d. Fstl. Castell'schen Bank;
⚭ (kirchl.) Schwäbisch Gmünd 31.7.1999 Marie Gabrielle **Gfin v. Degenfeld-Schonburg**, * Geislingen an der Steige 7.5.1971 (kath.), staatl. gepr. Buchrestauratorin, T.d. Forstwirts Lic.phil. Gottfried Gf v. D.-Sch. auf Eybach bei Geislingen u.d. Wilhelmine Przssin zu Windisch-Graetz
(Schloßplatz 1, 97355 Castell).

Kinder (kath.):

a) **Erbgf Carl** Eduard Ferdinand Michael Rupert Friedrich Gottfried, * Würzburg 15.5.2001, stud. Informatik
(Schloßplatz 1, 97355 Castell).

b) **Gfin Benedicta** Emma Alix Gabrielle Marie-Louise Christina Madeleine, * Würzburg 23.4.2003, ...
(Schloßplatz 1, 97355 Castell)

c) **Gfin Leontina** Johanna Andrea Veronica Marie Wilhelmine Christiana, * Würzburg 11.4.2006.

d) **Gfin Floriana** Katharina Johanna Anna Donata Christiane Stephanie, * Würzburg 8.6.2008.

e) **Gf Johannes** Philipp Hubertus Christoph Albrecht Friedrich Carl, * Würzburg 28.4.2011.

h. **Gfin Stephanie**, * Castell 26.9.1966;
⚭ Castell (standesamtl.) 20.8., (kirchl.) 22.8.1993 Georg **Gf v. Khevenhüller-Metsch**, * Madrid 24.9.1960, Mag.rer.soc.oec., Unternehmer, Betriebswirt, Präs. d. Malteser Hilfsdienstes
(Zedlitzberg 14, 9562 Himmelberg, Österreich; Prinz-Eugen-Str. 44/11, 1040 Wien, Österreich).

(3) **Gfin Jutta** Gertrud Emma, * Castell 26.4.1927, † Wiesbaden 13.11.1993;
⚭ Castell 12.9.1952 Hans Wolfram (Hans-Wolf) **Frhr v. Werthern,** * München 3.3.1925, † ebd. 26.12.2012, Dr.rer.pol., Verbandsgeschäftsf.

(4) **Gfin Elisabeth** Margarete, * Castell 23.12.1928, † ebd. 21.7.2018, Ärztin;
⚭ Castell 3.1.1958 Hans **Wolf**, * Wesermünde 3.7.1928, † Castell 5.1.2001, Dr.med., Prof.

(5) **Gfin Angelika** Marie, * Castell 3.8.1933, † ebd. 26.5.2023, Buchhändlerin;
⚭ Castell 12.6.1959 Hans **Burggf u. Gf zu Dohna-Schlobitten**, * Waldburg, Kr. Königsberg i.Pr., 21.5.1925, † Potsdam 12.1.2021, M.A., Textiling., Kaufm.

(6) **Gfin Christiana** Dorothea Renata, * Castell 29.10.1934;
⚭ Castell 12.8.1954 Maximilian **Frhr v. Lerchenfeld**, * Bamberg 17.1.1926, † Heinersreuth 8.1.2008, auf Heinersreuth (seit 1958), Dr.oec.publ., Dipl.-Forstwirt
(Schloß Heinersreuth, 95355 Presseck).

2) **Gf Constantin** Friedrich, * Castell 27.10.1898, † Würzburg 2.11.1966, bayer. Assessor, Oberst;
⚭ (standesamtl.) Castell 1.7., (kirchl.) Hummelo, Prov. Gelderland, Niederlande, 8.7.1933 Luitgardis **Gfin v. Rechteren-Limpurg**, * Rechteren, Gmde Dalfsen, 4.3.1908, † Werkhoven, Prov. Utrecht, 3.4.1989, auf Beverweerd u. Odijk (gesch. Utrecht 27.10.1956), T.d. Mitgl. d. Kgl. niederländ. Hohen Rates d. Adels Adolph Gf v. R.-L. auf Rechteren usw. u.d. Marguerite Barones van Heeckeren van Enghuizen, auf Enghuizen, Beverweerd u. Odijk.

Töchter:

(1) **Gfin Renata**, * Pähl, OBayern, 27.4.1934, † Driebergen 1.8.2020, ...

(2) **Gfin Odylia**, * Arnheim, Gelderland, 26.10.1939;
⚭ Utrecht 5.9.1964 Heinrich III. **Pr. Reuß**, * Breslau 27.7.1919, † Wien 7.6.1993, Dr.jur., Dr.biol., OLt
(Salesianergasse 8, 1030 Wien, Österreich).

3) **Gf Wilhelm** Friedrich, * Castell 12.12.1901, † Wertheim 11.11.1968, Dipl.-Ing., naturalisiert in den USA am 11.4.1940 unter dem Namen William F. Castell;
⚭ Indianapolis, Indiana, USA, 5.4.1930 Ella **Hutt**, * Monroe City, Missouri, 25.9.1905, † San Pedro, Kalifornien, 30.5.1980, T.d. … Joseph William H. u.d. Anna Mary Williams.

Kinder:

(1) **Gfin Angela** Agnes, * Anderson, Indiana, 28.7.1931, † München 21.12.2022, Lehrerin;
⚭ Hollywood, Kalifornien, 16.7.1955 Edward W. **Schlag**, * Los Angeles 12.1.1932, † München 11.8.2020, Dr.chem., o. Prof. f. phys. Chemie an der TU München.

(2) **Gfin Maria** Gertrud, * Anderson 15.4.1936, Krankenschwester, RN (Registered Nurse), PHN (Public Health Nurse);
⚭ I. Los Angeles 15.4.1954 Paul Eugène **Gillette**, * Los Angeles 23.12.1930, † Des Moines, Iowa, 5.9.2022, Schreiner (gesch. Los Angeles 26.5.1966);
⚭ II. Palo Alto, Kalifornien, 26.12.1968 Abner Malcolm **Greene**, * Elizabeth, New Jersey, 31.10.1938, Lehrer
(741 Paul Avenue, Palo Alto, CA 94306, USA).

(3) **Gfin Margaret** Anna, * Anderson 15.4.1936 (Zwillingsschwester d. Vorigen), Dolmetscherin;
⚭ I. Los Angeles 15.4.1954 David **Gillette**, * Los Angeles 14.12.1929, † Tehachapi, Kalifornien, 10.2.2018, Transportleiter (gesch. Los Angeles 2.7.1975);

⚭ II. Los Angeles 10.6.1976 Howard C. **Applegate**, * Meriden, Connecticut, USA, 9.9.1926, † Eureka, Kalifornien, 18.9.2021, Elektroing.
(11 Woodgreen Street, Santa Rosa, CA 95409, USA).

(4) **Gf James** William, * Royal Oak, Michigan, USA, 10.9.1945, ...;
⚭ New York City 11.10.1985 Susan Linda **Molnar**, * Bronx, New York, 27.12.1947, Krankenschwester, T.d. Betreibers einer Chem. Reinigung Bela M. u.d. Ruth Lipschütz
(Pfarrgasse 5, 97340 Marktbreit).

4) **Gf Georg** Friedrich, * Castell 12.10.1904, † ebd. 6.9.1956, Bildhauer, Referendar, Oberstlt i.G.;
⚭ (standesamtl.) Nohra bei Weimar, (kirchl.) Isseroda 2.5.1938 Gudrun **v. Eichel gen. Streiber**, * Isseroda 12.8.1919, † Castell 22.5.1997, T.d. Ghzgl. sächs. Khrn u. MinDir. Heinrich v. E. gen. St. auf Berka vor dem Hainich, Kr. Eisenach, Ihlefeld II u. Hohenwehrda, Kr. Hünfeld, u.d. Hildegard Freiin v. der Leyen zu Bloemersheim a.d.H. Meer, auf Isseroda bei Weimar.

Kinder:

(1) **Gfin Maria**, * Isseroda 31.8.1941, Volksschullehrerin i.R.;
⚭ Castell (standesamtl.) 30.7., (kirchl.) 31.7.1965 Reiner **Schmidt**, * Hof an der Saale 13.11.1936, Dr.jur., em. o. Prof. f. öffentl. Recht an der Univ. Augsburg
(Bachwiesenstr. 5, 86459 Gessertshausen).

(2) **Gfin Monika** Renata, * Isseroda 20.12.1943, Landschaftsarchitektin;
⚭ (standesamtl.) München 26.2., (kirchl.) Heldritt 18.5.1973 Carl-Joachim **v. Butler**, * Eisenach 21.10.1941, † Berlin 24.2.2006, Dipl.-Volkswirt, Unternehmensberater, Geschäftsf.
(Am Schafberg 6, 96476 Bad Rodach-Heldritt).

(3) **Gf Wolfgang-Georg** Carl Friedrich, * Würzburg 5.1.1949, Dipl.-Agraring., Bankdir.;
⚭ Hindelang, Allgäu, (standesamtl.) 5.4., (kirchl.) 17.7.1983 Verena **Alt**, * Bad Kissingen 9.3.1952, Kinderkrankenschwester, T.d. Pfarrers Helmut A. u.d. Eva-Maria Kappler
(Bergstr. 5, 97355 Castell).

Kinder:

a. **Gfin Cilly** Freya, * Frankfurt-Höchst 22.5.1987, …
(…, Köln).

b. **Gf Heinrich** Georg, * Kitzingen 29.12.1988, …
(…, Berlin).

Adoptivsöhne.

(4) **Gf Friedrich** Rupert Heinrich, * Würzburg 18.12.1950, † Ebern 8.3.2018, Bibliothekar.

(5) **Gfin Gabriele** Louise, * Würzburg 3.1.1955, Ergotherapeutin, führt wieder den Geburtsnamen
(…);
⚭ I. München 2.12.1977 Nikolaus **Thouret**, * Nordhausen 27.8. 1941, Kaufm., führt gemäß § 1355 BGB seit 2.12.1977 den Namen »Graf zu Castell-Castell« (gesch. München 13.5.1982);
⚭ II. (standesamtl.) München 30.12.1983, (kirchl.) Castell 30.6. 1984 Eduard **Weig**, * München 18.7.1952, † … 24.2.2020 (kath.), Dr.med., Arzt für Psychotherapie (gesch. Weilheim 31.3.1993).

2. **Gf Otto** Friedrich, * Castell 12.5.1868, † Hochburg bei Ach, OÖsterr., 8.7.1939, Kgl. bayer. GenMajor, RRr d. JohO.;
⚭ Langenzell 5.10.1903 Amélie **Przssin zu Löwenstein-Wertheim-Freudenberg**, * Langenzell 24.6.1883, † Hochburg 23.9.1978, auf Hochburg, T.d. Kgl. preuß. Oberstlts Alfred Pr. zu L.-W.-F. u.d. Pauline Gfin v. Reichenbach-Lessonitz.

Söhne (von 2 Söhnen, 2 Töchtern):

1) **Gf Luitpold** Alfred Friedrich Karl, * Langenzell 14.11.1904, † (an den Folgen eines Flugzeugunglücks) Kriegslazarett Bankta bei Sofia 6.11.1941, Dr.jur., Assessor, OLt d. Res. im Stabe des Wehrmachtbefehlshabers Südost, ERr d. JohO.;
⚭ Kopenhagen 22.1.1937 Alexandrine-Louise **Przssin v. Dänemark**, * Jægersborghus 12.12.1914, † Kopenhagen 26.4.1962, T.d. Kgl. dän. GenLts Harald Pr. v. D. u.d. Helena Przssin zu Schleswig-Holstein-Sonderburg-Glücksburg.

Töchter:

(1) **Gfin Amélie** Alexandrine Helene Caroline Mathilde Pauline, * Berlin 25.5.1938;
⚭ Hochburg (standesamtl.) 3.9., (kirchl.) 5.9.1965 Oscar **Rr v. Miller zu Aichholz**, * Wien 7.7.1934, Industriekaufm., Konsulent
(Am Heumarkt 13/I/3/12a, 1030 Wien, Österreich).

(2) **Gfin Thyra** Antonie Marie-Therese Feodora Agnes, * Berlin 14.9.1939;
⚭ Kopenhagen 3.11.1961 Karl **Moes**, * Kopenhagen 17.10.1937, Weinhändler
(Parkvænget 11, 2920 Charlottenlund, Dänemark).

2) **Gf Gustav** Friedrich Wilhelm Ernst Franz Ulrich Richard Udo Hermann, * München 9.12.1911, ⚔ (abgestürzt über) Steyning, Sussex, England, 19.1.1941, Hauptm. d. Luftw. u. Staffelkpt. in einem Kampfgeschwader;
⚭ Braaby, Dänemark, 14.7.1937 Vibeke **Freiin v. Lotzbeck**, * Kopenhagen 9.4.1915, † Ullerslev, Fünen, 14.1.2000 (⚭ II. Skjellerup, Fünen, 23.10.1958 Erik Baron Juel-Brockdorff, * Kopenhagen 26.11.1906, † Mølle 6.2.1995, auf Hindemade Mølle, Fünen, Kgl. dän. Khr u. Hofjägermeister), T.d. Kgl. dän. Kjkrs u. Lts der Leibgarde Christian Frhr v. L. auf Astrup, Dänemark, u.d. Fanny Evers.

Kinder:

(1) **Gfin Christa** Fanny Amélie Friederike, * Kolberg 19.5.1938, führt mit Wirkung vom 25.2.1983 wieder den Geburtsnamen *(Tivolistr. 1, 80538 München)*;
⚭ Kopenhagen 18.8.1962 Franz **Gf v. Walderdorff**, * Hauzenstein 20.11.1930, Kaufm. (gesch. München 8.8.1973).

(2) **Gf** Friedrich **Carl** Otto Aage Luitpold, * Kolberg 5.7.1940, Dipl.-Forstwirt, Landwirtschaftskammerrat, Lt d. Res. d. österr. Bundesheeres, RRr d. JohO.;
⚭ I. (standesamtl.) Ach, OÖsterr., 2.5., (kirchl.) Hochburg bei Ach 24.5.1967 Adelheid (Heidi) **Freiin Jordis v. Lohausen**, * Graz 22.4.1939, † Salzburg 1.6.2021, dipl. Krankenschwester (gesch. Mattighofen 13.4.2004), T.d. KorvKpt. u. Textilunternehmers Johannes (Hans) Frhr J. v. L. u.d. Margarethe Freiin v. Eiselsberg;
⚭ II. (standesamtl.) Hochburg-Ach 10.12.2004 Heike **Schrage**, * Holzminden 13.9.1944 (⚭ I. Ramholz 27.3.1984 Magnus v. Kühlmann a.d.H. Ramholz, * Ramholz 18.12.1944, † ebd. 23.10.2008, Dipl.-Kaufm., gesch. Schlüchtern 19.4.2002), T.d. Kaufm. Fritz Wilhelm St. u.d. Klara Voss
(Hochburg, 5122 Ach, Österreich).

Kinder erster Ehe:

a. **Gfin Amelie** Margarethe Clementine, * Salzburg 18.2.1968;
⚭ Ach (standesamtl.) 19.7., (kirchl.) 22.7.1990 Christian **Wagner**, * Santiago de Chile 13.11.1963, ...
(Casilla 110a, Villarrica, Flor del Lago, Chile).

b. **Gfin Marie-Thérèse** Verene Johanna Vibeke, * Salzburg 3.8.1972, Graphik-Designerin;
⚭ (standesamtl.) Kronwinkl 10.8., (kirchl.) Hochburg 3.9.1995 Caspar **Gf v. Preysing-Lichtenegg-Moos**, * München 26.4.1970, M.A. (Ökonomie u. Politik), Wirtschaftsprüfer
(Schloß Kronwinkl, 84174 Eching).

c. **Gfin Christiana** Alexandrine Clarissa Helvig, * Salzburg 25.5.1974, Int. Management Assistentin;
⚭ Hochburg 3.8.1997 Georg **Gf v. Thurn u. Valsássina-Como-Vercelli,** * Klagenfurt 18.10.1956, Agraring., auf Poysbrunn u. Falkenstein bei Enzersdorf im Thale, führt den Namen »Thurn-Vrints«
(Alleestr. 22, 2161 Poysbrunn, Österreich).

d. **Gf** Friedrich-**August** Johann Gustav Erik, * Salzburg 27.1.1979, Graphik-Designer, Fotograf, Bes. d. Castell-Castell'schen Forstverwaltung;
⚭ Hochburg (standesamtl.) 9.10., (kirchl.) 10.10.2020 Katharina Anna **Grimm**, * Füssen 11.1.1985, Hotelfachfrau, Sommelière, bildende Künstlerin, T.d. Zahntechnikermeisters Christoph G. u.d. Pädagogin Oswitha Filgertshofer
(Hochburg, 5122 Ach, Österreich).

2. Ast

Stammvater: Gf Gustav, * 1829, † 1910.

Wolfgang Friedrich Julius Magnus **Graf zu Castell-Castell**, * München 27.5.1877, † Breslau 8.2.1940 (eingetragen in das Kgl. sächs. Adelsbuch 4.3.1912 unter Nr. 391), Hr d. Hrschaft Groß-Strehlitz, OSchlesien, RRr d. JohO.;
⚭ Ernstbrunn 5.10.1920 Sibylle **Przssin Reuß** J.L., * Köstritz 26.9.1888, † Castell 21.3.1977, T.d. Majors à la suite der Kgl. preuß. Armee Dr.jur. Heinrich XXIV. J.L. Fst R.-Köstritz u.d. Elisabeth Przssin Reuß J.L.

Söhne:

1. **Gf Prosper** Friedrich Karl Gustav Heinrich, * Köstritz 4.9.1922, † Frankfurt am Main 3.1.1989, Hr der Hrschaft Groß-Strehlitz (§), Assessor, Vorstandsvors. der Frankfurter Versicherungs-AG, Kommendator d. Bayer. Genossenschaft d. JohO.;

⚭ Bischofsheim, Rhön, (standesamtl.) 8.7., (kirchl.) 4.8.1961 Elisabeth **Przssin zur Lippe-Weißenfeld**, * Bautzen 8.12.1940, T.d. Dipl.-Landwirts Christian Pr. zur L.-W. auf Teichnitz bei Bautzen usw. u.d. Pauline Gfin zu Ortenburg
(Elvirastr. 1, 80636 München; La Rosa di Pietra Latera, 05017 Monteleone d'Orvieto, Prov. Terni, Italien).

Söhne:

1) **Gf Johannes** (Giovanni) Friedrich, * München 17.8.1962, selbst. Photograph, Künstler
(Glashüttenstr. 85a, 20357 Hamburg);
⚭ (standesamtl.) Isernhagen 5.6., (kirchl.) Hamburg 7.6.1997 Stefanie **Hinz**, * Kiel 28.4.1966, Dr.med.dent. (gesch. Hamburg ...6.2005), T.d. Dipl.-Volkswirts Dr.phil. Gerter H. u.d. Marianne Mayer
(Eppendorfer Weg 189, 20253 Hamburg).

Sohn:

Gf Victor Alexander, * Hamburg 1.2.2000, ...
(Glashüttenstr. 31, 20357 Hamburg).

2) **Gf Heinrich** Friedrich, * München 3.6.1966, Kaufm.;
⚭ (standesamtl.) München 11.9., (kirchl.) Ebenau bei Salzburg 13.9. 1997 Huberta **Gfin Hahn v. Burgsdorff**, * Gräfelfing 16.7.1971, Bankkauffrau, T.d. Dipl.-Ing Clemens Gf H. v. B. u.d. Victoria v. Arnim
(Theresienstr. 8, 82319 Starnberg).

Kinder:

(1) **Gf Prosper** Friedrich Carl Clemens, * Starnberg 5.9.1998, Koch
(Klenzestr. 79, 80339 München).

(2) **Gf Moritz** Friedrich Anton Johannes, * Starnberg 13.4.2000, Mediengestalter Bild u. Ton, stud. Immobilienwirtschaft
(Theresienstr. 8, 82319 Starnberg; ..., Berlin).

(3) **Gfin Anna** Victoria Elisabeth, * Starnberg 20.5.2003, stud. Psychologie
(Gerichtsstr. 32, 58452 Witten).

(4) **Gf Valentin** Friedrich Conrad Gustav, * Starnberg 19.3.2008.

(5) **Gfin Liliana** Silva Marie, * Starnberg 17.2.2010.

2. **Gf Friedrich Ludwig** Hubertus Anton, * Ernstbrunn, NÖsterr., 5.10. 1927, † Würzburg 29.1.1968, Obstbaumeister, ERr d. JohO.;
⚭ Karlsruhe (standesamtl.) 8.4., (kirchl.) 16.5.1958 Amélie **Gfin v. Pfeil u. Klein-Ellguth**, * Hermsdorf 26.5.1930, T.d. Majors Dr.sc.pol. Otto Gf v. Pf. u. K.-E. u.d. Elise v. Zitzewitz a.d.H. Beßwitz
(Seniorenresidenz Wiesentheid, Alte Abtswinder Str. 12, 97353 Wiesentheid).

Kinder:

1) **Gf Andreas** Wolfgang Otto Prosper Heinrich Friedrich, * Würzburg 15.9.1959, † Chemnitz 7.2.2016 (kath.), Speditionskaufm.;
⚭ I. Karlsruhe (standesamtl.) 13.9., (kirchl.) 14.9.1985 Beate **Staudt**, * Karlsruhe 21.7.1958 (gesch. Karlsruhe 5.7.1994), T.d. Sachbearbeiters Walter St. u.d. Ingrid Jösel
(...);
⚭ II. (standesamtl.) Castell 12.4., (kirchl.) Sugenheim 31.5.1997 Maren **Goebel**, * Hamburg 29.1.1969, Dipl.-Psychologin, Psychologische Psychotherapeutin, T.d. Bankkaufm. Hans G. u.d. Ingrid Arpe
(Hübschmannstr. 8, 09112 Chemnitz).

Kinder zweiter Ehe:

(1) **Gfin Johanna** Maria Amélie Ingrid, * Kitzingen 21.1.1999, ..., führt den Namen »Jonas-Rylie Graf zu Castell-Castell«
(Limbacherstr. 8, 09112 Chemnitz).

(2) **Gf Kilian** Friedrich-Ludwig Hans, * Neustadt an der Aisch 28.10.2000, ...
(Hübschmannstr. 8, 09112 Chemnitz).

2) **Gf Johann-Philipp** Carl Alexander Ulrich Friedrich, * Veitshöchheim 14.9.1960, † Karlsruhe 5.10.1985, Versicherungskaufm.;
⚭ Karlsruhe (standesamtl.) 27.5., (kirchl.) 5.7.1980 Elvira **Dambach**, * Karlsruhe 23.12.1960, Fremdsprachenkorrespondentin (⚭ II. Karlsruhe 28.12.1993 Christian Müller, * … 19.10.1962, Wirtschaftsing.), T.d. KfzMechanikers Kurt Adolf D. u.d. Maria Geldner
(…).

3) **Gfin Désirée** Sibylle Elise Barbara Margarethe Isa, * Veitshöchheim 14.9.1960 (Zwillingsschwester d. Vorigen), Kinderpflegerin;
⚭ I. Herzberg, Harz, (standesamtl.) 8.10., (kirchl.) 9.10.1982 Klaus **Steffanowski**, * Herzberg 28.1.1956, Industriekaufm. (gesch. Karlsruhe 9.9.1987);
⚭ II. Schönwalde, Ostholstein, (standesamtl.) 9.8., (kirchl.) 10.8.1990 Peter **Grage**, * Neustadt, Ostholstein, 1.1.1970, staatl. gepr. Landwirt
(Alte Abtswinder Str. 13, 97353 Wiesentheid).

4) **Gf Hubertus** Friedrich Aurel Georg-Michael, * Veitshöchheim 16.9.1961, Versicherungsangest.;
⚭ Karlsruhe (standesamtl.) 27.5., (kirchl.) 28.5.1988 Waldtraut **Möloth**, * Karlsruhe 21.7.1960, Arzthelferin, T.d. Handelsvertreters Heinz M. u.d. Ilse von Bergen
(Schulstr. 4, 76889 Schweighofen).

Kinder:

(1) **Gf Constantin** Friedrich Heinz Ludwig, * Karlsruhe 3.2.1990, M.Sc. (Wirtschaftsinformatik)
(Falltorgasse 12, 97246 Eibelstadt).

(2) **Gfin Antonia** Jessica Amélie Espérance, * Karlsruhe 17.9.1994, B.A. (Int. Relations), M. (Leadership and Organization for Sustainability), Projektkoordinatorin
(Riesengasse 6, 76829 Landau).

5) **Gfin Friederike-Christiane** Amélie Marie-Louise, * Wertheim 18.4. 1964, staatl. geprüfte Wochenpflegerin
(Im Brückenhof 1, 37412 Herzberg);
⚭ Castell (standesamtl.) 18.9., (kirchl.) 19.9.1987 Andreas **Waßmann**, * Herzberg 11.4.1963, Ing.grad. für Elektronik (gesch. Herzberg 5.8.2008).

II. Linie: Castell-Rüdenhausen

Stammvater: Gf Christian Friedrich, * 1772, † 1850. — Erbl. Mitgl. der ehem. Kammer der Reichsräte in Bayern 26.5.1818; bayer. Genehmigung des Präd. »Erlaucht« (primog.) 22.4.1829 (auf Grund des Bundestagsbeschlusses vom 13.2.1829); Ausdehnung auf die gesamte Nachkommenschaft 7.3.1911; bayer. Fstnstand (primog.) mit »Durchlaucht« München 7.3.1901 (für Wolfgang Gfn u. Hrn zu Castell-Rüdenhausen, erbl. Reichsrat der Krone Bayern); Immatrikulation im Kgr. Bayern bei der Fstnklasse 25.5. 1901 (für denselben); Immatrikulation bei der Kurländ. Rrschaft 1906 (für Oskar Gfn zu Castell-Rüdenhausen, ⚭ Adelheid Baronesse v. Seefeld, Fkhrin auf Pussen, Kurland). — Die Nachgeborenen führen den Namen Gf bzw. Gfin zu Castell-Rüdenhausen (Erlaucht).

Chef: **Otto Fürst zu Castell-Rüdenhausen**, * 1985.

1. Ast

Wolfgang August Christian Friedrich Carl Erwein **1. Fürst zu Castell-Rüdenhausen**, * Rüdenhausen 21.4.1830, † ebd.13.1.1913, folgt seinem Großvater, dem Gfn Christian Friedrich, 28.3.1850, erbl. Reichsrat der Krone Bayern, Kgl. bayer. Oberstlt à la suite der Armee, RRr d. JohO.;
⚭ Büdingen 17.5.1859 Emma **Przssin zu Ysenburg u. Büdingen in Büdingen**, * Büdingen 23.2.1841, † Rüdenhausen 21.4.1926, T.d. K.K. Rittmeisters in der Armee Casimir Fst zu Y. u. B. in B. u.d. Thekla Gfin zu Erbach-Fürstenau.

Söhne (von 7 Söhnen, 5 Töchtern):

1. **Casimir** Friedrich **2. Fürst zu Castell-Rüdenhausen**, * Rüdenhausen 10.3.1861, † ebd. 25.4.1933, erbl. Reichsrat der Krone Bayern, Kgl. preuß. u. Kgl. bayer. Oberst, vorm. à la suite der Armee;
⚭ Middachten, Niederlande, 1.9.1905 Mechtild **Gfin v. Bentinck**, * Middachten 20.12.1877, † Rüdenhausen 13.12.1940, T.d. Kgl. großbrit. LegSekr. z.D. Wilhelm Gf v. B. u. Waldeck-Limpurg u.d. Maria Barones van Heeckeren van Wassenaer.

Sohn (von 2 Söhnen, 3 Töchtern):

Siegfried Casimir Friedrich **4. Fürst zu Castell-Rüdenhausen**, * Rüdenhausen 16.2.1916, † ebd. 16.11.2007, folgte seinem am 19.5.1951 für tot erklärten Bruder, dem Fürsten Rupert, Land- u. Forstwirt;
⚭ Laubach (standesamtl.) 16.10., (kirchl.) 17.10.1946 Irene **Gfin zu Solms-Laubach**, * Laubach 25.6.1925, † Rüdenhausen 16.12.2006, T.d. OLts Georg Friedrich Gf zu S.-L. u.d. Johanna Przssin zu Solms-Hohensolms-Lich.

Kinder:

(1) **Johann-Friedrich 5. Fürst zu Castell-Rüdenhausen**, * Rüdenhausen 27.1.1948, † Friedrichsberg bei Abtswind 30.10.2014, Bankkaufm., Land- u. Forstwirt, Mitinh. d. Fstl. Castell'schen Bank, Oberstlt d. Res.;
⚭ Quinta da Bela Vista à Piedade bei Sintra, Portugal, 11.6.1983 Maria **Gfin v. Schönborn-Wiesentheid**, * Würzburg 28.7.1958 (kath.), Dipl.-Ing. für Weinbau u. Kellerwirtschaft, T.d. Dipl.-Volkswirts u. Päpstl. Khrn Dr.med. Karl Gf v. Sch.-W. u.d. Donna Graziela Alvares Pereira de Melo a.d.H. der Duques de Cadaval
(Marktstr. 1, 97355 Rüdenhausen).

Kinder:

a. **Otto** Friedrich Carl **6. Fürst zu Castell-Rüdenhausen** (Durchlaucht), * Würzburg 31.5.1985, M.Sc., Land- u. Forstwirt, Mitinh. d. Fstl. Castell'schen Bank, Lt d. Res.;
⚭ (standesamtl.) Rüdenhausen 29.12.2018, (kirchl.) Waldhausen im Strudengau, OÖsterr., 15.6.2019 Sophia **Mautner v. Markhof**, * Frankfurt am Main 1.5.1989, M.A. (Schuhdesign), T.d. Werbefachm. Theodor Rr M. v. M. u.d. Goldschmiedin Marie-Antoinette Gfin v. u. zu Clam Martinic
(Marktstr. 1, 97355 Rüdenhausen).

Söhne:

a) **Erbgf Lelio** Johann-Friedrich Theodor, * Würzburg 13.10. 2020.

b) **Gf Alexis** Friedrich Paul, * Würzburg 25.4.2022.

b. **Gfin Olga** Graziella, * Würzburg 31.1.1987, M.A. (Int. Culture and Management);
⚭ Quinta da Bela Vista à Piedade 6.10.2012 Dominik **Pr. zu Löwenstein-Wertheim-Rosenberg**, * Frankfurt 7.3.1983, B.A. (Betriebswirtschaft), Vermögensberater
(Franz-Joseph-Str. 16, 80801 München).

c. **Gfin Anna-Magdalena**, * Würzburg 8.3.1989, B.A. (Global Communications), M.A. (Interkulturelles Management), Marketingmanager;
⚭ (standesamtl.) Rüdenhausen 17.12.2022, (kirchl.) Quinta da Bela Vista à Piedade 30.9.2023 Frederico José **Rodrigues Drenker Dos Reis**, * München 30.8.1985, B.Sc. (Business Economics and Social Science), M.Sc. (Int. Managment in Finance), Berater
(Hornsteinstr. 2, 81679 München).

d. **Gf Anton** Georg Friedrich, * Würzburg 4.3.1992, M. (Management), Immobilienverwalter (⚭ [ohne adelsrechtliche Wirkungen] Rüdenhausen 19.8.2023 William Ferro **Melo**, Espargos, Insel Sal, Kap Verde, 4.12.1991, Prof. in Patisserie an der Escola de Hotelaria e Turismo de Lisboa)
(Quinta da Bela Vista, Sintra, Portugal).

(2) **Gf Manto** Friedrich, * Rüdenhausen 31.1.1949, Dipl.-Verwaltungswirt, Erster Polizeihauptkommissar a.D., ehem. Leiter Stabsstelle Presse- u. Öffentlichkeitsarbeit u. Pressesprecher d. Bundespolizeidir. München;
⚭ Rüdenhausen 28.7.1984 Eva **Lorenz**, * Werfen, Land Salzburg, 26.3.1964, Leiterin d. Tourismus-Information d. Stadt Marktbreit, T.d. Abteilungsinsp. u. Postenkmdtn d. Bundesgendarmerie Roman L. u.d. Eva Grünwald
(Parkstr. 11, 97355 Rüdenhausen).

Tochter:

Gfin Marie Caroline Mechtild Johanna, * Kitzingen 17.1.1985, Automobilkauffrau, Betreuungsassistentin, Kinderpflegerin
(Parkstr. 11, 97355 Rüdenhausen).

(3) **Gfin Donata** Emma, * Rüdenhausen 20.6.1950, † Traunstein 5.9. 2015;
⚭ I. Rüdenhausen 24.5.1975 Louis Ferdinand **Pr. v. Preußen**, * Golzow, Neumark, 25.8.1944, † (an den Folgen einer Wehrdienstbeschädigung) Bremen 11.7.1977, Bankkaufm., Lt d. Res.;
⚭ II. Rüdenhausen 9.2.1991 Friedrich August **Hzg v. Oldenburg**, * Rastede 11.1.1936, † Meran 9.7.2017, Dipl.-Landwirt.

(4) **Gf Christian** Friedrich Casimir, * Rüdenhausen 8.8.1952, † Twickel bei Delden, Niederlande, 21.1.2010, Bankkaufm., Versicherungskaufm.;
⚭ (standesamtl.) St. Michielsgestel, Nordbrabant, 16.9., (kirchl.) Vught 17.9.1977 Carolina (Roline) **Hintzen**, * Rotterdam 7.12.

1952, † Almelo 30.6.2024, T.d. Bankiers Georg H. u.d. Agneta Krantz.

Kinder:

a. **Gf Jurriaan** George Frederik, * Amsterdam 19.6.1978, ...
(Randweg 77, 3074 BJ Rotterdam, Niederlande).

b. **Gf Roderik** Frederik, * Amsterdam 19.6.1980, Dipl.-Ing., Architekt;
⚭ Delden (standesamtl.) 17.5., (kirchl.) 7.6.2014 Elisabeth **Lotgering**, * Haarlem 4.7.1983, B.A., selbst. Unternehmerin in der Modebranche, T.d. Luft- u. Raumfahrting. Johannes Alexander L. u.d. Elizabeth Rouw
(Twickelerlaan 1, 7495 VG Delden, Niederlande).

Söhne:

a) **Gf Alexander** Christian Frederik, * Schloß Twickel 7.8. 2015.

b) **Gf Herman** Frederik, * Schloß Twickel 27.12.2016.

c) **Gf Ceder** Johan Frederik, * Almelo, Niederlanden, 24.10. 2019.

c. **Gfin Clara Marie**, * Hengelo, Niederlande, 30.12.1983, stud. Pädagogik
(Sportstraat 52, 6707 GJ Wageningen, Niederlande).

(5) **Gf Rupert** Friedrich, * Rüdenhausen 25.9.1954, Ltd. Angest.;
⚭ I. Rüdenhausen (standesamtl.) 2.2., (kirchl.) 3.2. 1979 Alexandra **Freiin u. Hrin v. Werthern**, * Büdingen 6.11.1952, † Köln 4.11.2022 (gesch. Kitzingen 12.9.2003), T.d. Journalisten Thilo Gf u. Hr v. W.-Beichlingen, Hrn d. Gfschaft Beichlingen, auf Hoppenrade, Mark, u.d. Walpurgis Przssin zu Stolberg-Wernigerode;

⚭ II. Essingen, Württ., 19.6.2004 Alexandra **v. Unger**, * Heidenheim an der Brenz 31.3.1962, Redakteurin (⚭ I. Essingen [standesamtl.] 26.5., [kirchl.] 27.5.1984 Andreas Gf v. Rittberg, * Düsseldorf-Heerdt 6.2.1957, Bankkaufm., gesch. Neuss 29.1.1985), T.d. Wirtschaftsing. u. staatl. gepr. Landwirts Rüdiger v. U. u.d. Irmgard Freiin v. Süßkind-Schwendi
(Ringstr. 29, 97355 Abtswind).

Kinder erster Ehe:

a. **Gf Philipp** Rupert Friedrich Franz, * Dettelbach 24.7.1979, Krankenpfleger
(Wodanstr. 49, 51107 Köln).

b. **Gf Leopold** Rupert Friedrich, * Dettelbach 25.4.1981, …
(…).

c. **Gfin Sophia** Marie Walpurgis Irene, * Dettelbach 18.7.1983, † Abtswind 23.3.1987.

d. **Gfin Gloria** Donata, * Kitzingen 31.1.1987, …
(…).

(6) **Gf Karl** Friedrich, * Rüdenhausen 21.10.1957, Journalist, Gastwirt
(Schloßstr. 10, 97355 Rüdenhausen).

(7) **Gf Hermann** Friedrich, * Würzburg 26.6.1963, M.A., Werbekaufm.;
⚭ Arolsen (standesamtl.) 18.8., (kirchl.) 19.8.1989 Henriette **Przssin zu Waldeck u. Pyrmont**, * Ludwigsburg 6.4.1963, Dipl.-Geographin, T.d. Oberstlts Georg-Friedrich Pr. zu W. u. P. u.d. Sixtina Przssin zu Stolberg-Stolberg
(Christian-Landenberger-Str. 12, 72458 Albstadt).

Kinder:

a. **Gfin Annabell** Florentina, * Nürnberg 4.2.1991, geschäftsf. Gesellschafterin
(…).

b. **Gfin Cecily** Viktoria, * Nürnberg 6.9.1992, M.Sc. (Strategisches Management u. Marketing), Marketingmanagerin *(Christian-Landenberger-Str. 12, 72458 Albstadt).*

c. **Gf Casimir** Friedrich Wilhelm, * Nürnberg 6.7.1994, M.Sc. in Finance, Investment Banker *(4 Square la Bruyère, 75009 Paris, Frankreich).*

(8) **Gf Matthias** Georg Friedrich, * Würzburg 13.4.1966, Groß- u. Außenhandelskaufm., Geschäftsf., Vorstand; ⚭ (standesamtl.) Hamburg 12.7., (kirchl.) Rüdenhausen 20.7. 1996 Christiane **Blau**, * Hamburg 10.12.1974, Bankkauffrau, Ökotrophologin, T.d. Steuerberaters Mathias B. u.d. Bankkauffrau Sabine Stobbe *(Bebelallee 57b, 22297 Hamburg).*

Kinder:

a. **Gfin Victoria** Sophie Christiane Donata, * Hamburg 13.11. 1998, Kauffrau im Groß- u. Einzelhandel, B.A. (Business Administration), M.Sc. (Impact Entrepreneurship and Innovation), Sales Acceleration Manager *(Calçada de São Vicente nr 87 1100-568, Lisboa, Portugal).*

b. **Gf Louis** Friedrich Casimir Matthias, * Hamburg 13.1.2001, B.A. (BWL), Unternehmensberater *(..., München).*

2. **Gf Alexander** Friedrich Lothar, * Rüdenhausen 6.7.1866, † Oberstdorf, Allgäu, 11.4.1928 (erhält für sich und seine Nachkommen München 2.2.1898 die bayer. Bewilligung, sich Gfn u. Gfinnen v. Faber-Castell zu nennen; nimmt für sich, seine zweite Gemahlin u. seinen Sohn zweiter Ehe mit Genehmigung des bayer. StMin. des Innern München 27.4.1927 den früheren Familiennamen wieder an), auf Schwanberg bei Kitzingen, UFranken, Fabrikbes., Kgl. bayer. Major, vorm. à la suite d. Armee;

⚭ I. Stein bei Nürnberg 28.2.1898 Ottilie **Freiin v. Faber**, * Stein 6.9. 1877, † Nürnberg 28.9.1944 (gesch. München 26.2.1918; ⚭ II. Dresden 18.5.1918 Philipp Frhr v. Brand zu Neidstein, * Amberg, OPfalz, 28.6. 1868, † Neidstein 10.10.1935, auf Neidstein, Kgl. bayer. Major), T.d. Großindustriellen u. Grundbes. Wilhelm Frhr v. F. u.d. Bertha Faber;
⚭ II. Stein bei Nürnberg 15.7.1920 Margit **Gfin Zedtwitz v. Moraván u. Duppau**, * Duppau, Nordböhmen, 30.9.1886, † Schwanberg 25.10.1973 (⚭ II. München 14.9.1933 Rüdiger Pr. zur Lippe-Weißenfeld, Mährisch-Neustadt 15.3.1880, † Wien 14.10. 1960, K.u.K. Km., Rittmeister), T.d. K.u.K. Km. Curt Gf Z. v. M. u. D. auf Duppau mit Sachsengrün u.d. Margarete Gfin zur Lippe-Weißenfeld.

Kinder erster Ehe:

Gfn u. Gfinnen v. Faber-Castell;
s. GHdA. Gfl. Häuser, Bd XVII (2003).

3. **Gf Hugo** Friedrich Alfred, * Rüdenhausen 4.4.1871, † Golßen, Kr. Luckau, NLausitz, 30.9.1936, Major, vorm. à la suite d. Kgl. preuß. Armee; ⚭ Klitschdorf 14.11.1900 Clementine **Gfin zu Solms-Sonnenwalde**, * Potsdam 13.4.1881, † Lich, OHessen, 3.5.1971, T.d. Kgl. preuß. Rittmeisters Otto Gf zu S.-S. u.d. Helene Gfin zu Solms-Baruth.

Söhne (von 2 Söhnen, 2 Töchtern):

1) **Gf Friedrich-Wolfgang** Otto, * Berlin 27.6.1906, ⚔ (vermißt über) Portland 11.6.1940 (für tot erklärt durch Beschluß d. Amtsger. Berlin-Mitte vom 28.11.1946 mit Wirkung vom 11.7.1940), Flugkpt. der Deutschen Lufthansa;
⚭ I. Coburg 14.12.1931 Caroline Mathilde **Przssin zu Sachsen-Coburg u. Gotha**, Hzgin zu Sachsen, * Schloß Callenberg bei Coburg 22.6.1912, † Bamberg 5.9.1983, führte wieder den Geburtsnamen (gesch. Berlin 2.5.1938; ⚭ II. Berlin 22.6.1938 Max Schnirring, * Stuttgart 20.5.1896, † Stralsund 7.7.1944, Flugkpt. u. Testpilot; ⚭ III. Coburg 21.12.1946 Karl Otto Andrée, * Düsseldorf 10.2.1912, † Mönchengladbach 16.11.1984, ..., gesch. Coburg 27.12.1947), T.d.

Kgl. preuß. u. Kgl. bulgar. Gen. d. Inf. Karl Eduard Hzg v. S.-C. u. G. u.d. Viktoria Adelheid Przssin zu Schleswig-Holstein-Sonderburg-Glücksburg;
⚭ II. Rüdenhausen 26.4.1939 Elisabeth **Gfin zu Castell-Rüdenhausen**, * Rüdenhausen 24.8.1914, † Uffing 1.8.2011 (s.o.) (⚭ II. Rüdenhausen 11.1.1947 Theodor Düvelius, * Wilhelmshaven 16.5.1916, † Uffing 6.10.2009, Kaufm.), T.d. Casimir Fst zu C.-R. u.d. Mechtild Gfin v. Bentinck.

Kinder: a) erster Ehe:

(1) **Gf Bertram** Friedrich, * Golßen 12.7.1932, † Wien 11.10.2023, Maler u. Graphiker;
⚭ Wien 10.10.1964 Felizitas (Fee) **Gfin v. Auersperg,** * Wien 20.9.1944, T.d. Beamten Hanno Gf v. A. u.d. Klothilde Ryndziak *(Nibelungengasse 3/16, 1010 Wien, Österreich).*

Söhne:

a. **Gf Dominik** Dimitrij Johannes Friedrich, * Wien 20.7.1965, Schauspieler, Regisseur
(Nibelungengasse 3/16, 1010 Wien, Österreich).

b. **Gf Michael** Alexej Friedrich Wolfgang, * Wien 4.11.1967, freischaffender Künstler
(Springergasse 11/22, 1020 Wien, Österreich).

(2) **Gf Konradin** Friedrich, * Berlin 10.10.1933, † Ingå, Finnland, 1.10.2011, Landwirt;
⚭ Helsingfors 6.7.1961 Märta Catharina **Lönegren**, * Helsingfors 17.4.1939, T.d. Dir. Bjarne L. u.d. Göta Ingeborg Isaksson *(Hagalandet, 10230 Ingå Station, Finnland).*

Kinder:

a. **Gfin Anne-Charlotte** Catharina Victoria, * Helsingfors 7.4.1962, führt ihren Geburtsnamen;

⚭ Ekenäs 4.7.1986 Martti **Rappu**, * St. Karins, Finnland, 26.10.1963, …
(Hagalandet, 10230 Ingå Station, Finnland).

b. **Gf Carl-Eduard** Friedrich Hubertus, * Ingå 15.3.1964, …;
⚭ Kopenhagen 6.3.1999 Lisbeth Marie **Rauning**, * Kopenhagen 24.3.1969, T.d. Leif R. u.d. Kirsten Rasmussen
(Solsikkevej 3, 3390 Hundested, Dänemark).

Kinder:

a) **Gfin Sarah** Carolina Victoria, * Kopenhagen 19.9.1999, stud. …
(…).

b) **Gf Marcus** Wilhelm Friedrich, * Kopenhagen 10.4.2004, …
(…).

(3) **Gfin Victoria Adelheid** Clementine Louise, * Coburg 26.2.1935;
⚭ London 20.6.1960 **Sir** Miles **Huntington-Whiteley** a.d.H. der Baronets H.-W. of Grimley, Gfschaft Worcester, * Fareham, Hampshire, 18.7.1929, † … 29.2.2019, Börsenmakler
(Flat 4, 39 Court Field Gardens, London SW5 0PJ).

b) zweiter Ehe:

(4) **Gf Hesso** Friedrich, * Würzburg 17.4.1940, † Bochum 28.10.2022, Betriebswirt, ERr d. JohO.;
⚭ Hamburg (standesamtl.) 9.5., (kirchl.) 10.5.1975 Elisabeth Adelheid **v. Nell,** * Hamburg 24.2.1938, † Bochum 30.4.2021, Dr.rer.soc., Privatdozentin f. Bevölkerungswissenschaften u. Sozialgesch. an der Univ. Bochum, T.d. Werbeberaters Ansgar v. N. u.d. Barbara Steinle.

4. **Gf Hermann** Friedrich Julius, * Rüdenhausen 27.8.1872, † Würzburg 16.2.1941, Oberstlt, vorm. à la suite d. Kgl. bayer. Armee;

⚭ Klitschdorf 18.7.1903 Freda **Gfin zu Solms-Sonnenwalde**, * Potsdam 18.7.1882, † Holzkirchen, OBayern, 4.8.1980, T.d. Kgl. preuß. Rittmeisters Otto Gf zu S.-S. u.d. Helene Gfin zu Solms-Baruth.

Sohn (von 2 Söhnen, 2 Töchtern):

Gf Hubertus Friedrich Wolfgang Otto Peter Eberhard Hugo Wilhelm, * München 12.2.1909, † Kitzingen 2.9.1995, Farmer, Beamter beim Landesrat von Südwestafrika, Kinderbuchautor, RRr d. JohO.; ⚭ I. Swakopmund, Südwestafrika, 16.6.1939 Margarethe **Schröder**, * Vogelsang, Kr. Wismar, 26.6.1909, † Johannesburg 26.7.1997 (gesch. Windhoek 3.12.1948; ⚭ II. Windhoek 18.1.1949 Ralph Gf v. Lüttichau, * Liegnitz 3.5.1909, † Johannesburg 1.3.1996, Farmer u. Reg-Beamter), T.d. Richard Sch. auf Vogelsang u. Lischow, Meckl., u.d. Margarethe Wrede;
⚭ II. Mariental, Südwestafrika, 24.10.1951 Herta **Edlich**, * Berlin 28.8.1911, † Windhoek 13.3.1995, T.d. Kaufm. Julius E. u.d. Martha Hepke.

Kinder erster Ehe:

(1) **Gf Ferdinand**-Otto Friedrich Richard, * Windhoek 25.3.1940, Dipl.-Ing., Architekt, ERr d. JohO.
(15 Libertas Str., Parel Vallei, Somerset West 7130, Südafrika);
⚭ Braunschweig-Mascherode (standesamtl.) 24.8., (kirchl.) 7.9. 1968 Dagmar **Wrede**, * Potsdam 28.11.1944, T.d. Rechtsanwalts u. Notars Alexander W. u.d. Adelheid v. Doering
(Am Wasserturm 16, 38102 Braunschweig).

Töchter:

a. **Gfin Alexandra** Elza Friederike, * Braunschweig 20.1.1969, Dipl.-Optometristin;
⚭ Braunschweig (standesamtl.) 7.9., (kirchl.) 8.9.2001 Tobias **Heinke**, * Saarlouis 26.9.1969, Dr.med., Facharzt f. Urologie
(Sassenbergerstr. 30a, 48231 Warendorf).

b. **Gfin Victoria** Eleonore Adelheid Freda Margarethe, * Johannesburg, Südafrika, 23.1.1972, Dipl.-Ing., Innenarchitektin;
⚭ (standesamtl.) Berlin 27.12.2006, (kirchl.) Wennigsen 14.7.2007 Friedrich-Alexander **Hoppe**, * Wetzlar 17.4.1968, † Dresden 18.5.2020, Vizepräs. in der Bundespolizei
(Weinbergstr. 34, 14469 Potsdam).

c. **Gfin Donata** Marie Elisabeth, * Johannesburg 13.8.1976, Luftverkehrskauffrau;
⚭ Kelkheim im Taunus 28.12.2017 Stephan **Manigk**, * Johannesburg 7.5.1969, Speditionskaufm., Prokurist
(Bergstr. 48, 65779 Kelkheim).

(2) **Gf Hubertus**-Hermann Friedrich Richard, * Windhoek 30.8.1941, Dipl.-Comm. Art, Gebrauchs- u. Werbegraphiker
(Wellington Avenue 38, Wynberg 7800, Südafrika);
⚭ Frankfurt am Main 8.7.1974 Christine **Offner**, * Klagenfurt 21.12.1945, † Hamburg 19.10.2024, Buchhändlerin (gesch. Hamburg 27.5.2003), T.d. ... Rudolf O. u.d. Christine Kollmann.

Sohn:

Gf Constantin Philipp Manto Tassilo Rudolf Hubertus, * Frankfurt am Main 31.5.1976, Groß- u. Außenhandelskaufm., Dipl.-Filmproduzent
(Alter Steinweg 15, 20459 Hamburg).

(3) **Gfin Freda** Margarethe, * Windhoek 11.2.1943, Übersetzerin
(3 Ailsa Craig, New Street, Somerset West 7130, Südafrika).

5. **Gf Wolfgang** Friedrich Heinrich Philipp, * Rüdenhausen 22.6.1875, † München 19.12.1930, auf Seeläsgen, Brandenburg, usw., Kgl. preuß. Major, vorm. à la suite d. Armee, RRr d. JohO.;
⚭ Stein 27.9.1903 Hedwig **Freiin v. Faber**, * Stein 17.11.1882, † Frankfurt an der Oder 17.2.1937, ED. d. bayer. TheresienO., T.d. Großindustriellen Wilhelm Frhr v. F. u.d. Bertha Faber.

Sohn (von 1 Sohn, 1 Tochter):

Gf Wulf Diether Wolfgang Christian Ernst Otto Paul Karl, * Berlin 20.11.1905, † München 1.7.1980, Flugkpt. der Deutschen Lufthansa, Dir. des Flughafens München;
⚭ I. München 22.6.1928 Hildegard **Przssin v. Hanau, Gfin v. Schaumburg**, * Söcking bei Starnberg 12.3.1903, † München 12.4.1990 (kath.), führte wieder den Geburtsnamen (gesch. Berlin 15.12.1941; ⚭ I. Salzburg 10.1.1922 Carl-Max Gf v. u. zu Sandizell, * Sandizell, OBayern, 4.10.1895, † ebd. 21.5.1962, auf Sandizell, Sportpräs. des Automobilclubs von Deutschland, gesch. München 5.3.1928, Ehe für nichtig erklärt 16.2.1929), T.d. Kgl. bayer. Km. u. Majors Friedrich Pr. v. H., Gf v. Sch. u.d. Hildegard Gfin Almásy de Zsadány et Török-Szent-Miklós;
⚭ II. Berlin 16.2.1942 Luise **Ullrich**, * Wien 31.10.1910, † München 21.1.1985 (kath.), StSchauspielerin u. Schriftstellerin, T.d. K.u.K. Majors Richard U. u.d. Aloysia Bernert.

Töchter zweiter Ehe:

(1) **Gfin Gabriele** Alexandra Gertrude Editha Luise, * Dresden 30.1.1943, Guest Relation Manager des Hilton-Hotels in München, führt wieder den Geburtsnamen
(Hugo-Junkers-Str. 6a, 82031 Grünwald bei München);
⚭ München 11.3.1963 Rolf **Kröning**, * Berlin 19.6.1940, Flugkpt. der Deutschen Lufthansa (gesch. München 14.11.1985).

(2) **Gfin Michaela** Nina Dorothea, * München 4.10.1945, † Grünwald 19.8.2011, Dipl.-Ing., Innenarchitektin, Inh. der Gräfl. Castell'schen Fischzucht in Griestal, Allgäu;
⚭ Kempten, Allgäu, 5.1.1968 Bernd **Rosemeyer**, * Berlin 12.11.1937, † Grünwald 31.5.2020, Dr.med., Prof. f. Orthopädie, ltd. Med. Dir.

2. Ast

Kuno Friedrich Franz Albrecht Ernst Christian **Graf zu Castell-Rüdenhausen**, * Rüdenhausen 12.2.1832, † Tübingen 3.4.1897, Kgl. bayer. Km.; ⚭ Sutten, Kurland, 4./16.5.1857 Emma **Gfin v. Keyserlingk**, * Kabillen, Kurland, 20.11./2.12.1835, † Winnental bei Winnenden, Württ., 21.10.1912, T.d. Johann (Jeannot) Gf v. K. auf Sutten u. Kahnenhof, Kurland, u.d. Louise Gfin v. Keyserlingk a.d.H. Kabillen.

Söhne (von 4 Söhnen, 5 Töchtern):

1. **Gf** Friedrich **Paul** Adolf, * Sutten 18.11.1862, † Baden-Baden 1.2.1938, Oberst, vorm. à la suite d. Kgl. preuß. Armee;
   ⚭ Graz 29.10.1896 Marie **Freiin v. Hayn**, * Graz 29.6.1875, † Hamburg 17.5.1961, T.d. Kgl. württ. Rittmeisters Karl Albert Frhr v. H. u.d. Maria Englhofer.

   Sohn:

   Gf Hermann-Albrecht Kuno Franz Karl-Maria, * Berlin 4.8.1897, † Hamburg 30.10.1975, Rechtsanwalt u. Notar;
   ⚭ I. Berlin 28.9.1937 Ulrike **v. Seeler**, * Hannover 14.5.1913, † Berlin 12.9.1938, T.d. Kgl. preuß. Rittmeisters Elard v. S. u.d. Ulrike Bourjau;
   ⚭ II. Berlin-Charlottenburg 29.6.1940 Ruth **v. Enckevort,** * Hamburg 2.9.1915, † ebd. 16.7.2000, T.d. Kaufm. Albert v. E. u.d. Ingulda (Hilda) Reitzner von Heidelberg.

   Kinder: a) erster Ehe:

   (1) **Gfin Ulrike**, * Berlin 12.9.1938, † Hamburg 1.8.2022, führte den Namen »Gräfin zu Castell-Rüdenhausen-Wismer«;
   ⚭ … 1986 Gottfried **Wismer**, * Soltau 1.4.1929, † Hamburg 29.9.1987, Fernsehtechniker.

b) zweiter Ehe:

(2) **Gf Friedrich**, * Berlin-Charlottenburg 27.7.1942, Bankkaufm. u. Revisor, RRr d. JohO.;
⚭ I. Hamburg 14.10.1966 Barbara **Nörenberg**, * Bad Polzin 23.10. 1943, führt wieder den Geburtsnamen (gesch. Hamburg 22.1. 1974), T.d. Landwirts Arthur N. u.d. Lieselotte Gertrud Schütz *(Vörn Barkholt 47, 22359 Hamburg-Volksdorf);*
⚭ II. Ossiach 2.10.1977 Isnelda **Pribernig**, * Waiern-Feldkirchen 13.8.1955 (kath.), Hotelfachfrau, T.d. Landwirts Alois P. u.d. Elisabeth Winkler
(Buchenallee 14, 22529 Hamburg-Lokstedt).

Kinder: a) erster Ehe:

a. **Gf Philip** Friedrich Casimir, * Hamburg 9.2.1970, Groß- u. Außenhandelskaufm., Immobilien- u. Vermögensberater;
⚭ I. Hamburg 6.9.1996 Ulrike **Buhr**, * Hannover 10.8.1970, Bankfachwirtin (gesch. Hamburg ...4.2006), T.d. ... Jürgen B. u.d. Maria Luise Waterbeck
(Eppendorfer Baum 14, 20249 Hamburg);
⚭ II. (standesamtl.) Sylt 22.6., (kirchl.) Hamburg 31.8.2007 Johanna **Czapp**, * Danzig 24.7.1973, T.d. ... Helmut Cz. u.d. Miriam Fafran
(Isestr. 64, 20149 Hamburg).

Söhne zweiter Ehe:

a) **Gf Nikolas** Johannes Philip Friedrich Casimir, * Hamburg 10.2.2009.

b) **Gf Leander** Philip Nikolas, * Hamburg 16.8.2011.

b) zweiter Ehe:

b. **Gfin Solveig** Ruth Elisabeth, * Hamburg 30.10.1980, Dipl.-Kommunikations-Designerin
(Wiesenstr. 7, 20255 Hamburg).

c. **Gf Manto** Friedrich Philip, * Hamburg 24.3.1982, Koch;
⚭ ... 25.7.2014 Nadja **Spietzack**, * ... 17.1.1981, Köchin, T.d. Horst S. u.d. Monika Lind
(Glashütter Damm 37, 22850 Norderstedt).

Sohn:

Gf Vincent Viktor Friedrich, * Hamburg 14.6.2018.

(3) **Gfin Eveline**, * Marktheidenfeld 12.10.1948, führt den Namen »Gräfin zu Castell- von Drateln-Rüdenhausen-Wolf«;
⚭ I. Hamburg 3.7.1970 Georg **von Drateln**, * Hamburg 1.9.1947, OStudienrat (gesch. Hamburg 22.5.1980);
⚭ II. Hamburg 5.5.1983 Manfred **Wolf**, * Hamburg 23.8.1949, Bildtechniker
(Kortenland 41, 22395 Hamburg-Bergstedt).

(4) **Gfin Sybille**, * Marktheidenfeld 23.8.1950, Lampendesignerin *(Lohkampstr. 106, 22523 Hamburg);*
⚭ Hamburg 28.5.1970 Erwin **Ziemer**, * New York 26.1.1947, † Hamburg 18.12.2007, Kaufm. (gesch. Hamburg 15.12.1976).

2. **Gf Oskar** Friedrich Hermann, * Luby, Gouvt Kowno, 19.11./1.12.1869, † Wismar, Kr. Naugard, Pomm., 18.10.1919 (immatrikuliert bei der Kurländ. Rrschaft 1906), auf Wismar;
⚭ Riga 17./29.7.1899 Adelheid (Ada) **Baronesse v. Seefeld**, * Windau, Kurland, 3./15.5.1872, † Lübeck 17.11.1948, Fkhrin auf Pussen (§) bei Windau, T.d. Hauptm. u. GerAssessors Wilhelm Baron v. S. u.d. Lucie v. Wolski.

Sohn (von 2 Söhnen, 1 Tochter):

Gf Manfred Friedrich Paul, * Pussen 21.7.1902, ⚔ Graudenz 5.2.1945, auf Wismar, Dipl.-Landwirt;
⚭ Bockstadt bei Eisfeld, Thür., 30.8.1933 Elisabeth **Stettmund v. Brodorotti**, * Bockstadt 25.6.1911, † Kaufering 10.6.1998, T.d. Kgl.

preuß. Oberstlts Hermann St. v. B. auf Bockstadt u.d. Ilse Freiin v. Münchhausen a.d.H. Bockstadt.

Söhne:

(1) **Gf Rüdiger** Friedrich Paul, * Coburg 25.6.1934, Notar a.D.; ⚭ Coburg 29.8.1964 Waltraud **Diezel**, * Coburg 16.5.1941, T.d. OMedDir. Dr.med. Werner D. u.d. Johanna Diesel
(Herterichstr. 91b, 81477 München).

Töchter:

a. **Gfin Uta** Elisabeth, * Coburg 24.7.1967, Musikerin; ⚭ (standesamtl.) Montpelier, Vermont, USA, 16.10., (kirchl.) Ottobrunn 23.11.1996 Jan **Reichel**, * Hamburg 11.3.1964, Dipl.-Ing.
(Hirtenstr. 28, 85521 Ottobrunn).

b. **Gfin Margarete** Johanna, * Coburg 28.2.1972, StAnwältin a.D.
(Milchberg 21, 82335 Berg).

(2) **Gf Ruprecht** Friedrich Wolfgang Siegfried Paul, * Berlinchen, Neumark, 30.12.1940, Pfarrer, Militärdekan a.D., Ordensstatthalter u. -dekan d. JohO. a.D., RRr u. EKommendator d. JohO.; ⚭ Erlangen (standesamtl.) 23.2., (kirchl.) 24.2.1968 Dorothea **v. Loewenich,** * Erlangen 20.2.1943, Altphilologin, T.d. o. Prof. f. Theologie an der Univ. Erlangen D. Walther v. L. u.d. Elisabeth Thielicke
(Kaskadenweg 24, 81247 München).

Kinder:

a. **Gfin Annette** Karoline, * Erlangen 5.9.1969, Musikerin, führt den Geburtsnamen;
⚭ I. Wiesbaden 9.4.1999 Hristo **Kouzmanov**, * Sofia, Bulgarien, 19.10.1974, Orchestermusiker (gesch. ... 18.4.2006);

⚭ II. Charlottesville, Virginia, USA, 16.9.2008 John Timothy **Summers**, * Pittsburgh 28.5.1972, B.A., M. (Musik), Musiker *(Fehlerstr. 11, 12161 Berlin).*

b. **Gf Bernhard** Friedrich Volker, * Erlangen 18.3.1972, Dipl.-Ing., Dipl.-Wirtschaftsing.;
⚭ (standesamtl.) Karlsruhe 12.10.2019, (kirchl.) Bayrisch Zell 30.7.2022 Astrid **Ochsenreither**, * Karlsruhe 16.10.1979, Dipl.-Produktdesignerin, T.d. Dipl.-Ing. u. Heilpraktikers Friedrich O. u.d. Lehrerin Ingeborg Reinert
(Kohlmeisenstr. 36, 81249 München).

c. **Gfin Adelheid** Dorothea, * München 1.7.1982, Dipl.-Agraring., M.Sc.agr., Gutsverwalterin, führt wieder den Geburtsnamen;
(Tutzinger Str. 15, 82347 Bernried am Starnberger See);
⚭ Tegernsee 7.7.2010 Marcus **Frhr v. Seckendorff**, * München 20.4.1969, Dipl.-Agraring., M.Sc.agr. (gesch. Freising 22.12.2011).

(3) **Gf Börries** Friedrich Frommhold Hans Gotthard Oskar, * Lüneburg 13.7.1945 (posthumus), Dr.med., Kinderarzt;
⚭ Coburg 27.12.1969 Barbara **Engel**, * Coburg 25.3.1944, † Kaufering 22.2.2003, T.d. Oberstlts Otfried E. u.d. Gudrun Hammerschmidt
(Ahornring 124, 86916 Kaufering).

Kinder:

a. **Gf Christian** Friedrich, * Erlangen 23.6.1970, † München 4.1.2002, Dr.med., Assistenzarzt, Lt d. Res.

b. **Gf Wolfgang** Manfred, * Erlangen 30.11.1971, Dr.rer.nat., Privatdozent, Mathematiker, Lt d. Res.;

⚭ Nördlingen (standesamtl.) 4.9., (kirchl.) 6.9.2003 Bettina **Böhm**, * Nördlingen 5.2.1978, Dipl.-Mathematikerin, Softwareentwicklerin, T.d. Dipl.-Ing. Kurt B. u.d. Margarete Barthel
(Grasmückenweg 14, 85356 Freising).

Kinder:

a) **Gf Fabian** Georg Oskar, * München 11.3.2006.

b) **Gfin Carina** Anna Elisabeth, * München 3.1.2008.

c) **Gf Marius** Kurt Christian, * München 9.5.2010.

c. **Gfin Ines** Alexandra, * Erlangen 19.6.1974, Logopädin, führt wieder den Geburtsnamen
(Mühlbachwiesen 15, 91090 Effeltrich);
⚭ (standesamtl.) Erlangen 19.7., (kirchl.) Kaufering 3.8.2002 Gerhard **Munk**, * Öttingen 5.12.1976, Elektroinstallateur (gesch. Erlangen 15.9.2006).

d. **Gfin Amelie** Elisabeth, * Erlangen 11.12.1975, Studiendir., führt wieder den Geburtsnamen
(Hubertusstr. 9c, 90513 Zirndorf-Bronnamberg);
⚭ (standesamtl.) Kaufering 9.6.2007, (kirchl.) Nürnberg 9.8.2008 Bernhard **Jörg**, * Pfaffenhofen 3.12.1958, Studiendir. (gesch. Fürth 21.12.2016).

Ferdinand Fürst zu Castell-Castell
Otto Fürst zu Castell-Rüdenhausen

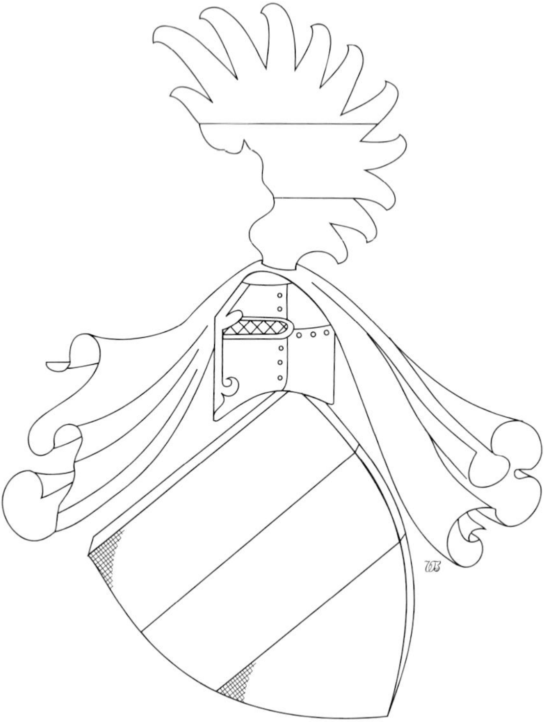

Colloredo-Mannsfeld *

Kath. — Das Geschlecht entstammt der Überlieferung nach den schwäbischen uradeligen Herren v. Waldsee, von denen Liabordo v. Waldsee nach Italien zog und vom Patriarchen Poppo von Aquileja 1031 (vgl. Bauzer, Mscr. historia rerum Noria darum et Forojul. libr. V) mit der Burg Mels belehnt wurde. Glizoio de Mels erscheint mit seinen Brüdern 25.10.1247 urkundl. (vgl. Giambattista v. Crollalanza, Das Adelsgeschl. der Waldsee-Mels und insbesondere der Gfn v. Colloredo, Wien 1889), von denen Glizoio die Linie Colloredo und Heinrich die Linie Mels-Colloredo begründete. — Erlaubnis zum Bau der Burg Colloredo bei Udine im Friaul 4.12.1302 (vom Patriarchen Ottobono von Aquileja für Wilhelm v. Mels); Reichsfrhrnstandsbestätigung (mit dem Wappen der Herren v. Waldsee) Prag 19.3.1588 (für die Brüder Ludwig, Kais. Km., u. Lälius v. Colloredo, Km. d. Ehzgs Ernst, und für die übrige Deszendenz des Wilhelm v. Mels, urkundl. 1302); böhm. Verleihung d. Präd. Wohlgeboren Prag 12.5.1623 (für Rudolph, Hieronymus u. Lelius Frhrn v. Colloredo); erbländ.-österr. Gfnstand als »v. Colloredo Gf zu Waldsee, Herr auf Dobra u. Fleyena« mit Wappenbesserung Wien 10.5.1629 (für die Brüder Rudolph u. Hieronymus v. Colloredo); böhm. Verleihung d. Präd. Hoch- u. Wohlgeboren Wien 27.2.1711; Reichsgfnstand mit Wappenbesserung Wien 11.12.1724 (alles für die Brüder Hieronymus, Kais. Rat u. Km., Oberst-Erblandtruchseß in Böhmen u. Gouv. von Mailand, u. Rudolph v. Colloredo, die Stammväter zweier Zweige); Aufnahme in das schwäb. Reichsgfnkollegium als Personalist 17.8.1737; niederösterr. alter Herrenstand 22.6.1743; böhm. Fstnstand (primog.) Wien 24.12.1763; Reichsfstnstand (primog.) mit »Hochgeboren« Wien 29.12.1763 (alles für Rudolph Gfn v. Colloredo, Kais. WGehRat, Km., Konferenzmin. u. Reichsvizehofkanzler); ungar. Indigenat 1765; Kais. Namen- u. Wappenvereinigung mit denen der Fstn v. Mansfeld als »Fst v. Colloredo-Mannsfeld« (primog.) bzw. »Gf v. Mannsfeld« (für den ältesten Sohn des Fstn zu Lebzeiten des Vaters) und »Gf bzw. Gfin v. Colloredo-Mannsfeld« (für die Nachgeborenen) Wien 26.2.1789 (für Franz Gundaccar Fstn v. Colloredo, ⚭ Maria Isabella Gfin v.

Mansfeld, Schwester d. letzten Fstn v. M. u. Fondi); Zuständigkeit d. Präd. »Durchlaucht« (primog.) lt Bundestagsbeschluß vom 18.8.1825, österr. Durchführung desselben 7.10.1825; erbl. Mitgl. d. Herrenhauses d. österr. Reichsrats Wien 18.4.1861, Diplom 7.3.1882. — Die Nachgeborenen führen den Namen Graf bzw. Gräfin v. Colloredo-Mannsfeld, der älteste Sohn des Fürsten zu Lebzeiten des Vaters allein den Namen Graf v. Mannsfeld.

Wappen (Stammwappen Waldsee): In Schwarz ein silberner Balken; auf dem Helm mit schwarz-silbernen Decken ein wie der Schild bezeichneter Adlerfügel.

Literatur: Hinweise s. GHdA, Adelslexikon, Bd II (1974) u. Bd XVII (1987). Letztaufnahme der Genealogie: GGH, Fstl. Häuser, Bd II (2018). — Vgl. auch GHdA, Gfl. Häuser, Bd XX (2012) (Art. Mels-Colloredo).

Chef: **Hieronymus (Jerome) 9. Fürst v. Colloredo-Mannsfeld**, * 1949.

Joseph Franz Hieronymus **5. Fürst v. Colloredo-Mannsfeld**, Gf v. Waldsee, Vicegf v. Mels-Waldsee, Marchese di Santa Sofia, * Wien 26.2.1813, † ebd. 22.4.1895, K.K. Km., WGehRat, erbl. Mitgl. d. Herrenhauses d. österr. Reichsrats u. Major d. Landw., Rr d. O. vom GVlies;
⚭ Wien 27.5.1841 Theresia **v. Lebzeltern**, * Wien 27.4.1818, † ebd. 19.1.1900, K.u.K. PD., T.d. Karl Alfred Rr v. L. u.d. Maria Magdalena v. Ockel.

Söhne:

1. **Hieronymus** Ferdinand Rudolf **Graf v. Mannsfeld**, * Přemýsl, Böhmen, 20.7.1842, † Blankenberg 29.7.1881, K.K. GehRat u. Rittmeister d. Res.; ⚭ Prag 29.4.1865 Aglaë **Gfin Festetics de Tolna**, * Tolna 2.2.1840, † Wien 1.6.1897, T.d. OGespans u. K.K. Km. Ernst Gf F. de T. auf Tolna usw. u.d. Johanna Freiin Kotz v. Dobrz.

   Sohn:

   Gf Hieronymus Hubertus Franz Alfred Ernst Maria, * Dobřiš, Böhmen, 3.11.1870, † Prag 29.8.1942, K.u.K. Km. u. LinienschiffsKpt.;

⚭ Wien 10.8.1909 Bertha **Gfin v. Kolowrat-Krakowský**, * Teinitzl (Týnec), Böhmen, 21.6.1890, † Auch, Dept Gers, Frankr., 29.1.1982 (gesch. Prag 8.1.1926), T.d. K.u.K. Lts Leopold Gf v. K.-K., Fkhrn auf Teinitzl usw., Böhmen, u.d. Nadine Freiin v. Huppmann-Valbella.

Söhne:

(1) **Josef** Leopold Hieronymus Alexander Maria **7. Fürst v. Colloredo-Mannsfeld** usw., * Pola 4.6.1910, † Salzburg 30.1.1990, Dr. rer.pol., folgt seinem Oheim, dem 6. Fstn Joseph, 21.2.1957;
⚭ I. Reith 25.3.1939 Anna Maria **Rabl**, * Innsbruck 11.6.1908, † Beamsville, Ontario, Kanada, 25.6.1953 (⚭ I. Innsbruck 11.2. 1931 Roderich Menzel, * Reichenberg 13.4.1907, † München 18.10.1987, Tennisspieler, Schriftsteller, Ehe durch Entscheidung des bischöfl Konsistoriums Leitmeritz 1.1.1937 für ungültig erklärt), T.d. Dr. ... Hans R. u.d. Josefine Riszdörfer-Izdenczy;
⚭ II. München 1.3.1988 Antonie **Raumer**, * München 20.5.1922, † ... 7.5.2016, Dipl.-Bibliothekarin (⚭ I. München 18.1.1943 Helmut Berger, * ..., † München 25.8.1979, Dr.jur., MinRat, gesch. München 14.7.1948; ⚭ II. München 20.9.1948 Igor v. Glasenapp, * St. Petersburg 27.12.1915, † ..., Dr.phil., gesch. Wolfratshausen 9.2.1988), T.d. Dipl.-Ing. Wilhelm R. u.d. Josefine Fischer.

Tochter erster Ehe:

Gfin Kristina Josefine Nadine Maria, * Prag 19.12.1940, führt wieder den Geburtsnamen
(Schloß Gstatt, 8960 Öblarn, Österreich; Zamecká, Opočno, Tschechien);
⚭ I. Öblarn (standesamtl.) 10.9., (kirchl.) 11.9.1960 Georg **Pr. zu Fürstenberg**, * Strobl, Land Salzburg, 13.8.1923, † ... 7.1.2008, Dr.jur. (gesch. Wien 18.5.1965);
⚭ II. Toronto, Kanada, 11.5.1966 Jan **van Hamel**, * Edinburgh, Schottland, 23.7.1943, Komponist (gesch. Toronto 29.7.1973);

⚭ III. Katharinenkloster, Wadi Firan, Sinai, Ägypten, 22.5.1975 Michael **Begert**, * Bern 5.12.1946, Reisebuchautor u. Reiseleiter (gesch. Athen 16.11.1983).

(2) **Gf Friedrich** Hieronymus Heinrich Richard Maria, * Berlin 3.4.1917, † Öblarn 29.7.1991;
⚭ I. St. Moritz 4.6.1946 Christa **v. Kries**, * Hamburg 4.6.1922, † Dubrovnik 12.9.1972 (gesch. Rosenheim 7.5.1955), T.d. Oberstlts Curt v. K. u.d. Anna v. Schmidt-Pauli;
⚭ II. Wien 20.10.1975 Martine **Andrieux**, * Saigon 8.5.1937 (⚭ I. ..., gesch. ...), T.d. Plantagenleiters Louis A. u.d. Germaine Parkosch
(...).

Kinder erster Ehe:

a. Hieronymus (**Jerome**) Weikhard Maria **9. Fürst v. Colloredo-Mannsfeld**, Gf v. Waldsee, Vicegf v. Mels-Waldsee, Marchese di Santa Sofia (Durchlaucht), * Monmouth, Illinois, USA, 16.3.1949, Dipl.-Ing., Forstwirt;
⚭ I. Öblarn (standesamtl.) 14.6., (kirchl.) 15.6.1975 Alexandra **v. Glasenapp**, * München 26.2.1955, Dr.med., Frauenärztin (gesch. Wien 4.10.1977, Ehe kirchl. annulliert Graz 27.2.1982), T.d. Dr.phil. Igor v. G. u.d. Antonia Raumer
(...);
⚭ II. (standesamtl.) Wien 26.7.1979, (kirchl.) Kleinsölk, Steiermark, 28.9.1982 Livia Anna **Fuchs**, * Prag 3.5.1956, T.d. Industriedir. u. Dipl.-Landwirts Paul F. u.d. Jiřina Sladka
(Hauptplatz 34, 8960 Öblarn, Österreich; Švabínská 279, 33808 Zbiroh, Tschechien).

Kinder zweiter Ehe:

a) **Paul-Josef** Hieronymus Maria **Graf v. Mannsfeld**, * Wien 8.6.1981, Mag.rer.oec.;

ꝏ Admont 17.7.2010 Elke **Taus**, * Rottenmann 17.4.1982, Mag.rer.oec., MBA, T.d. Schuldir. Heimo T. u.d. Johanna Sulzbacher
(Gstatt 9, 8960 Öblarn 34, Österreich).

Söhne:

(a) **Gf Hieronymus** Josef Georg Paul Maria, * Schladming 13.4.2011.

(b) **Gf Felix** Josef Friedrich Maria, * Schladming 1.2.2013.

(c) **Gf Paul** Josef Gundaccar Maria, * Schladming 24.10. 2016.

b) **Gf Lelio** Friedrich Georg, * Wien 24.1.1985, Mag.jur.;
ꝏ Leogang, Österr.,14.9.2018 Stefanie **Petronczki**, * Wien 27.1.1986, Mag.jur., T.d. Steuerberaters u. Wirtschaftsprüfers Mag.soc.oec. Paul P. u.d. Marghareta Seper
(nám. Svobody 1, 26301 Dobříš, Tschechien; Hauptplatz 34, 8960 Öblarn 34, Österreich).

Töchter:

(a) **Gfin Almerie** Margareta Livia Theresa, * Wien 16.8. 2019.

(b) **Gfin Marilene** Josefine Anna, * Wien 21.7.2021.

c) **Gfin Anna-Livia** Christa Elisabeth, * Wien 19.1.1997, B.A.
(nám. Svobody 1, 26301 Dobříš, Tschechien; Hauptplatz 34, 8960 Öblarn 34, Österreich).

b. **Gfin Isabella** Josefa Maria, * Genf 29.2.1952, Mag.med.vet.
(Limbachhof 153, 7540 Güssing, Österreich).

2. **Gf Franz** de Paula Ferdinand Gundaccar, * Wien 1.8.1847, † Sierndorf, NÖsterr., 22.10.1925, K.u.K. GehRat u. Km., erbl. Mitgl. d. Herrenhauses d. österr. Reichsrats;

⚭ I. Prag 23.1.1874 Maria **Freiin Lexa v. Aehrenthal**, * Doxan 26.5.1850, † Volosca bei Fiume 5.5.1881, T.d. K.u.K. GehRats Johann Frhr L. v. A. auf Doxan, Groß-Skal usw., u.d. Maria Gfin v. Thun u. Hohenstein; ⚭ II. Groß-Skal 6.9.1884 Elisabeth **Freiin Lexa v. Aehrenthal**, * Prag 2.3. 1858, † Sierndorf 29.7.1890, Schwester d. ersten Gemahlin.

Söhne erster Ehe:

1) **Gf Ferdinand** Johannes Hieronymus Maria, * Sierndorf 5.6.1878, † Wien 18.12.1967, K.u.K. Km. u. LegRat, Rr d. (österr.) O. vom GVlies;
⚭ New York 10.5.1909 Eleonore (Nora) **Iselin**, * New York 27.12.1881, † ebd. 25.2.1939 (ref.), T.d. Bankhrn Charles Oliver I. u.d. Frances Garner.

Sohn:

Gf Franz Ferdinand Romanus, * Rom 1.3.1910, ⚔ bei Berck-sur-Mer, Dept Pas-de-Calais, Frankr., 10.1.1944;
⚭ Boston, Massachusetts, USA, 3.10.1933 Mabel Bayard **Bradley**, * Boston 4.3.1912, † Needham, Massachusetts, 26.3.1965 (⚭ II. Chichester, Sussex, England, 7.10.1944 Thomas Hunter Lines, * Edmonton, Alberta, Kanada, 10.1.1905, † Duncan, British Columbia, 2.10.1984, Kpt., gesch. ...), T.d. ... Joseph Gardener B. u.d. Mabel Warren.

Kinder:

a. **Gfin** Mabel Bayard **Elizabeth**, * New York 28.8.1936, † Braxton County, West Virginia, 13.11.2015;
⚭ I. New York 27.8.1959 Frederick **Romley**, * ... 1936, ... (gesch. ... 1969);
⚭ II. Upper Marlborough, Maryland, 27.10.1972 Peter **Silitch** (aus russ. Adel), * New York 26.9.1935, † Florida 18.1.2018, ...

b. **Gf** Franz **Rudolf** Maria, * Paris 10.8.1938, † Sierndorf 28.9. 2024, auf Sierndorf, Land- u. Forstwirt;
⚭ München 22.9.1962 Maria Alexandra (Almerie) **Przssin v. Thurn u. Taxis**, * Prag 21.10.1939, T.d. Dipl.-Landwirts Johann (Hans) Pr. v. Th. u. T. auf Lissa u.d. Marie Julie Przssin v. Lobkowicz
(Im Schloßpark 1, 2011 Sierndorf, Österreich).

Kinder:

a) **Gf Antony** Georg Ferdinand Maria, * Wien 25.4.1964, Mag., Unternehmer;
⚭ I. Wien 4.9.1988 Claudia Dorothea **Pless**, * Wien 5.9. 1965, † ebd. 29.1.2018, Fotografin, T.d. Fabrikanten Ernst Walter P. u.d. Dorothea Emilie Maria Rabe;
⚭ II. Antibes 3.7.2021 Marie Louise **Mandl**, * Antibes 25.6. 1968, Investmentbanker, T.d. Industriellen Friedrich M. u.d. Monika Brücklmeier
(Reith 103, 3553 Schiltern, Österreich).

Kinder erster Ehe:

(a) **Gf Jakob** Ernst Rudolf Maria, * Wien 23.2.1995
(...).

(b) **Gfin Laura** Dorothea Maria, * Tulln 22.8.1997, Juristin
(...).

b) **Gfin Theresita**, * Wien 27.12.1965, darstellende Künstlerin;
⚭ (standesamtl.) Salzburg 22.7.1996, (kirchl.) Sierndorf 28.6.1997 Christoph **Lieben-Seutter**, * Wien 3.6.1964, Musikmanager, GenIntendant
(...).

c) **Gf Nikodemus** Ferdinand Christian Maria, * Wien 10.11. 1969, auf Sierndorf, B.Sc., Geschäftsf.;

⚭ Pierry, Dept Marne, Frankr., 21.6.2003 Valérie **Taittinger**, * Neuilly-sur-Seine 23.12.1972, Mag.jur., Managerin, T.d. Managers Pierre Christian T. u.d. Dr.med. Marie Louise Roux
(Im Schloßpark 1, 2011 Sierndorf, Österreich).

Kinder:

(a) **Gfin Ludmilla** Almerie Simone, * Warschau 21.2.2004.

(b) **Gf Leopold** Christian Rudolf Maria, * Lausanne 14.10.2007.

d) **Gfin Mabel** Marie Frederike Johanna, * Wien 8.12.1978, Bühnenmalerin;
⚭ Sierndorf 15.9.2012 Torsten **Karth**, * Sabie Mpumalanga, Südafrika, 13.10.1969, Unternehmer
(..., Pulkau, Österreich).

c. **Gf Ferdinand** Peter Ernst, * London 19.9.1939, † South Hamilton, Massachusetts, 26.12.2017, Industrieberater;
⚭ Boston 25.5.1962 Susanna **Lawrence**, * Boston 4.11.1940, T.d. ... John Endicott L. u.d. Anne Tuckerman
(Winthrop Street, South Hamilton, MA 01982, USA).

Kinder:

a) **Gf Franz Ferdinand**, * Boston 28.1.1963, Vermögensberater;
⚭ Boston 30.7.1988 Anne **Dowden**, * New York 1.4.1963, T.d. Patentanwalts Donald Smith D. u.d. Anne Feeny
(Winthrop Street, South Hamilton, MA 01982, USA).

Kinder:

(a) **Gf Franz Josef**, * Natick, Massachusetts, 25.4.1990, ...;

⚭ Boston 11.7.2020 Phoebe **Harris**, * Wynnewood, Pennsylvannia, 9.10.1990, T.d. … Jonathan H. u.d. Cynthia Bidart
(…).

Sohn:

Gf Franz Henry, * Boston 30.1.2022.

(b) **Gf Johann** Ferdinand, * Salem, Massachussetts, 6.1. 1994
(…).

(c) **Gf Simon** Rudolf, * Salem 12.7.1995
(…).

(d) **Gfin Anne** Peabody, * Salem 23.7.1999
(…).

b) **Gf Rudolf** Josef, * Boston 11.4.1965, Dr.phil., Prof. f. Anthropologie an der Univ. of North Carolina at Chapel Hill; ⚭ Jackson Hole, Wyoming, 11.7.1992 Franchesca **Varcoe**, * …, Swaziland, 29.3.1964, T.d. großbrit. Diplomaten Jeremy V. u.d. Wendy Ann Moss
(122 Porter Pl, Chapel Hill, NC 27514-6740, USA).

Kinder:

(a) **Gf** Schuyler John, * Santa Monica, Kalifornien, 11.1. 1996
(…).

(b) **Gfin Mia** Wendy, * Santa Monica 30.9.1997
(…).

(c) **Gfin** Zoe **Elisabeth** (Liesl), * Iowa City 27.9.2002
(…).

c) **Gfin Anne** Elizabeth, * Boston 7.11.1967;
⚭ Wenham, Massachusetts, 25.11.1992 Donald Kent **Penfield**, * Middleton, Connecticut, 30.4.1962, Anwalt
(398 Brook Road, Strafford, VT 05072, USA).

Hieronymus (Jerome) Fürst v. Colloredo-Mannsfeld

Corvey s. Hohenlohe

Croÿ

Kath. — Aus der Gfschaft Ponthieu, Picardie, stammender Uradel, der mit Guermond u. Robert de Croÿ in der ersten Hälfte d. 12. Jh. urkundl. (Archives de la Somme in Amiens) auftritt, während die nachweisbare Stammreihe mit Jacques, Sire de Croÿ, ⚭ 1287 Marguerite d'Airaines, beginnt. Comte de Chimay (Hennegau) 14.1.1473 (für Jean de Croÿ, † 1473); Reichsfstnstand Aachen 9.4.1486 (für Charles de Croÿ, 3. Comte de Chimay, † 1527; mit ihm erloschen); span. Duque de Soria y de Archi (Kgr. Neapel) 1518, span.-niederländ. Marquis d'Aerschot (Brabant) 1519 (alles für Guillaume de Croÿ, Seigneur de Chièvres, † 1521, Erzieher d. späteren Kaisers Karl V.; mit ihm erloschen); span.-niederländ. Duc d'Aerschot Genua 1.4.1534 (für dessen Neffen Philippe de Croÿ, † 1549, Schwiegersohn u. Erben des 1527 † Charles de Croÿ, Fstn v. Chimay; Linie † 1684); span.-niederländ. Comte de Solre (franz. Dept Nord) 3.11.1590 (für Philippe de Croÿ, † 1612); Reichsfstnstand Regensburg 6.8.1594 (für Charles Philippe de Croÿ, Marquis d'Havré, † 1613; Linie † 1684); franz. Duc de Croÿ (Bez. Amiens) ... 6.1598 (für Charles de Croÿ, 4. Duc d'Aerschot, † 1612, vererblich auf den jeweils Erstgeborenen d. Gesamtgeschlechts); Grande von Spanien I. Kl. 1598 (für denselben); Reichsfstnstand Regensburg 31.3. 1664 (für Philipp v. Croÿ a.d.H. Roeulx, † 1685, auf Mylendonck; Linie † 1702); span.-niederländ. Prince de Solre Madrid 14.11.1677 (für Philippe Emmanuel de Croÿ, Comte de Solre, † 1718); franz. Bestätigung als Duc de Croÿ ... 9.1768 (für dessen Enkel Emmanuel de Croÿ, Prince de Solre, † 1784, Marschall von Frankreich); Zuteilung d. Fstbischöfl. münster. Amtes Dülmen, Westf., als Ersatz für die abgetretenen linksrhein. Besitzungen durch den Reichsdeputationshauptschluß 25.2.1803; Zuständigkeit d. Präd. »Durchlaucht« (primog.) gemäß Bundestagsbeschluß vom 18.8. 1825; preuß. Durchführung desselben 21.2.1832 bzw. Ausdehnung (unbeschränkt) 3.3.1833; NÖsterr. Herrenstand 28.4.1841, Diplom 25.10.1842; österr. Best. d. Präd. »Durchlaucht« (primog.) 22.2.1847; erbl. Mitgl. d. preuß. Herrenhauses 12.10.1854. — Die Nachgeborenen führen den Namen Prinz bzw. Prinzessin v. Croÿ (Durchlaucht).

Stammwappen: In Silber 3 rote Balken; auf dem Helm mit rot-silbernen Decken ein golden-behalsbandeter schwarzer Brackenrumpf zwischen rot-silbernem Adlerflug.

Literatur: Hinweise s. GHdA, Adelslexikon, Bd II (1974) u. Bd XVII (2008). Letztaufnahme der Genealogie: GGH, Fstl. Häuser, Bd 1 (2015).

Chef: **Rudolph Herzog v. Croÿ**, * 1955.

I. Linie

Stammvater: Hzg Alfred, * 1789, † 1861.

1. (westf.) Ast

Stammvater: Hzg Rudolf, * 1823, † 1902.

Karl Alfred Ludwig Rudolf **12. Herzog v. Croÿ**, * Brüssel 29.1.1859, † Karapancsa, Ungarn, 28.9.1906, erbl. Mitgl. d. preuß. Herrenhauses, E- u. DevRr d. souv. MaltRrO.;
⚭ Brüssel 25.4.1888 Ludmilla **Przssin u. Hzgin v. Arenberg**, * Héverlé, Kr. Löwen, Belgien, 29.6.1870, † La Solitude bei Brüssel 9.9.1953, StkrD., T.d. Engelbert-August Hzg v. A. u.d. Eleonore Przssin u. Hzgin v. Arenberg.

Söhne:

1. **Karl** Rudolf Engelbert Philipp Leo **13. Herzog v. Croÿ**, * Brüssel 11.4.1889, † Feldafing, OBayern, 2.8.1974;
   ⚭ I. Versoix, Kt. Genf, 27.10.1913 Nancy **Leishman**, * Pittsburgh, Pennsylvania, 2.10.1894, † Kopenhagen 11.1.1983 (kath.) (gesch. ... 1922, Ehe kirchl. annulliert ...; ⚭ II. Paris 21.12.1936 Andreas Oldenburg [aus dän. Adel], * Kopenhagen 9.4.1877, † La Tour bei Fontainebleau 9.9.1939, cand.jur., Kgl. dän. Gesandter in Paris), T.d. Botschafters der USA John George L. u.d. Julia Crawford;
   ⚭ II. München 23.10.1924 Helene **Lewis**, * Albany, New York, 14.2.1898, † ... (ref.) (gesch. ... 1931; ⚭ II. ...), T.d. ... Thompson S. L. u.d. Jennie Lindsay;

⚭ III. Berlin 28.1.1933 Marie Louise **Wiesner**, * Wandsbek bei Hamburg 22.6.1904, † Nordkirchen 13.2.1945 (⚭ I. Berlin 23.12.1924 Werner Koch v. Hernhaußen, * Düsseldorf 3.2.1898, † Hamburg 3.1.1987, Verleger, Lt, gesch. Düsseldorf 10.7.1930), T.d. Kaufm. Leopold Carl W. u.d. Elisabeth Christiana Helena Classen;
⚭ IV. Düsseldorf 17.11.1949 Hildegard (Hilde) **v. Guérard**, * Düsseldorf 26.1.1915, † Dülmen 29.6.1991 (⚭ I. Würzburg 29.8.1933 Alexander v. Winterfeldt, * Berlin 11.12.1898, ⚔ Wien 14.5.1942, Kaufm., Oberst d. Res. d. Luftw., gesch. Berlin 28.5.1936; ⚭ II. ... Carl Underberg, * Rheinberg 25.5.1896, † Schwärzenbach bei Gmund am Tegernsee, 18.4.1972, Dr.oec.publ., Bes. von Gut Schwärzenbach, Industrieller, Mitinh. d. Fa »H. Underberg-Albrecht« in Rheinberg, gesch. ...), T.d. GenDir. Theodor v. G. auf Erbachshof bei Würzburg u.d. Marie Bolm.

Kinder: a) erster Ehe:

1) **Carl** Emanuel Ludwig Petrus Eleonore Alexander Rudolf Engelbert Benno **14. Herzog v. Croÿ**, * Düsseldorf 11.10.1914, † Dülmen 14.6. 2011, Lic.jur., E- u. DevRr d. souv. MaltRrO.;
⚭ (standesamtl.) Leutstetten 17.6., (kirchl.) München-Nymphenburg 18.6.1953 Gabriele **Przssin v. Bayern**, * Berchtesgaden 10.5.1927, † Dülmen, Westf., 19.4.2019, ED. d. bayer. TheresienO. u. des St. ElisabethenO., T.d. Kgl. bayer. u. Kgl. preuß. GenFeldmarschalls Dr.jur. utr. h.c., Dr.phil. h.c. Rupprecht Kronpr. v. B. u.d. Antonia Przssin v. Luxemburg u. Nassau.

Kinder:

(1) **Przssin Marie-Thérèse** Antonia Nancy Charlotte, * Dülmen, Westf., 29.3.1954;
⚭ Coesfeld 5.7.2002 Stephan **Gf v. Walderdorff**, * Salzburg 19.2. 1963, † Köln 17.11.2011, Bankfachwirt
(Schlosspark 1, 48249 Dülmen).

(2) **Rudolph** Carl Rupprecht **15. Herzog v. Croÿ** (Durchlaucht), * Dülmen 8.7.1955, Land- u. Forstwirt, E- u. DevRr d. souv. MaltRrO., Regional- u. Landesleiter d. MaltHilfsdienstes e.V. in Nordrhein-Westf., Vizepräs. d. Deutschen Assoziation d. souv. MaltRrO., Großkr. d. Pro Meritio MilitensiO.;
⚭ Sünching bei Regensburg (standesamtl.) 23.10., (kirchl.) 24.10. 1987 Alexandra **Miloradovich** (aus russ. Adel), * Sünching 7.7. 1960, † Essen 23.9.2015, Dr. ès lettres, StkrD., E- u. DevD. d. souv. MaltRrO., T.d. Journalisten Serafim Nikolaevitsch M. a.d.gfl.H. u.d. Agnes Freiin v. Hoenning O'Carroll
(Schloßpark 1, 48249 Dülmen).

Kinder:

a. **Erbpr. Carl Philipp** Emmanuel Rudolph Zdenko Seraphim Maria, * Münster, Westf., 18.8.1989, M.Sc., Großkr. d. Ordens unserer Lieben Frau von der Empfängnis von Vila Viçosa
(Schloßpark 1, 48249 Dülmen).

b. **Przssin Xenia** Maria Alexandra Antonia Agnes Gabrielle Camilla, * Münster 26.12.1990, M.Sc.
(Villa Saldarotta, Str. Rocca Sparviera 45, 15067 Novi Ligure, Italien).

c. **Pr. Marc** Emanuel Carl Rudolph Zdenko Seraphim Maria, * Münster 6.4.1992, M.Sc., M&A Manager, Geschäftsf.;
⚭ (standesamtl.) Dülmen 19.12.2020, (kirchl.) Schloß Brissac, Dept Maine-et-Loire, 22.5.2021 Délia **de Cossé Brissac** a.d.H. der Ducs de Brissac, * Angers, Dept Maine-et-Loire, 10.8.1998, B.A. (Int. Business), Product and Brand Management, T.d. Charles-André de C., Duc de B. u.d. Larissa Gfin Széchenyi de Sárvár-Felsővidék
(Mommsengasse 3/7, 1040 Wien, Österreich).

Kinder:

a) **Pr. Amedeo** Charles Rudolph Ferenc Maximilian Maria, * Düsseldorf 1.4.2023.

b) **Pr. Theodor** Charles Rudolph Seraphim Emanuel Maria, * Angers 16.8.2024.

c) **Przssin Gloria** Alexandra Larissa Gabrielle Natalie Maria, * Angers 16.8.2024 (Zwillingsschwester d. Vorigen).

d. **Pr. Heinrich** Carl Rupprecht Rudolph Zdenko Seraphim Maria, * Münster 9.12.1993, M.Sc., M.A.;
⚭ Kgl. Basilika Mafra, Portugal, 19.6.2021 Maria Joana de Spínola Moreira de **Sotto-Mayor**, * Lissabon 25.5.1992, T.d. José Alberto da Fonseca de S.-M. u.d. Dalila Alexandra de Spínola Moreira
(Rua Francisco dos Santos N2, 2710-563 Sintra, Portugal).

e. **Pr. Alexander** Carl Rupprecht Rudolph Zdenko Seraphim Maria, * Münster 9.3.1995, M.A.
(Destouchstr. 33, 80803 München).

f. **Przssin Anastasia** Maria Irina Adelgunde Gabrielle Agnes Sophie, * Münster 12.1.1998, M.Sc., M.A.
(75 Sutherland Street, SW1V 4JY London, Großbritannien).

(3) **Pr. Stefan** Clemens Philipp, * Merfeld 17.5.1959, Betriebswirt;
⚭ (standesamtl.) Wezembeek-Oppen, Belgien, 25.8., (kirchl.) Bouquetôt, Dept Eure, 15.9.1990 Béatrice **Comtesse du Chastel de la Howarderie**, * Brüssel 8.9.1964, T.d. François Comte du Ch. de la H. u.d. Régine Comtesse de Liedekerke de Pailhe
(Ferme du Ployt, Rue du Ployt, 6238 Luttre, Belgien).

Kinder:

a. **Przssin Charlotte** Regine Gabrielle Sophie, * Münster 22.12. 1992, …
(…).

b. **Pr. Lionel** Carl François Eric, * Münster 3.1.1996, …
(…).

c. **Przssin Camille** Regine Gabrielle Nancy, * Münster 6.2.1998, …
(…).

2) **Przssin Antoinette** Emma Laurenzia Charlotte Ludmilla Juliette Martha Helene Sabina, * Berlin 27.10.1915, † Dülmen 16.2.2011, führte den Geburtsnamen;
⚭ I. Nordkirchen 14.6.1944 Jürgen **v. Goerne**, * Allenstein 12.2.1908, † München 3.3.2001, Oberst, Unternehmer (gesch. … 24.8.1947, Ehe kirchl. annulliert Münster 3.12.1952 bzw. Köln 24.8.1953);
⚭ II. Hamburg 18.2.1948 Frederik Nelson **Tucker**, * London 3.12. 1919, † Basingstoke, Gfschaft Hampshire, 26.2.1996, … (gesch. London 27.7.1956);
⚭ III. München (standesamtl.) 4.3.1981, (kirchl.) 14.1.1982 Douglas **Auffm'Ordt**, * Lausanne 7.4.1917, † Dülmen 23.2.2006, Industrieller.

3) **Przssin Marie-Luise** Natalie Engelberta Ludmilla, * Dülmen 18.12. 1919;
⚭ I. New York 11.3.1941 Richard **Metz**, * New York 19.6.1912, † ebd. 26.10.1997, … (gesch. …1949);
⚭ II. New York 27.11.1952 Nelson **Slater**, * Webster, Massachusetts, USA, 17.7.1893, † Lausanne, Schweiz, 22.4.1968, …;
⚭ III. Carson City, Nevada, USA, 23.7.1969 Frederic **Adams**, * Greenwich, Connecticut, 28.3.1910, † Chisseaux, Dept Indre-et-Loire, 7.1.2001, Archivar
(Château de Chisseaux, 37150 Chisseaux, Frankreich).

b) dritter Ehe:

4) **Pr. Clemens** Franz Carl Anselm, * Berlin 5.7.1934, † Davos, Schweiz, 21.3.2013, Forstwirt;
⚭ I. Neudau, Steiermark, 9.6.1962 Madeleine **Gfin Kottulinsky Freiin v. Kottulin, Kržižkowitz u. Dobrzenicz**, * Graz 11.11.1941, † ebd. 16.1.1999, T.d. Dipl.-Ing.agr. Johann (Hans) Adalbert Gf K. Frhr v. K., K. u. D. auf Neudau u.d. Cecile-Maria Freiin v. Ottenfels gen. v. Gschwind;
⚭ II. St. Oswald, Steiermark, 6.10.2001 Ilse Lilly **Hofmann**, * Kreuzingen, Schweiz, 19.12.1937, † Deutschlandsberg, Steiermark, 4.7.2011 (⚭ I. ... Beck, ..., gesch. ...), T.d. ... Emil H. u.d. Lina Weiss.

Kinder erster Ehe:

(1) **Pr. Carl** Clemens, * Graz 5.3.1963, Bankkaufm., Land- u. Forstwirt;
⚭ (standesamtl.) St. Oswald 25.8., (kirchl.) Dürnstein, Wachau, NÖsterr., 1.9.1990 Michaela **Reuschel**, * Wien 8.5.1961, Dr.jur., T.d. Ing. Peter R. u.d. Liselotte Reidingen
(8553 St. Oswald ob Eibiswald, Österreich).

Kinder:

a. **Pr. Vinzenz** Hanns Carl Clemens, * Wien 14.8.1993, ...
(...).

b. **Pr. Sebastian** Josef Alexander Carl Peter, * Wien 19.2.1995, ...
(...).

c. **Przssin Katharina** Stefanie Ebba Madeleine Liselotte, * Wien 1.11.1996, ...
(...).

d. **Przssin Veronika** Antoinette Madeleine Michaela, * Wien 14.11.1998, ...
(...).

(2) **Przssin Cecile** Marie-Louise Charlotte Brigitte, * Graz 21.2. 1964, führt den Geburtsnamen;
⚭ (standesamtl.) München 19.10.1994, (kirchl.) St. Oswald 29.7. 1995 Ali Reza **Esmaeili**, * Kangavar, Iran, 20.9.1963, Handelsreisender
(8553 St. Oswald ob Eibiswald, Österreich).

(3) **Pr. Constantin** Andreas Reginald Hans, * Graz 20.9.1968, Immobilienkaufm.;
⚭ I. Las Vegas, Nevada, 26.6.1994 Kiriaki **Trianopoulos**, * Athen 28.4.1969 (gesch. London 28.8.1998), T.d. ... Athanassios T. u.d. Heido Toxavidis
(...);
⚭ II. (standesamtl.) Grödig bei Salzburg 5.5., (kirchl.) Rovinj, Istrien, Kroatien, 4.6.2005 Marie **Altgfin zu Salm-Reifferscheidt-Ungnad-Weißenwolff**, * Salzburg 3.6.1976, Tourismus-Managerin, T.d. Geschäftsf. Dr.jur. Franz Altgf zu S.-R.-U.-W. u.d. Barbara Wenzl Freiin v. Sternbach
(Krumbach 19, 8553 St. Oswald ob Eibiswald, Österreich).

Kinder zweiter Ehe:

a. **Przssin Madeleine** Johanna Ladislaya Maria, * Wien 18.5. 2006.

b. **Pr. Emanuel** Alexander Gabriel Franz Anselm Maria, * Wien 11.7.2008.

2. **Pr. Anton** Prosper Clemens, * Brüssel 6.1.1893, † Gars am Kamp, NÖsterr., 29.10.1973, E- u. DevRr d. souv. MaltRrO.;
⚭ I. Marienloh, Kr. Paderborn, 23.5.1922 Rosalie **v. Heyden-Linden**, * Fürstenberg 5.8.1894, † Münster 28.3.1942, T.d. Kgl. preuß. GenMajors Bogislav v. H.-L. u.d. Elisabeth Gfin v. Westphalen zu Fürstenberg;
⚭ II. Buchberg 15.5.1944 Wilhelmine **Przssin v. Croÿ**, * Wien 18.5.1906, † Authal 7.4.1990, T.d. K.u.K. Km. Klemens Pr. v. C. auf Buchberg u. Gars am Kamp u.d. Christiane Przssin v. Auersperg.

Kinder: a) erster Ehe:

1) **Przssin Maria Elisabeth**, * Paderborn 1923, † Ehreshoven 2010, E- u. DevD. d. souv. MaltRrO.;
⚭ Grumsmühlen, Emsland, 23.6.1944 Matthias **Gf v. Schmettau**, * Potsdam 22.10.1918, † Bonn 21.8.1986, Geschäftsf., Rittmeister.

2) **Pr.** Carl **Alfred** Friedrich Bogislaus Joseph, * Marienloh 4.3.1924, † Grumsmühlen 15.1.2008, Land- u. Forstwirt;
⚭ Haus Seelen bei Xanten 7.5.1952 Huberta **Freiin v. Wolff-Metternich**, * Haus Seelen 2.2.1928, † Grumsmühlen 17.7.2023, E- u. DevD. d. souv. MaltRrO., T.d. Karl-Reinhard Frhr v. W.-M. auf Seelen u.d. Elisabeth v. Boch a.d.H. Fremersdorf.

Adoptivsohn (Vertrag Bochum 16.5.1978, amtsgerichtl. best. Lingen an der Ems 10.1.1979):

Nikolaus Engelbert Albert Johannes **Gf v. Schmettau**, * Bochum 21.7.1953, führt den Namen »Prinz v. Croÿ Graf v. Schmettau«;
s. GHdA, Gfl. Häuser, Bd XX (2012), S. 415.

3) **Pr. Engelbert** Emmanuel Alexander Joseph, * Grumsmühlen 22.7.1925, ⚔ (vermißt) ..., Rußland, ... 1945, ...

4) **Pr. Clemens** Anton Philipp Joseph, * Grumsmühlen 7.9.1926, † Odenthal-Erberich 2.8.2014, Versicherungsmakler, E- u. DevRr d. souv. MaltRrO.;
⚭ Engelskirchen 27.7.1955 Marie-Therese **Gfin v. Schaesberg**, * Berlin 11.12.1927, † Odenthal-Erberich 11.3.2004, StkrD., E- u. DevD. d. souv. MaltRrO., T.d. Rittmeisters Walter Gf v. Sch. auf Woltersdorf u. Lübsee, Pomm., u.d. Hermine Gfin v. Redern.

Söhne:

(1) **Pr. Eugen** Alexander Clemens Josef, * Mülheim an der Ruhr 22.4.1956, Industriekaufm.;
⚭ Wehrden, Kr. Höxter, 29.9.1984 Carolyn **v. Hennigs**, * Bonn-Dottendorf 12.3.1953, Sozialpädagogin, T.d. Kaufm. Joachim

Christopher v. H. auf Buggow, Kr. Greifswald, u.d. Gisela Freiin Ostman v. der Leye
(Lüßstr. 7, 82467 Garmisch-Partenkirchen).

(2) **Pr. Philippe** Alexander Alfred Josef, * Mülheim 8.9.1957, Dipl.-Kaufm., E- u. DevRr d. souv. MaltRrO., Stadtbeauftragter u. Landesleiter d. MaltHilfsdienstes e.V. in Hamburg;
⚭ Lensahn (standesamtl.) 27.6., (kirchl.) 29.6.1985 Margarethe **Hzgin v. Oldenburg**, * Lübeck 16.5.1954, staatl. gepr. Erzieherin, T.d. Landwirts Peter Hzg v. O. u.d. Gertrud Przssin zu Löwenstein-Wertheim-Freudenberg
(Aussenschlag 3, 21521 Wohltorf).

Kinder:

a. **Pr. Alexander** Friedrich-August Albrecht Ernst, * Düsseldorf 16.3.1987, Industriemechaniker, stud. Maschinenbau;
⚭ (standesamtl.) Friedrichstadt, Kr. Nordfriesland, 19.3., (kirchl.) Lensahn 30.7.2016 Katja **Schulz**, * Hamburg 19.3. 1988, M.A., T.d. Kaufm. Werner Sch. u.d. Verwaltungsfachangestellten Renate Mäder
(Grunerstr. 11, 40239 Düsseldorf).

Sohn:

Pr. Ferdinand Julius Hubertus, * Düsseldorf 5.2.2023.

b. **Pr. Maximilian** Johannes Alexander Engelbert, * Düsseldorf 31.5.1988, † Wohltorf 12.1.2015, stud. Agr.

c. **Przssin Rosalie** Franziska Carolyn Marie-Eugenie, * Düsseldorf 23.10.1990, ...;
⚭ (standesamtl.) Aumühle 25.8., (kirchl.) Steyregg 16.9.2017 Conrad **Altgraf zu Salm-Reifferscheidt-Ungnad-Weissenwolff**, * Steyregg 10.2.1985, M.A. HSG
(...).

(3) **Pr. Albrecht**-Alexander Walter Josef, * Mülheim 8.5.1959, Unternehmensberater, E- u. DevRr d. souv. MaltRrO., Vizepräs. d. MaltHilfsdientes e.V., Großkr. d. Pro Meritio MilitensiO.;
⚭ (standesamtl.) Frankfurt am Main 1.11., (kirchl.) Darmstadt 2.11.2002 Katharina **Frühe**, * Freiburg im Breisgau 14.8.1958, M.A., Redakteurin, T.d. RegRats Wolfgang F. u.d. Agnes Lögler
(Bockumer Str. 47, 40489 Düsseldorf).

Sohn:

Pr. Julius Constantin, * Frankfurt am Main 13.3.1993, LL.M., Rechtsanwalt
(...).

(4) **Pr. Engelbert** Alexander Maximilian Josef, * Leverkusen-Schlebusch 5.6.1962, Industriekaufm.;
⚭ Schloß Zeil (standesamtl.) 16.4., (kirchl.) 7.7.1990 Elisabeth **Gfin v. Waldburg zu Zeil u. Trauchburg**, * Ravensburg 30.7.1966, T.d. Dipl.-Volkswirts Georg Fst v. W. zu Z. u. T. u.d. Marie Gabriele Przssin v. Bayern
(Zur Amtsschlade 43, 58802 Balve).

Kinder:

a. **Przssin** Marie **Isabelle** Sophie Hermine, * Hadamar 6.5.1991, ...
(...).

b. **Pr. Constantin** Maria Walter Erich, * Menden 19.7.1992, ...
(...).

c. **Pr. Carl** Georg Clemens Nicodemus, * Menden 13.9.1994, ...
(...).

d. **Przssin Philippa** Maria Therese Gabrielle, * Menden 21.2. 1999, ...
(...).

5) **Przssin Margarethe** Maria Christina Emmanuela Henriette Anna Katharina, * Grumsmühlen 11.10.1930, E- u. DevD. d. souv. MaltRrO.;
⚭ Grumsmühlen 7.6.1956 Heinrich **Gf v. Schaesberg**, * Berlin 12.2. 1922, † Tannheim, Kr. Biberach an der Riß, 22.1.1996, Land- u. Forstwirt
(Hauptstr. 5, 88459 Tannheim).

6) **Przssin Sophia** Magdalena Maria Monica, * Paderborn 28.3.1932, † Brüssel 25.6.1968;
⚭ Brüssel 9.11.1957 Tanguy **Le Getil de Rosmorduc**, * Brüssel 12.11. 1927, † Paris 16.10.1992, Bankdir.

b) zweiter Ehe:

7) **Pr. Anton** Egon Clemens, * Grumsmühlen 27.8.1945, † Graz 6.9. 2003, Land- u. Forstwirt;
⚭ I. Maria Dreieichen, NÖsterr., 29.9.1970 Antonia **Fundulus**, * Wien 25.10.1950 (gesch. Leoben 18.5.1988), T.d. Kaufm. Herbert F. u.d. Eva Marie Gfin v. Schönfeldt
(Reisnerstr. 41, 1030 Wien, Österreich);
⚭ II. Gars am Kamp 13.6.1989 Antoinette **v. Leutzendorff**, * Graz 12.2.1959, T.d. Dipl.-Ing.agr. Friedrich v. L. u.d. Wilhelmine Hrin u. Gfin zu Stubenberg
(Schloß Authal, 8740 Zeltweg, Österreich).

Kinder: a) erster Ehe:

(1) **Przssin Sophie** Margarethe, * Wien 3.4.1971, dipl. Restauratorin;
⚭ I. (standesamtl.) Zeltweg, Steiermark, 22.4., (kirchl.) Weißkirchen, Steiermark, 30.9.2000 Hermann **Frhr v. Rotenhan**, * Bamberg 16.8.1968, LL.M., Rechtsanwalt, Forstwirt (gesch. Wien 17.2.2005);
⚭ II. Wien 1.6.2012 Johannes **Roth-Pollack-Parnau**, * Wien 30.4.1968, MBA, Unternehmer
(Sebastianplatz 7/9, 1030 Wien, Österreich).

(2) **Przssin Valerie** Christiane, * Wien 18.4.1972;
⚭ Weißkirchen 28.8.1999 Adolf **Markones**, * Wien 3.12.1968, Prokurist
(Obere Hauptstr. 23, 2471 Rohrau, Österreich).

(3) **Pr. Anton** Clemens, * Wien 19.7.1974, Angest.
(Ortsstr. 29, 3133 Gemeinlebarn, Österreich).

(4) **Przssin Isabella** Maria Benedikta, * Wien 20.1.1976, Kunsthistorikerin;
⚭ Gars am Kamp 19.5.2007 Peter **Frick**, * Bogotá, Kolumbien, 6.3.1972, Chefredakteur
(Am Schlossberg 21, 3571 Gars am Kamp, Österreich).

(5) **Przssin Franziska** Barbara Elisabeth, * Wien 14.7.1977, Möbelrestauratorin
(Reisnerstr. 41, 1030 Wien, Österreich).

(6) **Przssin Stephanie** Maria Manuela, * Wien 6.1.1980, Tierpflegerin
(...).

b) zweiter Ehe:

(7) **Przssin Marie-Therese** Wilhelmine Elisabeth Josefa, * Leoben 5.5.1991, Dipl.-Kauffrau
(Schloß Authal, 8740 Zeltweg, Österreich).

(8) **Pr. Anton Ferdinand** Olivier Friedrich Josef Maria, * Leoben 20.1.1994, M.Sc., Berater f. M&A Restrukturierung, Senior Associate
(Prinz-Eugen-Str. 48, 1040 Wien, Österreich).

2. (böhm.) Ast

Stammvater: Pr. Alexis, * 1825, † 1898.

Max Rudolf Karl Dietrich Anna **Prinz v. Croÿ**, * Schweckhausen, Westf., 16.1.1864, † Slabetz bei Rakonitz, Böhmen, 20.5.1920, auf Slabetz;
⚭ Křimitz, Böhmen, 6.10.1908 Caroline **Przssin v. Lobkowicz**, * Konopischt, Böhmen, 4.10.1873, † Isareck, OBayern, 11.2.1951, T.d. Franz Pr. v. L. auf Křimitz u.d. Kunigunde Gfin v. Sternberg.

Söhne:

1. **Pr. Alexis** Franz Antonius Maximilian Carolus Benediktus Mathias Maria, * Slabetz 24.2.1910, † Aicha vorm Wald bei Vilshofen, NBayern, 21.8.2002, auf Slabetz (§), ERr d. souv. MaltRrO.;
   ⚭ I. Petschau, Kr. Tepl, Böhmen, 7.10.1931 Elisabeth **Gfin v. Beaufort-Spontin**, * Wien 15.11.1911, † Aicha vorm Wald 21.3.1995, StkrD., T.d. K.u.K. Km. u. Statthalterei-Konzipisten Dr.jur.utr. Heinrich Hzg u. Fst v. B., Hzg v. B.-Sp., Fkhrn auf Petschau, Böhmen, u.d. Marie-Adelheid Gfin v. Silva-Tarouca;
   ⚭ II. Prag 12.10.1996 Jana **Bělohlávková**, * Pilsen 16.11.1959, Dr.phil., Kunsthistorikerin u. Archivarin, T.d. Dr.phil. Miloslav B. u.d. Danuše Vodáková
   (Villa Boženka, Huřvinská 765/II, 26901 Rakovník, Tschechien).

   Kinder erster Ehe:

   1) **Pr. Maximilian** Heinrich Karl Maria, * Slabetz 9.9.1932, † Rakovnik 17.6.2015, Kaufm.;
      ⚭ (standesamtl.) München u. (kirchl.) Altötting 29.11.1958 Asja **Lukić**, * Split, Dalmatien, 20.7.1932, † Freising 25.5.2014 (gesch. Landshut ... 1973), T.d. ... Dragomir L. u.d. Ivana Kuljis.

      Kinder:

      (1) ...

(2) **Przssin Anna** Maria Elisabeth Pia, * Landshut 11.2.1965, ..., führt den Geburtsnamen;
⚭ ... 25.5.2007 Rico **Markefka**, * Borna 22.1.1981, ..., führt den Namen »von Croÿ«
(..., 85354 Freising).

2) **Pr. Albrecht** Maria Johann Gerhard Michael, * Slabetz 24.6.1938, † Passau 24.9.2020, Ing.grad., Rechtsanwalt, Großkomtur d. bayer. St. GeorgsO.;
⚭ München (standesamtl.) 5.7., (kirchl.) 6.7.1965 Dagmar **Freiin v. Peckenzell**, * Würzburg 25.9.1936, † Vilshofen 20.11.2021, approbierte Apothekerin, T.d. Majors Johann Frhr v. P. u.d. Herta Hechler.

Kinder:

(1) **Przssin Isabelle** Maria Gabriele Johanna Franziska Cypriana, * Passau 16.9.1971;
⚭ New Orleans, USA, 25.6.1999 Olaf **Steppat**, * Forchheim 15.12.1970, ...
(Gustav-Schickedanz-Str. 3, 90762 Fürth).

(2) **Pr. Albrecht** Maria Alexis Engelbert Georg, * Passau 9.7.1973, Dipl.-Ing., Architekt, Rr d. bayer. St. GeorgsO., Lt d. Res.;
⚭ Aicha vorm Wald (standesamtl.) 21.12.2002, (kirchl.) 28.6. 2003 Yvonne **Schrottenbaum**, * Passau 3.10.1971, Dr.phil., Kunsthistorikerin, T.d. ... Heinz Sch. u.d. Sieglinde Weber
(Schloß, 94529 Aicha vorm Wald).

Söhne:

a. **Pr. Nicolai** Alexis Maria Christian Seraphim, * München 19.7. 2007.

b. **Pr. Adrian** Emmanuel Maria Julius Zephirin, * München 21.6. 2012.

3) **Przssin Maria** Anna Eleonore Antonia Mathaea, * Slabetz 20.9.1939; ⚭ Aicha vorm Wald 4.4.1964 Tamás **Vass de Bihar**, * Penc, Ungarn, 15.5.1936, † München 10.9.2011, Dipl.-Ing. *(Münchener Pflegewerk, Dorfener Str. 7 A, 85435 Erding).*

4) **Przssin Anna** Maria Friederike Alberta, * Slabetz 24.2.1943, StkrD.; ⚭ Aicha vorm Wald (standesamtl.) 10.8., (kirchl.) 6.10.1962 Wolfram **Frhr v. Strachwitz u. Groß-Zauche**, * Maserwitz, Kr. Neumarkt, Schles., 10.8.1933, † Bonn 4.11.2010, Oberstlt *(Weißdornstr. 15, 84036 Kumhausen).*

5) **Pr. Johannes** Maria Michael, * Passau 12.2.1955, † ebd. 14.2.1955.

2. **Pr. Max** Ignaz Anton Gerhard Benedikt Karl Maria, * Slabetz 12.6.1912, † Augsburg 2.9.1992; ⚭ Prag 23.5.1938 Caroline **Gfin v. Busseul**, * Subotica 8.5.1918, † Augsburg 3.3.1981, T.d. K.u.K. Majors Raoul Gf v. B. u.d. Marie-Therese Przssin v. Lobkowicz.

Kinder:

1) **Przssin Huberta Maria**, * Petschau 15.10.1939, † Ursberg 26.8.1988.

2) **Pr. Josef** Maria, * Petschau 8.7.1941, Dipl.-Ing.; ⚭ (standesamtl.) Bergheim 25.3., (kirchl.) Waldenburg 20.4.1968 Hilda **Przssin zu Hohenlohe-Waldenburg-Schillingsfürst**, * Waldenburg, Württ., 31.12.1943, T.d. Friedrich Karl Fst zu H.-W.-Sch. u.d. Mechthilde Fstin v. Urach, Gfin v. Württemberg *(Sonnenblumenstr. 47, 81377 München).*

Kinder:

(1) **Przssin Marie-Therese** Caroline Mechthilde, * Augsburg-Göggingen 3.9.1969, Angest.; ⚭ Wien 8.11.2008 Peter **Gumprecht**, * Hoya 18.9.1979, kaufm. Angest. *(Wiedener Hauptstr. 112/4c, 1050 Wien, Österreich).*

(2) **Pr. Maximilian** Hubertus Maria, * München 1.3.1971, Geschäftsf.;
⚭ (standesamtl.) Wien 10.5., (kirchl.) Dornau 30.6.2007 Maria-Josefine **Gfin v. u. zu Trauttmansdorff-Weinsberg**, * Wien 16.9. 1972, Journalistin, T.d. Ing.agr. Gf Alfred v. u. zu T.-W. u.d. Isabella v. Herrmann
(Dreistetten 95, 2753 Markt Piesting, Österreich).

Kinder:

a. **Przssin Marie-Isabelle** Hilda Sylvia Katharina Anina, * Wien 2.4.2008.

b. **Pr. Josef-Carl** Alfred Peter Ladislaus, * Wien 30.9.2009.

c. **Przssin Alice** Stefanie Katharina Mechthilde Caroline, * Wien 5.8.2012.

d. **Pr. Franziskus** Paulus Ladislaus Gustav Felix, * Wien 23.4. 2015.

(3) **Pr. Benedikt** Karl-Josef Maria, * München 30.11.1977, B.A., Fotograf;
⚭ (standesamtl.) Hall in Tirol 28.7.2018, (kirchl.) Patmos 8.6. 2019 Patricia **Aulitzky**, * Salzburg 7.7.1979, B.A., Bühnenreifeprüfung (GDBA), Schauspielerin, T.d. Dr. Herbert Aulitzky u.d. Caroline-Therese v. Pachmann
(Hartmanngasse 15/21, 1050 Wien, Österreich).

Sohn:

Pr. Maximilian Nikolaus Theodor, * Wien 12.11.2018.

3) **Pr. Alfred** Maria, * Petschau 4.1.1945, † Weißenburg, Bayern, 21.2. 2015, …

3. (franz.) Ast

Stammvater: Pr. Georges, * 1828, † 1879.
Im Mannesstamm erloschen.

François Marie Emmanuel Joseph **Prinz v. Croÿ**, * Paris 18.3.1873, † Lascours, Dept Gard, 3.2.1950, ...;
⚭ Paris 9.10.1908 Simone **de Chaponay**, * Lascours 28.4.1885, † Nimes, Dept Gard, 17.9.1974, T.d. ... Jean Humbert de Ch. u.d. Mathilde Duplat de Monticourt.

Kinder:

1. **Pr. François Emmanuel** Georges Marie Pierre, * Juigné-sur-Mayenne, Dept Maine-et-Loire, 15.8.1913, † Magagnosc, Dept Alpes-Maritimes, 13.1.1993, ...;
⚭ Bienhoa, Indochina, 1.12.1941 Cécile **Dumont**, * Amitchéau, Yunnan, China, 9.3.1918, † Mougins, Dept Alpes-Maritimes, 4.5.2009 (⚭ I. ... Louis Freyssenge, ..., gesch. ...), T.d. ... Henri D. u.d. Germaine Roussac.

   Tochter:

   Przssin Isabelle Marie Aline Marcelle Françoise, * Saigon, Vietnam, 7.2.1943 ;
   ⚭ Juigné-Béné, Dept Maine-et-Loire, 7.7.1967 Antoine **de Lévis-Mirepoix, 7. Duque de San Fernando Luis**, * New York 18.5.1942, ... *(...).*

2. **Przssin** Simone Marie Mathilde **Armande**, * Lascours 6.11.1917, † ... 4.10.2017;
⚭ Lascours 20.10.1942 Joachim **de Pierre de Bernis**, * Quincandon, Dept Gard, 18.12.1912, † ebd. 4.12.1965, ...

II. (belg.) Linie

Stammvater: Pr. Ferdinand, * 1791, † 1865.

1. Ast (Roeulx)

Stammvater: Pr. Emmanuel, * 1811, † 1865.

1. Zweig

Alfred **Emmanuel Prinz v. Croÿ**, * Dülmen 18.3.1842, † Brügge 21.5.1888; ⚭ London 12.1.1875 Elizabeth Mary **Parnall**, * Landhearn, England, 29.12. 1855, † Belignies, Dept Nord, Frankr., 7.9.1912, T.d. Gutsbes. Charles Samuel P. u.d. Elizabeth Simmonds.

Söhne:

1. **Léopold** Marie Charles Edouard Emmanuel **Prinz v. Croÿ-Solre**, * San Remo 20.2.1877, † Saint Benin d'Azy, Dept Nièvre, 22.12.1965 (belg. Adelsanerkennung mit dem Prinzentitel u. »Durchlaucht« 2.1.1933), auf Azy;
⚭ Paris 23.10.1918 Jacqueline **de Lespinay**, * Chantonnay, Dept Vendée, 9.3.1889, † Saint Benin d'Azy 13.9.1977, T.d. Zénobe de L., Dep. der Vendée, u.d. Marie-Thérèse Benoist d'Azy.

Kinder:

1) **Przssin Marie-Dorothée** Constance Marie, * Saint Benin d'Azy 19.8. 1924, † ebd. 10.5.2005;
⚭ Saint Benin d'Azy 19.10.1967 Helmut **Häferer**, * Gotha 11.4.1945, † Montmorillon, Dept Vienne, 26.8.2013, ... (gesch. Nevers, Dept Nièvre, 18.10.1979).

2) **Przssin** Emmanuelle **Claire** Constance Marie, * Saint Benin d'Azy 22.9.1925, † London 14.4.2000;

⚭ Saint Benin d'Azy (standesamtl.) 22.7., (kirchl.) 23.7.1955 Richard James **Tyser**, * Chelsea, Gfschaft London, 16.1.1930, † Brora, Gfschaft Sutherland, Schottland, 10.2.2004, Gutsbes. von Gordonbush, Brora (gesch. London 27.1.1967).

3) **Pr. Léopold** Emmanuel Marie Réginald Jean Elie, * Saint Benin d'Azy 17.11.1926, † Brüssel 7.7.1997, Dr.jur., Rechtsanwalt;
⚭ St. Gilles 23.11.1956 Monique **Minette d'Oulhaye**, * Brüssel 25.4. 1923, † ebd. 12.12.1979, T.d. Bergbaudir. Marc M. d'O. u.d. Elisabeth Comtesse d'Aspremont Lynden.

Kinder:

(1) **Pr. Emmanuel** Léopold Jean Marc Réginald Marie Gobert, * Uccle bei Brüssel 28.8.1957, Geschäftsf.;
⚭ Paris (standesamtl.) 23.5., (kirchl.) 25.5.1985 Maria-Luisa **Uribe** Gaviria, * Bogotá, Kolumbien, 20.9.1964, T.d. Prof. Diego U. Vargas u.d. Emma Gaviria Lievano
(174, Chemin de la Craz, 01220 Sauvery, Frankreich).

Söhne:

a. **Pr. Leopold** Emmanuel Jean Diego Gustavo, * Salamanca, Spanien, 14.6.1988, …
(…).

b. **Pr. Jean** Diego Patrick Antoine Francis, * Mullingar, Irland, 18.12.1994, …
(…).

(2) **Pr. Henri** Jean Humbert Marie Gobert, * Nevers 28.9.1958, jurist. Berater;
⚭ Solre, Dept Nord, 25.6.1994 Maria del Socorro **Patiño** Fernandez de Cordoba, * Popayan, Kolumbien, 6.2.1964, T.d. Dir. Luciano P. Alvarez u.d. Maria del Socorro Fernandez de Cordoba Santacruz
(Rue Eduard Dubied 5, 2108 Couvet, Schweiz).

Kinder:

a. **Przssin Anne** Monique Yolande Maria del Socorro Goberta, * Luxemburg 15.8.1995, …
(…).

b. **Pr. Philippe-Emmanuel** Reginald Henri Antoine, * Luxemburg 9.12.1997, …
(…).

c. **Pr. Henri-Alexandre** Marc Léopold Luciano, * Couvet, Schweiz, 31.12.2002, …
(…).

(3) **Przssin Jacqueline** Constance Marie Elisabeth Gobertine, * Uccle 10.5.1960, Erzieherin
(32 allée Albert Thomas, 91300 Massy, Frankreich).

(4) **Przssin Eléonore** Diana Gobertine, * Uccle 13.8.1964, …
(…);
⚭ Neuchâtel, Schweiz, 12.4.1999 Albert **Plateau**, * Ath, Prov. Hennegau, Belgien, …, … (gesch. … 5.2007).

4) **Przssin Florence** Paule Thérèse Marie Léopoldine, * Saint Benin d'Azy 14.12.1927, † Brüssel 14.5.2012;
⚭ Saint Benin d'Azy (standesamtl.) 22.7., (kirchl.) 23.7.1955 Léopold **Comte de Lannoy**, * Woluwe-Saint-Pierre 10.11.1926, † Brüssel 21.3.2011, Elektroing.

5) **Przssin** Jacqueline **Rose** Marie Denyse Léopoldine, * Saint Benin d'Azy 8.8.1930, † Estoril, Portugal, 11.10.2022;
⚭ Saint Benin d'Azy 23.6.1962 Silvano-José **de Freitas Branco, 2. Visconde do Porto da Cruz**, * Funchal, Madeira, 29.9.1925, † Estoril 26.12.2013, portug. FregKpt.

6) **Przssin Emmanuelle** Thérèse Marie Anna Léopoldine, * Saint Benin d'Azy 22.2.1932, † ebd. 12.12.2016;

⚭ Saint Benin d'Azy 7.1.1971 Olivier **Charbonneaux**, * Saint Dizier, Dept Haute-Marne, 12.12.1942, † Luthenay-Uxeloup, Dept Nièvre, 16.2.2010, …

2. **Pr. Réginald** Charles Alfred, * London 26.9.1878, † Woluwe-Saint-Pierre 13.4.1961 (belg. Adelsanerkennung mit dem Prinzentitel u. »Durchlaucht« 8.1.1934), Kgl. belg. Botschafter;
⚭ Brüssel 25.10.1920 Isabelle **Przssin v. Ligne**, * Brüssel 23.9.1889, † ebd. 11.12.1968, T.d. Ernest Fst v. L. u.d. Diane de Cossé Brissac a.d.H. der Ducs de Brissac.

Tochter:

Przssin Diane Marie Léopoldine Jacqueline Ernestine Emmanuelle, * Brüssel 25.1.1927, † Avesnes-sur-Helpe, Dept Nord, 15.4.2020.

2. Zweig

Stammvater: Pr. Gustav, * 1845, † 1889.

Etienne-Gustave Emmanuel Antoine Engelbert Marie **Prinz v. Croÿ du Roeulx**, * Brüssel 9.9.1898, † ebd. 8.1.1990 (belg. Namensmehrung 27.10.1947), Kgl. belg. Botschafter, Bailli u. GroßkrRr d. souv. MaltRrO.;
⚭ Paris 12.7.1922 Alyette **de Pomereu**, * Paris 4.3.1903, † Andrésy, Dept Yvelines, 17.7.1998, T.d. … Michel Marie Robert de P. u.d. Alexandrine Marie Isabelle de Mun a.d.H. der Marquis de Mun.

Söhne:

1. **Pr. Rodolphe** Etienne Alexandre Antoine Marie, * Paris 8.4.1924, † Rhode-Saint-Genèse, Belgien, 25.11.2013, …;
⚭ I. Angerville-Bailleul, Dept Seine-Maritime, (standesamtl.) 30.11., (kirchl.) 15.12.1945 Odile **de Bailleul**, * Paris 5.8.1926, † ebd. 10.1.2019 (gesch. Paris 23.6.1954; ⚭ II. Neac, Dept Gironde, 27.3.1965 Kim-Georges Moltzer, * Berlin 10.3.1938, † Paris 11.8.2015, Designer), T.d. … Raymond de B. u.d. Isabelle Buccico della Conca;

⚭ II. Paris 26.1.1967 Hélène **de Pierre de Bernis**, * Paris 27.12.1937, † Brüssel 31.8.1995 (⚭ I. Paris 3. 7.1958 Charles-Arthur de Rochechouart, Marquis de Mortemart a.d.hzgl.H., * Paris 20.3.1934, † Amenas, Sahara, 10.5.1961), T.d. Adolphe de P. de B. auf Calvière, Dept Gard, u.d. Louise de Dorlodot;
⚭ III. Le Roeulx, Prov. Hennegau, Belgien, 24.10.1998 Bérengère **de Nattes**, * Nogent-le-Rotrou, Dept Eure-et-Loire, 15.8.1948 (⚭ I. Paris 30.3.1971 Alexandre Comte de Lur Saluces, * Vendenesse-les-Charolles, Dept Saône-et-Loire, 20.5.1934, † Fargues, Dept Gironde, 24.7.2023, auf Château Yquem, Winzer, gesch. ...), T.d. ... Béranger de N. u.d. Catherine de Pierre de Bernis
(Château du Roeulx, 7070 Le Roeulx, Hennegau, Belgien; Avenue de L'Espinette Centrale, 1640 Rhode-Saint-Genèse, Belgien).

Kinder: a) erster Ehe:

1) **Pr. Olivier** Etienne Joseph Rodolphe Antoine Marie, * Neuilly-sur-Seine 1.6.1948, ...;
⚭ (standesamtl.) Biereek 6.7., (kirchl.) Korbeek-Lo 11.7.1981 Isabelle **Bochkoltz**, * Orp le Grand, Belgien, 25.5.1954, T.d. Industriellen Georges B. u.d. Jacqueline Franck
(Château du Roeulx, 7070 Roeulx, Hennegau, Belgien; Rue Gabrielle 74, 1180 Brüssel, Belgien).

Kinder:

(1) **Przssin Marguerite** Jacqueline Marie Désirée, * Uccle 10.1.1982, Journalistin;
⚭ I. Le Roeulx (standesamtl.) 30.5., (kirchl.) 13.6.2009 Arthur **de Clermont-Tonnerre**, * ... 20.2.1983, Bankkaufm. (gesch. Brüssel ...9.2021);
⚭ II. Brüssel 1.7.2023 Sébastian **Delloye**, * Paris 8.4.1974, Kinoproduzent
(Avenue de Manoir 23, 1180 Bruxelles, Belgien).

(2) **Pr. Hadrien** Etienne Georges André Hélène Aldo, * Uccle 9.9.1983, Int. Business, MSF-Finance, Managing Partner, Finance Entrepreneur;
⚭ Montreal, Kanada, 7.9.2013 Jacqueline-Ariadne **Desmarais**, * Toronto 23.1.1990, B.A. (Int. Relations), Filmproduzentin, Schriftstellerin, T.d. ... André D. u.d. France Chretien
(Château du Roeulx, Hennegau, 7070 Le Roeulx, Belgien).

Kinder:

a. **Przssin Gaia** Olympia Fabiola Jacqueline Marie, * Montreal 5.12.2014.

b. **Pr. Amedeo** André Olivier Pierre Marina Rongji, * Montreal 2.9.2016.

c. **Przssin Alix** Adrianna Victoria Marie, * Montreal 7.2.2019.

(3) **Przssin Alexandra**, * Uccle 9.7.1988;
⚭ (standesamtl.) Le Roeulx 2.5., (kirchl.) Le Moulleau, Arcachon, 19.9.2015 Thomas **Baron del Marmol**, * Uccle 19.2.1988, Ing. de gestion, Managing Dir.
(9 Sumburgh road, SW12 8AJ, London, Großbritannien).

2) **Przssin Alyette** Isabelle Odile Marie, * Neuilly-sur-Seine 13.7.1951;
⚭ Neuilly-sur-Seine 23.1.1976 Charles-Antoine **Pr. v. Ligne de La Trémoïlle**, * Boulogne-Billancourt bei Paris 30.9.1946, ...
(Château d'Antoing, 7640 Antoing, Hennegau, Belgien).

b) zweiter Ehe:

3) **Pr. Maximilien** Marc Antoine Ghislain Jacques Etienne, * Brüssel 9.5.1971, ...
(...).

2. **Pr. Philippe** Robert Etienne, * Paris 13.5.1928, † Le-Chesnay, Dept Yvelines, 24.6.2006, Bankkaufm.;

⚭ New York 25.9.1967 Denise **Lannegrâce**, * Nantes, Frankr., 12.8.1926, † Le Chesnay 20.2.2014 (⚭ I. Paris 22.4.1939 Robert José Péré-Lahourguette, * Mers-sur-Indre, Dept Indre, 3.8.1913, † Paradou, Dept Bouches-du-Rhône, 29.7.1987, ..., gesch. Paris 17.3.1952), T.d. ... Ernest L. u.d. Marthe Mangin.

2. Ast (Rumillies)

Stammvater: Pr. Juste, * 1824, † 1908.

Pr. Emmanuel Marie Joseph Pierre Gérard **Prinz v. Croÿ**, * Rumillies 24.4.1908, † Brüssel 6.11.1997, Berging., Ziviling., KmdrsKr. d. RrO. d. Hl. Grabes zu Jerusalem;
⚭ (standesamtl.) Rumillies 7.8., (kirchl.) Overijse bei Brüssel 12.8.1944 Nicole **Comtesse de Marnix de Sainte-Aldegonde**, * Overijse 25.6.1919, † Kraainem, Prov. Flämisch-Brabant, Belgien, 6.2.2011, T.d. Ing.agr. Jean (John) Comte de M. de St.-A. u.d. Thérèse Comtesse d'Oultremont.

Kinder:

1. **Przssin Isabelle** Gabrielle Marie Emmanuelle Mathilde Jeanne Gaétane Ghislaine, * Etterbeek 4.7.1945;
⚭ (standesamtl.) Kraainem 1.3., (kirchl.) Rumillies 14.3.1968 Wolfgang **Gf v. Ursel** a.d.hzgl.H., * Grez-Doiceau 1.3.1936, † ... 20.6.2021, Dr.jur., Kgl. belg. Capt. d. Res.
(Château du Bercuit 1, 1390 Grez-Doiceau, Belgien).

2. **Przssin Marie** Gabrielle Gaétane Thérèse Nicole Ghislaine, * Rumillies 4.12.1946, Dr.theol.
(Avenue de Tervueren 382, bte 7, 1150 Brüssel, Belgien);
⚭ Kraainem (standesamtl.) 25.8., (kirchl.) 3.9.1971 Adrien **Prince de Merode**, * Woking, Surrey, England, 16.4.1946, Dr.jur., lic.jur.oec. (gesch. Kraainem 3.11.2011).

3. **Pr. Guillaume** Gabriel Joseph Juste Pierre Gaétan Marie Ghislain, * Rumillies 10.4.1950, Dr.jur.;

⚭ Venedig 16.12.1989 Isabella **Gfin v. Collalto u. San Salvatore**, * Frankfurt am Main 26.4.1960, Dolmetscherin, T.d. Manfred Fst v. C. u. S. S. u.d. Maria de la Trinidad Castillo y Moreno a.d.H. der Marquéses de Jura Real
(Château de Rumillies, 7540 Rumillies, Belgien).

Kinder:

1) **Pr. Emmanuel** Manfredo Juste, * Uccle 9.12.1990, M.Sc. (Management), führt infolge Dekret vom 27.7.1994 des ital. JustizMin. den Namen »de Croÿ - Collalto«;
⚭ Calpalbio, Italien, 2.7.2022 Olimpia **Franzan**, * Turin 25.10.1991, B.A. (Land Economy), M.Sc. (Management), T.d. Entrepreneurs Jacopo F. u.d. Kunstkonservatorin u. -restauratorin Laura dei Conti Cibrario
(66c Elm Park Road, SW3 6AU, London, Großbritannien).

Tochter:

Przssin Athena Allegra Laura Isabelle Maria, * Rom 20.6.2023.

2) **Przssin Violette** Maria Trinidad Giuliana, * Tournai 12.2.1995, …
(…).

4. **Pr. Charles** Louis Gabriel Joseph Gaétan Marie Ghislain, * Rumillies 17.6.1951, † Uccle 19.7.2017, …

III. (österr.) Linie

Stammvater: Pr. Philipp, * 1801, † 1871; NÖsterr. Herrenstand 28.4.1841, Diplom 25.10.1842.

Alexander Gustav August **Prinz v. Croÿ**, * Berlin 21.8.1828, † Buchberg am Kamp, NÖsterr., 5.12.1887;
⚭ Laer, Westf., 4.8.1863 Elisabeth Maria **Gfin v. Westphalen zu Fürstenberg**, * Münster 14.6.1834, † Buchberg 30.10.1910, StkrD., T.d. Klemens Gf v. W. zu F. u.d. Kunigunde Gfin v. Aicholt.

Söhne:

1. **Pr. Klemens** Maria Hubertus Joseph Alexander, * Buchberg am Kamp 31.3.1873, † Wien 23.11.1926, auf Buchberg u. Gars am Kamp, NÖsterr., K.u.K. Km.;
   ⚭ Wien 31.1.1903 Christiane **Przssin v. Auersperg**, * Slatinan, Böhmen, 24.11.1878, † Carlslust bei Nieder-Fladnitz, NÖsterr., 16.5.1945, K.u.K. PD., StkrD., T.d. Franz-Josef Fst v. A. u.d. Wilhelmine Gfin Kinsky v. Wchinitz u. Tettau.

   Sohn:

   Pr. Karl Franz Antonius Klemens Alexander Kaspar Melchior Balthasar, * Wien 7.1.1912, † ebd. 10.3.1983;
   ⚭ I. Graz 7.9.1939 Barbara **Freiin Söll v. u. zu Teißenegg auf Stainburg**, * Graz 24.1.1906, † (verunglückt) Spillern bei Stockerau 27.11. 1958, T.d. K.u.K. Majors Ferdinand Frhr S. v. u. zu T. auf St. u.d. Elvira Ceconi Edle v. Moncecon;
   ⚭ II. Wien 4.5.1977 Eva Maria **Winckhler v. Winckelstein**, * Budapest 21.7.1909, † Wien 14.4.1985, T.d. Kgl. ungar. Handels- u. Verkehrsmin. Stephan W. v. W. u.d. Maria Rausch.

   Kinder erster Ehe:

   (1) **Pr. Ferdinand** Maria Carl Clemens Franz Judas Thadäus, * Buchberg 23.6.1940, Oberstlt i.R.
   (Kasten 73, 4861 Aurach-Schörfling, Österreich);
   ⚭ Ladendorf, NÖsterr., 4.4.1972 Marie Antoinette **Huck**, * Göttingen 8.2.1948 (gesch. ... 11.3.2004), T.d. Obersten Max H. u.d. Leopoldine Gfin v. Khevenhüller-Metsch
   (...).

   Sohn:

   Pr. Clemens, * Wien 13.8.1974, Dipl.med.vet.
   (Hauptstr. 22, 2126 Ladendorf, Österreich).

(2) **Przssin Elisabeth** Maria Brigitte Christiane Barbara, * Buchberg 21.12.1941
(Belvederegasse 8/17, 1040 Wien, Österreich);
⚭ Wien 4.6.1966 Albrecht **Frhr v. dem Bongart**, * Wien 9.1. 1940, Dipl.-Ing., Forstwirt (gesch. Wien 20.6.1980).

(3) **Przssin Christiane** Maria Elvira Antonia Thaddäa, * Buchberg 11.2.1945;
⚭ Salzburg 25.11.1978 Andreas **Rr v. Miller zu Aichholz**, * New York 27.10.1940, Landwirt
(Bräuhof 46, 8993 Grundlsee, Österreich).

2. **Pr. Alexander** Marie August Stephan Klemens, * Buchberg 31.3.1873 (Zwillingsbruder d. Vorigen), † Bad Ischl 10.7.1937, K.u.K. Km., E- u. DevRr d. souv. MaltRrO.;
⚭ Wien 19.11.1908 Mathilde **Gfin v. Stockau**, * Wien 27.4.1881, † Bad Ischl 20.4.1949, T.d. K.u.K. Majors Georg Gf v. St. u.d. Eveline Baltazzi.

Kinder:

1) **Pr. Anton** Philipp Maria Josef Ignatius Georg Alexander, * Königsfeld 1.9.1909, † Kitzbühel 3.3.1976, Unternehmer;
⚭ I. Rauden bei Ratibor, OSchles., 11.11.1940 Clementine **Przssin v. Ratibor u. Corvey, Przssin zu Hohenlohe-Schillingsfürst**, * Rauden 24.4.1918, † München 5.11.2005 (gesch. Paderborn 23.10.1948), T.d. Kgl. preuß. RegReferendars u. Rittmeisters Viktor Hzg v. R. u. Fst v. C., Pr. zu H.-Sch.-Breunner-Enkevoirth auf Grafenegg-Neuaigen u. Asparn, NÖsterr., Kieferstädtel u. Zembowitz, OSchles., u.d. Elisabeth Przssin zu Oettingen-Oettingen u. Oettingen-Spielberg;
⚭ II. Den Haag 8.6.1964 Margriet **Krayenbrink**, * Den Haag 5.1. 1932, † … 30.8.2022, T.d. Dipl.-Ing. Guillaume Pierre Charles K. u.d. Everdina Jurriana de Hoog.

Kinder: a) erster Ehe:

(1) **Przssin Alexandra** (Sandra) Marie Sybille Sofie, * Rauden 31.12. 1941, † Marbella 30.11.2021;
⚭ Corvey 15.9.1963 Alexander **Gf v. Bismarck-Schönhausen** a.d.fstl.H., * London 20.2.1935, † Hamburg 19.12.1992 (ev.), Bes. von Schönau bei Aumühle, Bez. Hamburg, geschäftsf. Gesellschafter (gesch. Hamburg 21.6.1984).

(2) **Pr.** Franz **Clemens** Viktor Maria, * Corvey 26.9.1946, † Krems 3.7.2023, Bankkaufm.

b) zweiter Ehe:

(3) **Przssin** Margaretha **Patricia** (Pita), * St. Johann in Tirol, 22.12. 1964, Producer;
⚭ Brooklyn, New York, 28.9.1999 Franz-Martin **Gf v. u. zu Trauttmansdorff-Weinsberg**, * London 16.2.1964, freischaffender Künstler
(6 Rue Michel-Chauvet, 1208 Genf, Schweiz).

2) **Pr. Alexander** Georg Maria Ignatius, * Königsfeld 27.11.1912, † London 3.5.2002;
⚭ I. London 17.2.1938 Anne **Campbell**, * London 16.8.1917, † München 27.5.1986 (gesch. London ... 3.1968), T.d. Kgl. großbrit. BrigGen. William C. (of Glendaruel) a.d.H. der Earls of Argyll u.d. Dorothy Lang;
⚭ II. London 25.7.1978 Ethel Evelyn Primrose **Winch**, * London 22.3.1928, † West Farleigh, Gfschaft Kent, 23.2.2016, T.d. Kgl. großbrit. Oberstlts Aubrey W. u.d. Marie Elspeth Agnes Makgill.

Kinder erster Ehe:

(1) **Przssin Charlotte** Alexandra Maria Clotilde, * London 31.12. 1938, Kunsthändlerin;

⚭ I. (standesamtl.) Langenburg 5.6., (kirchl.) Zwingenberg 16.7. 1965 Kraft **Fst zu Hohenlohe-Langenburg**, * Schwäbisch Hall 25.6.1935, † Schloß Langenburg 16.3.2004 (gesch. Crailsheim 26.5.1990);
⚭ II. Frankfurt am Main 23.6.1993 Johann-Christoph (John) **Frhr v. Twickel**, * Berlin 25.7.1940, † Aurach bei Kitzbühel, Tirol, 17.12.2014, Bankdir.
(Außerhof, Traidlweg 33, 6370 Aurach bei Kitzbühel, Tirol, Österreich).

(2) **Przssin Emma** Rosanne, * Sutton, Sussex, 30.12.1943;
⚭ (standesamtl.) München 20.5., (kirchl.) Aurach 8.6.1964 Ferdinand **Gf v. Waldburg zu Wolfegg u. Waldsee**, * Waldsee 17.12. 1933, † Kitzbühel 12.6.2001, Druckereidir.
(Waldtruderingerstrasse 60, 81827 München).

(3) **Pr. Maximilian Richard** Alexander, * London 2.6.1946, † ... 18.4.2023, Bankdir.;
⚭ Salzburg 26.7.1974 Christine **Kruetschnigg**, * Kitzbühel 1.6. 1948, † ebd. 13.7.2019, T.d. Fabrikanten Wilhelm K. u.d. Jutta Golibersuch.

Söhne:

a. **Pr. Oliver** Jan, * Kitzbühel 29.8.1970, M.A., Galerist;
⚭ Kopenhagen 15.12.2008 Henrikke **Nielsen**, * Frederikshavn, Dänemark, 31.8.1973, Kunsthistorikerin, Galeristin, T.d. ... Finn N. u.d. Bodil Andersen
(Schmalzhofgasse 8, 1060 Wien, Österreich).

Töchter:

a) **Przssin Rosmarie**, * Berlin 11.11.2007.

b) **Przssin Greta**, * Wien 19.4.2011.

b. **Pr. Alexander** Christian, * Kitzbühel 23.12.1974, Physiotherapeut;
⚭ St. Johann in Tirol 25.7.2018 Atamayka **Romero** Castillo, * Caracas, Venezuela, 10.11.1970, Grafikdesignerin, führt den Namen »Croÿ-Romero«, T.d. Prof. f. Mathematik u. Physik Laureano R. Lopez u.d. Prof. f. Bildungswissenschaft Maritza Castillo Heras
(... Salzburg, Österreich).

Tochter:

Przssin Mathilda Sofia Victoria, * St. Johann in Tirol 9.3.2016, führt den Namen »Croÿ-Romero«.

Rudolph Herzog v. Croÿ

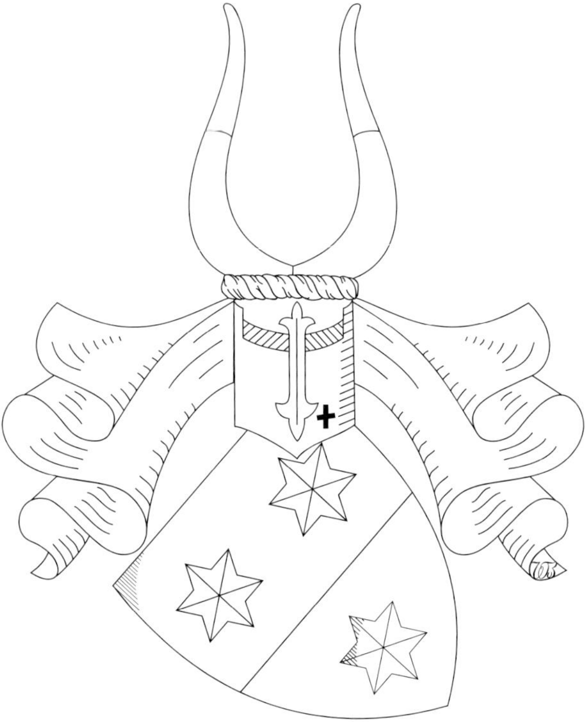

Erbach

Luth. — Rheinfränkischer Uradel, der mit Eberhard v. Erbach 1148 urkundl. (s. Cod. Laureshamensis I, Mannh. Ausg. von 1768, S. 254, und Guden, Sylloge, S. 34) zuerst erscheint; Reichsdienstmannen um 1200, dann Dienstmannen (Schenken) der Kurfstn von der Pfalz. — Erhebung von Erbach (im Odenwald, in der ehemaligen Provinz Starkenburg) zur Reichsgfschaft 15.8.1532; Wappenbesserung Wien 9.7.1755; die blühenden Linien stammen von drei Söhnen des Gfn Georg Albrecht II., † 1717.

Stammwappen: In von Rot u. Silber geteiltem Schild 3 (2, 1) Sterne verwechselter Farbe; auf dem Helm mit rot-silbernen Decken 2 von Silber u. Rot übereck geteilte Büffelhörner.

Hinweise: GHdA, Adelslexikon, Bd III (1975) u. Bd XVII (2008).
Letztaufnahme der Genealogie: GGH, Fstl. Häuser, Bd 1 (2015).

I. Linie: Erbach-Fürstenau

Stammvater: Gf Philipp Karl, * 1677, † 1736. — Erstgeburtsordnung bestätigt 17.11.1768; erbl. Mitgl. der Ersten Kammer des Ghzgt. Hessen 17.1.1820; Zuständigkeit des Präd. »Erlaucht« (primog.) lt Bundestagsbeschluß vom 13.2.1829; österr. Bestätigung 22.2.1847; hess. Ausdehnung auf sämtl. Mitglieder 7.3.1914. — Die Nachgeborenen führen den Namen Graf bzw. Gräfin zu Erbach-Fürstenau (Erlaucht).

Chef: **Louis Graf zu Erbach-Fürstenau**, * 1976.

1. Ast

Im Mannesstamm erloschen.
Stammvater: Gf Adalbert, * 1861, † 1944.

Ludwig Gustav Otto Hermann Arthur Elias Raimund **Alfred Graf zu Erbach-Fürstenau** usw., * Fürstenau 11.4.1905, † Erbach 30.7.1988, folgt seinem Vater nach dessen Verzicht 9.12.1928, Dipl.-Ing.;

⚭ I. Berlin 13.9.1926 Maria-Domina **v. Maltitz**, * Köln 23.10.1904, † München 12.2.1997 (gesch. Michelstadt 28.7.1977), T.d. Kgl. preuß. Rittmeisters Hans-Ulrich v. M. u.d. Elsa Kempner;
⚭ II. Michelstadt (standesamtl.) 26.8., (kirchl.) 17.9.1977 Marie-Esther **v. Puttkamer**,* Nipkau, Kr. Rosenberg, Westpr., 26.12.1903, † Fürstenau 11.6. 1983 (⚭ I. ...; ⚭ II. ...), T.d. Kgl. preuß. Rittmeisters Otto v. P. a.d.H. Versin auf Groß-Nipkau u.d. Marie v. Blücher a.d.H. Rosenow.

Töchter erster Ehe:

1. **Gfin Eleonore** Maria-Magdalena Emmy Elisabeth Alexandra Luise, * Berlin 10.6.1927, † Michelstadt 17.2.2016;
   ⚭ São Paulo, Brasilien, 16.11.1949 Nicolaas Gerardus **van de Roemer**, * Modjokerto, Java, 20.4.1922, † Darmstadt 12.4.1961.

2. **Gfin Elisabeth** Marie-Margarethe Else, * Berlin 17.6.1929;
   ⚭ Fürstenau 17.6.1950 Eugen **Gf zu Erbach-Fürstenau**, * Fürstenau 13.5. 1923, † ebd. 26.12.1987, Assessor (s.u.)
   (Schloß Fürstenau, 64720 Michelstadt-Steinbach).

3. **Gfin Maria-Angelica** Elisabeth, * São Paulo 17.10.1941, führt wieder den Geburtsnamen
   (Possartstr. 6, 81679 München);
   ⚭ (standesamtl.) München 12.2., (kirchl.) Fürstenau 24.2.1968 Kurt-Joachim (Jockel) **Riedesel Frhr zu Eisenbach**, * Lauterbach 29.12.1943, Land- u. Forstwirt, Bankkaufm., Wirtschaftsinformatiker (gesch. München 19.6.1972).

2. Ast

Stammvater: Gf Raimund, * 1868, † 1926.

Eugen Alfred Hermann Adalbert Joseph Ernst-August Heinrich **Graf zu Erbach-Fürstenau**, * Fürstenau 13.5.1923, † ebd. 26.12.1987, Assessor;

⚭ Fürstenau 17.6.1950 Elisabeth **Gfin zu Erbach-Fürstenau**, * Berlin 17.6. 1929 (s.o.), T.d. Alfred Gf zu E.-F. u.d. Maria-Domina v. Maltitz
(Schloß Fürstenau, 64720 Michelstadt-Steinbach).

Kinder:

1. **Raimund** Adalbert Alfred Josef Hans Ulrich Franz Kraft Friedrich **Graf zu Erbach-Fürstenau** usw., * Heidelberg 2.4.1951, † Bad König 2.9. 2017, folgte dem Gfn Alfred als Chef des Hauses 30.7.1988, ForstORat im Privatdienst;
⚭ (standesamtl.) München 23.2., (kirchl.) Wien 28.2.1976 Isabelle **Przssin v. u. zu Liechtenstein**, * Wien 17.5.1954, Dr.med., T.d. Dipl.-Ing. Dr.rer.agr. Georg Pr. v. u. zu L. u.d. Marie Christine Hzgin v. Württemberg
(Schloß Fürstenau, 64720 Michelstadt-Steinbach).

Kinder:

1) **Louis** Christian Albrecht Kraft Nis **Graf zu Erbach-Fürstenau**, Herr zu Breuberg, Wildenstein u. Rothenberg (Erlaucht), * Freiburg im Breisgau 13.9.1976, Dipl.-Forstwirt;
⚭ (standesamtl.) Michelstadt 11.4., (kirchl.) Meran 12.10.2008 Olga Wassiljewna **Li**, * Kurgan, Rußland, 8.8.1979, LL.M. corp. restruc., T.d. Dipl.-Ing. Wassilij Girenowitsch L. u.d. Walentina Pawlowna Kosowa
(Schloß Fürstenau, 64720 Michelstadt-Steinbach).

Kinder:

(1) **Gfin Maria Theodora** Galina Assunta Tatjana, * Erbach 11.8. 2011.

(2) **Gfin Anna** Margarita Aglaë Olga Felicitas, * Erbach 8.6.2013.

(3) **Erbgf Alexander** Philipp Konstantin Georg Nikolaus Ferdinand Berthold, * Erbach 26.7.2017.

2) **Gf Philipp** Christoph Eberhard Karl-Emich Christian, * Freiburg im Breisgau 27.1.1979, Dipl.-Politologe, RegDir.;
⚭ Berlin 29.10.2010 Juliette **Souchon**, * Flensburg 28.2.1977, Dipl.-Politologin, RegDir., T.d. Kapitän z. See Prof. Dr. Lennart S. u.d. Ute Hansen
(Schloß Fürstenau, 64720 Michelstadt-Steinbach).

Kinder:

(1) **Gfin Amalia** Margarita Babette Felicitas Vanessa, * Berlin 29.10. 2008.

(2) **Gf Georg** Nikolaus Ferdinand Aymeric Pieter Vincenz, * Berlin 20.5.2011.

(3) **Gf Nikolaus** Louis Magnus Hermann Friedrich, * Ankara, Türkei, 20.1.2014.

3) **Gf Nikolaus** Georg Andreas Gabriel, * Erbach 6.8.1984, B.A. (HSG), M.A. (Security, Intelligence and Diplomacy), Hauptm. d. Res. (Cyber- u. Informationsraum), ERr d. JohO.;
⚭ (standesamtl.) Lüneburg 4.2., (kirchl.) Michelstadt 18.6.2022 Katharina **Zündorf**, * Essen 1.11.1988, Modedesignerin, Inh. eines Labels f. Brautmoden, T.d. Dipl.-Ökonomen Prof. Dr. Horst Z. u.d. Dipl.-Ökonomin Regina Fiedler
(Wingertsweg 7, 64720 Michelstadt).

4) **Gfin Margarita** Maria-Helena Eleonora Eilika Andrea, * Erbach 12.6.1986, B.A. (Staatswissenschaften), Redakteurin;
⚭ Erbach 27.3.2020 David Benedikt **Gehlen**, * Simmerath 6.4.1991, Dr.rer.nat., Chemiker
(Schloß Fürstenau, 64720 Michelstadt-Steinbach).

2. **Gfin Lukardis** Elisabeth Helene Maria Domina Angelika, * Darmstadt 2.4.1953, † (Unfall) Frankfurt am Main 9.8.2005, Krankenschwester;
⚭ ...

3. **Gf Kraft**, Ulrich Alfred Friedrich-Karl Ludolf Walterius, * Darmstadt 9.3.1962, † Etzean bei Beerfelden 3.8.1980.

II. Linie: Erbach-Erbach

Stammvater: Gf Georg Wilhelm, * 1686, † 1757. — Erstgeburtsordnung 25.6.1783; Namen- u. Wappenvereinigung mit denen der Gfn Kolb v. Wartenberg Wien 20.1.1806 u. Ererbung der Reichsgfschaft Wartenberg-Roth 10.3.1818 (die chem. Reichsabtei wurde den Gfn Kolb v. Wartenberg durch Reichsdeputations-Hauptschluß 1803 zugeteilt); erbl. Mitgl. der Ersten Kammer des Ghzgt. Hessen 17.1.1820; hess. Verleihung des Präd. »Erlaucht« (primog.) 17.2.1820; Immatrikulation im Kgr. Bayern bei der Gfnklasse 11.4.1821 (für Karl Gfn zu Erbach u. v. Wartenberg-Roth); bayer. Verleihung des Präd. »Erlaucht« 22.4.1829; österr. Bestätigung 22.2.1847; hess. Ausdehnung auf sämtliche Mitglieder 7.3.1914; erbl. Mitgl. der Kammer der Reichsräte in Bayern 9.12.1842. — Die Nachgeborenen führen den Namen Graf bzw. Gräfin zu Erbach-Erbach u. v. Wartenberg-Roth (Erlaucht).

Chef: **Eberhard Graf zu Erbach-Erbach u. v. Wartenberg-Roth**, * 1958.

Franz August Gustav Adam Hubertus Friedrich Wilhelm Hans Karl **Graf zu Erbach-Erbach u. v. Wartenberg-Roth** usw., * Erbach 5.2.1925, † ebd. 2.10.2015;
⚭ I. Arolsen 27.3.1952 Margarethe **Przssin zu Waldeck u. Pyrmont**, * München 22.5.1923, † Erbach 21.8.2003 (gesch. Michelstadt 10.7.1979), T.d. Josias Fst zu W. u. P. u.d. Altburg Hzgin v. Oldenburg;
⚭ II. Schloß Eulbach 17.8.1979 Christa **Blösinger**, * Frankfurt am Main 14.8.1947, † Erbach 10.8.2013, Betriebswirtin u. Bankkauffrau, T.d. Kulturdezernenten der Stadt Bochum Helmut B. u.d. Anna Elisabeth Riegel.

Kinder: a) erster Ehe:

1. **Gfin Alexandra** Polyxene Elisabeth Bathildis Ingrid Amélie, * Frankfurt am Main 2.8.1955;

⚭ Erbach 2.7.1983 Ulrich **Bugiel**, * Hemer 11.11.1946, Dipl.-Wirtschaftsing.
(Studentenweg 9, 61381 Friedrichsdorf-Köppern).

2. Franz **Eberhard** Wittekind Botho Heinrich Nikolaus Georg Wilhelm **Graf zu Erbach-Erbach u. v. Wartenberg-Roth**, Herr zu Breuberg, Wildenstein, Steinbach, Curl u. Ostermannshofen (Erlaucht), * Erbach 2.6.1958, Bankkaufm.
(Jagdschloß Eulbach, 64720 Michelstadt; Schloß Erbach, 64711 Erbach);
⚭ Erbach (standesamtl.) 11.7., (kirchl.) 13.7.1985 Alexandra **Przssin Reuß**, * Hamburg 1.9.1963 (gesch. ... 18.10.2018), T.d. Rechtsanwalts Dr.jur. Heinrich V. Pr. R. u.d. Ingrid Jobst
(...).

Kinder:

1) **Gfin Felicitas** Alexandra Magita Elena, * Erbach 27.6.1987, Wirtschaftspsychologin
(Schloß Erbach, 64711 Erbach).

2) **Erbgf** Franz **Georg-Albrecht** Wittekind Karl-Emich Raimund Kraft Carl, * Erbach 6.6.1989, BBA, Betriebswirt, Rettungssanitäter
(Hofgut Habrich, 64720 Michelstadt; Schloß Erbach, 64711 Erbach).

3) **Gf** Franz **Konrad** Ludwig Heinrich Gustav, * Erbach 12.12.1991, ...
(Jagdschloß Eulbach, 64720 Michelstadt; Schloß Erbach, 64711 Erbach).

b) zweiter Ehe:

3. **Gf** Franz **Magnus-Alexander** Eginhard Andreas Philipp, * Erbach 13.4.1982, geschäftsf. Bankdir.;
⚭ Erbach 3.4.2009 Lena Johanna **Schwarz**, * Hilden 7.12.1982, Ärztin, T.d. Juristen Dr. Wolfgang Sch. u.d. Lehrerin Charlott Lang
(Städtel 26, 64711 Erbach).

Kinder:

1) **Gf Franz August** Casimir Nikolaus Alexander, * Frankfurt am Main 29.3.2017.

2) **Gf** Franz **Arthur** Friedrich Karl Ludwig, * Frankfurt am Main 26.3. 2019.

3) **Gfin Philomena** Charlott Marie Louise Sophie, * Frankfurt am Main 27.9.2021.

III. Linie: Erbach-Schönberg

Stammvater: Gf Georg August, * 1691, † 1758. — Erstgeburtsordnung 28.12.1748; erbl. Mitgl. der Ersten Kammer des Ghzgt. Hessen 17.1.1820; Zuständigkeit des Präd. »Erlaucht« (primog.) lt Bundestagsbeschluß vom 13.2.1829; Ghzgl. hess. Fstnstand mit »Durchlaucht« Wolfsgarten 18.8.1903 (für Gustav Gf zu Erbach-Schönberg). — Die Nachgeborenen und deren Gemahlinnen führen den Namen Pr. bzw. Przssin zu Erbach-Schönberg und, soweit den Hausgesetzen entsprechend, das Prädikat »Durchlaucht«.

Chef: **Dietrich Fürst u. Graf zu Erbach-Schönberg**, * 1954.

Georg-Ludwig Friedrich Viktor Karl-Eduard Franz-Joseph **3. Fürst u. Graf zu Erbach-Schönberg** usw., * König, Odenwald, 1.1.1903, † Bensheim 27.1.1971;
⚭ Schönberg 2.7.1925 Marie Margarethe **Deringer** (aus russ. Adel), * Zarskoje-Selo 12.12.1903, † Darmstadt 22.12.1967, T.d. Kais. russ. StRats u. Hofapothekers Alfons D. u.d. Margarete Brehm (aus russ. Adel).

Kinder (von 2 Söhnen, 1 Tochter):

1. Ludewig Wilhelm-Ernst Andreas Georg-Wilhelm Joachim **4. Fürst u. Graf zu Erbach-Schönberg** usw., * Schönberg 17.10.1926, † Rüsselsheim 23.11.1998;

⚭ (standesamtl.) Groß-Gerau 9.3., (kirchl.) Marburg an der Lahn 10.3. 1950 Rosemarie **Moshage**, * Schlewecke, Kr. Wolfenbüttel, 22.9.1927, † Rüsselsheim 25.5.2015, T.d. Mühlenbes. Karl M. u.d. Ottillie Rasche.

Kinder:

1) **Erbpr. Burckhard** Alexander Maynolf Wittekind, * Groß-Gerau 7.4.1951, † Frankfurt am Main 30.6.1998, Dipl.-Kaufm.

2) **Dietrich** Wilhelm **5. Fürst u. Graf zu Erbach-Schönberg**, Herr zu Breuberg u. Wildenstein (Durchlaucht), * Groß-Gerau 27.3.1954, Rechtsanwalt;
⚭ (standesamtl.) Groß-Gerau 18.5., (kirchl.) Schönberg 19.5.1984 Monika **Recknagel**, * Karlsruhe 10.7.1955, Dr.phil., Archäologin, T.d. Dipl.-Ing. Martin R. u.d. Martha Springer
(Kurfürstenplatz 40, 60486 Frankfurt am Main).

Tochter:

Przssin Elisabeth Diana Patricia Mona Annabel Ulrike, * Frankfurt 22.6.1985, Dr.phil., Bio-Informatikerin
(Kurfürstenplatz 40, 60486 Frankfurt am Main).

3) **Przssin Uta** Edda Marie Jutta Annemarie, * Groß-Gerau 1.8.1955, Fachkraft f. Arbeitssicherheit
(Lucy-Weinert-Str. 1, 65468 Trebur).

4) **Przssin Patricia** Jutta Anja Ilse, * Kronberg, Taunus, 15.12.1967, Versicherungskauffrau
(Robert-Bosch-Str. 5, 65428 Rüsselsheim).

2. **Pr. Maynolf** Wilhelm Victor Richard Josias Ludwig-Christian Waldemar, * Darmstadt 13.5.1936, † ... 8.12.2020, KFZ-Mechaniker, Autohändler;
⚭ I. (standesamtl.) Darmstadt 14.5.1959 Marie Katharine **Markert**, * Darmstadt 16.1.1921, † ... 1992 (gesch. Darmstadt 11.2.1970; ⚭ I. Wie-

belsbach 6.4.1946 August Boger, * … 17.1.1921, …, gesch. …), T.d. … Anton Adam August M. u.d. Theresia Grimm;
⚭ II. Erbach 16.3.1970 Erika **List**, * Lahr, Schwarzwald, 1.6.1938 (gesch. Wiesbaden 10.10.1972; ⚭ I. … Kuntze, …, gesch. …), T.d. … Friedrich L. u.d. Maria Volk
(…);
⚭ III. Darmstadt 21.4.1976 Solveig **Schlegel**, * Gera 25.5.1949 (gesch. Michelstadt 9.5.2001), T.d. Lehrers Horst Sch. u.d. Gertrud Abele
(Karlstr. 72, 64285 Darmstadt).

Kinder dritter Ehe:

1) **Przssin Isabelle**, * Erbach 24.8.1977, Journalistin u. Autorin;
⚭ …
(…).

2) **Pr. Peter**, * Erbach 11.8.1981, Automobilkaufm., Betriebswirt;
⚭ Bad König 9.5.2003 Carina **Schaffer**, * Groß-Umstadt, Kr. Darmstadt-Dieburg, 5.1.1983, Fachkraft f. Brief- u. Frachtverkehr, T.d. … u.d. …
(Im Neuroth 43, 64732 Bad König-Zell).

Kinder:

(1) **Pr. Sandro**, * Dieburg 22.10.2003.

(2) **Przssin Cecilie**, * Erbach 7.12.2007.

Louis Graf zu Erbach-Fürstenau
Eberhard Graf zu Erbach-Erbach u. v. Wartenberg-Roth
Dietrich Fürst u. Graf zu Erbach-Schönberg

Esterházy s. GHdA, Fstl. Häuser, Bd XV (1997)

Fürstenberg

Kath. — Schwäbisches edelfreies Geschlecht, das mit Egino comes de Urahe (Urach, Burg u. Stadt, Württ.) um 1070 urkundl. (s. Fürstenberg. UrkBuch, Bd I, 29, Tübingen, Laupp, 1877) zuerst erscheint; Erwerbung der Zähringischen Besitzungen in der Baar usw. 18.2.1218 infolge der Ehe (um 1177) des Gfn Egon IV. († 1230) mit Agnes v. Zähringen († 1239); Gf v. Vurstenberc (Fürstenberg im baden-württ. Landkreis Schwarzwald-Baar) 1250 (s. Fürstenberg. UrkBuch, Bd I, Nr 427); Landgf in der Baar 18.1.1283 s. a.a.O., Nr 582); Erwerbung (infolge von Heiraten) der Gfschaft Heiligenberg sowie der Hrschaften Jungnau u. Trochtelfingen (Hohenzollern) 1534, der Hrschaften Mößkirch u. Gundelfingen 1637, der Landgfschaft Stühlingen u. der Hrschaft Hohenhöwen 1639; Erbverträge 1576, 1699 u. 1803. — Großes Palatinat Wien 13.3.1627 bzw. 10.11.1642; Reichsfstnstand für die (10.10.1716 †) Heiligenberger Linie Straubing 12.5.1664, Übertragung des Reichsfstnstandes auf die (7.9.1744 †) Mößkircher Linie und auf die Stühlinger Linie Wien 10.12.1716; Besitzteilung 29.7.1755 unter den Söhnen des Prosper Ferdinand Landgf zu Fürstenberg-Stühlingen, * 1662, † 1704, die die Fürstliche Linie und die Landgräfliche Linie stifteten, von denen letztere nach dem Tode des Landgfn Eduard Egon, * 1843, † 1932, mit dem Fkm. Weitra an die fstl. Linie fiel. — Der Stammvater der ersteren (Fstl.) Linie, der Landgf Josef Wilhelm Ernst, * 1699, † 1762, wird Wien 10.12.1716 Reichsfürst (primog.) mit »Hochgeboren«; Einführung im Reichsfstnkollegium 6.9.1767; Errichtung des Sekundogeniturfideikommisses Pürglitz, Böhmen, 1756, durch des Stammvaters Gemahlin, Marie Anna, geb. Gfin v. Waldstein; Ausdehnung des Fstnstandes Wien 19.1.1762 auf alle Nachkommen; Zuständigkeit des Präd. »Durchlaucht« (primog.) lt Bundestagsbeschluß vom 18.8.1825. Erbl. Mitgl. der ehem. Ersten Kammer des Ghzgt. Baden 22.8.1818, der ehem. württ. Ersten Kammer 25.9.1819, des ehem. preuß. Herrenhauses 12.10.1854 und des Herrenhauses des ehem. österr. Reichsrats Wien 18.4.1861. — Die Nachgeborenen führen den Namen Prinz bzw. Prinzessin zu Fürstenberg (Durchlaucht).

Stammwappen: Innerhalb silbern-blauem Schildesrand im sogenannten Wolkenschnitt in Gold ein blau-bewehrter roter Adler; auf dem Helm mit rot-goldenen Decken ein rotes Kissen, darauf ein silberner Ballen.

Literatur: Hinweise s. GHdA, Adelslexikon, Bd III (1975) u. XVII (2008). Letztaufnahme der Genealogie: GGH, Fstl. Häuser, Bd 2 (2018).

Chef: **Christian Fürst zu Fürstenberg,** * 1977.

I. (Fürstliche) Linie

Stammvater: Fst Maximilian Egon I., * 1822, † 1873.

1. Ast

Stammvater: Fst Maximilian Egon II., * 1863, † 1941.

Maximilian Egon Maria Erwin Leo Franziskus Amos Wenzeslaus Hubertus **Prinz zu Fürstenberg,** * Prag 31.3.1896, † Donaueschingen 6.4.1959, Dr.rer.nat. h.c., EBürger der Stadt Donaueschingen u. anderer Gemeinden, Großkr. u. EBailli d. souv. MaltRrO., Großkr. d. Päpstl. St. GregoriusO., Rr d. bad. HausO. der Treue, Komtur d. bayer. St. GeorgO.;
⚭ Wechselburg 18.1.1921 Wilhelmine **Gfin u. Herrin v. Schönburg-Glauchau,** * Glauchau 17.10.1902, † (Autounfall) Biberach an der Riß 25.9. 1964, StkrD., T.d. Joachim Gf u. Hr v. Sch.-G. u.d. Oktavia Gfin Chotek v. Chotkowa u. Wognin.

Söhne (von 3 Söhnen, 2 Töchtern):

1. **Joachim Egon** Maximilian Friedrich Leo Joseph Maria Hubertus **Fürst zu Fürstenberg,** * Schloß Grund, Bez. Pürglitz, Böhmen, 28.6.1923, † Donaueschingen 9.7.2002, folgt 1973 seinem Onkel Karl Egon V. als Haupt des Fstl. Gesamthauses, EBürger von Donaueschingen, Heiligenberg, Friedenweiler u. Weitra, ESenator d. Univ. Konstanz, Oberstlt d. Res., Träger d. Großen Verdienstkr. d. VerdienstO. d. Bundesrepublik Deutschland, Rr. d. O. vom GVlies, Großkr. u. EBailli d. souv. MaltRrO.,

Komturkr. d. päpstl. St. GregoriusO., Rr d. Schw. AdlerO., Großkomtur des bayer. St. GeorgO.;
⚭ Königseggwald 25.6.1947 Paula **Gfin zu Königsegg-Aulendorf**, * Aulendorf 22.5.1926, † Donaueschingen 6.1.2019, StkrD., E- u. DevD. d. souv. MaltRrO., T.d. Rittmeisters Dr.phil. h.c. Joseph Erwin Gf zu K.-A. u.d. Lucia Gfin v. Wilczek.

Kinder:

1) **Przssin Amelie-Egona** Maria Huberta Maximiliane Georgine Ricarda Joachima Pauline Eusebia, * Donaueschingen 3.4.1948, † Villingen-Schwenningen 26.10.2014.

2) **Przssin Marie-Antoinette** Egona Maximiliane Wilhelmine Huberta Sophie Eusebia Joachime Pauline Elisabeth, * Donaueschingen 15.5. 1949;
⚭ I. Donaueschingen 16.4.1977 Johannes (Johann) **Gf v. Schönborn-Wiesentheid**, * Würzburg 3.7.1949 (gesch. München 7.3.1980);
⚭ II. (standesamtl.) Pöcking, OBayern, 15.12.1980, (kirchl.) Stühlingen 7.4.1999 Thomas **Bagusat**, * Berlin 12.7.1941, † Dießen am Ammersee 15.10.2020, Kaufm.
(Ziegelstadel 9, 86911 Dießen - St. Georgen am Ammersee).

3) **Heinrich** Maximilian Egon Karl Joachim Paul Felix Konrad Hubertus Eusebius Leo Maria Wilhelm Friedrich Alexius Martin **Fürst zu Fürstenberg**, * Schloß Heiligenberg 17.7.1950, † Capalbio, Toskana, Italien, 11.7.2024;
⚭ (standesamtl.) Sant'Angelo d'Alife, Prov. Caserta, 9.10., (kirchl.) Rom 11.11.1976 Maximiliane **Przssin zu Windisch-Graetz**, * Triest 16.11.1952, E- u. DevGroßkrD. d. souv. MaltRrO., T.d. ital. Obersten d. Res. d. Luftw. Maximilian Fst zu W.-G. u.d. Maria Luisa Serra *(78166 Schloß Donaueschingen).*

Söhne:

(1) **Christian** Joachim Maximilian Egon Hugo Eusebius Maria Hubertus **Fürst zu Fürstenberg**, Landgraf in der Baar u. zu Stühlingen, Graf zu Heiligenberg u. Werdenberg, Freiherr zu Gundelfingen, Herr zu Hausen im Kinzigtal, Mößkirch, Hohenhöwen, Wildenstein, Waldsperg, Werenwag, Immendingen, Pürglitz usw., * Donaueschingen 22.11.1977, E- u. DevRr d. souv. MaltRrO.;
⚭ (standesamtl.) Donaueschingen 16.9., (kirchl.) Rom 25.9.2010 Jeannette **Griesel**, * Duisburg 10.9.1982, Dr. phil. (⚭ I. ... Max Michael Schlereth, * München ... 1965, Dr. ..., Prof., gesch. ...), T.d. Unternehmers Peer G. u.d. Ghislaine Dubbick
(88633 Schloß Heiligenberg).

Kinder:

a. **Erbpr. Tassilo** Heinrich Christian, * Villingen-Schwenningen 24.12.2013.

b. **Przssin Maria Cecilia** Massimiliana Ghislaine Pauline Odile Eva Fabrizia Egonia, * Villingen-Schwenningen 11.3.2015.

c. **Pr. Tristan** Maximilian Egon Maria Paul Andreas, * Villingen-Schwenningen 22.11.2018.

d. **Przssin Leontine** Marie Louise Odile Antoinette Judith Olivia Juanita, * Villingen-Schwenningen 25.6.2020.

(2) **Pr. Antonius** Hugo Egon, * Starnberg 14.6.1985, Unternehmer, E- u. DevRr d. souv. MaltRrO;
⚭ (standesamtl. u. kirchl.) Stresa, Isola Bella, 11.6.2011 **Contessa** Matilde **Borromeo Arese Taverna**, * Mailand 8.8.1983, Agrarwissenschaftlerin, T.d. Don Carlo Ferdinando B. A. T. a.d.H. der Principi di Angera u.d. Marion Zota
(Piazza Sant Ambrogio 10, 20123 Mailand, Italien).

Söhne:

a. **Pr. Carl** Egon Tassilo, * Turin 22.9.2011.

b. **Pr. Alexander**, * Turin 23.11.2012.

4) **Pr. Karl-Egon** Friedrich Maximilian Wilhelm Eusebius Maria Hubertus Leo, * Donaueschingen 3.4.1953, ...
(Graf Starhemberg-Gasse 14/2, 1040 Wien, Österreich).

5) **Pr. u. Landgf Johannes** Joseph Wilhelm Ernst Eduard Egon Eusebius Hubertus Maria Maximilian Bernhard, * Villingen 15.4.1958 (Adoptivsohn des Karl Egon V. Fst u. Landgf zu Fürstenberg, * 1891, † 1973), seit 1973 Inh. des Landgfl. fürstenbergischen Besitzes Weitra, NÖsterr.;
⚭ I. (standesamtl.) Freilassing 28.2., (kirchl.) Wien 11.12.1985 Veronika **Paul**, * Kettwig 15.9.1948 (gesch. Krems 19.10.1994, kirchl. annuliert Rom 29.6.2011), T.d. Berufssoldaten Horst P. u.d. Appolonia ...
(Meierhof 74, 3970 Weitra, Österreich);
⚭ II. (standesamtl.) Gmund am Tegernsee 30.5.1996, (kirchl.) Weitra, NÖsterr. 30.5.2017 Stephanie **Heiden**, * München 31.5.1961, T.d. Königl. bayer. Hofjuweliers Albrecht Theodor H. u.d. Christine Daleiden
(Schwarzau 1, 3971 St. Martin, Österreich).

Söhne: a) erster Ehe:

(1) **Pr. Vincenz** Heinrich Egon Joachim Gottfried Hubertus Maria Erwein, * Wien 16.3.1985, Mag.rer.soc.oec., Unternehmer;
⚭ (standesamtl. u. kirchl.) Arundel, West Sussex, England, 23.7.2022 Georgina **Melville**, * Bridgetown, Barbados, 6.9.1991, M.A., Opernsängerin, T.d. Mediziners Dr. David M. u.d. Elisabeth ...
(Meierhof 74, 3970 Weitra, Österreich).

Sohn:

Pr. Heinrich Philipp Egon Johannes David Hubertus Maria Harcourt, * Wien 11.5.2023.

b) zweiter Ehe:

(2) **Pr. Ludwig** Maximilian Anton Egon Albrecht Joachim Hubertus Maria, * München 28.12.1997, BBA (Business Administration and int. Relations), Bankier
(Schwarzau 1, 3971 St. Martin, Österreich).

(3) **Pr. Johann-Christian** Egon Theodor Gerhard Hubertus Maria, * München 30.4.1999, B.A. (Communication and Culture Management), Stud.
(Schwarzau 1, 3971 St. Martin, Österreich).

6) **Przssin Anna Lucia** Egona Eusebia Huberta Ines Paula Joachima Wilhelmine Maximiliane, * Villingen 3.11.1965, führt den Namen »Prinzessin zu Fürstenberg-Giraldo«;
⚭ (standesamtl.) Donaueschingen 18.2., (kirchl.) Stühlingen 19.2. 1994 James **Giraldo**, * New York 4.10.1964, Bankkaufm.
(20 Smith Street, London SW3 4EE, Großbritannien).

2. **Pr. Friedrich Maximilian** Egon Hubertus Joseph Maria Karl Anna, * Schloß Wechselburg 26.7.1926, † Wien 2.11.1969, Haupt der Sekundogenitur, Kaufm.;
⚭ (standesamtl.) Kloten bei Zürich 9.4.1960 Teresa **Przssin zur Lippe-Weißenfeld,** * Wien 21.7.1925, † Schloß Werenwag15.7.2008 (⚭ I. Castagnola bei Lugano 1.8.1946 Heinrich Baron Thyssen-Bornemisza de Kászon, * Den Haag 2.4.1921, † San Feliu de Guixols 27.4.2002, Großindustrieller, gesch. Lugano 14.5.1954), T.d. Alfred Pr. zur L.-W. u.d. Franziska Gfin v. Schönborn-Buchheim.

Kinder:

1) **Przssin Teresa** Sophie Antoinette, * Wien 18.11.1960, führt den Namen »Fürstenberg-Bosetti«;
⚭ I. (standesamtl.) St. Moritz, Schweiz, 4.3., (kirchl.) Schloß Werenwag 14.5.1989 Angelo **Bucarelli**, * Rom 9.4.1952, Architekt (gesch. St. Moritz 18.5.2000);

⚭ II. St. Moritz 26.10.2002 Giancarlo **Bosetti**, * Varedo, Prov. Mailand, Italien, 21.4.1946, Verleger u. Journalist
(Via Garibaldi 88, 00153 Rom, Italien; Via Brattas 44, 7500 St. Moritz, Schweiz).

2) **Pr. Maximilian** Joachim Alfred Egon Karl Hubertus Maria Leo, * Wien 27.5.1962, Kaufm.
(Schloß Werenwag, 88631 Beuron-Hausen);
⚭ I. (standesamtl.) Jagsthausen 16.12.1991, (kirchl.) Schöntal 2.5.1992 Diana **Freiin v. Berlichingen,** * Koblenz 9.10.1965 (gesch. Zürich 7.12.2011), T.d. Oberstlts Götz Frhr v. B. u.d. Alexandra v. Vultejus
(Allmendstr. 26, 8700 Küsnacht, Schweiz);
⚭ II. Wien 9.5.2015 Franziska **Preuschl v. Haldenburg**, * Wien 17.6. 1959, † ... 24.9.2016 (⚭ I. ... 19.12.1986 Julius Meinl, * Wien 9.7.1959, Bankier, gesch. ... 19.12.2007), T.d. Werbegraphikers Christian P. v. H. u.d. Hilde Gabler.

Kinder erster Ehe:

(1) **Przssin Clarissa** Anna Lucia Katherina Teresa Alexandra Maria, * Freiburg im Breisgau 18.2.1993, Innenarchitektin;
⚭ (standesamtl.) Zumikon, Kt. Zürich, Schweiz, 24.5., (kirchl.) Kloster Beuron 6.7.2024 Cass **Saint**, * West Sussex, England, ...11.1994, B.A. (Politik), Unternehmer
(Sunnmatt 8, 8126 Zumikon, Schweiz).

(2) **Pr. Friedrich** Götz Constantin Christian Maximilian Hubertus Maria, * Freiburg im Breisgau 8.4.1995, Unternehmensberater
(...).

(3) **Przssin Alina** Luisa Mafalda Virginia Astrid Birgit Maria, * Zürich 15.2.2001, Stud.
(...).

3) **Przssin Katarina** Maria Josepha Egona Elisabeth, * Zürich 19.11.1966, † London 16.1.1992.

2. Ast

Karl **Emil** Egon Anton Maximilian Leo Wratislaw **Prinz zu Fürstenberg,** * Prag 16.2.1867, † Strobl am Wolfgangsee 21.2.1945, K.u.K. GehRat u. Km., Botschafter, Rr d. O. vom GVlies, Großkr. u. EBailli d. souv. MaltRrO.; ⚭ Keszthely 23.7.1902 Maria **Gfin Festetics de Tolna,** * Baden-Baden 24.5. 1881, † Strobl 2.3.1953, K.u.K. PD., ED. d. souv. MaltRrO., T.d. K.u.K. Km., GehRats u. Kgl. ungar. Hofmarschalls Tassilo Fst F. de T. u.d. Lady Mary Douglas-Hamilton a.d.H. der Dukes of Hamilton.

Söhne (von 2 Söhnen, 3 Töchtern):

1. **Pr. Tassilo** Egon Maria Karl Georg Leo, * Brüssel 10.6.1903, † Strobl am Wolfgangsee 15.7.1989, E- u. DevRr d. souv. MaltRrO.;
⚭ I. Turin 19.11.1938 Clara **Agnelli**, * Turin 7.4.1920, † Mestre, Italien, 18.7.2016 (gesch. ...; ⚭ II. Venedig 30.3.1974 Giovanni Nuvoletti, * Gazzuolo, bei Mantua, Region Lombardei, Italien, 16.10.1912, † Abano Terme, bei Padua, Provinz Veneto, Italien, 4.4.2008, Schauspieler u. Autor), T.d. Vizepräs. der Fiat A.G. u. Advokaten Dr. Edoardo A. u.d. Donna Virginia Bourbon del Monte a.d.H. der Principi di San Faustino;
⚭ II. Paris 17.10.1975 Cecil **Blaffer**, * Houston, Texas, USA, 17.12.1919, † Bahamas 17.11.2006 (⚭ I. ... Edward J. Hudson, * ..., ..., gesch. Houston, Texas, ... 1963), T.d. ... Robert L. B. u.d. Sarah Campbell.

Kinder erster Ehe:

1) **Przssin Virginia** (Ira) Carolina Theresa Pancrazia Galdina, * Rom 18.4.1940, † ebd. 18.2.2024, Schauspielerin u. Schmuckdesignerin;
⚭ I. Venedig (standesamtl.) 17.9., (kirchl.) 21.9.1955 Alfonso **Pr. zu Hohenlohe-Langenburg,** * Madrid 28.5.1924, † Ronda bei Marbella 21.12.2003 (gerichtl. gesch. Mexiko Stadt 14.12.1960, Ehe kirchl. annulliert Madrid 18.12.1969);
⚭ II. (standesamtl.) Reno, Nevada, USA, 12.1.1961 Francisco **Pignatari**, * Neapel 11.2.1916, † São Paulo 8.10.1977, Unternehmer (gesch. Las Vegas, Nevada, 12.1.1964).

2) **Pr. Eduard** Egon Peter Paul Giovanni, * Lausanne 29.6.1946, † Rom 11.6.2004, Modedesigner;
⚭ I. Montfort-l'Amaury, Dept Seine-et-Oise, 16.7.1969 Diane **Halfin**, * Brüssel 31.12.1946, Modedesignerin (gesch. …; ⚭ II. New York 2.2.2001 Barry Diller, * Beverly Hills 2.2.1942, Manager u. Unternehmer), T.d. … Léon H. u.d. Liliane Nahmias
(…);
⚭ II. New Orleans … 1983 Lynn **Marshall**, * …, T.d. … u.d. …
(…).

Kinder erster Ehe:

(1) **Pr. Alexander** Egon, * New York 25.1.1970, Chief Investment Officer;
⚭ I. New York 28.10.1995 Alexandra **Miller**, * New York 8.10.1972 (gesch. … 2002), Image Dir. der Fa. DvF, T.d. Unternehmers Robert W. M. u.d. Marie Chantal Pesantes
(…);
⚭ II. … 2020 Alison **Parker Kay**, * … 1994, Model u. Modedesignerin, T.d. … u.d. …
(…).

Kinder erster Ehe:

a. **Przssin Talita** Natasha, * New York 7.5.1999, Modedesignerin
(…).

b. **Pr. Tassilo** Egon Maximilian, * New York 26.8.2001, …
(…).

(2) **Przssin Tatiana** Desirée, * New York 16.2.1971, Leadsängerin der Band »Playdate«;
⚭ New York 11.7.1995 Russell **Steinberg**, * New York …, Schauspieler u. Produzent
(…).

3) **Pr. Sebastian** Egon Rainer Maria Timotheus, * Lausanne 24.1.1950, ...;
⚭ Hof bei Salzburg 28.9.1972 Elisabetta **Guarnati**, * Riva am Gardasee 19.6.1951, T.d. ... u.d. ...
(Via Padana 234, 30030 Malcontenta, Italien).

Tochter:

Przssin Virginia Maria Clara, * Genua 5.10.1974, † Meran 10.5. 2023, Modedesignerin;
⚭ I. Cortina d'Ampezzo, Prov. Belluno, Italien, 24.7.1992 Alexandre **Csillaghy de Pacsér**, * ... 1967, ... (gesch. ... 2003);
⚭ II. ... 2004 Paco **Polenghi**, * ... 1969, ... (gesch. ...);
⚭ III. ... 28.10.2017 Giovanni **Gawronski**, * ..., ... (gesch. ... 2020) *(...).*

2. **Pr. Georg** Egon Hubertus Karl Wolfgang, * Strobl 13.8.1923, † Mollmannsdorf, OÖsterr., 7.1.2008, Dr.jur.;
⚭ I. Öblarn, OSteiermark, (standesamtl.) 10.9., (kirchl.) 11.9.1960 Kristina **Gfin v. Colloredo-Mannsfeld**, * Prag 19.12.1940, führt wieder den Geburtsnamen (gesch. Wien 18.5.1965; ⚭ II. Toronto, Kanada, 11.5.1966 Jan van Hamel, * Edinburgh, Schottland, 23.7.1943, Komponist, gesch. Toronto 29.7.1973; ⚭ III. Katharinenkloster, Sinai, Ägypten, 22.5.1975 Michael Begert, * Bern 5.12.1946, Reiseleiter, gesch. Athen 16.11.1983), T.d. Dr.rer.pol. Josef Fst v. C.-M. u.d. Anna Maria Rabl
(Schloß Gstatt, 8960 Öblarn, Österreich);
⚭ II. Korneuburg, NÖsterr., 1.8.1978 Victoria Taves **Pullen**, * Rio de Janeiro 7.3.1957 (gesch. Korneuburg 26.2.1997; ⚭ II. Sant' Appiano bei Florenz 11.10.1997 Michael Pr. v. Schönburg-Hartenstein, * Wien 22.2. 1960, B.Sc. u. MBA, Unternehmer), T.d. ... Guy Hunter P. u.d. Maria Theresia Taves
(Quinta da Penha Longa C14, 2645-103 Alcabideche, Portugal; Calle General Diaz Porlier, 12 3ero D, 28001 Madrid, Spanien; 98 Victory Street, ISL 1162, Malta; 6-8 Cami d' Algendar, 07712 Sant Climent, Menorca, Spanien).

Tochter erster Ehe:

Przssin Diega Katharina Berta Anna Marie, * Wien 12.12.1961, † Danzig 2.1.1975.

II. Linie (Königshof)

Im Mannesstamm erloschen.
Stammvater: Pr. Emil Egon, * 1825, † 1899.

Emil Egon Karl Leo Max **Prinz zu Fürstenberg,** * Lána 13.1.1876, † Wien 3.9.1964, Dr.jur.utr., K.u.K. Km., LegRat u. OLt;
⚭ Wien 28.2.1922 Margarethe (Daisy) **Freiin v. Gečmen-Waldek**, * Prag 19.7.1904, † Wien 1.12.1988, auf Klafterbrunn (seit 1925), NÖsterr., T.d. Großindustriellen Vincenz Frhr v. G.-W. u.d. Margherita Freiin v. Waldek.

Kinder:

1. **Przssin Leontine** Elisabeth Maria Emilie Vincenzia, * Klafterbrunn, NÖsterr., 23.4.1924
(Singerstr. 12, 1010 Wien, Österreich);
⚭ (standesamtl.) St. Gilgen bei Salzburg, (kirchl.) Strobl 16.9.1945 Donat Oswald **Frhr Praetorius v. Richthofen**, * Berlin 8.3.1920, † Wartenberg 14.1.1999, Kaufm. (gesch. München 20.11.1958).

2. **Pr. Emil Egon** Karl Joseph Hubertus Vincenz, * Klafterbrunn 18.3.1927, † Boston, USA, 27.4.1967, Dir.

3. **Przssin Amelie** Maria Margarethe Emilie Vinzenzia Josefa, * Bad Ischl, OÖsterr., 12.11.1945;
⚭ Wien 19.4.1969 Augustin **d'Aboville** a.d.H. der Comtes d'A., * Brouay, Calvados, 8.6.1937, …
(11 Rue Spontini, 75116 Paris, Frankreich).

Christian Fürst zu Fürstenberg

Fugger s. GHdA, Fstl. Häuser, Bd XX (2014)

† **Giech** s. GHdA, Fstl. Häuser, Bd VIII (1968)

Görtz s. Schlitz

Harrach

Kath. u. ev. — Oberösterreichischer Uradel, der mit Dietmarus de Harrouche u. Gottschalcus frater eius 1195 urkundl. (Urk. d. Klosters Ranshofen am Inn; vgl. Mon. Boica III B, S. 275) erscheint und der sich vermutlich von Harruck (Harrouche) bei Freistadt, OÖsterr., nennt. Die sichere Stammreihe beginnt mit Dietrich v. Harrach, urkundl. 1320, † 1336. — Erwerbung der Hrschaft Rohrau, NÖsterr., 7.9.1524; erbländ.-österr. Frhrnstand als »Frhr zu Rohrau« Wien 12.4.1550; Reichsfrhrnstand 4.1. 1552, für Leonhard v. Harrach, Oberst-Erblandstallmeister in Österreich unter der Enns Augsburg 29.5.1559; ungar. Indigenat 1563; böhm. Herrenstand 21.2.1577 (alles für Leonhard v. Harrach und sein Geschlecht); Gr. Palatinat Wien 25.8. 1625; Oberst-Erblandstallmeister in Österreich ob der Enns 3.3.1627; Reichsgfnstand Wien 20.7.1627 unter gleichzeitiger Erhebung von Rohrau zur Gfschaft mit dem Titel Gf zu Rohrau (für Carl Frhrn v. Harrach); Namen- und Wappenvereinigung mit »Thannhausen« Wien 26.8.1708, infolge der zweiten Ehe des Gfn Alois Thomas Raimund, * 1669, † 1742, mit Anna Cäcilia verwitwete (Gf Michael Oswald, † Prag 31.1.1694) Gfin v. Thun, geb. Gfin v. Thannhausen, * 1674; ⚭ 1695, † 1721; Aufnahme als Personalist in das schwäbische Reichsgfnkollegium 6.7.1752 (für Ferdinand Bonaventura Anton Gf v. Harrach, mit dem Recht der Nachfolge für seinen Neffen Ernst Guido, * 1723, † 1783, und dessen Erben); Zuständigkeit des Präd. »Erlaucht« (primog.) lt Bundestagsbeschluß vom 13.2.1829, österr. Durchführung desselben 9.10.1829, Hof-Kanzlei-Dekret 23.2.1841; österr. Best. 22.2.1847; erbl. Mitgl. d. Herrenh. d. österr. Reichsrats Wien 18.4.1861; Ererbung von Rohrau nach Erlöschen der älteren Linie 22.9.1886; erbländ.-österr. Wappenbesserung Wien 18.5.1897 (für Johann Gf Harrach zu Rohrau u. Thannhausen, seine ehelichen Nachkommen, sowie die übrige Deszendenz seines Vaters Franz Ernst Gf Harrach zu Rohrau u. Thannhausen). — Die Nachgeborenen führen den Titel u. Namen Graf bzw. Gräfin v. Harrach zu Rohrau u. Thannhausen.

Stammwappen (ältestes Siegel von 1320 des Dietrich v. Harrach, Sohn des Herrn Dietrich v. Harrach): a) 3 (2, 1) Büffelohren an einem silbernen Ring, b) (nach einem Missale im 13. Jahrhundert) in Rot, 3 (2, 1) silberne Straußenfedern an einer goldenen Kugel; 2 Helme; auf dem rechten mit rot-silbernen Decken ein roter Flug, beiderseits mit dem Schildbild belegt, auf dem linken mit schwarz-goldenen Decken 2 schwarze außen je mit 6 silbernen Straußenfedern bestückte Hörner.

Wappen (1897): In Rot, 3 (2, 1) silberne Straußenfedern an einer goldenen Kugel (Stammwappen); Schildhalter: Zwei einwärtssehende rotbezungte goldene Greife; Fürstenkrone u. -mantel.

Literatur: Hinweise s. GHdA, Adelslexikon, Bd IV (1978) u. Bd XVII (2008). Letztaufnahme der Genealogie: GGH, Fstl. Häuser, Bd 2 (2018).

Chef: **Ernst Georg Graf v. Harrach**, * 1951.

I. Linie (kath.)

Stammvater: Gf Ernst Christoph Joseph, * 1757, † 1838.

1. Ast

Johann Nepomuk Franz **Graf v. Harrach zu Rohrau u. Thannhausen**, Freiherr zu Prugg u. Pürrhenstein, * Wien 2.11.1828, † ebd. 12.12.1909;
⚭ I. Prag 2.8.1856 Maria-Margareta **Przssin v. Lobkowicz**, * Prag 13.7.1837, † Aschach an der Donau 2.9.1870, K.u.K. PD., T.d. Johann Nepomuk Pr. v. L. u.d. Carolina Gfin v. Wrbna u. Freudenthal;
⚭ II. Prag 15.10.1878 Maria Theresia **Przssin v. Thurn u. Taxis**, * Prag 7.1.1856, † Bruck an der Leitha, NÖsterr., 20.8.1908, K.u.K. PD. u. OHofmeisterin, StkrD., E- u. DevD. d. souv. MaltRrO., T.d. Hugo Maximilian Pr. v. Th. u. T. u.d. Almeria Gfin v. Belcredi.

Söhne: a) erster Ehe:

1. **Otto Johann** Nepomuk **Graf v. Harrach zu Rohrau u. Thannhausen** usw., * Prag 10.2.1863, † Hradek bei Königgrätz, Böhmen, 10.9.1935;

⚭ Wien 14.1.1902 Karoline **Przssin zu Oettingen-Oettingen u. Oettingen-Wallerstein**, * Prag 22.2.1873, † Wien 15.3.1959, K.u.K. PD., StkrD., E- u. DevD. d. souv. MaltRrO., T.d. Karl Fst zu Oe.-Oe. u. Oe.-W. u.d. Ernestine Gfin Czernin v. Chudenitz.

Sohn:

Johann Nepomuk Anton Karl Leonhard Otto Bonaventura Maria Kleophas **Graf v. Harrach zu Rohrau u. Thannhausen** usw., * Bruck an der Leitha 25.9.1904, † Bad Kreuznach 12.5.1945, auf Prugg u. Rohrau, NÖsterr.;
⚭ Altaussee 16.10.1940 Stephanie **Gfin u. Edle Tochter v. u. zu Eltz gen. Faustin v. Stromberg**, * Altaussee 30.9.1917, † Rohrau 23.7.2011, StkrD., T.d. Kgl. preuß. Rittmeisters Erwein Gf u. Edler Hr v. u. zu E. gen. F. v. St. u.d. Johanna Gfin v. Schönborn-Wiesentheid.

Tochter:

Gfin Johanna Alexandra Georgine Amalie, * Königgrätz 10.7.1944, auf Rohrau (seit 1966);
⚭ Wien 10.9.1966 Eberhard **Gf v. Waldburg zu Zeil u. Trauchburg**, * Zeil 30.4.1940, † Rohrau 3.3.2013
(2471 Schloß Rohrau, Österreich).

b) zweiter Ehe:

2. **Ernst** Franz Hugo Johann Maria Evaristus **Graf v. Harrach zu Rohrau u. Thannhausen** usw., * Hradek 26.10.1879, † Bruck an der Leitha 12.8.1971, K.u.K. Km., E- u. DevRr d. souv. MaltRrO., Großkomtur ad hon. d. bayer. St.GeorgO.;
⚭ München 22.11.1905 Elisabeth **Gfin v. Preysing-Lichtenegg-Moos**, * Moos 15.11.1883, † Natternberg, NBayern, 27.2.1932, StkrD., T.d. Kgl. bayer. Km. Konrad Gf v. P.-L.-M., Fkhrn auf Moos, u.d. Christiane Gfin v. Arco-Zinneberg.

Kinder:

1) **Gfin Christiana** Marie Therese Elisabeth Leopoldine Ernestine Maximiliane, * Wien 12.10.1916, † Anif 22.8.2007;
⚭ London 4.6.1952 Arthur Trethowen **Battagel**, * Watford 30.6. 1908, † Fittleworth, Gfschaft West Sussex, 7.11.1991, Kgl. großbrit. Major d. Res. u. Botschaftssekr. (gesch. London 20.2.1967).

2) **Ernst Leonhard** Otto Georg Johann Konrad Maria Schnee Hubertus **Graf v. Harrach zu Rohrau u. Thannhausen** usw., * München 5.8.1920, † Bruck an der Leitha 31.1.2012;
⚭ Klagenfurt 7.10.1948 Hermine **Neukirchner**, * Kindberg, Steiermark, 2.10.1922, † Wien 17.12.2003, T.d. Dir. einer Handelskette Franz N. u.d. Anna Pusch.

Kinder:

(1) **Gfin Christiane** Anna Elisabeth, * Santiago de Chile 27.12.1949, MTA
(...).

(2) **Ernst Georg** Franz Christian **Graf v. Harrach zu Rohrau u. Thannhausen**, Freiherr zu Prugg u. Pürrhenstein (Erlaucht), * Santiago de Chile 22.6.1951, Land- u. Forstwirt
(Meierhofgasse 1, 2471 Gerhaus, Österreich);
⚭ Wien 17.9.1977 Angela **Rojahn**, * Wien 7.1.1954 (gesch. ... 18.6.2014), T.d. Prokuristen u. Majors i.G. Rudolf R. u.d. Johanna Freiin Possanner v. Ehrenthal
(Schillerstr. 8, 2460 Bruck an der Leitha, Österreich).

Sohn:

Erbgf Ernst Heinrich Rudolf Gyri, * Wien 11.2.1979, auf Prugg (seit 2009), Land- u. Forstwirt;
⚭ Bruck an der Leitha 1.7.2017 Saba **Fatemi**, * Teheran 28.6. 1981, Dr.med.univ., Fachärztin f. Neurologie u. Psychiatrie,

Wappen der Grafen v. Harrach
I. Linie (Wappenbesserung 1897)

T.d. Hofrats Dr.techn. Seyed Mohsen F. u.d. Soheila Mohajer Moghadam
(Meierhofgasse 1, 2471 Gerhaus, Österreich).

Kinder:

a) **Gf Carl** Navid Ernst Johannes, * Wien 1.6.2015.

b) **Gfin Gabriella** Ziba Angela Ursula, * Wien 19.11.2017.

2. Ast

Erloschen.
Stammvater: Gf Alfred, * 1831, † 1914.

Franz Maria Alfred **Graf v. Harrach zu Rohrau u. Thannhausen**, * Traunkirchen 26.7.1870, † Iglau, Mähren, 14.5.1937, auf Aschach u. Stauff, OÖsterr., Janowitz u. Groß-Meseritsch, Mähren, K.u.K. GehRat u. Km., ERr d. Deutschen O., EBailli d. souv. MaltRrO.;
⚭ I. Wien 29.5.1895 Gabriele **Gfin v. Khevenhüller-Metsch**, * Fronsburg, NÖsterr., 16.11.1874, † Baden bei Wien 12.9.1896, T.d. Siegmund Gf v. K.-M. u.d. Marianne Gfin zu Herberstein;
⚭ II. Wien 30.6.1902 Sarah **Przssin zu Hohenlohe-Waldenburg-Schillingsfürst**, * Ságh 4.12.1880, † Groß-Meseritsch 10.6.1908, StkrD., T.d. Chlodwig Pr. zu H.-W.-Sch. u.d. Franziska Gfin Esterházy de Galántha;
⚭ III. Seefeld 1.2.1910 Alice **Gfin zu Hardegg auf Glatz u. im Machlande**, * Groß-Harraß 10.7.1879, † Aschach an der Donau 10.2.1962, K.u.K. PD., StkrD., T.d. Maximilian Gf zu H. auf G. u. im M. u.d. Alice Gfin de la Fontaine u. d'Harnoncourt-Unverzagt.

Tochter dritter Ehe:

Gfin Alice Louise Marie, * Wien 23.9.1916, † … 2.10.2006, auf Aschach u. Stauff;
⚭ Aschach 29.7.1940 Karl **Frhr Dreihann-Holenia v. Sulzberg am Steinhof**, * Morawetz, Mähren, 15.7.1906, † Aschach 2.7.1978, Dr.jur., LegSekr.

II. Linie (ev. u. kath.)

Stammvater: Gf Ferdinand Joseph, * 1763, † 1841.

Manfred Karl Theodor Viktor Ernst **Graf v. Harrach zu Rohrau u. Thannhausen**, * Klein-Krichen, Kr. Lüben, 10.5.1878, † Bad Nauheim 11.9.1924, auf Klein-Krichen, ERr d. JohO.;
⚭ Meyenburg 24.5.1906 Magdalene **v. Rohr gen. v. Wahlen-Jürgaß**, * Demmin 26.7.1881, † Deuna, Eichsfeld, 13.10.1945, auf Meyenburg (§), T.d. Kgl. preuß. Majors Theodor v. R. gen. v. W.-J., Fkhrn auf Ganzer I, Kr. Ruppin, auf Meyenburg, Ostprignitz, u.d. Anna v. Heyden a.d.H. Ploetz bei Demmin.

Söhne:

1. **Gf Günther** Karl Theodor Ernst Manfred, * Klein-Krichen 13.8.1908, † Köhn bei Kiel 12.10.1969, auf Groß-Sägewitz (§), Kr. Breslau;
⚭ I. Dresden 17.3.1932 Herta-Louise **Gfin v. Pfeil u. Klein-Ellguth**, * Dresden 26.12.1907, † Segen (Groß-Sägewitz) 4.11.1938, T.d. Kgl. sächs. GenMajors Traugott Gf v. P. u. K.-E. u.d. Johanna v. Krauß;
⚭ II. Sommerfeld bei Stralsund 9.6.1941 Brigitte (Brita) **v. Schaevenbach**, * Stralsund 4.4.1912, † Eutin 2.9.2005, T.d. Konrad v. Sch. auf Sommerfeld u. Muuks u.d. Elisabeth (Elly) Freiin v. Esebeck.

Kinder: a) erster Ehe:

1) **Gf Karl-Ferdinand** Leopold Traugott Manfred Günther, * Segen 24.11.1934, † Breslau 16.10.1940.

2) **Gf Albrecht** Leopold Günther, * Breslau 1.7.1936, † Düsseldorf 1.1.2021, Programmierer;
⚭ Giekau, Kr. Plön, Ostholst., 22.7.1966 Anna Elisabeth **Massa**, * Düsseldorf 17.11.1936, † ebd. 16.6.2008, T.d. Kaufm. Carlo Giuseppe M. u.d. Maria Margareta Bleith.

Tochter:

Gfin Isabel Vera Claudia, * Düsseldorf 27.1.1967, führt den Geburtsnamen;
⚭ Krefeld-Uerdingen 16.6.1995 Marek **Gehrmann**,* Düsseldorf 2.8.1966, Kaufm., führt den Namen »Gehrmann - Graf von Harrach«
(...).

b) zweiter Ehe:

3) **Gfin Herta Elisabeth** Magdalene Brigitte, * Breslau 5.6.1942;
⚭ Giekau 14.8.1964 Manfred **Hoins**, * Lehrte 10.8.1943, † Hannover 17.11.1971, ...
(Südring 11, 31275 Lehrte).

4) **Gfin Vera** Magdalene Brigitte, * Schönberg bei Kiel 23.12.1949, Kunsthistorikerin, führt wieder den Geburtsnamen
(Schulstr. 16, 73666 Hohengehren);
⚭ Stuttgart-Untertürkheim 16.12.1983 Johannes **Wahle**, * Meschede 12.8.1951, Versuchsing. (gesch. ... 30.10.2009).

5) **Gfin Agnes** Henriette Magdalene Brigitte, * Lütjenburg, Ostholst., 28.6.1954, Dipl.-Psychologin
(Dijonstr. 22, 12167 Berlin).

2. **Gf Leonhard** Ferdinand Theodor Ernst Leopold Manfred, * Klein-Krichen 8.4.1912, † Neu-Schönberg bei Kiel 13.9.1985, auf Klein-Krichen (§);
⚭ Berlin 18.7.1939 Maria Cecilie **Johannes**, * Berlin 26.8.1914, † Neumünster 29.12.2007, T.d. WGehLegRats u. MinDir. Hermann J. u.d. Elise Thiele.

Söhne:

1) **Gf** Johannes Leonhard **Bonaventura** Hermann Manfred, * Klein-Krichen 2.9.1940, † Hanau 8.8.2023;

⚭ I. Köln 23.12.1964 Rita **Schirdewahn**, * Breslau 9.10.1939 (gesch. Hanau 18.2.1971), T.d. … Horst Sch. u.d. Ruth Lotze
(Am Hexenpfad 17 E, 63450 Hanau);
⚭ II. Bruchköbel bei Hanau 2.12.1971 Waltraud **King**, * Bruchköbel 3.7.1942, T.d. … Wilhelm K. u.d. Wilhelmine Simon
(Ludwig-Erhard-Str. 10-12, 63486 Bruchköbel).

Kinder erster Ehe:

(1) **Gfin Stephanie**, * Köln 23.1.1967, Ressortleiterin Literatur d. Kulturförderung d. Stadt Zürich
(Saumstr. 49, 8003 Zürich, Schweiz).

(2) **Gf Maximilian**, * Hanau 16.5.1969;
⚭ Gelnhausen 4.7.2006 Alexandra **Jakob**, * Hanau 2.1.1975, T.d. … u.d. …
(Ludwig-Erhard-Str. 10-12, 63486 Bruchköbel).

Tochter:

Gfin Lena Alexandra Marie Helene Stephanie, * Gelnhausen 16.9.2007.

2) **Gf** Christoph Leonhard **Manfred** Hartmann Leopold, * Klein-Krichen 18.1.1943, Dr.med.;
⚭ Kiel 11.2.1971 Ursula **Vorsatz**, * Berlin 11.12.1937, T.d. Bankdir. Hermann V. u.d. Gisela Gohlke
(Haidbergstr. 15, 24582 Bordesholm).

Kinder:

(1) **Gfin Nike** Sofia, * Kiel 18.6.1971, Redakteurin, führt den Geburtsnamen;
⚭ Nebel, Insel Amrum, 25.8.2020 Laszlo **Bredy**, * Brasov, Rumänien, 23.7.1970, …
(Christian-Lechleitner-Str. 1, 55128 Mainz).

(2) **Gf Vigo** Hartmann, * Kiel 7.4.1973, Informatiker;

⚭ Ringköbing, Dänemark, 18.8.2016 Beate **von der Heydt**, * Kiel 7.5.1971, führt den Geburtsnamen, T.d. ... Peter von der H. u.d. Anke Ihms
(Bülowstr. 1, 24105 Kiel).

3) **Gf** Joachim Leonhard **Dietrich** Ernst Wilhelm, * Burgundenau bei Görlitz 4.2.1945, Dipl.-Physiker, Dr.rer.nat.habil., Prof. em. f. Kern- u. Teilchenphysik;
⚭ München 19.4.1973 Evelyn **Lobe**, * Neiße an der Oder 23.1.1944, † Mainz-Bretzenheim 12.10.2014, T.d. Kaufm. Fritz L. u.d. Elisabeth Gertrud Hentschel
(Grillenweg 1, 55128 Mainz-Bretzenheim).

Töchter:

(1) **Gfin Daphne** Louise Rosa Isabella Cecilie, * Heidelberg 19.1. 1976, † Frankfurt am Main 22.9.2014, Mag.phil., Dipl.-Mathematikerin, führte den Geburtsnamen;
⚭ Frankfurt am Main 1.8.2008 Bastian **Gebauer**, * Mülheim an der Ruhr 22.1.1977, Dipl.-Mathematiker, Dr.rer.nat., Prof. f. Mathematik an d. Univ. Frankfurt am Main, führt den Namen »Graf von Harrach - Sammet«
(Parkstr. 4, 60322 Frankfurt am Main).

(2) **Gfin Xenia** Sophie Anna Eleonore Gwendolyn, * Heidelberg 18.7. 1980, Rechtsanwältin, Personalleiterin, führt den Geburtsnamen;
⚭ Hamburg 25.6.2016 Ferdinand **Petersen**, * Hamburg 20.9. 1979, Rechtsanwalt, Steuerberater
(Mörikestr. 20 B, 22587 Hamburg-Blankenese).

(3) **Gfin Berenike** Claire Marie Lavinia Elisabeth, * Heidelberg 20.2. 1983, Dr.med.dent., Oralchirurgin, führt den Geburtsnamen;
⚭ München 13.8.2019 Johannes **Pflügler**, * Dachau 21.1.1989, M.Sc. (Sportwissenschaften), führt gemäß §1355 BGB seit 13.8.2019 den Namen »Graf von Harrach«
(..., Bogenhausen, 81927 München).

3. **Gf Wichard** Karl Ferdinand Ernst Theodor Manfred, * Klein-Krichen 6.3.1916, † Bonn 26.12.2004, Dipl.-Landwirt, Dr.agr., Landwirtschaftsattaché, RRr d. JohO.;
⚭ Deuna, Eichsfeld, (standesamtl.) 19.11., (kirchl.) 20.11.1944 Jutta **Gfin vom Hagen**, * Bad Grund, Harz, 27.10.1923, † Bonn 14.7.2016, T.d. preuß. Forstmeisters Eberhardt Gf vom H., Fkhrn auf Rüdigershagen, Deuna usw., u.d. Edelgarde Edle u. Freiin v. Plotho a.d.H. Lüttgenziatz.

Söhne:

1) **Gf Jobst**-Babo Manfred Eberhard Ernst-Theodor Wichard, * Göttingen 19.8.1946, Bankkaufm., EKommendator d. JohO.;
⚭ I. Wolbeck, Kr. Münster, Westf., 23.10.1968 Eva-Marie **v. Heyl zu Herrnsheim**, * Worms 31.12.1946, † Bergen, Norwegen, 7.7.2004, Dr.sc.pol., Prof. an d. Verwaltungsfachhochschule Frankfurt am Main, T.d. Lederfabrikanten Ludwig Frhr v. H. zu H. u.d. Gisela Greiser;
⚭ II. Frankfurt am Main 19.8.2016 Marie-Theres **Deutsch**, * Trier 14.8.1955, Architektin, führt den Geburtsnamen, T.d. Bauing. Walter Josef D. u.d. Maria Lehnen
(Paradiesgasse 13, 60594 Frankfurt am Main).

Kinder erster Ehe:

(1) **Gf Wichard**-Babo Ludwig Hanno Manfred, * Münster, Westf., 13.5.1969, Dipl.-Volkswirt;
⚭ Roggwil, Schweiz, 31.8.2002 Christine **Füller**, * Stuttgart 23.12.1969, Dipl.-Volkswirtin, T.d. Studiendir. Eduard F. u.d. Barbara Preckel
(Milter Str. 57, 48231 Warendorf).

Kinder:

a. **Gf Jakob** Wichard Sebastian Maximilian, * Bangkok 22.4.2004, ...
(...).

b. **Gfin Amelie** Eva Marie Louise, * Nürnberg 2.2.2006.

c. **Gf Carl-Dominik**, * Erlangen 15.9.2007.

(2) **Gf Leonhard** Carl Johannes, * Düsseldorf 20.2.1975, MBA, Dir. Strategie Moia GmbH Berlin;
⚭ Bonn - Bad Godesberg 26.7.2003 Melissa **Rieder**, * Nelson, British Columbia, Kanada, 8.9.1977, Dipl.-Biologin, T.d. Unternehmers Robert R. u.d. Jane-Anne-Francis Stone
(Hampsteadstr. 41, 14167 Berlin).

Söhne:

a. **Gf Felix**, * Barcelona 15.12.2005.

b. **Gf Caspar** Robert Ludwig Leonhard, * München 31.12.2007.

c. **Gf Leonhard** Florian Douglas Wichard, * München 22.8.2012.

(3) **Gfin Verena** Caroline Marie, * Düsseldorf 16.4.1976, Werbekauffrau, Heilpraktikerin f. Psychotherapie
(Schumannstr. 69, 22083 Hamburg).

2) **Gf Hanno** Sebastian Günther Siegbert Wichard, * Göttingen 19.2.1948, M.A., Ph.D., Physiker;
⚭ Northiam, Gfschaft East Sussex, 3.12.1970 Viola **Marsh**, * London 22.1.1948, M.A., T.d. Rechtsanwalts Frederick M. u.d. Elizabeth Baxter
(25 Woodville Road, Bexhill-on-Sea, TN39 3ET, Großbritannien).

Kinder:

(1) **Gf Istvan** Matthew Johannes, * Filderstadt, Württ., 4.11.1976, Bankkaufm.;
⚭ Clairavaux, Frankr., 23.4.2011 Carole **Bampi**, * ..., T.d. ... Richard B. u.d. Marinette ...
(..., Schweiz).

Kinder:

a. **Gf Victor**, * Ambilly, Frankr., 28.5.2014.

b. **Gfin Mathilde** Viola Marinette, * Zürich 23.3.2017.

(2) **Gfin Amelie** Ruth Johanna, * Oxford 27.1.1979, M.A., Künstlerin
(…, London, Großbritannien).

(3) **Gf Georg** Alexander Frederick, * Edinburgh, Schottland, 7.3.1983, B.A., Journalist
(…, Brüssel, Belgien).

Ernst-Georg Graf v. Harrach zu Rohrau u. Thannhausen
Jobst-Babo Graf v. Harrach zu Rohrau u. Thannhausen

Hohenlohe s. GGH, Fstl. Häuser, Bd 2 (2018)

† **Hohenlohe-Ingelfingen** s. GHdA, Fstl. Häuser, Bd IX (1971)

Isenburg/Ysenburg s. GGH, Fstl. Häuser, Bd 3 (2021)

Khevenhüller-Metsch s. GGH, Fstl. Häuser, Bd 2 (2018)

Königsegg-Aulendorf s. GGH, Fstl. Häuser, Bd 3 (2021)

Kuefstein s. GGH, Fstl. Häuser, Bd 1 (2015)

Leinigen s. GGH, Fstl. Häuser, Bd 2 (2018)

† **Leiningen-Billigheim** s. GHdA, Fstl. Häuser, Bd IX (1971)

† **Leinigen-Neudenau** s. GHdA, Fstl. Häuser, Bd IX (1971)

Leiningen-Westerburg s. GHdA, Fstl. Häuser, Bd II (1953)

Leyen s. GHdA, Fstl. Häuser, Bd XIV (1991)

Lobkowicz

Kath. — Böhmischer Uradel, aus dem Nikolaus (Sohn des Mareš) v. Ujezd (bei Böhmisch-Leipa) auf Milčoves sich nach der von ihm 1408 erworbenen Burg Lobkowic (Bez. Brandeis an der Elbe) »Nicolaus de Ujezd alias de Lobkowicz« nannte (Lobkowicz'sches Archiv in Raudnitz an der Elbe). — Böhm. Herrenstand 28.9.1479 (für Jan Hasnšteynsky v. Lobkowicz, auf Hassenstein bei Kralup, u. seine Brüder); Reichsfstnstand (unbeschränkt) mit »Lieber Oheim« u. »Regierer des Hauses« (primog.) Wien 17.8.1624 (für Zdenko Adalbert Herrn v. Lobkowitz, Kais. Km., GehRat u. Obersten Kanzler d. Kgr. Böhmen); böhm. Fstnstand Wien 23.9.1624 (für denselben); Kais. Erhebung der Hrschaft Neustadt an der Waldnaab (an Bayern veräußert 1807) zur »gefürsteten Gfschaft Sternstein« Regensburg 23.8. 1641 (für seinen Sohn Wenzel Fstn u. Regierer d. Hauses Lobkowitz, Kais. Km., Hofkriegsrat u. Obersten Feldzeugmeister); Erwerbung d. Hzgt. Sagan (an den Hzg v. Kurland verk. 1785) 9.7.1646 (durch denselben); Kais. Bestätigung des Großen Palatinats Preßburg 15.2.1647 (für denselben Wenzel Fstn u. Regierer d. Hauses Lobkowitz, Hzg zu Sagan, gefürsteten Gfn zu Sternstein, auf Holleschau, Chlumetz, Raudnitz an der Elbe u. Leitomischl, Kais. Km., GehRat u. HofkriegsratsVizepräs.); Aufnahme in den Reichsfstnrat (wegen Sternstein) 30.6.1653, Einführung 12.10.1654; ungar. Indigenat 20.11.1663 (alles für denselben); Reichsfstnstandsbestätigung Wien 15.10.1672 (für denselben als Kais. GehRat, Obersthofmeister u. Obersten Hauptm. in Ober- u. Niederschlesien). — Festsetzung der Schreibweise Lobkowicz anstatt Lobkowitz durch FamBeschluß 9.1.1919. — Die Nachgeborenen führen den Titel u. Namen Pr. bzw. Przssin v. Lobkowicz u. das Präd. »Durchlaucht«.

Stammwappen: Unter rotem Schildeshaupt Silber ohne Bild; auf dem Helm mit rot-silbernen Decken ein roter Federköcher, aus dem eine silberne Straußenfeder ragt.

Wappen (1479): Geviert, 1 u. 4 Stammwappen, 2 u. 3 in Silber ein schräglinks liegender gold-bewehrter schwarzer Adler, die Brust mit einer goldenen Leiste belegt (Plichta v. Zerotin); Stammhelm.

Literatur: Hinweise s. GHdA, Adelslexikon, Bd VII (1989) u. Bd XVII (2008). — GHBy, Bd XXXIII (2020) (II. Linie). — Almanach českých šlechtických rodů 2017 u. 2024.
Letztaufnahme der Genealogie: GHdA, Fstl. Häuser, Bd XX (2014).

Chef: **Jaroslav 14. Fürst v. Lobkowicz**, * 1942.

I. Linie (Raudnitz)

Stammvater: Fst Philipp Hyacinth, * 1680, † 1734.

Kais. Erhebung der Hrschaft Raudnitz an der Elbe zum Hzgt. (Übertragung des mit dem Verkauf d. Fstt. Sagan abgetretenen Hzgstitels) Wien 3.5.1786 (für Joseph Fstn v. Lobkowitz); Zuständigkeit d. Präd. »Durchlaucht« (primog.) gemäß Bundestagsbeschluß vom 18.8.1825; österr. Durchführung desselben 7.10.1825 (beides für seinen Sohn Ferdinand Fstn v. Lobkowitz, K.K. Km.); OberstErblandSchatzmeister im Kgr. Böhmen (nach Aussterben der Gfn v. Wrtby) 1833; steir. Landmannschaft im Herrenstande 3.5.1836 (beides für denselben); erbl. Mitgl. d. Herrenhauses d. österr. Reichsrats Wien 18.4.1861; österr. Ausdehnung d. Präd. »Durchlaucht« (unbeschränkt) durch A.E. vom 27.4.1869 (intimiert durch Erlaß d. Min. d. Innern Wien 9.5.1869).

1. Ast (Raudnitz)

Stammvater: Fst Ferdinand Joseph, * 1797, † 1868.

Maximilian Erwin Maria Joseph Antonius von Padua Heinrich Thomas **Prinz v. Lobkowicz**, * Bilin 29.12.1888, † Dover, Massachusetts, USA, 1.4.1967, Dr.jur., tschechosl. Botschafter;
⚭ London 1.12.1924 Gillian Margaret Hope **Somerville**, * London 16.10.1890, † Dover 2.3.1982 (anglik.) (⚭ I. London 30.6.1911 Francis Hugh Bon-

ham-Carter, * London 4.10.1879, † ebd. 31.10.1960, ..., gesch. London ... 1923), T.d. Kgl. großbrit. Kpt. u. Friedensrichters Aylmer Coghill S. auf Penleigh House, Westerbury, Wilts, u.d. Emmeline Sophie Sykes.

Söhne:

1. **Pr. Martin** Maximilian Georg, * London 21.12.1928, † Dover 4.1.2014, auf Raudnitz usw., Böhmen;
   ⚭ Lexington, Kentucky, 12.9.1952 Margaret Brooks **Juett**, * Lexington 27.8.1930, T.d. ... John J. u.d. Margaret Robertson
   (..., USA).

   Kinder:

   1) **Pr. Martin** Maximilian, * Lexington 23.8.1954, ...;
      ⚭ ... 25.9.1983 Diana **Woznicki**, * ... 24.4.1958, T.d. ... Richard W. u.d. Virginia Grzych
      (..., USA).

      Kinder:

      (1) **Przssin Elisabeth** Amalie, * Boston, Massachusetts, 3.4.1988, ...
          (..., USA).

      (2) **Pr. Richard** Martin, * Newton, Massachusetts, 5.4.1990, B.A., Senior Vice President;
          ⚭ Woodstock, Vermont, 17.7.2021 Phoebe Jane **Maglathlin**, * Norwalk, Connecticut, 1.7.1991, B.A., Personal Chef, T.d. ... Peter M. u.d. Laurie Chabot
          (..., USA).

   2) **Pr. John** Brooks, * Boston 31.12.1956, † Prag ... 2017, ...;
      ⚭ Rye 30.5.1987 Margaret Wood **Marion**, * ... (gesch. ...), T.d. ... M. u.d. ...
      (..., USA);

ꝏ II. West Palm Beach, Florida, 20.3.1992 Mary Maude **Monell**, * … 22.2.1956 (gesch. Palm Beach 5.3.1998; ꝏ I. … Masri, …), T.d. … u.d. …
(…, USA);
ꝏ III. … Irena **Knotková**, …
(…, Tschechische Republik).

3) **Przssin Margaret** Somerville, * Boston 25.9.1959, …
(…, USA).

4) **Pr. William** Easton, * Boston 7.9.1961, …;
ꝏ Cohasset, Massachusetts, 14.4.1992 Alexandra **Florescu**, * Boston 28.8.1963, Lehrerin, T.d. … Radu F. u.d. Nicole Michel
(…, Tschechische Republik).

Kinder:

(1) **Pr. William** Rudolf, * Boston 5.9.1994, B.A. (History)
(…, Tschechische Republik).

(2) **Przssin Ileana** Lucia, * Boston 15.5.1997, B.A. (Philosophy)
(…, Tschechische Republik).

(3) **Przssin Sophie** Nicole, * Prag 19.10.2001, …
(…, Tschechische Republik).

2. **Pr. Dominik** Nikolaus Patrik, * London 6.12.1930, † Rockland, Maine, 24.2.2020, …;
ꝏ I. Dover 21.4.1956 Louise Winsor **Brooks**, * Boston 18.10.1932, † Ellsworth, Maine, 1.7.2013 (gesch. …, Nevada, 23.4.1971; ꝏ II. Minden, Nevada, 24.6.1972 Carl Strandberg, * Köla, Värmland, Schweden, 27.7.1921, † Cranberry Isles, Maine, 7.11.2000, Selectman von Cranberry Isles), T.d. … Thomas Perkins B. u.d. Susane Berland;
ꝏ II. Falmouth, Massachusetts, 11.8.1972 Sarah Elisabeth **Stefanoni**, * Boston 18.4.1938, T.d. … Lewis John St. u.d. Mary Christina Murray
(…, USA).

Kinder erster Ehe:

1) **Pr. Nicholas** Henry, * Boston 3.2.1957, ...;
ꝏ I. Reno, Nevada, 28.5.1977 Sally **Shaw**, * Reno 27.10.1956 (gesch. ...), T.d. ... Jack Sh. u.d. Zeldy ...
(..., USA);
ꝏ II. ... Marjorie **Mann**, * ... (ꝏ I. ... Stratton, ...), T.d. ... u.d. ...
(..., USA).

Kinder erster Ehe:

(1) **Przssin Nicole** Anne, * Rockport, Maine, 14.7.1981;
ꝏ ... 2008 David **Wasserman**, ...
(..., USA).

(2) **Przssin Hope** Sandra, * Key West, Florida, 16.5.1983;
ꝏ ... 2011 Timothy Thayer **Leahy**, * Los Angeles ... 1979, ...
(..., USA).

(3) **Pr. Dominik**, * Rockport 22.3.1985, ...
(..., USA);
ꝏ ... 31.12.2011 Samantha **Degroff**, * ... (gesch. ... 2017), T.d. ... u.d. ...
(..., USA).

2) **Przssin Louisa** Brooks, * Boston 1.10.1958, † Waterville, Maine, 15.7. 2020;
ꝏ I. Northeast Harbor, Maine, 16.8.1986 Steven **Parady**, * ..., ... (gesch. ...);
ꝏ II. ... Mathew **Mead**, ...
(..., USA).

3) **Pr. Thomas** Brooks, * Boston 29.11.1960, ...;
ꝏ Brandywine, Delaware, 5.12.1987 Amanda Anne **McGrath**, * Wilmington 1.8.1965, T.d. ... John McG. u.d. Margaret MacKinnon
(..., USA).

Söhne:

(1) **Pr. Henry** Brooks, * Stony Brook, New York, 17.10.1990, ...
(..., USA).

(2) **Pr. John** Ryan, * Long Branch, New York, 28.7.1992, ...
(..., USA).

4) **Przssin Gillian** Somerville, * Boston 24.7.1963, Social Worker;
⚭ ..., Ohio, 23.6.2016 Matthew Lyon **Paige**, * ..., Senior Scientist
(..., USA).

3. **Pr. Oliver** Carl Jan, * London 15.4.1934, † Greenwich, Connecticut, 25.5.1972, ...;
⚭ Sewickley, Pennsylvania, 19.9.1959 Marjorie Gilbert **Hunter**, * Pittsburgh, Pennsylvania, 30.4.1935, † Chatham, Massachusetts, 3.9.2022 (⚭ II. ... Robin Cracknell, ...), T.d. ... Alexander H. u.d. Marjorie Gilbert.

Kinder:

1) **Pr. Mark** Oliver, * New York 20.3.1962, ...;
⚭ I. Dedham, Massachusetts, 6.6.1981 Anita **Torraco**, * Boston 29.12.1960 (gesch. ...), T.d. ... Dominic Ch. T. u.d. Mary Leticia McGhee
(..., USA);
⚭ II. ... Melissa **Stinnett**, ...
(..., USA).

Sohn erster Ehe:

Pr. Joshua Paul, * Dedham 26.11.1981, ...;
⚭ ... 24.5.2011 Dawn Rene **Malkiewicz**, * ..., T.d. ... Daniel Victor M. u.d. Gail ...
(..., USA).

2) **Przssin Andrea** Stuart, * Greewich 5.2.1965, ...
(..., USA);
⚭ ... **Green**, ... (gesch. ...).

2. Ast (Křimitz)

Stammvater: Pr. Johann, * 1799, † 1878. — Aufnahme in den belg. Adel als »Prince de Lobkowicz« mit dem Präd. »Altesse Sérénissime« durch A.E. vom 31.8.1957, Diplom 12.2.1958 (für Ladislav Pr. v. Lobkowicz, Lic.sc.hist.).

Jaroslav Aloys Franz Kunigund Emanuel Maria **11. Fürst v. Lobkowicz** usw., * Konopischt 26.3.1877, † Křimitz bei Pilsen, Böhmen, 24.10.1953, folgt seinem Vetter Ferdinand, † 1938, auf Křimitz, Dr.jur.utr., K.u.K. Km., Päpstl. GehKm., Großkomtur ad hon. d. bayer. St. GeorgO., E- u. DevRr d. souv. MaltRrO.;
⚭ Petschau 11.5.1905 Marie **Gfin v. Beaufort-Spontin**, * Breuilpont, Dept Eure, 6.8.1885, † Křimitz 22.2.1942, auf Breuilpont, K.u.K. PD., StkrD., T.d. K.u.K. Km. u. GehRats Friedrich Hzg u. Fst v. B. Marquis v. Sp. u.d. Marie Melanie Przssin v. Ligne.

Kinder:

1. **Przssin Marie Kunigunde** Melanie Margarete Franziska Friederike Antonia, * Křimitz 11.9.1906, † Woluwe-St. Lambert, Belgien, 11.4.2005, StkrD.;
   ⚭ Křimitz 13.6.1932 Charles **Gf v. Limburg Stirum**, * Huldenberg 15.9.1906, † Brüssel 14.6.1989, Lic.sc.agr., vorm. Kgl. belg. Senator u. Obersthofmeister d. Kgs Leopold III.

2. **Friedrich Franz** Jaroslav Aloys Heinrich Maria Andreas **12. Fürst v. Lobkowicz** usw., * Křimitz 28.11.1907, † Pacy-sur-Eure, Dept Eure, Frankr., 25.12.1954.

3. **Przssin Béatrice** Marie Melanie Henriette Josepha, * Zámeček bei Pilsen 20.1.1909, † Mährisch-Budweis 5.7.1999.

4. **Jaroslav** Claude Friedrich Aloys **13. Fürst v. Lobkowicz** usw., * Zámeček 18.6.1910, † Křimitz 7.5.1985, Ing.agr., E- u. DevGroßkrRr d. souv. MaltRrO.;
   ⚭ Prag 11.7.1940 Gabrielle **Gfin v. Korff gen. Schmising-Kerssenbrock**, * Klattau, Böhmen, 29.11.1917, † Dymokury (Dimokur), Tschechien,

30.7.2008, StkrD., E- u. DevD. d. souv. MaltRrO., T.d. K.u.K. Km. u. Rittmeisters Clemens Gf v. K. gen. Sch.-K. u.d. Marianne Gfin v. Waldstein, Herrin v. Wartenberg.

Kinder:

1) **Przssin** Maria Lapidata **Polyxena** Anna Clementine Jaroslava Aloisia Gabrielle Theresia Cunigunde Melanie Paula de Cruce Walburga Eleonora Leopoldina Antonia Odilia Johanna Bosco Josefa, * Prag 28.4.1941, StkrD., E- u. DevD. d. souv. MaltRrO.;
⚭ Vejprnice (Weipernitz) bei Pilsen 22.4.1961 Děpold (Theobald) **Gf Czernin v. Chudenitz**, * Prag 7.7.1936, † Prag 12.7.2015, auf Dimokur, Böhmen
(28901 Dymokury, Tschechische Republik).

2) **Jaroslav** Franz von Assisi Klemens Alois Gabriel Eleonora Josef Anton Johann Bosco Joachim Felix Maria **14. Fürst v. Lobkowicz**, Herzog v. u. zu Raudnitz, gefürsteter Graf zu Sternstein, * Pilsen 16.8.1942, Dipl.-Ing., vorm. Abg. im tschech. Parlament, E- u. DevRr d. souv. MaltRrO., Komtur d. bayer. St. GeorgO.;
⚭ Chevry-en-Sereine 29.7.1971 Elisabeth **de Vienne**, * Paris 25.8.1947, Dipl.-Übersetzerin, StkrD., E- u. DevD. d. souv. MaltRrO., T.d. franz. KavMajors Guy de V. u.d. Geneviève Mouchet de Battefort de Laubespin
(Plzenská 401, 32200 Plzeň-Křimice, Tschechische Republik; Sněmovní 11, 11800 Prag 1, Tschechische Republik).

Söhne:

(1) **Erbpr. Vladimir** Jaroslav Johann Jerome Guy Clemens Franz, * Paris 15.12.1972, MBA, Land- u. Forstwirt;
⚭ (standesamtl.) Paris 13.1., (kirchl.) Prag-Strahov 28.4.2007 Alix **Paul-Cavallier**, * Nancy 15.11.1975, Projektleiterin in der Pharmaindustrie, T.d. Kunstmalers Ing. Gérard P.-C. u.d. Anne van Eeckhout
(Plzenska 401, 32200 Plzeň-Křimice, Tschechische Republik).

Kinder:

a. **Przssin Lucia** Gabriela Anne Elisabeth Thérèse Marie, * Wien 28.4.2009.

b. **Pr. Jaroslav** Gérard Luitwin Benoît Marie, * Prag 15.4.2012.

c. **Przssin Antonia** Geneviève Brigitte Madeleine Marie, * Pilsen 18.6.2014.

(2) **Pr. Jaroslav** Nikolaus Johann Geoffroy Friedrich Guy Franz, * Paris 15.7.1974, in der Kongregation der Legionäre Christi, zum Priester geweiht Rom 27.12.2008
(2 Rue de Verdun, 92100 Boulogne-Billancourt, Frankreich).

(3) **Pr. Philippe** Louis Jean-Paul Wenceslas Marie Guy Jaroslav, * Boulogne-sur-Seine 26.8.1981, M.Sc. (Management), Bankangest.;
⚭ (standesamtl.) London 29.3., (kirchl.) Seitenstetten, NÖsterr., 9.8.2008 Marie-Therese **Freiin v. Heine-Geldern**, * Wien 10.9. 1978, Dr.med.univ., Fachärztin f. Kinder- u. Jugendheilkunde, T.d. Dr.jur. Thomas Frhr v. H.-G. u.d. Maria-Katharina Rudnay de Rudnó et Divékújfalu
(Liebigstr. 44, 60323 Frankfurt am Main).

Kinder:

a. **Pr. Casimir** Louis Benedikt Etienne Anna Maria Jaroslav Thomas, * London 17.6.2009.

b. **Pr. Rudolph** Edouard Joseph Hugues Elisabeth Jaroslav Thomas, * Frankfurt am Main 29.3.2011.

c. **Przssin Felicitas** Marie Franziska Antonia Charlotte Elisabeth Katharina, * Frankfurt am Main 18.2.2014.

d. **Pr. Wendelin** Johannes Franziskus Vladimir Stephan Jaroslav Thomas, * Frankfurt am Main 14.6.2016.

3) **Przssin** Maria Immaculata **Leopoldine** Clementina Aloisia Theresia Jaroslava Gabriella Antonia Eleonora Anna Odilia Marta, * Pilsen 8.12.1943, † Klattau 2.10.2017, StkrD., E- u. DevD. d. souv. MaltRrO.; ⚭ Vejprnice 4.7.1964 Bosco **Gf v. Sternberg**, * Prag 25.11.1936, † Klattau 14.9.2012.

4) **Pr. Franz** von Assisi Karl Friedrich Klemens Jaroslav Alois Leopold Gerhard Telesphorus Odilius Johann Bosco Paul Marie, * Pilsen 5.1. 1948, † Ostrava 17.2.2022, als Priester František im O. der Praemonstratenser, Bischof von Ostrau-Troppau.

5) **Pr. Zdenko** Adalbert Clemens Jaroslav Alois Franz von Assisi Gerhart Albert Pius Maria, * Pilsen 8.4.1954, Dipl.-Bibliothekar, als Priester Filip im O. der Praemonstratenser, Abt d. Klosters Tepl *(Klášter Teplá, 36461 Teplá, Tschechische Republik).*

5. **Pr. Johann**, * u. † Křimitz 10.1.1912.

6. **Przssin Margarete** (Margit) Marie Desideria Aloisia Josefa Johanna, * Zámeček 4.7.1913, † Sünching 13.2.1946;
⚭ Křimitz 16.5.1934 Zdenko **Frhr v. Hoenning O'Carroll**, * Sünching 6.8.1906, † ebd. 8.5.1996, auf Sünching bei Regensburg, OPfalz, Dipl.-Landwirt.

7. **Przssin Eleonore** Klementine Epiphania Pia Johanna Kunigunde Melanie Marie, * Křimitz 6.1.1916, † Isareck 15.11.2000, E- u. DevD. d. souv. MaltRrO., StkrD.;
⚭ (standesamtl.) Pilsen 18.5., (kirchl.) Křimitz 20.5.1943 Franz **Gf Basselet de La Rosée**, * Neuburg an der Kammel, Schwaben, 6.10.1906, † Freising 5.3.1984, auf Isareck u. Inkofen bei Moosburg, OBayern, Forst- u. Landwirt.

8. **Przssin Anna** Marie Karoline Kunigunde Friederike Pia Johanna, * Křimitz 6.5.1917, † ebd. 16.1.1919.

9. **Przssin Gabrielle** Therese Karoline Friederike Pia Johanna Maria, * Křimitz 8.1.1919, † Prag 7.2.2010, Dr.jur., als Schwester Beata im Dritten O. d. Hl. Franziskus.

10. **Pr. Johann** Nepomuk Emanuel Maria Joseph, * Křimitz 25.12.1920, † Breuilpont 10.2.2000, Dr.jur., E- u. DevRr d. souv. MaltRrO.;
⚭ I. (standesamtl.) Breuilpont 25.6., (kirchl.) Paris 29.6.1949 Marie **Therese Gfin v. Belcredi**, * Lösch bei Brünn 23.4.1922, † Breuilpont 3.6.1978, StkrD., T.d. Karl Gf v. B. auf Lösch u.d. Therese Gfin Kálnoky de Kőröspatak;
⚭ II. Breuilpont 19.12.1981 Pauline **Gfin v. Ursel**, * Berlin 7.4.1926, † Paris 9.10.2015, T.d. Kgl. belg. Gesandten Louis Gf v. U. u.d. Geneviève le Peletier de Rosanbo.

Kinder erster Ehe:

1) **Pr. Wenzel** Eusebius Karl Jaroslav Friedrich Johann Ludwig Maria et omnes Sancti Patroni Bohemiae, * Paris 14.3.1953, Dipl.-Politologe, Mag.jur., Berater a.D. bei der EU-Kommission, Gemeinderat von Breuilpont, Komtur d. bayer. St. GeorgO., E- u. DevRr u. Botschafter d. souv. MaltRrO.;
⚭ Salperwick, Dept Pas-de-Calais, Frankr., 4.4.1981 Armelle **de Guillebon**, * Lille 23.12.1955, Lic. ès lettres, StkrD., T.d. Dipl.-Politologen u. Dir. Philippe de G. a.d.H. der Comtes G., u.d. Soizik Didelot a.d.H. der Barons D.
(wenceslas.lobkowicz@gmail.com; 34 Avenue de Suffren, 75015 Paris, Frankreich; Château de Breuilpont, 27640 Breuilpont, Frankreich).

Söhne:

(1) **Pr. Jan** Philippe Louis Jaroslav Marie Joseph Chèron et omnes Sancti Patroni Bohemiae, * Paris 12.12.1987, Master in Management (MiM);

⚭ (standesamtl.) Breuilpont 2.7., (kirchl.) Marcilly-en-Villette, Dept Loiret, 27.8.2016 Laura **Altmayer**, * Paris 5.11.1988, M. (Marketing), M.Sc., T.d. … Christian A. u.d. Dorothée Dumas *(janlobko@gmail.com; 182 bis, Boulevard Pereire, 75017 Paris, Frankreich).*

Söhne:

a. **Pr. Melchior** Vàclav Christian César, * Paris 23.2.2019.

b. **Pr. Louis** Lazlo Thierry Philippe, * Paris 6.5.2021.

(2) **Pr. Aloÿs** Richard Jean Marie Joseph et omnes Sancti Patroni Bohemiae, * Woluwé-St. Lambert 14.6.1992, M.Sc.;
⚭ (standesamtl.) Breuilpont 25.3., (kirchl.) Aix-en-Provence, Dept Bouches-du-Rhône, 15.5.2023 Sybille **Montagne**, * Paris 22.6.1994, MiM, T.d. … Vincent M. u.d. Alix de Valavielle *(alobko@hotmail.com; 14 Cité du Midi, 75018 Paris, Frankreich).*

(3) **Pr. Karl** Wenceslas Marie Joseph et omnes Sancti Patroni Bohemiae, * Woluwé St. Lambert 18.10.1993, Mag.jur., MiM;
⚭ (standesamtl.) Breuilpont 2.7., (kirchl.) Fyé, Dept Sarthe, 30.7. 2022 Astrid **Dagneau de Richecour**, * Brüssel 1.7.1994, MiM, T.d. … Dominique D. de R. u.d. Béatrice de la Barre de Nanteuil *(karl.lobkowicz@gmail.com; 37 Rue des Epinettes, 75017 Paris, Frankreich).*

Sohn:

Pr. Stanislas Dominique Aloÿs Marie, * Paris 20.4.2023.

(4) **Pr. Nicolas** Cyrille Marie Joseph et omnes Sancti Patroni Bohemiae, * Woluwé-St. Lambert 18.10.1993 (Zwillingsbruder d. Vorigen), MiM;
⚭ Rivalta, Italien, 4.6.2022 Benedetta **Zanardi Landi di Veano**, * Rom 16.1.1995, Lic., MiM, T.d. ital. Botschafters Antonio Z. L.

Conte di V. u.d. Donna Sabina Cornaggia Medici Castiglioni dei Marchesi della Castellanza
(nicolasdelobkowicz@gmail.com; 36 Rue Meslay, 75003 Paris, Frankreich).

2) **Przssin Therese** Eleonore Marie Kunigunde Melanie Charlotte Jaroslava Jeanne et omnes Sancti Patroni Bohemiae, * Paris 20.10. 1954, Lic.jur., StkrD.;
⚭ Breuilpont 21.4.1979 Claude **de Langle** a.d.H. der Marquis de L., * Neuilly-sur-Seine 18.11.1947, Dipl.-Ing., Lic.sc.ec.
(saintelier2@gmail.com; 160 Rue de l'Université, 75007 Paris, Frankreich; Château de Saint Elier, 7 Lieu-dit Saint Elier, 35430 Saint-Jouan-des-Guérets, Frankreich).

3) **Przssin Marguerite** (Margit) Melanie Therese Marie Jaroslava Anna Richarda Zdenka et omnes Sancti Patroni Bohemiae, * Paris 9.9.1957, StkrD.;
⚭ Breuilpont 23.5.1981 Thierry **de La Rochefoucauld** a.d.H. der Ducs d'Estissac, * Paris 19.6.1949, † ebd. 28.5.2023, Dipl.sc.commerc., Lic.jur.
(larochefo@gmail.com; 30 Rue Victor Hugo, 27640 Breuilpont, Frankreich).

11. **Pr. Karl** Zdenko Maria Aloys Friedrich Franz Pius Johann, * Křimitz 22.9.1922, † Prag 28.6.1990, Pfarrer.

12. **Pr. Christian** Friedrich Karl Jaroslav Aloys Anton Johann Pius Maria, * Křimitz 12.6.1924, † Löwen, Belgien, 2.9.2001, Ing.agr., E- u. DevRr d. souv. MaltRrO.;
⚭ Kremsmünster 26.6.1954 Maria Theresia **Gfin v. u. zu Trauttmansdorff-Weinsberg**, * Prag 1.8.1922, † Brüssel 21.12.2009, StkrD., T.d. K.u.K. OLts Ferdinand Gf v. u. zu T.-W. u.d. Marie Przssin zu Schwarzenberg.

Kinder:

1) **Pr. Ferdinand** Johannes Jaroslav Eleonore Karl Anton Pius Maria, * Ipamu, Belgisch-Kongo, 17.12.1955, † Brüssel-Saint Gilles 20.7. 2008, BBA, E- u. DevRr d. souv. MaltRrO.

2) **Pr. Ladislav** Friedrich Joseph Karl Camille Christian Pius Maria, * Ipamu 11.6.1957, † Brüssel 16.11.2014, E- u. DevRr d. souv. MaltRrO.; ⚭ Tongeren, Prov. Limburg, Belgien, 20.7.1985 Anne Comtesse **de Briey**, * Tongeren 18.3.1964, Heilpraktikerin, T.d. Landwirts Xavier Comte de B. u.d. Béatrice de Schaetzen a.d.H. der Barons de Sch. *(Grand Lambroux 2, 1440 Braine-le-Château, Belgien).*

   Kinder:

   (1) **Przssin Ludmilla** Francine Béatrice Marie-Therese Isabelle, * Brüssel 4.11.1986, ...;
   ⚭ (standesamtl.) Rhode St. Genèse 10.5.2013, (kirchl.) Braine-le-Château 25.5.2013 Mathieu **de Schietere de Lophem**, * ... 12.1. 1984, M.Sc. (Betriebsführung u. Finanzmangement), Venture Capitalist, Geschäftsf.
   (ludmilla.lobkowicz@hotmail.com; Hasselheidestraat, 11, 3040 Ottenburg, Belgien).

   (2) **Przssin Ysaline** Béatrice Ladislav Ferdinand, * Brüssel 26.8.1988, M. (Architektur);
   ⚭ (standesamtl.) Braine-l'Allaud 31.8., (kirchl.) Braine-le-Château 13.9.2014 Guerric **Baron de Crombrugghe de Looringhe**, * Brüssel 12.5.1988, Luft- u. Raumfahrting., Ph. D. Venture Capitalist, Geschäftsf.
   (ysalobko@hotmail.com; Avenue Benjamin Jansen 18, 1160 Auderghem, Belgien).

   (3) **Pr. Christian** Ladislas Patrick Xavier, * Brüssel 17.12.1991, Eventmanager
   (chrilobko@hotmail.com; Veldlaan 3, 3090 Overijse, Belgien).

(4) **Pr. Maximilien** Xavier Ludmilla, * Brüssel 24.8.1994, B. (Hotel Management);
⚭ (standesamtl.) Ixelles 13.11.2021, (kirchl.) Braine-le-Château 20.8.2022 Shirin **Louange**, BBA (Int. Business and Management), Project Manager IT-Services, T.d. ... Rahim L. u.d. Mary Margaret Doway
(maxlobko@hotmail.com; Avenue des Sitelles 10, 1340 Ottignies-Louvain-la-Neuve, Belgien).

3) **Przssin** Marie **Isabelle** Christine Wilhelmine Jaroslava Andrea Pia Bartolomea, * Knokke-sur-Mer, Belgien, 24.8.1960, Marketingfachfrau, Übersetzerin, StkrD.
(idllobko@yahoo.com; 70 bte 11 Chaussée de Charleroi, 1060 Brüssel, Belgien).

13. **Pr. Ladislav** Otto Karl Friedrich Rafael Alois Johann Nepomuk Pius Maria, * Křimitz 24.10.1925, † Uccle 28.1.1985 (aufgenommen in den belg. Adel als »Prince de Lobkowicz« mit dem Präd. »Altesse Sérénissime« durch A.E. vom 31.8.1957, Diplom 12.2.1958), Lic.sc.hist., Komtur ad hon. d. bayer. St. GeorgO., E- u. DevRr in Oboedienz d. souv. MaltRrO., Großkr. d. KonstantinO. von St. Georg;
⚭ Malèves, Brabant, 28.8.1954 Thérèse **Comtesse Cornet d'Elzius du Chenoy**, * Brüssel 23.1.1932, † Ixelles, Belgien, 10.4.2022, StkrD., E- u. DevD. d. souv. MaltRrO., T.d. Etienne Comte C. d'E. du Ch. u.d. Nathalie Comtesse d'Oultremont.

Kinder:

1) **Pr. Štěpán** Ladislas Pie Marie Ghislain, * Löwen 29.7.1957, Lic.jur., ERechtsanwalt, EMitgl. d. Parlaments der Region Brüssel, E- u. DevRr d. souv. MaltRrO., JustizRr d. KonstantinO. von St. Georg, Offz. d. LeopoldsO., Kgl. belg. EOberstlt;
⚭ (standesamtl.) Uccle 1.10.1983, (kirchl.) Moulbaix, Prov. Hennegau, 15.9.1984 Barbara **Gfin v. Ursel**, * Ath 30.5.1957, † Uccle 13.7. 2017, Lic.jur., ERechtsanwältin, Mitgl. d. Parlaments der Region

Brüssel, T.d. ... Aymard Gf v. U. u.d. Nadine Vicomtesse de Spoelberch
(Avenue du Gui 49, 1180 Brüssel, Belgien).

Kinder:

(1) **Pr. Léopold** Ladislas Aymard Claude Pie Marie, * Uccle 9.9.1989, Master in Pharmazie;
⚭ (standesamtl.) Auderghem 29.7., (kirchl.) Malèves 2.9.2017 Natacha **de Hepcée**, * Lüttich 28.6.1990, Master in Kommunikation, T.d. ... Alan de H. u.d. Edith van Malcote de Kessel
(Rue du Champ de Mars 3, 1050 Brüssel, Belgien).

(2) **Pr. Frédéric** Aymard Ladislas Jean Népomucène Pie Marie, * Uccle 6.4.1991
(Avenue du Gui 49, 1180 Brüssel, Belgien).

(3) **Przssin Ariane** Thérèse Nathalie Colienne Ludovic Marie, *Uccle 30.1.1996, Master in Rechtswissenschaften, Master in Digitale Künste, Mitgl. d. Parlaments der Region Brüssel
(Avenue du Gui 49, 1180 Brüssel, Belgien).

2) **Przssin Nathalie** Pie Charlotte Marie de Lorette Ghislaine, * Löwen 17.12.1958, Lic.sc.oec., Funkoffz. d. Handelsmarine, StkrD.;
⚭ Uccle (standesamtl.) 3.5., (kirchl.) 10.5.1997 Jan (Yannick) **Gf v. Ursel**, * Uccle 8.6.1950, Lic.sc.oec.
(Avenue Maurice 31, bte 14, 1050 Brüssel, Belgien).

3) **Pr. Bernard Ladislas** Philippe Pie Marie, * Löwen 14.5.1960, Lic.sc. pol., E- u. DevRr d. souv. MaltRrO.;
⚭ Brüssel 30.9.1995 Sophie Aimée **Lefebvre**, * Paris 31.10.1966, Ing. sc.com., T.d. Dr. ... Dominique L. u.d. Claude Rayroux Le Juge de Segrais
(Rue due Monastère 59, 1330 Rixensart, Belgien).

Barbara Prinzessin v. Lobkowicz
geb. Gräfin v. Ursel
* 1957 † 2017
Lic.jur., Ehrenrechtsanwältin, Mitglied des Parlaments der Region Brüssel
s. S. 347

Kinder:

(1) **Przssin Cordélia** Marguerite Gaetanne Colombe Sophie Marie Polyxène et tous les Saints Patrons de Bohème, * Uccle 20.11.1996, …
(…).

(2) **Pr. Rodolphe** Ladislas Dominique Bruno Bernard Jean-Népomucène Marie Popel et tous les Saints Patrons de Bohème, * Uccle 3.1.2001, …
(…).

14. **Przssin** Marie **Melanie** Johanna Therese vom Kinde Jesu Frederika Anna-Agnes Pia, * Křimitz 28.1.1928;
⚭ Breuilpont 4.11.1961 Pierre **Bazinet**, * Angoulème 13.12.1925, Lic. ès lettres
(La Malignerie, 25 Route de la Croix, 28520 Sorel-Moussel, Frankreich).

3. Ast (Unterbeřkowitz)

Stammvater: Pr. Joseph, * 1803, † 1875.

1. Zweig

Maria **Ferdinand** Georg August Melchior **Prinz v. Lobkowicz**, * Unterbeřkowitz 26.6.1850, † Mailand 22.4.1926, lebenslängl. Mitgl. u. Vicepräs. d. Herrenhauses d. österr. Reichsrats, letzter Oberstlandmarschall d. Kgr. Böhmen, Dr. h.c. der techn. Wissenschaften, K.u.K. GehRat u. Km., GenMajor d. Res., Rr d. O. vom GVlies, Großkomtur ad hon. d. bayer. St. GeorgO. usw.;
⚭ Wien 11.11.1883 Ida Maria **Gfin Podstatzky-Lichtenstein**, * Wien 23.10.1865, † Unterbeřkowitz 4.4.1919, K.u.K. PD., StkrD., E- u. DevD. d. souv. MaltRrO., T.d. Leopold Gf P.-L., Fkhrn auf Weseličko, u.d. Franziska Gfin Paar.

Söhne (von 3 Söhnen, 3 Töchtern):

1. **Pr.** Maria **Leopold** Willibald Bernhard Balthasar, * Unterbeřkowitz 7.7. 1888, † Prag 15.5.1933, auf Unterbeřkowitz, Winteritz, Böhmen, usw., K.u.K. Km., OLt, E- u. DevRr d. souv. MaltRrO.;
   ⚭ Wien 11.4.1918 Franziska (Fanny) **Przssin v. Montenuovo**, * Margarethen am Moos, NÖsterr., 22.8.1893, † Wels 3.11.1972, StkrD., T.d. K.u.K. GehRats, Km. u. Obersthofmarschalls Alfred Fst v. M. u.d. Franziska Gfin Kinsky v. Wchinitz u. Tettau.

   Tochter (von 4 Töchtern):

   Przssin Leopoldina (Leo) Bertha Marie Franziska Ida Balthasar Leonhardine, * Unterbeřkowitz 14.11.1926, † Haliburton, Ontario, Kanada, 18.3.2021, E- u. DevD. d. souv. MaltRrO.;
   ⚭ Unterbeřkowitz 22.8.1945 Johann **Gf Dobrženský v. Dobrženicz**, * Chotěboř, Böhmen, 19.6.1911, † Havlíčkův Brod, Böhmen, 7.2.1996, auf Chotěboř, Dobkov u. Nejepín (restituiert 1992).

2. **Pr.** Maria **Moritz** Alexander Florian Kaspar, * Unterbeřkowitz 3.5.1890, † Telč 7.8.1944, K.u.K. Km., OLt, Versicherungsdir.;
   ⚭ Unterbeřkovic 27.1.1917 Gisela Helene **Gfin v. Silva-Tarouca**, * Türmitz 14.6.1887, † Prag 21.2.1958, StkrD. (⚭ I. Pruhonitz 21.10.1913 Joseph Ferdinand Pr. v. Lobkowicz, ⚔ bei Jaroslau, Galizien, 25.10.1914, Dr.jur., K.u.K. Km. u. OLt d. Res.), T.d. K.u.K. GehRats u. Ackerbauministers Ernst Gf v. S.-T. auf Pruhonitz u.d. Maria Gfin v. Nostitz-Rieneck.

   Söhne (von 2 Söhnen, 1 Tochter):

   1) **Pr. Josef** Ferdinand Maria Mauritius Leonhard Christianus Petrus Canisius Balthasar, * Unterbeřkowitz 20.12.1918, † Melnik 24.4.1946, auf Cítov u. Daminěves (§), Böhmen;
   ⚭ Prag 29.8.1940 Gabriele **Gfin Czernin v. Chudenitz**, * Dimokur 18.1.1913, † Wetaskiwin, Alberta, Kanada, 28.9.1995 (⚭ II. Prag 30.8. 1952 Stanislav Štaffa, * Pustiměř 10.5.1924, † Wetaskiwin 26.12.2000, Dipl.-Ing.), T.d. K.u.K. Km. u. Mitgl. d. Herrenhauses d. österr.

Reichsrats auf Lebenszeit Theobald Gf Cz. v. Ch. auf Dimokur usw. u.d. Marie Gfin Kinsky v. Wchinitz u. Tettau.

Söhne:

(1) **Pr.** Maria **Ferdinand** Josef Leopold Judas Thaddäus Wenzl Melchior Linhart, * Prag 3.11.1942, B.Sc. (Geology), Geologe;
⚭ Vancouver, British Columbia, 6.11.1976 Lenka **Svatek**, * Příbram, Böhmen, 11.8.1952, T.d. Bauing. Oldrich S. u.d. Alena Cimrova
(3005 Coachwood Crescent, Coldstream, B.C. C1B 1Y4, Kanada).

Söhne:

a. **Pr.** Maria **Christopher** Prokop, * Vancouver 5.6.1977, ...;
⚭ Calgary, Alberta, 27.1.2013 Barbora **Rygálová**, * Hulín, Mähren, 25.11.1978, T.d. ... u.d. ...
(..., Kanada).

Sohn:

Pr. Oliver Nicholas, * Calgary 6.12.2013.

b. **Pr.** Maria **Nicholas** Josef, * Calgary 24.7.1979, B.A. (Geographie);
⚭ Zbiroh, Böhmen, 19.9.2015 Michaela **Žáčková**, * Budweis 7.11.1983, T.d. ... u.d. ...
(..., Tschechische Republik).

Sohn:

Pr. Dominik, * Prag 23.4.2018.

(2) **Pr. Prokop** Wenzel Joseph Linhart Judas Thaddäus Humprecht Rimigius Theresia Jesu Balthasar Maria, * Citov 1.10.1944, Systemanalytiker;

⚭ Edmonton, Alberta, 8.11.1975 Susan Lee **Shields**, * Edmonton 22.10.1948, B.Sc., Master of Landscape Sciences (M.L.Sc.), T.d. Dr.med.dent. John Albert Marty Sh. u.d. Helen Lee Anderson *(10641-69th Street, Edmonton, Alberta T6A 2S9, Kanada).*

Kinder:

a. **Przssin** Maria **Michelle** Catherine Gabriela, * Edmonton 28.9. 1978, M.A. (Anglistik), Verlagsangest., führt den Geburtsnamen;
⚭ Guelph, Ontario, 15.6.2007 Vishal **Khanna**, * Kitchener, Ontario, 15.12.1977, M.A., Journalist
(141 Dublin Street North, Guelph, Ontario N1H 4N6, Kanada).

b. **Pr.** Maria **Stephen** Jan Prokop Vaclav, * Edmonton 7.2.1981, B.A., Verkaufsmanager;
⚭ Edmonton 26.11.2011 Amanda Megan **Ash**, * Edmonton 22.6.1985, M.A. (Journalism and Comunication), Journalistin, T.d. General Managers David Conrad A. u.d. Jo-Anna Mary McLeod
(3536 McLean Crescent SW, Edmonton, Alberta T6W 1M3, Kanada).

Sohn:

Pr. Declan Fox, * Edmonton 29.9.2015.

c. **Pr.** Maria **Mark** David Josef, * Edmonton 22.11.1982, B.A. (History), Sergeant d. kanad. Streitkräfte;
⚭ Edmonton 2.1.2016 Angela Kathleen **Meyer**, * Camrose, Alberta, 9.6.1982, T.d. ... u.d. ...
(10641-69th Street, Edmonton, Alberta T6A 2S9, Kanada).

Tochter:

Przssin Zuzana Rose, * Edmonton 27.1.2017.

2) **Pr.** Maria **Franz** de Paula Moritz Josef Leonhard Wolfgang Franz von Assisi Romanus Laurentius Pius Caspar, * Prag 9.8.1927, † ebd. 15.4.1998, Dr.med., Virologe, E- u. DevRr in Oboedienz u. Kanzler d. Großpriorats Böhmen d. souv. MaltRrO.;
⚭ Prag 1.7.1952 Hanna **Novák**, * Prag 17.1.1928, Dr.med., Ärztin, T.d. Juristen Bohumil N. u.d. Maria Seifert
(U Malvazinky 26, 15000 Prag 5 - Smichov, Tschechische Republik).

Kinder:

(1) **Przssin** Marie **Jeanne d'Arc** Zdenka Gisela Kaspara, * Prag 20.10. 1953, † Rokycany, Böhmen, 19.12.1969.

(2) **Przssin Maria** Leopoldine Gabriele Melchiora, * Prag 26.4.1959, Dr.med.;
⚭ Prag 23.6.1984 Ludvig **Hlaváč**, * Písek 20.6.1956, Dr.med.
(Mládežnická ul. 363/IV, 37701 Jindřichův Hradec, Tschechische Republik).

(3) **Pr. Michael** Amadeo Ferdinand Balthasar, * Prag 20.7.1964, Dipl.-Geologe, Dr.rer.nat., Finanzberater, vorm. Abg. im tschech. Parlament, Min. a.D., E- u. DevRr d. souv. MaltRrO.
(V Údolí 41, 165 00 Prag 6 - Suchdol, Tschechische Republik);
⚭ Prag 1.7.1989 Lucie **Navratil**, * Prag 26.9.1963, Lehrerin (gesch. Prag 24.2.2009), T.d. Dipl.-Ing. Vladimir N. u.d. Emma Macenauer
(Naardenská 17, 162 00 Prag 6 - Liboc, Tschechische Republik).

Söhne:

a. **Pr.** Maria **Tobias** Georg Gabriel Christoph Johannes Nepomuk Balthasar, * Prag 23.5.1992, ...
(Naardenská 17, 162 00 Prag 6 - Liboc, Tschechische Republik).

b. **Pr.** Maria **Christoph** Johann Tobias Franz de Paula Melchior, * Prag 9.8.1997, ...
(Naardenská 17, 162 00 Prag 6 - Liboc, Tschechische Republik).

2. Zweig

Im Mannesstamm erloschen.
Stammvater: Pr. Zdenko, * 1858, † 1933.

Maria **Erwein** Karl Petrus von Alcantara Romanus Damianus Balthasar **Prinz v. Lobkowicz**, * Prag 28.2.1887, † Stepperg bei Neuburg an der Donau 28.8.1965, K.u.K. Km., Gesandter, Rittmeister, Bailli u. JustizGroßkr. d. KonstantinO. von St. Georg, E- u. DevGroßkrRr d. souv. MaltRrO.;
⚭ Vukovár 24.5.1923 Antoinette **Gfin u. Edle Hrin v. u. zu Eltz gen. Faust v. Stromberg**, * Vukovár 17.5.1899, † Eltville 16.4.1989, T.d. Jakob Gf u. Edler Hr v. u. zu E. gen. F. v. St. auf Eltz, Eltville, Vukovár usw. u.d. Marie Przssin v. Lobkowicz.

Töchter:

1. **Przssin** Maria Paula **Barbara** Kaspara Petra von Alcantara Friederika Thoma von Aquin Walpurga Thekla Karolina, * Vukovár 6.3.1924, † München 22.6.2006.
2. **Przssin** Maria **Sidonia** (Sonja) Sophie Melchiora Petra von Alcantara Valentina Faustina, * Vukovár 14.2.1925, † Coventry, England, 8.7.2011.
3. **Przssin** Maria Anna **Lidwina** (Nina) Balthasara Petra von Alcantara Gratiana Vladimira Liberata, * Vukovár 18.12.1928
(Nymphenburger Str. 172, 80634 München).

3. Zweig

Stammvater: Pr. August, * 1862, † 1921.

Maria **Eduard** Joseph August Sidonius Johann Nepomuk Anton Aloys Kaspar **Prinz v. Lobkowicz**, * Schloß Hradistě bei Blovic, Böhmen, 20.6. 1899, † Freiburg im Breisgau 2.1.1959, tschechosl. Rittmeister, E- u. DevRr d. souv. MaltRrO.;
⚭ Watch-Hill, Rhode Island, USA, 29.8.1925 Anita **Lihme**, * Pern, Illinois, 4.11.1903, † New York 14.5.1976 (⚭ II. ... Erwin Hoy Watts, ...; ⚭ III. ...

John Carroll Griswold, ...), T.d. Großindustriellen Christian Bai L. u.d. Olga Hegeler.

Kinder (von 2 Söhnen, 1 Tochter):

1. **Pr.** Maria **Eduard** August Joseph Wilhelm Ignatius Patricius Hubertus Kaspar, * New York 12.6.1926, † Paris 2.4.2010, E- u. DevGroßkrRr in Oboedienz u. Botschafter d. souv. MaltRrO.;
   ⚭ (standesamtl.) Besson, Dept Allier, 11.12.1959, (kirchl.) Paris 7.1.1960 Françoise **Przssin v. Bourbon v. Parma**, * Paris 19.8.1928, E- u. DevGroßkrD. d. souv. MaltRrO., T.d. Kgl. belg. ArtHauptm. Xaver Pr. v. B. v. P. u.d. Marie Madeleine de Bourbon-Busset a.d.gfl.H.
   (30 Avenue de New York, 75116 Paris, Frankreich; Manoir d'Ujezd, Grainville Ymauville, 76110 Goderville, Seine-Maritime, Frankreich; Château de Bostz, 03210 Besson, Frankreich).

   Kinder:

   1) **Pr.** Marie **Edouard-Xavier** Ferdinand Auguste Gaspard, * Paris 18.10.1960, † Ivry-sur-Seine, Dept Val-de-Marne, 27.4.1984.

   2) **Pr.** Marie **Robert** Emanuel Joseph Michel Benoît Melchior, * Paris 31.12.1961, † Bhannes, Libanon, 29.10.1988.

   3) **Pr.** Marie **Charles-Henri** Hugues Xavier Benoît Michel Edouard Joseph Balthazar, * Paris 17.5.1964, Lt d. Res., E- u. DevRr d. souv. MaltRrO.
      (30 Avenue de New York, 75008 Paris, Frankreich).

   4) **Przssin** Marie **Gabrielle** Anita Olga Thérèse de Lisieux Gaspara, * Paris 11.6.1967, Klosterfrau
      (30 Avenue de New York, 75008 Paris, Frankreich).

2. **Przssin Anita** Maria Olga Therese von Lisieux Camilla Balthasara, * Neuilly-sur-Seine 13.12.1937, † Saint-Luperce, Dept Eure-et-Loir, 10.3. 2013, Journalistin;

⚭ I. (standesamtl.) Saint-Luperce 19.9., (kirchl.) Chartres 20.9.1958 Charles Louis **Comte de Cossé-Brissac** a.d.H. der Ducs de Brissac, * Lyon 23.5.1931, † Saint-Luperce 14.8.2016, ... (gesch. ...);
⚭ II. Saint-Luperce 29.5.1999 Jean **Charles**, * ..., ...
(2 Rue de la Croix Blanche, 28190 Saint-Luperce, Frankreich).

II. Linie (Melnik)

Stammvater: Georg Christian, * 1680, † 1753.

Der jeweilige Hauschef dieser Linie führt seit dem Stammvater Georg Christian gewohnheitsrechtlich den Fstntitel. — Galiz. Indigenat 19.10. 1825 (für August Longin Fstn v. Lobkowitz, K.K. Km. u. Gouv. von Galizien); steir. Landmannschaft im Herrenstande 16.10.1833 (für denselben als K.K. Km., GehRat u. Hofkanzler der vereinigten K.K. Hofkanzlei); erbl. Mitgl. d. Herrenhauses d. österr. Reichsrats Gödöllő 15.10.1883.

Maria **Johann** Adolf Leonhard Gottfried Balthasar **Fürst v. Lobkowicz**, * Prag 6.11.1885, † Wolfegg, Württ., 11.1.1952, auf Drahenitz (§), Böhmen, Dr.jur., K.u.K. Km., LegSekr. u. OLt;
⚭ Grundlsee 13.1.1921 Marie **Gfin Czernin v. Chudenitz**, * Paris 2.12.1899, † Bad Aussee 28.8.1965, T.d. K.u.K. GehRats, Km. u. Min. d. K.u.K. Hauses u. d. Äußeren u. GenMajors Ottokar Gf C. v. C. auf Winař u.d. Marie Gfin Kinsky v. Wchinitz u. Tettau.

Söhne (von 3 Söhnen, 2 Töchtern):

1. Maria **Ottokar** Karl Borromäus Julian Peter Georg Johannes von Nepomuk Kaspar **Fürst v. Lobkowicz**, * Prag 28.1.1922, † Wien 1.6.1995, auf Melnik usw., Dr.rer.oec., E- u. DevRr d. souv. MaltRrO.;
⚭ Grundlsee 7.10.1954 Susanna **Gfin Széchényi de Sárvár-Felsővidék**, * Wien 10.12.1932 (gesch. Zürich 1.11.1966, Ehe kirchl. annulliert Sitten 19.12.1979), T.d. Landwirts u. Kgl. ungar. OLts János Gf Sz. de S.-F. u.d. Juliana Gfin Széchényi de Sárvár-Felsővidék
(Magtárköz 1a, 9483 Sopronkövesd, Ungarn).

Kinder:

1) **Anton** Ottokar Marie Kaspar **Fürst v. Lobkowicz**, * Zürich 23.4. 1956, Kunsthändler
(3 Chemin Brot, 1223 Cologny, Schweiz).

2) **Pr. Georg** (Jiři) Johannes Maria Melchior, * Zürich 23.4.1956 (Zwillingsbruder d. Vorigen), auf Melnik usw., Lic.oec. HSG, Unternehmer;
⚭ I. Morcote, Kt. Tessin, 3.12.1988 Bettina **Egli**, * Zürich 18.7.1958 (gesch. Prag 22.11.2011), T.d. Textilindustriellen Henri E. u.d. Hedwig Naef
(Frohburgstr. 20b, 8006 Zürich, Schweiz);
⚭ II. Melnik 15.6.2012 Zdenka **Hojková**, * Aussig 16.3.1978, Sopranistin (Künstlername: Zdenka Belas), T.d. Industriellen Pavel H. u.d. Zdenka Belásová
(Zámek, Svatováclavská 19/16, 27601 Mělník, Tschechische Republik).

Söhne zweiter Ehe:

(1) **Pr. Robert** Christian, * Prag 22.12.2011.

(2) **Pr. Jakob** Alexander, * Prag 2.3.2014.

3) **Przssin Elisabeth** Ludmila Maria Balthasara, * Bad Aussee 3.4.1959, † Onex, Kt. Genf, 17.4.1980.

2. **Pr. Nikolaus** Maria Georg Johannes von Nepomuk Ottokar Agilulf Felix Kaspar, * Prag 9.7.1931, † Starnberg 19.9.2019, Dr.phil., Dr. h.c.mult., o. Prof. der Politischen Theorie u. Philosophie, Präs. der Kath. Univ. Eichstätt, Dir. d. Zentralinstituts f. Mittel- u. Osteuropastudien, Rr d. O. vom GVlies, E- u. DevRr d. souv. MaltRrO.;
⚭ I. (standesamtl.) Reichenhofen 11.7., (kirchl.) Schloß Zeil 22.8.1953 **Josefine Gfin v. Waldburg zu Zeil u. Trauchburg**, * München 13.12. 1929, † ebd. 12.3.1999, T.d. Erich August Reichserbtruchseß Fst v. W. zu Z. u. T. u.d. Monika Przssin zu Löwenstein-Wertheim-Rosenberg;

⚭ II. (standesamtl.) Mörnsheim 27.9., (kirchl.) Rom 15.10.1999 Nawojka **Cieślińska**, * Danzig 23.3.1953, Kunsthistorikerin, führt den Namen »Cieślińska-Lobkowicz«, T.d. Rechtsanwalts Zbigniew C. u.d. Helena Finkelstein
(Madalińskiego 15/9, 02513 Warschau, Polen).

Kinder erster Ehe:

1) **Pr.** Maria **Johannes** Erich Christophorus Melchior Augustinus Franziskus, * München 22.8.1954, Jurist, Bankkaufm., E- u. DevRr in Oboedienz d. souv. MaltRrO., Prokurator d. Großpriorats Böhmen;
⚭ Castell (standesamtl.) 2.9., (kirchl.) 3.9.1977 Johanna **Gfin zu Castell-Castell**, * Castell 23.1.1952, StkrD., T.d. Albrecht Fst zu C.-C. u.d. Marie-Louise Przssin zu Waldeck u. Pyrmont
(Zámek, 26285 Drahenice, Tschechische Republik; Jinonická 61, 15600 Prag 5, Tschechische Republik)

Kinder:

(1) **Pr.** Maria **Nikolaus** Franziskus Balthasar, * München 15.9.1978, Angest., Versicherungsmakler;
⚭ Salzburg 16.7.2005 Theresa **Achammer**, * Salzburg 12.11.1984, T.d. Dr.jur., Mag.phil. Andreas A. u.d. Mag.phil. Katharina Bapka
(Zámek Červeny Hrádek, 26401 Sedlčany, Tschechische Republik).

Kinder:

a. **Pr. Johannes** Pio Tarcisius Wenzel Felix Maria, * Prag 14.11. 2010.

b. **Pr. Ferdinand** Josef Constantin Octavian Johannes Maria, * Prag 6.7.2012.

c. **Pr. Alois** Josef Franziskus Alexander Maria, * Salzburg 4.4. 2014.

d. **Pr. Moritz** Josef Fridolin Friedrich Maria, * Salzburg 4.4.2014 (Zwillingsbruder d. Vorigen).

e. **Pr. Felix** Donatus Christian Thomas Maria, * Prag 27.4.2016.

f. **Przssin Sophie** Maria Christina Friederike, * Příbram 6.11. 2019.

g. **Pr. Constantin** Clemens Jonathan Maria, * Příbram 6.11.2019 (Zwillingsbruder d. Vorigen).

(2) **Przssin Marie-Sophie** Anna Caspara, * München 6.1.1980, Schriftstellerin;
⚭ (standesamtl.) München 15.6., (kirchl.) Březnice, Böhmen, 23.6.2012 Constantin **Maschek Frhr v. Maasburg**, * Innsbruck 12.5.1974, Mag.rer.nat.
(Am Eichenwald 2 A, 86356 Neusäß).

(3) **Pr.** Maria **Maximilian** Karl Melchior, * München 4.1.1982, E- u. DevRr in Oboedienz d. souv. MaltRrO.;
⚭ (standesamtl.) Düsseldorf 8.4., (kirchl.) Düsseldorf-Kaiserswerth 4.6.2011 Alina-Cécile **von Hennigs**, * Düsseldorf 12.8. 1984, E- u. DevD. in Oboedienz d. souv. MaltRrO., T.d. ... Peter Müller u.d. Claudia-Michaela v. Hennigs
(Rommelsgut, Unterdorfstr. 34, 40489 Düsseldorf-Kaiserswerth).

Kinder:

a. **Przssin** Maria **Josephine** Thekla Caspara, * Stuttgart - Bad Canstatt 31.8.2011.

b. **Pr. Melchior** Maria Donatus Franziskus, * Stuttgart 24.1.2014.

c. **Przssin** Maria **Augustina** Amalia Caspara, * Düsseldorf 29.6. 2015.

d. **Przssin Ludmilla** Clara-Maria Epiphania, * Düsseldorf 6.10. 2019.

(4) **Przssin** Maria **Lioba** Theresa Caspara, * München 23.9.1985; ⚭ Březnice 30.9.2007 Christian **Schneider**, * Kelheim, NBayern, 9.10.1978, Immobilienmakler
(Möhlstr. 16, 81675 München).

(5) **Pr.** Maria **Wenzel** Quirin Melchior, * München 4.12.1986, MBA; ⚭ Schwaigern (standesamtl.) 30.8., (kirchl.) 1.9.2012 Katharina **Gfin v. Neipperg**, * Rheda-Wiedenbrück 23.4.1986, MBA, T.d. Dipl.-Ing.agr. Karl Eugen Gf u. Hr v. N. u.d. Andrea Ehzgin v. Österreich
(Zámek, 26285 Drahenice, Tschechische Republik).

Kinder:

a. **Pr. Valerian** Maria Benedikt Frederik Joseph, * Prag 15.5.2014.

b. **Pr. Camillo** Maria Karl Konrad Joseph, * Prag 1.9.2016.

c. **Przssin Clara** Maria Ida Sophie Josepha, * Prag 16.10.2019.

(6) **Przssin Agnes** Christina Sixtina Caspara, * Memmingen 11.11. 1992, Physiotherapeutin
(Schwanthalerstr. 72, 80336 München).

(7) **Przssin Ida** Maria Clara Caspara, * Prag 9.3.1996, B.Sc. (Landschaftsarchitektur)
(Zámek, 26285 Drahenice, Tschechische Republik).

2) **Pr.** Maria **Erich-Georg** Gabriel Rupert Balthasar Wenzel, * München 31.10.1955, Dr.phil., E- u. DevGroßkrBailli in Oboedienz u. Präs. der Deutschen Assoziation d. souv. MaltRrO.;
⚭ (standesamtl.) Tuntenhausen, OBayern, 17.8., (kirchl.) Beyharting 11.9.1982 Christina **Gfin v. Hohenthal u. Bergen**, * München 7.4. 1961, auf Maxlrain, T.d. Dipl.-Braumeisters Peter Gf v. H. u. B. auf Altranstädt, Klein-Liebenau u. Maxlrain u.d. Irmgard Freiin v. Herman a.d.H. Wain
(Schloß Maxlrain, 83104 Tuntenhausen).

Kinder:

(1) **Pr.** Maria **Peter** Nikolaus Ferdinand Melchior Alfons, * München 1.8.1983, M.A. (Gesch.), Unternehmer;
⚭ (standesamtl.) Tuntenhausen 30.4., (kirchl.) Rom 25.5.2019 Helena **Gfin v. Khevenhüller-Metsch**, * Rom 10.12.1989, Dipl.-Ing., T.d. Mag.rer.soc.oec. Johannes Fst v. K.-M. u.d. Donna Camilla Borghese
(Schloß Maxlrain, 83104 Tuntenhausen).

Tochter:

Przssin Maria **Flavia** Domitilla, * Rom 20.3.2020.

(2) **Pr. Felix** Maria Johannes Levin Caspar Eusebius, * München 3.8. 1985, M.A. (Philosophie), Unternehmer;
⚭ Positano, Prov. Salerno, Campanien, 29.9.2012 Isabella **Gaetani dell'Aquila d'Aragona**, * Mailand 18.5.1986, Dipl.-Ing., T.d. Dipl.-Ing. Conte Don Ferrante G. dell'A. d'A. dei Duchi di Laurenzana u.d. Elisabetta Magnani
(Flat 1, 19 Prince Albert Road, London NW1 7ST, Großbritannien).

Sohn:

Pr. Leo Maria Carl, * Mailand 1.11.2017.

(3) **Przssin** Anna **Elisabeth** Maria Christina Balthasara Margaretha, * München 20.7.1987, B.A. (VWL), Flüchtlingsbeauftragte der Malteser Werke GmbH;
⚭ ... 6.7.2022 Albrecht **Gf u. Edler Hr v. u. zu Eltz gen. Faust v. Stromberg**, * München 10.10.1988, B.A.
(Ismaninger Str. 27, 81675 München).

(4) **Przssin** Maria **Ludmila** Franziska Monika Bettina Irmgard, * München 20.3.1991, M.A. (Molekularmedizin), M.A. (Epidemologie)
(Schloß Maxlrain, 83104 Tuntenhausen).

(5) **Przssin** Maria **Louisa** Beatrice Viviana Isabelle Caspara Elisabeth, * München 4.7.1995, stud. Medizin;
⚭ Weihenlinden, OBayern, 29.7.2023 Felix **Götz v. Olenhusen**, * Göttingen 29.6.1992, ...
(Schloß Maxlrain, 83104 Tuntenhausen).

(6) **Pr.** Maria **Georg** Christian Philipp Friedrich Eberhard Balthasar, * München 18.4.2006.

3) **Pr.** Maria **Franz** Gabriel Josef Kaspar Cyrillus, * München 25.3.1957 (ev.-luth. seit 6.12.2003), Dr.med., Dermatologe;
⚭ I. Oettingen (standesamtl.) 2.10., (kirchl.) 10.10.1981 Margarita **Przssin zu Oettingen-Oettingen u. Oettingen-Spielberg**, * München 31.7.1957, † Bad Aibling, OBayern, 24.2.2000, B.A., Gemmologin, T.d. Alois Fst zu Oe.-Oe. u. Oe.-Sp. u.d. Elisabeth Gfin zu Lynar;
⚭ II. Bad Tölz (standesamtl.) 2.7.2002, (kirchl.) 26.6.2003 Christina **Sedelmaier**, * Bremen 6.12.1965 (ev.), Dipl.-Sozialpädagogin (gesch. Wolfratshausen 18.1.2017), T.d. Kpt. zur See Hans Christian S. u.d. Brigitte Vosshall
(Seppstr. 7, 83646 Bad Tölz);
⚭ III. Aschaffenburg 22.7.2017 Astrid **Neuy**, * Wiesbaden 24.3.1958, Dr.med., Psychiaterin, führt den Namen »Neuy-Lobkowicz«, T.d. Rechtsanwalts u. Notars Dr.jur. Erich N. u.d. Edith Lehmann
(Eisenberger Str. 13 A, 83646 Bad Tölz).

Kinder: a) erster Ehe:

(1) **Przssin** Maria **Polyxena** Elisabeth Cyrilla Teresa, * München 10.2.1983, B.A. (Soziologie);
⚭ San José, Costa Rica, 14.3.2018 Henri **van Rooij**, * Nacka, Prov. Stockholms län, Schweden, 18.5.1980, Industriedesigner (univ.)
(Villa Adam, San Buenaventura, 60501 Puerto Cortés, Cantón Osa, Provincia Puntarenas, Costa Rica).

(2) **Pr. Joseph** Maria Alois Franz Melchior, * München 27.11.1984, † Bad Tölz 12.6.1998.

(3) **Pr. Alois** Maria Xaver Cyrillus, * München 6.4.1987, Assessor jur. *(Schivelbeiner Str. 3, 10439 Berlin).*

(4) **Przssin Teresa** Maria Anna Cyrilla, * München 28.2.1994, stud. rer.nat.
(Erich-Weinert-Str. 43, 10439 Berlin).

b) zweiter Ehe:

(5) **Pr. Paul** Merlin, * Bad Tölz 9.3.2005 (ev.), ...
(Seppstr. 7, 83646 Bad Tölz).

4) **Przssin** Maria **Monika** Josepha Theresia, * München 11.6.1958, führt wieder den Geburtsnamen
(Eurach 5, 82393 Iffeldorf);
⚭ München 19.7.1985 Michael **Frhr v. Gagern**, * Hovestadt, Westf., 18.9.1942, Dr.phil., MBA, wiss. Schriftsteller (gesch. München 22.2. 2011).

5) **Pr.** Maria Alois **Joseph** Longinus Melchior, * München 12.9.1959, † Brixham, Gfschaft Devon, England, 5.8.1975.

6) **Przssin Maria** (Miriam) Elisabeth Lioba Walburga Monika, * South Bend, Indiana, USA, 2.1.1961
(Hohenzollerndamm 182, 10713 Berlin);
⚭ (standesamtl.) Babenhausen, Schwaben, 10.12.1982, (kirchl.) Neutrauchburg 15.1.1983 Johannes **Gf Fugger v. Babenhausen**, * Augsburg 20.12.1957, Bankkaufm. (gesch. Berlin 17.4.2010).

3. **Pr.** Maria **Friedrich** Leopold Georg Christian Johannes von Nepomuk Gregor Pontianus Melchior, * Prag 17.11.1932, † Pittsburgh, Pennsylvania, 3.2.1998, Dr.rer.nat., Prof. der Hochenergiephysik an der Univ. of Rochester;

⚭ I. Ober-Aegeri 6.7.1960 Désirée **Mérey de Kaposmérő et Kisdovorán**, * Tovarniky 25.10.1939 (gesch. Rochester 14.5.1982), T.d. Dr.rer.pol. Tibor M. de K. et K. u.d. Margarethe Spiess v. Braccioforte
(27 Rue Du Four, 1400 Yverdon, Kt. Waadt, Schweiz);
⚭ II. Rochester 22.8.1992 Caroline **Dey**, * Trenton, Florida, 26.1.1940, T.d. Landwirts Judson E. D. u.d. Marie V. Perkins
(17 East 89th Street, App. 9o, New York, NY 10128, USA).

Kinder erster Ehe:

1) **Pr. Philip** Peter Maria Wenzel Stephan Friedrich Hyazinth Barnabas Kaspar, * Rochester 22.5.1961, † Tuxedo, New York, 25.12.2017, B.A.; ⚭ New York 23.9.1989 Gail Patricia **McDonnell**, * New York 5.7. 1960, T.d. … Andrew J. McD. u.d. Eileen Howley Bauleis
(17 East 89th Street, App. 9b, New York, NY 10128, USA).

   Adoptivkinder.

2) **Przssin** Marie **Christine** Elisabeth Margaretha Désirée Melchiora, * Rochester 3.4.1963, …
(466 Oak Hill Circle, Stone Mountain, GA 30083, USA).

Jaroslav Fürst v. Lobkowicz

Löwenstein-Wertheim s. GGH, Fstl. Häuser, Bd 3 (2021)

Looz u. Corswarem s. GHdA, Fstl. Häuser, Bd XV (1997)

Metternich-Winneburg s. GHdA, Fstl. Häuser, Bd XIII (1987)

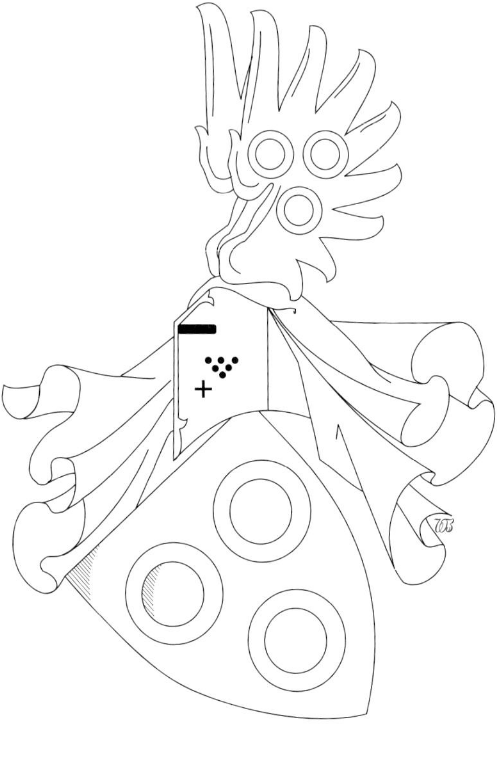

Neipperg

Kath. — Fränkischer Uradel, der seine vermutl. Abstammung auf Birtilo v. Schwaigern 1120 zurückführt und unter seinem jetzigen Namen mit Reingebodus de Niberch (Neipperg b. Schwaigern) 1.8.1241 urkundl. (Orig. im StArchiv Stuttgart, abgedr. im Württ. UrkBuch 4 [Stuttgart 1883], 34) zuerst erscheint. — Reichsgfnstand mit »Hoch- u. Wohlgeboren« Wien 5.2. 1726 (für Wilhelm Reinhard Frhr v. Neipperg, K.K. Km., GenWachtmeister, späterer GenFeldmarschall); OÖsterr. Herrenstand Wien 20.7.1748 (für Leopold Gfn v. Neipperg); Aufnahme in das schwäb. Gfnkollegium 1766; NÖsterr. Herrenstand Wien 9.1.1771; erbl. Mitgl. der Kammer der Standesherren in Württemberg 25.9.1819; Zuständigkeit d. Präd. »Erlaucht« (primog.) lt Bundestagsbeschluß vom 13.2.1829. — Die Nachgeborenen führen den Namen Graf bzw. Gräfin v. Neipperg.

Stammwappen: In Rot 3 (2, 1) silberne Ringe; auf dem Helm mit rot-silbernen Decken ein geschlossener, wie der Schild bezeichneter Flug.

Literatur: Hinweise s. GHdA, Adelslexikon, Bd IX (1998) u. Bd XVII (2008). Letztaufnahme der Genealogie: GGH, Fstl. Häuser, Bd 2 (2018).

Chef: **Karl Eugen Graf u. Herr v. Neipperg,** * 1951.

Maria **Reinhard** Georg Ignaz **Graf u. Herr v. Neipperg,** * Hořin, Böhmen, 30.7.1856, † Schwaigern 15.11.1919;
⚭ Prag 30.6.1880 Gabriele **Gfin v. Waldstein, Herrin v. Wartenberg,** * Frauenberg, Böhmen, 19.8.1857, † Schwaigern 28.10.1948, StkrD., T.d. K.u.K. Km., GehRats u. Majors Ernst Gf v. W., Hr v. W., Fkhrn auf Münchengrätz usw., u.d. Marie Leopoldine Przssin zu Schwarzenberg.

Söhne (von 5 Söhnen, 2 Töchtern):

1. Maria **Anton Ernst** (Attila) Reinhard Felix Johannes von Nepomuk Franz von Sales Joseph Hubertus Gratianus **Graf u. Herr v. Neipperg,** * Hirschberg, Böhmen, 18.12.1883, † Schwaigern 28.12.1947, Major;

⚭ Pruhonice bei Prag 19.10.1911 Anna **Gfin v. Silva-Tarouca**, * Türmitz, Böhmen, 28.9.1888, † Schwaigern 17.7.1971, StkrD., T.d. K.u.K. Km., GehRats u. Ackerbaumin. Ernst Gf v. S.-T. u.d. Maria Gfin v. Nostitz-Rieneck.

Kinder (von 2 Söhnen, 2 Töchtern):

1) Maria **Josef Hubert** Ernst Amadeus Vincenz Benediktus Antonius Konrad Apolinarius **Graf u. Herr v. Neipperg**, * Schwaigern 22.7. 1918, † ebd. 12.9.2020, folgte seinem Vater, auf Schwaigern, Land- u. Forstwirt, Hauptm., Rr d. O. vom GVlies, E- u. DevRr d. souv. MaltRrO., Großkomtur ad hon. d. bayer. St. GeorgO.;
⚭ I. München (standesamtl.) 21.12.1950, (kirchl.) 3.2.1951 Maria **Gfin v. Ledebur-Wicheln**, * Krzemusch, Böhmen, 5.11.1920, † Heidelberg 14.6.1984, StkrD., T.d. Land- u. Volkswirtschaftsing., K.u.K. Km. u. Mitgl. d. tschechosl. Senats Dr.jur.utr. Eugen Gf v. L.-W. auf Kostenblatt, Böhmen, usw. u.d. Eleonore Gfin Larisch v. Moennich;
⚭ II. (standesamtl.) Schwaigern 23.8., (kirchl.) Waldenburg 25.9.1986 Therese **Przssin zu Hohenlohe-Waldenburg-Schillingsfürst**, * Waldenburg 8.9.1938, Bewährungshelferin i.R., T.d. Friedrich Karl Fst zu H.-W.-Sch. u.d. Mechthilde Fstin v. Urach, Gfin v. Württemberg
(Schloßstr. 16, 74638 Waldenburg).

Kinder erster Ehe:

(1) Maria **Karl Eugen** Johannes Nepomuk Erwin Michael **Graf u. Herr v. Neipperg** (Erlaucht), * Schwaigern 20.10.1951, Dipl.-Ing. agr., Land- u. Forstwirt, E- u. DevGroßkrRr d. souv. MaltRrO.;
⚭ Pöcking, OBayern, (standesamtl.) 9.7., (kirchl.) 30.7.1977 Andrea **Ehzgin v. Österreich**, * Würzburg 30.5.1953, StkrD., T.d. Dr.sc.pol. et soc. Otto Ehzg v. Ö., vorm. Kronpr. v. Österreich u. Ungarn, u.d. Regina Przssin v. Sachsen-Meiningen
(Schloß, 74193 Schwaigern).

Kinder:

a. **Erbgf** Maria **Philipp** Karl Friedrich Hubert Magnus, * Heilbronn-Neckargartach 6.9.1978, Dipl.-Kaufm., Land- u. Forstwirt;
⚭ (standesamtl.) Schwaigern 12.4., (kirchl.) Salzburg 26.4. 2008 Paula **Wolff**, * Salzburg 19.8.1980, Kunsthistorikerin, T.d. Rechtsanwalts Lukas W. u.d. Ladislaia Gfin v. Meran *(Schloß, 74193 Schwaigern).*

Kinder:

a) **Gfin** Maria **Johanna** Hemma Theresa Regina Paulina, * München 13.3.2009.

b) **Gf** Maria **Stephan** Benedikt Alfred Karl Attila, * München 5.10.2010.

c) **Gf** Maria **Emanuel** Dominik Josef Adalbert Karl, * München 29.1.2014.

d) **Gfin** Maria **Alexandra** Anna Katharina Stephanie Barbara, * München 4.12.2015.

b. **Gf** Maria **Benedikt** Reinhard Michael Alois Leo, * Heilbronn-Neckargartach 11.4.1980, Dipl.-Kaufm.;
⚭ (standesamtl.) Schwaigern 30.4., (kirchl.) Belitz, Meckl., 10.9.2022 Charlotte **Gfin v. Bernstorff**, * Berlin 17.12.1988, M.A., Betriebswirtin, T.d. Rechtsanwalts Niklas Gf v. B. u.d. Dr.med. Bettina Gfin v. Bassewitz
(Friedrich-Lau-Str. 3, 40474 Düsseldorf).

c. **Gf** Maria **Dominik** Georg Christoph Johannes Pantaleon, * Warendorf 27.7.1981, Dipl.-Betriebswirt (FH);
⚭ (standesamtl.) Rüdesheim 2.8., (kirchl.) Wallhausen 4.8. 2012 Marie-Anna **Przssin zu Salm u. Salm-Salm**, * Kitzingen

22.2.1986, B.A., T.d. Dipl.-Kaufm. Michael Pr. zu S. u. S.-S. u.d. Philippa Gfin zu Castell-Castell
(Von-Malsen-Ring 39, 96215 Lichtenfels-Trieb).

Kinder:

a) **Gfin Florentina** Maria Hemma Christina Josephine, * München 4.3.2015.

b) **Gfin Xenia** Maria Philippa Antonia Lioba, * München 19.8.2016.

c) **Gf Valentin** Benedikt Constantin Maximilian Maria, * München 17.4.2020.

d) **Gfin Phelia** Maria Cecily Katharina Natalia Laura, * Lichtenfels-Trieb 3.11.2023.

d. **Gfin** Maria **Hemma** Nathalie Sophie Franziska Georgine, * Oelde, Kr. Warendorf, 11.10.1983, B.Sc.;
⚭ Schwaigern (standesamtl.) 30.5., (kirchl.) 2.6.2012 Roman Keno **Specht**, * Oldenburg 4.12.1980, Dr.jur.
(Pixisstr. 9, 82343 Pöcking).

e. **Gfin** Maria **Katharina** Franziska Monika Elisabeth Georgina, * Rheda-Wiedenbrück 23.4.1986, MBA, StkrD.;
⚭ Schwaigern (standesamtl.) 30.8., (kirchl.) 1.9.2012 Wenzel **Pr. v. Lobkowicz**, * München 4.12.1986, MBA
(Zámek, 26285 Drahenice, Tschechische Republik).

(2) **Gf** Maria **Reinhard Franz** von Assisi Ferdinand Benedikt, * Schwaigern 5.2.1953, Dr.phil., Heilpraktiker, Geschäftsf.
(Prof.-Domagk-Weg 22, 78126 Königsfeld-Burgberg);
⚭ I. (standesamtl.) Eberstadt 22.3., (kirchl.) Wimpfen im Tal 19.4.1979 Johanna (Hanne) **Märker**, * Eberstadt 4.2.1956 (gesch. Heilbronn 20.9.1989, Ehe kirchl. annulliert Freiburg im Breisgau 10.12.1990), T.d. OAmtsrats Hans M. u.d. Anneliese Weißgerber *(...);*

⚭ II. (standesamtl.) Weilheim 12.10., (kirchl.) Waldkirch 13.10. 1992 Stephanie **Freiin v. Eynatten**, * Geilenkirchen 24.5.1965 (gesch. Villingen 23.1.2006), T.d. Landwirts Franz-Ludwig Frhr v. E., vorm. auf Trips, Kr. Geilenkirchen, u.d. Franziska v. Zehmen
(Winterbergweg 16/1, 78126 Königsfeld).

Töchter zweiter Ehe:

a. **Gfin** Maria **Regina**, * Rottweil 3.9.1993, Grundschullehrerin;
⚭ (standesamtl.) Schorndorf 11.6., (kirchl.) Villingen 6.8.2022 Stefan **Laux**, * Heidelberg 31.3.1994, OStudienrat
(Neue Str. 22, 73614 Schorndorf).

b. **Gfin** Maria **Helena**, * Rottweil 29.3.1996, stud. Pädagogik
(Winterbergweg 16/1, 78126 Königsfeld).

(3) **Gfin Maria Anna** Gabrielle Eleonore, * Schwaigern 14.2.1955, als Schwester Marianna im O. der Kleinen Schwestern Jesu
(Eichwaldstr. 40, 60385 Frankfurt am Main).

(4) **Gfin** Maria **Franziska** Eleonore Katharina, * Schwaigern 7.4. 1956;
⚭ Schwaigern (standesamtl.) 21.10., (kirchl.) 22.10.1977 Friedrich **Gf v. u. zu Westerholt u. Gysenberg**, * Freckenhorst 8.6. 1949, auf Freckenhorst u. Gamburg, Dipl.-Ing.agr., Landwirt
(Everwordstr. 10, 48231 Freckenhorst).

(5) **Gf** Maria **Stephan**-Christoph Heinrich Alfred Emmeran, * Schwaigern 28.6.1957, Dipl.-Ing.agr., E- u. DevRr d. souv. MaltRrO.;
⚭ (standesamtl.) Schwaigern 13.8., (kirchl.) Steißlingen bei Singen am Hohentwiel 29.8.1982 Sigweis **Freiin v. Stotzingen**, * Singen 26.2.1959, M.A., StkrD., E- u. DevD. d. souv. MaltRrO., T.d. Dipl.-Ing. Fidelis Frhr v. St. u.d. Margerita (Gita) Gfin v. Bullion
(Château Canon La Gaffelière, B.P. 34, 33330 Saint-Emilion, Frankreich).

Kinder:

a. **Gfin** Maria **Beatrice** Barbara Bernadette, * Libourne, Dept Gironde, Frankr., 13.7.1984, † Arendonk, Belgien, 20.8.1994.

b. **Gfin** Maria **Caroline** Marita Therese, * Libourne 10.10.1986, Dipl.-Kauffrau, StkrD.;
⚭ Saint-Emilion, Dept Gironde, 23.5.2015 Philipp **Gf de Limburg Stirum**, * Schaerbeek, Belgien, 18.1.1985, Ingénieur Civil Polytechnicien, Investmentmanager
(75 Philbeach Gardens, Flat 8, SWS 9EY London, Großbritannien).

c. **Gfin** Maria **Diane** Andrea Manuela-Franziska Gabrielle, * Talence bei Bordeaux 19.1.1990, M.Sc., Psychologin;
⚭ Saint-Emilion 20.5.2023 Don Manuel **Heredia** de Liniers a.d.H. der Marqués de Prado, * Madrid 22.3.1992, Key Account Manager
(Château Canon La Gaffelière, B.P. 34, 33330 Saint-Emilion, Frankreich).

d. **Gfin** Maria **Philippa** Franziska Nathalie Stephanie, * Talence 23.2.1991, B.Sc. (Financial Engineering), Rohkaffeehändlerin;
⚭ Saint-Emilion 16.9.2022 Philipp **Gf v. Brockdorff**, * Schleswig 14.9.1989, Land- u. Forstwirt, Managing Dir.
(Gutshof 1, 24327 Kletkamp).

e. **Gf** Maria **Ludovic** Bernhard Niklas Karl Joseph, * Talence 19.4.1994, Lic.oec. HSG
(Château Canon La Gaffelière, B.P.34, 33330 Saint-Emilion, Frankreich).

(6) **Gf** Maria **Christoph** Bernhard Amadeo Antonius, * Schwaigern 30.7.1958, Landwirt;
⚭ Wangen 30.11.2009 Agatha **Maier**, * Waldshut 11.8.1964, T.d. Landwirts … M. u.d. …
(Degetsweiler 2, 88239 Wangen).

(7) **Gfin** Maria **Barbara** Sofie Michaela Elisabeth Eleonore, * Schwaigern 4.1.1960;
⚭ (standesamtl.) Donzdorf 20.8., (kirchl.) Schwaigern 30.8.1986 Bernhard **Gf v. Rechberg u. Rothenlöwen zu Hohenrechberg**, * Göppingen 10.1.1956, Bankkaufm., Dipl.-Ing.agr. (FH) *(In der Breite 1, 73072 Donzdorf)*.

(8) **Gf** Maria **Johannes** Alfred Josef Adalbert, * Schwaigern 30.4. 1964, Lic.oec. HSG;
⚭ Frankfurt am Main (standesamtl.) 2.5., (kirchl.) 23.9.2017 Eugenie **v. Mitschke-Collande**, * München 2.8.1978, Dr.phil., T.d. Bankdir. Nikolaus-Silesius v. M.-C. u.d. Marie de Schaetzen van Brienen
(Hansaallee 19, 60322 Frankfurt am Main).

Söhne:

a. **Gf Leopold** Maria Adalbert Silesius Wigbert, * Frankfurt am Main 16.6.2017.

b. **Gf Balthasar** Maria Amédeé Ambrosius Attila Franz, * Frankfurt am Main 7.12.2018.

2) **Gfin Maria Gabrielle** Anna Antonia Beatrix Pia Benedikta Felicitas Huberta Hedwig Wilhelmine Walburga, * Schwaigern 25.2.1920, † Wangen im Allgäu 5.9.2019, Heilpädagogin.

2. **Gf** Maria **Alfred** Karl Benediktus Ignatius Friedrich Hubertus Reinhard Felix Franz von Sales Joseph Aloysius, * Schwaigern 21.6.1888, † Grünwald 11.9.1941, Oberstlt d. Luftw., Rr d. bayer. St. GeorgO.;
⚭ Tetschen an der Elbe 8.1.1920 Marie **Gfin v. Thun u. Hohenstein**, * Prag 15.3.1897, † Regensburg 18.2.1971, StkrD., D. d. bayer. St. ElisabethenO., T.d. Dr.jur. Jaroslav Fst v. Th. u. H. u.d. Marie Gfin Chotek v. Chotkowa u. Wognin.

Kinder:

1) **Gf** Maria **Reinhard** Anton Thaddäus Benedikt Dionysius Franz Borgia, * Tetschen an der Elbe 9.10.1920, ⚔ ..., Rußland, 24.7.1941, Lt im InfRgt »Großdeutschland«.

2) **Gfin** Marie **Elisabeth** Cäcilia Thaddäa Benedicta, * Grünwald 21.11. 1921, † Neckarelz 19.6.2017, StkrD.;
⚭ Bedford, New York, 17.7.1954 Emmerich (Imre) **Gf Hunyady v. Kéthely**, * Ürmény, Kom. Neutra, 9.11.1900, † Newark, New Jersey, 4.5.1956, ...

3) **Gf** Maria **Johann Josef** Jaroslaw Benediktus Thaddäus Cyprian, * Grünwald 25.9.1923, ⚔ ..., Rumänien, 16.4.1944, Lt im PzGrenRgt »Großdeutschland«.

4) **Gfin Gabrielle** Maria, * Grünwald 27.4.1928, † Münstertal 14.12. 1976;
⚭ Köfering bei Regensburg (standesamtl) 31.8., (kirchl.) 27.9.1956 Hubertus **Frhr v. Landenberg**, * Freiburg im Breisgau 29.8.1922, † Bad Krozingen 21.9.2016, Grundhr auf Inzlingen, Dr.jur., Finanzmakler.

5) **Gfin** Maria **Anna-Bertha** Benedikta Thaddäa Konrade von Parzham, * Grünwald 21.7.1934
(Im Schlosshof 1, 93096 Köfering).

3. **Gf** Maria **Erwin** Joseph Sidonius Benediktus Franziskus von Sales Petrus Friedrich Ignatius Hubertus Johannes von Nepomuk Felix Maurus, * Schwaigern 15.1.1897, † Stuttgart-Vaihingen 5.12.1957, Dr.med., OStabsarzt, Divisionsführer, Medizinalrat, stellv. Leiter d. staatl. Gesundheitsamtes Böblingen, Kapitularkomtur d. bayer. St. GeorgO., E- u. DevRr d. souv. MaltRrO.;
⚭ München 28.4.1927 Hissa **Gfin v. Hatzfeldt zu Trachenberg**, * Pommerswitz, Kr. Leobschütz, 26.2.1906, † Salzburg 4.6.1985, T.d. Alexander Gf v. H. zu T. auf Klein-Peterwitz, Kr. Militsch, Schles., u.d. Hanna Aoki a.d.H. der Vicomtes Aoki.

Kinder:

1) **Gfin Maria Immaculata** Hanna Elisabeth Benedicta Euphrasia, * München 13.3.1928, † Karlsruhe 29.11.2006;
⚭ Johannesburg, Südafrika, 14.7.1956 Klaus-Werner **Meilchen**, * Kaiserslautern 30.3.1920, † Curitiba, Brasilien, 24.2.1985, GenBevollmächtigter.

2) **Gfin** Maria **Hedwig** Gabrielle Nathalie Benedicta Lioba Laurentia, * Seeshaupt 10.8.1929;
⚭ Kairo (standesamtl.) 19.2., (kirchl.) 11.4.1955 Sir Anthony James **Williams**, * London 28.5.1923, † Danzig 23.5.1990, Kgl. großbrit. Botschafter
(Jollys Farmhouse, Salehurst, Robertsbridge TN32 5PS, E. Sussex, Großbritannien).

3) **Gf** Maria **Anton-Hermann** Alexander Konrad Georg Benedikt Ephraim, * Trebnitz, Schles., 19.6.1932, † Frankfurt am Main 27.5.1966;
⚭ Unterweißenbach an der Saale 10.4.1965 Ellen **Kirsch**, * Leipzig 22.11.1940 (⚭ II. Querlenbach bei Tirschenreuth 19.8.1967 Hanno Storke, * ..., ...), T.d. Rechtsanwalts Dr.jur. Hans Herbert K. u.d. Johanna Helene Tschöke
(...).

4) **Gfin** Maria **Nathalie** Gabrielle Benedikta Bernhardine, * Stuttgart 20.5.1948, StkrD., E- u. DevD. d. souv. MaltRrO.;
⚭ Schwaigern 24.7.1970 Niklas **Altgf zu Salm-Reifferscheidt-Raitz**, * Wien 20.9.1942, † Linz 2.1.2009, Ökonomierat, Ing., Forstwirt, Präs. der Allgem. Sparkasse OÖsterr.
(Weißenwolffstr. 12-14, 4221 Steyregg, Österreich).

Karl Eugen Graf u. Herr v. Neipperg

Oettingen s. GGH, Fstl. Häuser, Bd 3 (2021)

Orsini u. Rosenberg s. GGH, Fstl. Häuser, Bd 2 (2018)

Ortenburg s. GGH, Fstl. Häuser, Bd 1 (2015)

Pappenheim s. GGH, Fstl. Häuser, Bd 1 (2015)

Platen-Hallermund s. GHdA, Fstl. Häuser, Bd XVIII (2007)

† **Pückler u. Limpurg** s. GGH, Fstl. Häuser, Bd 2 (2018)

Quadt s. GGH, Fstl. Häuser, Bd 3 (2021)

Ratibor s. Hohenlohe

Rechberg s. GGH, Fstl. Häuser, Bd 1 (2015)

Rechteren-Limpurg s. GHdA, Fstl. Häuser, Bd XIX (2011)

Rosenberg s. Orsini

Salm s. GGH, Fstl. Häuser, Bd 1 (2015)

Sayn u. Wittgenstein s. GGH, Fstl. Häuser, Bd 2 (2018)

Schaesberg s. GGH, Fstl. Häuser, Bd 3 (2021)

Schlitz gen. v. Görtz s. GHdA, Fstl. Häuser, Bd XI (1980)

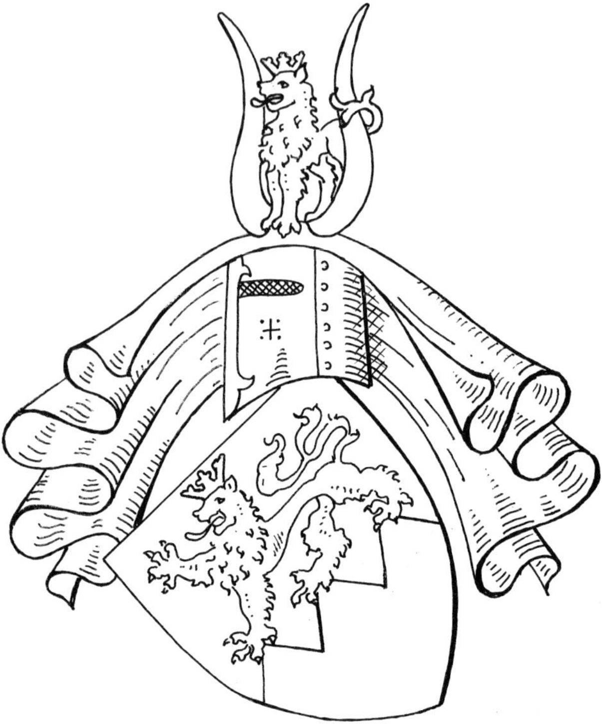

Schönborn

Kath. — Rheinischer Uradel mit gleichnamigem Stammhaus bei Katzenelnbogen, der mit H. v. Sconenburne, welcher vom Erzbischof Siegfried von Köln bald nach 1275 urkundl. (R. Knipping, Die Regesten der Erzbischöfe von Köln im Mittelalter II, 2 [1913], Nr. 3533) belehnt wird, zuerst erscheint, während schon 1.7.1284 urkundl. (Orig. im HauptStArchiv Wiesbaden, Urk. d. Klosters Beselich; vgl. W.H. Struck, Quellen zur Gesch. der Klöster und Stifte im Gebiet der mittl. Lahn III [1961]) seine Witwe Gysell auftritt; der mittelrhein. ReichsRrschaft zugehörig. — 23.7.1650 Erwerbung der Hrschaft Gaibach, UFranken; 30.8.1661 Erwerbung der Hrschaft Heusenstamm, Hessen; Reichsfrhrnstand u. erbl. Palatinat 29.1.1663 (für Philipp Erwein und seine Nachkommenschaft, auch erstmalig das Erbschenkenamt des Erzstifts Mainz und das Erbtruchsessenamt des Hochstifts Würzburg); 27.9.1671 Erwerbung von Sitz und Stimme der reichsständischen Hrschaft Reichelsberg im fränk. Kreis und im fränkischen Gfnkollegium; Reichsgfnstand mit Wappenmehrung und Münzprivileg 5.8.1701 (für die Brüder Johann Philipp, Johanniterkomtur, Melchior Friedrich, Reichshofrat, Kaiserlicher u. kurmainz. GehRat u. OMarschall, u. Johann Erwein, kurmainz. GehRat u. seine Nachkommenschaft); 14.11.1701 Erwerbung der reichsständischen Gfschaft Wiesentheid und damit von 2. Sitz und 2. Stimme im fränk. Kreis und im fränk. Gfnkollegium, infolge der Ehe des Gfn Rudolf Franz Erwein mit Maria Eleonore verw. Gfin v. Dernbach, geb. Gfin v. Hatzfeld; böhm. Indigenat im Herrenstand 1.7.1709 (für Gf Melchior Friedrich); Inkolat in NÖsterr. 22.1.1710; 26.3.1710 Ererbung der Truchseß'schen Hrschaft Pommersfelden durch Kurfst Lothar Franz; 3.1.1711 Familien-Fideikommiß-Statut; 18.2.1711 Ererbung der Hrschaften Göllersdorf, Mühlburg u. Aspersdorf des letzten Gfn v. Buchheim (Puechheim) durch Gf Friedrich Karl, sowie Namen- u. Wappenvereinigung mit denen der Gfn v. Buchheim; OÖsterr. Inkolat im Herrenstand 27.4.1711; 21.10.1712 Belehnung mit dem Oberst-Erbtruchsessenamt in Österreich ob und unter der Enns für die Gfn Friedrich Karl, Melchior Friedrich und dessen Nachkommenschaft; Inkolat in Steiermark

u. Kärnten 1720; ungar. Indigenat 20.1.1729; Schenkung der Hrschaften Munkács, Bereghvár u. Szent-Miklos, OUngarn, durch Kaiser Karl VI. 4.1. 1731; böhm. Inkolat 1794 (für Gf Hugo Damian Erwein); 20.6.1794 Ererbung der Fstl. bzw. Gfl. v. Hatzfeld-Gleichen'schen Herrschaften Lukawitz, Przichowitz, Malesitz und Dzlazkovic, Böhmen; nach Erlöschen der jüngeren Linie (Heusenstamm) 25.7.1801 Vereinigung aller Schönborn'schen Besitzungen unter Gf Hugo Damian Erwein, reg. Gfn u. Hrn zu Wiesentheid. Von seinen Söhnen stammen die folgenden 3 Linien.

Stammwappen: In Rot ein auf 3 silbernen Spitzen schreitender blau-gekrönter doppelt geschwänzter goldener Löwe; auf dem Helm mit rot-silbernen Decken der Löwe sitzend zwischen 2 roten Büffelhörnern.

Literatur: Hinweise s. GHdA, Adelslexikon, Bd XIII (2002). — Hdb. Bayern, Bd XXXII (2018).
Letztaufnahme der Genealogie: GHdA, Fstl. Häuser, Bd XX (2014).

I. Linie: Schönborn-Buchheim

Stammvater: Gf Franz Philipp, * 1768, † 1841. — Zuständigkeit des Präd. »Erlaucht« (primog.) lt Bundestagsbeschluß vom 13.2.1829; österr. Durchführung desselben 9.10.1829; österr. Bestätigung 22.2.1847. — Die Nachgeborenen führen den Namen Graf bzw. Gräfin v. Schönborn-Buchheim.

Chef: **Friedrich Karl Graf v. Schönborn-Buchheim**, * 1938.

Friedrich Karl Erwin **Graf v. Schönborn-Buchheim,** * Wien 23.2.1869, † ebd. 2.3.1932, K.u.K. GehRat u. Km., folgt seinem Vater, dem Gfn Erwin, † 1903;
⚭ I. Rom 16.4.1901 Donna Teresa **Dentice**, * Neapel 4.7.1877, † Vittorio 9.9.1909, K.u.K. PD., StkrD., T.d. Don Ernesto D., Principe di Frasso, Pr. di S.Vito e Crucoli, u.d. Aloisia Gfin Chotek v. Chotkowa u. Wognin;
⚭ II. Kravska, Mähren, 14.9.1910 Donna Sofia **Dentice**, * Neapel 10.1.1889, † Klagenfurt 5.8.1968, K.u.K. PD., StkrD. (gerichtl. getrennt Wien 11.12. 1922), T.d. Don Luigi D., Principe di Frasso, Pr. di S.Vito e Crucoli, u.d. Aemiliane Gfin v. Thurn u. Valsassina-Como-Vercelli.

Söhne (von 4 Söhnen, 3 Töchtern): a) erster Ehe (von 1 Sohn, 2 Töchtern):

1. **Georg** Erwin Karl Peter **Graf v. Schönborn-Buchheim**, * Bogliaco am Gardasee 5.3.1906, † Schönborn 27.1.1989, auf Schönborn usw., folgt seinem Vater;
   ⚭ I. Weiß-Poličan, Bez. Neupaka, Böhmen, 14.7.1931 Elisabeth (Betka) **Gfin Orssich de Slavetich**, * Baden-Baden 3.6.1902, † Wien 17.4.1967, T.d. K.u.K. Km. u. Rittmeisters Franz Gf O. de S. u.d. Elisabeth Borchard;
   ⚭ II. Schönborn 19.4.1975 Christiana **Mautner v. Markhof**, * Wien 23.1.1928, † Schönborn 13.6.2018 (⚭ I. Wien 5.6.1948 Johann Heinrich Frhr v. Tinti, * Pöchlarn an der Donau 2.4.1919, † ebd. 23.12.1986, auf Pöchlarn, gesch. Wien 19.8.1953, Ehe kirchl. annulliert Salzburg 22.3. 1975), T.d. Dipl.-Ing. u. Großindustriellen Dr. h.c. Manfred Rr M. v. M. u.d. Maria Kupelwieser.

   Kinder erster Ehe:

   1) **Erbgf Georg** Friedrich Karl Franz Erwin Apollonius, * Wien 18.4. 1932, † (Lawinenunglück) bei Kitzbühel 3.2.1973, Dipl.-Ing.;
   ⚭ Altaussee, Steiermark, 12.6.1965 Elisabeth **Gfin u. Edle Tochter v. u.zu Eltz gen. Faust v. Stromberg**, * Korneuburg, NÖsterr., 25.5.1942 (⚭ II. Imlau bei Werfen, Land Salzburg, 7.7.1990 Matthias Kaindl, * Hüttau, Salzburg, 31.5.1927, † Imlau 21.8.2019, Industrieller), T.d. Majors u. Dir. der Fstl. Fürstenberg'schen Institute f. Kunst u. Wissenschaft Erwein Gf u. Edler Hr v. u.zu E. gen. F. v. St. u.d. Teresita Gfin v. Wilczek
   (Chirk, Cefin-Y-Wern Clwyd, North Wales, Großbritannien).

   2) **Gfin Elisabeth** Helene Maria, * Beregvár bei Munkács 14.3.1934, † Hollabrunn 10.7.2014, Dr.phil., Dipl.-Psychologin, Neuropsychologin;
   ⚭ (standesamtl.) New York City 28.10., (kirchl.) Schönborn 1.11.1965 Roël F. **Karamat**, * Paramaribo, Surinam, 16.10.1936, † Ellbögen, Tirol, 22.5.2020, Dr.phil., surinam. Botschafter.

3) **Friedrich Karl Graf v. Schönborn-Buchheim** (Erlaucht), * Schönborn 30.3.1938, folgt seinem Vater als Chef des Hauses;
⚭ (standesamtl.) Louveciennes 9.9., (kirchl.) Dreux 10.9.1964 Isabella **Przssin v. Frankreich**, * Woluwé-Saint-Pierre bei Brüssel 8.4.1932, StkrD., T.d. Heinrich Gf v. Paris u.d. Isabella Przssin v. Orléans u. Bragança
(Schloß Weyerburg, 2031 Eggendorf im Thale, Österreich).

Kinder:

(1) **Erbgf Damian**, * Wien 17.7.1965, Dipl.-Ing., Dr.rer.nat. techn., Land- u. Forstwirt;
⚭ Blessington, Kildare, Irland, 2.2.2002 Deirdre Mary **Ascough**, * Dublin 16.4.1969, T.d. Ing. Matthew A. u.d. Carmel Cusack
(Renngasse 4, 1010 Wien, Österreich).

Tochter:

Gfin Isabelle Mary Michaela, * Wien 21.2.2003, …
(…).

(2) **Gf Vinzenz**, * Schönborn 28.10.1966, Mag.rer.nat.;
⚭ Neulengbach, NÖsterr., 4.5.2002 Katharina **Graf**, * Wien 30.1. 1975, T.d. Dr.rer.soc.oec. Wolfgang G. u.d. Marie Antoinette Gfin v. u. zu Trauttmansdorff-Weinsberg
(Pfefferhofgasse 1a/10, 1030 Wien, Österreich).

Söhne:

a. **Gf Philipp** Erwein Lukas Maria, * Wien 14.10.2003, …
(…).

b. **Gf Clemens** Melchior Maximilian Maria, * Wien 22.7.2005, …
(…).

c. **Gf Alexander** Johan Maximilian Maria, * Wien 16.5.2010.

(3) **Gfin Lorraine** Marie, * Johannesburg, Südafrika, 3.1.1968; ⚭ (standesamtl.) Berlin 26.4., (kirchl.) Wullersdorf, NÖsterr., 17.5.1997 Wilhelm **Gf v. Spee**, * Paderborn 10.9.1963, Rechtsanwalt
(Schloß Heltorf, Heltorfer Schloßsallee 100, 40489 Düsseldorf).

(4) **Gfin Claire Marie**, * Neuilly bei Paris 7.10.1969, Buchbinderin; ⚭ Wullersdorf 18.5.2013 Wolfgang **Liechtenfeld**, * Wien 6.3.1955 *(Sterngasse 3/2/15, 1010 Wien, Österreich).*

(5) **Gf Melchior** Raphael, * Wien 22.9.1977, M.A. (Business Finance), Investmentbanker;
⚭ (standesamtl.) Wien 23.1., (kirchl.) Herzogenburg, NÖsterr., 24.5.2014 Bernadette **Freiin v. Mentzingen**, * München 23.1. 1978, Hotelfachfrau, T.d. Facharztes f. Allgemeinmedizin u. f. Chirurgie Dr.med. Ernesto Frhr v. u. zu M. u.d. Estelle v. Pachmann
(Oeder Weg 130, 60318 Frankfurt am Main).

Söhne:

a. **Gf Theodor**, * Wien 7.4.2015.

b. **Gf Leopold**, * Wien 11.5.2017.

4) **Gfin Teresa**, * Budapest 26.11.1942;
⚭ (standesamtl.) Wien 10.7., (kirchl.) Schönborn 14.7.1968 José Pedro **Sebastian de Erice** y Gómez-Acebo, * Oporto, Portugal, 3.5. 1943, † Madrid 6.5.2020, Kgl. span. Botschafter
(Urola 8, 28002 Madrid, Spanien).

5) **Gf Max Eugen**, * Augsburg 24.11.1944, geschäftsf. Gesellschafter;
⚭ Kitzbühel 8.8.1981 Heide-Maria (Heidemarie) **Leuze**, * Wien 31.3. 1944, T.d. Kaufm. Hans Jörg L. u.d. Ingeborg Cavallar v. Grabensprung
(Plößlgasse 9, 1040 Wien, Österreich; Feldweg 7, 6370 Kitzbühel; 2032 Enzersdorf im Thale, Österreich).

b) zweiter Ehe (von 3 Söhnen, 1 Tochter):

2. **Gf Erwein** Friedrich Karl Alois, * Schönborn 2.1.1912, † Rohrbach, OÖsterreich, 3.5.1998, Ing.;
⚭ Wien (standesamtl.) 18.2., (kirchl.) 20.2.1950 Christine **Bachmayr - Heyda v. Lowczicz**, * Seeburg an der Ybbs 16.7.1926, führt wieder den Geburtsnamen (gerichtl. gesch. Wien 24.3.1959), T.d. Kaufm. Leopold B.-H. v. L. u.d. Adele Günste.

Kinder:

1) **Gf Christian** Georg Karl Leopold Maria, * Wien 16.12.1950, † Mariscala, Uruguay, 29.3.2011, ...;
⚭ (in nicht hausgesetzmäßiger Ehe) (standesamtl.) Wien 25.11.1977 Johanna **Wodrazka**, * Wien 30.1.1954, Dr.jur. (gesch. Wien 17.5.1978, ⚭ II. Wien 6.3.1982 Peter Kornfeind, * ..., ..., gesch. Wien 23.6.1987; ⚭ III. Wien 30.10.1990 Karl Gf v. Arco, * Wien 15.8.1961, Dr.jur., Bankier), T.d. Dipl.-Ing. Karl Maria W. u.d. Irma Kronberger
(Geweygasse 13, 1190 Wien, Österreich).

2) **Gfin Verena** Maria Madeleine, * Wien 15.7.1952;
⚭ Wien (standesamtl.) 8.9., (kirchl.) 24.9.1977 Hieronymus **Gf Spannocchi**, * Linz an der Donau 28.3.1946, Dr.jur.
(Schloß Sprinzenstein, 4150 Rohrbach, Österreich).

3. **Gf Friedrich Karl** Anton, * Schönborn 18.11.1914, † Tivoli, New York, USA, 16.1.2011;
⚭ I. Graz (standesamtl.) 4.10., (kirchl.) 8.10.1938 Camilla **Gfin Chorinsky, Freiin v. Ledske**, * Graz 17.4.1918, † ebd. 10.6.1961 (gesch. Graz 21.11.1945), T.d. K.u.K. Km. Karl Gf Ch., Frhr v. L., u.d. Helene Gfin Szögyényi-Marich de Magyarszögyén et Szolgasgyháza;
⚭ II. (standesamtl.) Triest 21.6.1951, (kirchl.) San Francisco 30.7.1961 Edith Carpenter **Macy**, * New York 5.1.1927, T.d. Unternehmers Valentine Everet M. u.d. Lydia Bodrero
(259 Fox Hound Drive, Lafayette Hill, PA 19444, USA).

1 Tochter † erster Ehe.

4. **Gf Maximilian** Stefan Eugen, * Beregvár 10.10.1917, † Waidhofen an der Thaya 24.8.1967, Künstler;
⚭ Innsbruck 29.8.1947 Gertrude **Bock**, * Innsbruck 30.4.1925, † ... 4.7. 1988, T.d. ... Ignaz B. u.d. Aloisia Maria Haider.

Sohn:

Gf Erwin Max Friedrich Karl, * Innsbruck 14.2.1948, † Odemira, Portugal, 8.9.1993, Künstler;
⚭ (in nicht hausgesetzmäßiger Ehe) (standesamtl.) ... 1.9.1982 Brigitte **Duzia**, * Innsbruck 25.9.1954, T.d. Postbeamten Heinrich D. u.d. Inge Novak
(...).

Adoptivsohn.

II. Linie: Schönborn-Wiesentheid

Stammvater: Gf Franz Erwein, * 1776, † 1840. — Immatrikulation im Kgr. Bayern bei der Gfnklasse 22.6.1813; Erbl. Mitglied der ehem. Kammer der Reichsräte in Bayern 26.5.1818; Zuständigkeit des Präd. »Erlaucht« (primog.) lt Bundestagsbeschluß vom 13.2.1829; bayer. Durchführung desselben 22.4.1829; österr. Bestätigung 22.2.1847; bayer. Ausdehnung auf sämtl. Mitglieder 7.3.1911. — Die Nachgeborenen und deren Gemahlinnen führen den Namen Graf bzw. Gräfin v. Schönborn-Wiesentheid und das Prädikat »Erlaucht«.

Chef: **Paul Graf v. Schönborn-Wiesentheid**, * 1962.

1. Ast

Stammvater: Gf Arthur, * 1846, † 1915.

Erwein Klemens Chlodwig Karl Maria **Graf v. Schönborn-Wiesentheid** usw., * Wiesentheid 6.10.1877, † München 12.11.1942, Dr.jur. et med., Dr. phil.h.c., EMitgl. der Univ. Würzburg, E- u. DevRr d. souv. MaltRrO, folgte seinem Vater, dem Gfn Arthur, † 1915;

⚭ Rom 29.10.1913 Nob. Donna Ernestina **Ruffo**, * Rom 18.10.1880, † Erlangen 19.8.1965, StkrD., ED. d. bayer. TheresienO., T.d. Principe Nob. Don Antonio Maria R., Principe della Scaletta, u.d. Donna Ludovica Borghese dei Principi di Sulomona.

Söhne (von 3 Söhnen):

1. Friedrich **Karl** Anton **Graf v. Schönborn-Wiesentheid** usw., * Würzburg 14.10.1916, † Wiesentheid 15.9.1998, Dr.med., Dipl.-Volkswirt, Päpstl. Khr, E- u. DevRr d. souv. MaltRrO., folgte seinem Vater;
⚭ (standesamtl.) Sintra, Portugal, 21.4., (kirchl.) Muge, Portugal, 14.6. 1953 Donna Graziella **Álvares Pereira de Melo**, * Pau, Frankreich, 20.12. 1929, † Muge 25.7.1998, T.d. Marquês Don António Á. P. de M. a.d.H. der Duques de Cadaval u.d. Olga Nicolis dei Conti di Robilant.

Kinder:

1) **Filipp** Erwein Anton **Graf v. Schönborn-Wiesentheid** usw., * Würzburg 24.7.1954, Land- u. Forstwirt, verzichtete auf die Funktion eines Chefs des Hauses;
⚭ I. Sintra 28.10.1995 Béatrice **de Castellane**, * Neuilly-sur-Seine 5.10.1961 (gesch. Lissabon 9.8.1999), T.d. Präs. u. GenDir. Comte Henri-Jean de C. a.d.H. d. Marquis de C.-Novejean, u.d. Isabelle Manuela di Rovasenda
(...);
⚭ II. ... 3.9.2005 Virgine Jeanne **Podevin**, * ... 10.4.1969, T.d. ... Jacques P. u.d. ... Emanuelle Gollendorf
(Forststr. 2, 97332 Volkach-Rimbach; Rua Barbosa du Bocage, 2710-517 Sintra, Portugal).

Tochter zweiter Ehe:

Gfin Nina Margueritte, * Lissabon 3.4.2005.

2) **Gfin Teresa** Eleonore Ernestina Maria, * Würzburg 7.11.1955, Reiseverkehrskauffrau
(Casa Cadaval, 2125-317 Muge, Portugal).

3) **Gfin Maria** Johanna Gabriela, * Würzburg 28.7.1958, Dipl.-Ing. f. Weinbau u. Kellerwirtschaft;
⚭ Colares Quinta da Bela Vista à Piedade bei Sintra, Portugal, 11.6. 1983 Johann-Friedrich **Fürst zu Castell-Rüdenhausen**, * Rüdenhausen, UFranken, 27.1.1948, † Friedrichsberg 30.10.2014, Bankkaufm.
(Schloßstr. 3, 97355 Rüdenhausen).

4) **Paul** Anton **Graf v. Schönborn-Wiesentheid**, Graf u. Herr zu Wiesentheid (Erlaucht), * Lissabon 15.5.1962, Bankkaufm., B.A., folgte seinem Vater;
⚭ Venedig, Italien, (standesamtl.) 14.4., (kirchl.) 22.4.1989 Damiana **Contessa Lovatelli**, * Lima, Peru, 31.3.1961, Dr.phil., T.d. Conte Massimiliano L. u.d. Nob. Francesca Foscari, Contessa di Noventa e Zellarino
(Schloßplatz 1, 97353 Wiesentheid).

Kinder:

(1) **Erbgf Franz** Georg Filipp Paul Maria, * Würzburg 2.3.1990, B.Sc.
(Schloßplatz 1, 97353 Wiesentheid).

(2) **Gf Alexander** Maximilian, * Würzburg 17.6.1991, ...
(Schloßplatz 1, 97353 Wiesentheid).

(3) **Gf Johannes** Damian, * Würzburg 17.6.1991 (Zwillingsbruder d. Vorigen), ...
(Schloßplatz 1, 97353 Wiesentheid).

(4) **Gfin Benedicta** Olga, * Würzburg 12.4.1993, M.A. (Kunstgesch.);
⚭ Wiesentheid (standesamtl.) 5.7., (kirchl.) 8.7.2023 Lorenz **Gf v. Merveldt, Frhr zu Lembeck, Frhr v. Twickel**, * Haltern 18.7. 1989, M.A. (Accounting and Finance), M.Sc. (Forstwissenschaften)
(Schloß 2, 46286 Dorsten-Lembeck).

(5) **Gf Georg** Friedrich, * Würzburg 31.8.1994, …
(Schloßplatz 1, 97353 Wiesentheid).

(6) **Gf Michael** Maria, * Würzburg 16.8.1997, …
(Schloßplatz 1, 97353 Wiesentheid).

(7) **Gfin Anna Maria** Lucia Gabriele Antonia Josepha, * Würzburg 10.5.2005, …
(…).

2. **Gf Rudolf** Erwein Ernst, * Würzburg 1.10.1918, † Rohrbach, OÖsterr., 3.5.1998, auf Heusenstamm u. Weiler (verk.), E- u. DevRr d. souv. MaltRrO.;
⚭ I. Regensburg (standesamtl.) 18.4., (kirchl.) 29.4.1947 Helene **Przssin v. Thurn u. Taxis**, * Schloß Haus bei Regensburg 27.5.1924, † Monte Carlo 27.10.1991, führte wieder den Geburtsnamen (Ehe kirchl. annulliert Bamberg 4.11. bzw. Würzburg 20.11.1967, gerichtlich gesch. München 5.9.1968), T.d. Franz Joseph Fst v. Th. u.T. u.d. Przssin Elisabeth v. Braganza, Infantin v. Portugal;
⚭ II. (standesamtl.) Heusenstamm 20.11., (kirchl.) Schloß Sprinzenstein, OÖsterr., 14.12.1969 Katharina **Gfin Spannocchi**, * Linz an der Donau 9.7.1943, T.d. Landtagspräs. v. OÖsterr. Dr.jur. Lelio Gf Sp. u.d. Gabriele Gfin u. Hrin v. u.zu Sprinzenstein u. Neuhaus
(Sprinzenstein 3, 4150 Rohrbach, Österreich).

Kinder: a) erster Ehe:

1) **Gf Albert** Ernst Erwein Franz-Joseph Maria, * Würzburg 20.2.1948, Dr.jur., Rechtsanwalt, Steuerberater
(Vierheiligstr. 9, 81545 München);
⚭ (standesamtl.) London 19.12.1974, (kirchl.) St. Gilgen am Wolfgangsee 15.2.1975 Ilona **Dietrich**, * Bad Driburg 13.10.1947 (gesch. München 13.10.1993; ⚭ II. Frankfurt am Main 27.1.1994 Emmanuel Wiemer, * Baden-Baden 24.2.1949, Dr.jur.), T.d. Kaufm. Hans-Günther D. u.d. Christa Hahn
(Hammanstr. 3, 60322 Frankfurt am Main).

Söhne:

(1) **Gf Moritz** Philipp Alexander, * München 24.2.1977, Jurist;
⚭ St. Gilgen am Wolfgangsee 18.6.2014 Stephanie **Maul**, * München 25.4.1981, Kulturw., T.d. … Klaus M. u.d. Monika …
(Immenfeld 1, 83737 Irschenberg).

Tochter:

Gfin Helena Amalia Katharina, * München 3.10.2014.

(2) **Gf Konstantin** Max Ferdinand, * München 2.10.1979, † London 26.11.1998.

2) **Gf** Johannes (**Johann**) Philipp Gabriel Kilian Karl Maria Elisabeth, * Würzburg 3.7.1949, Landwirt;
⚭ I. Donaueschingen 16.4.1977 Marie-Antoinette **Przssin zu Fürstenberg**, * Donaueschingen 15.5.1949 (gesch. München 7.3.1980; ⚭ II. [standesamtl.] Pöcking 15.12.1980, [kirchl.] Stühlingen 7.4.1999 Thomas Bagusat, * Berlin 12.7.1941, † Dießen am Ammersee 15.10.2020, Kaufm.), T.d. Joachim Egon Fst zu F. u.d. Paula Gfin zu Königsegg-Aulendorf
(Ziegelstadel 9, 86911 Dießen-St.Georgen am Ammersee);
⚭ II. New York 4.12.2000 Anita J. **Tewarson**, * Welleseley, Massachusetts, USA, 6.4.1961, Finanzberaterin, T.d. Ph.D. Reginald T. u.d. Ph.D. Heidi Thomann
(1618 Coles Clove Road, Delancey, NY 13752, USA).

3) **Gfin Gabriela** Helene Maria Elisabeth Margarethe Therese Fernanda Eduarda, * Würzburg 16.10.1950;
⚭ (standesamtl.) Keilberg 29.7., (kirchl.) Pommersfelden 27.9.1969 **Alexander Fst zu Sayn-Wittgenstein-Sayn**, * Salzburg 22.11.1943, MBA, vorm. Präs. d. Deutschen Burgenvereinigung
(Schloßstr. 100, 56170 Bendorf-Sayn bei Koblenz).

4) **Gf Peter** Andreas Edmund Maria Johannes, * Regensburg 10.11.1954, Autor;

⚭ Monaco 9.4.1994 Bénédicte **Courtin**, * Monaco 10.6.1964, T.d. vorm. Polizeichefs von Monaco Jean Marie C. u.d. Marie Jeanne Marquet
(Villa l'Oasis 589, Chemin du Cros, 06190 Roquebrune-Cap-Martin, Frankreich).

Töchter:

(1) **Gfin Alana** Maria Jeanne, * Monaco 4.12.1994, B.A. (Communication and Entertainment)
(18, Rue Princesse Marie de Lorraine, 98000 Monaco, Monaco).

(2) **Gfin Janina** Maria Isabelle, * Monaco 30.12.1995, BBA (Hospitality Management), M.Sc. (Luxury Management);
⚭ (standesamtl.) Waal, OAllgäu, 12.2., (kirchl.) Monaco 24.6. 2017 Wolfram **Pr. v. der Leyen u. zu Hohengeroldseck** d. Stammes d. Frhrn v. Freyberg-Eisenberg, * Oxford, England, 22.11. 1990, Hotel- u. Touristikkaufm., Unternehmer
(7, Rue Comte Félix Gastaldi, 98000 Monaco, Monaco).

b) zweiter Ehe:

5) **Gfin Elisabeth** Teresa Gabriela Maria, * Würzburg 19.2.1971, Dipl.-Kulturwirtin;
⚭ Pommersfelden 18.9.2004 Holger **Truckenbrodt**, * Gelnhausen 1.10.1964, Bankkaufm.
(Heuchelheimer Hohlweg 1, 61350 Bad Homburg vor der Höhe).

6) **Gf Franz** Erwein Georg Maria, * Würzburg 15.5.1974, MBA, selbst. Betriebswirt;
⚭ Rio de Janeiro, Brasilien, 25.6.2011 Alessandra Helal **Suaid**, * Rio de Janeiro 12.11.1974, ..., T.d. ... Gilberto Zouain S. u.d. Rosemary Helal
(Rua Pirapó 382, CEP 05610-060, Jardim Guedala, São Paulo-SP, Brasilien).

Kinder:

(1) **Gf Vittorio** Francisco Georg Maria, * São Paulo 2.3.2015.

(2) **Gfin Catarina** Teresa Maria, * São Paulo 17.4.2018.

2. Ast

Stammvater: Gf Clemens, * 1855, † 1938.

Clemens Franz Erwein Wilhelm Arthur Bonifacius **Graf v. Schönborn-Wiesentheid**, * München 3.4.1905, † (Unfall) Sofia, Bulgarien, 30.8.1944, Oberst d. Luftw.;
⚭ Iszka Szent-György, Kom. Fejér, Ungarn, 20.4.1933 Dorothea **Gfin zu Pappenheim**, * Iszka Szent-György 29.5.1908, † München 24.9.1991, T.d. Kgl. Bayer. OLt Siegfried Gf zu P. auf Iszka Szent-György u.d. Elisabeth Gfin Károlyi de Nagy-Károly.

Kinder:

1. **Gfin Priscilla** Irene Franziska Elisabeth Maria Barbara, * München 5.2.1934, † Hohenems 31.5.2019;
   ⚭ Pommersfelden, OFranken, 21.6.1956 Franz Josef **Gf v. Waldburg-Zeil-Hohenems**, * Chur, Schweiz, 7.3.1927, † Hohenems 31.8.2022, Gutsbes.

2. **Gf Manfred** Clemens Siegfried Karl Theodor, * München 19.5.1935, † ebd. 4.6.1989, Bankangest., E- u. DevRr d. souv. MaltRrO.;
   ⚭ (standesamtl.) München 28.1., (kirchl.) Wien 19.2.1966 Margit **Przssin Esterházy de Galántha**, * Budapest 11.4.1936, T.d. Dr.rer.pol. Ladislaus (László) Pr. E. de G. u.d. Maria (Marietta) Gfin Erdődy de Monyorókerék et Monoszló
   (Hauptplatz 8, 7442 Lockenhaus; Akademiestr. 2, 1010 Wien, Österreich).

Kinder:

1) **Gf Nikolaus** Georg Clemens Eustachius, * Innsbruck 14.9.1966, Holztechniker, Tischlermeister
(Burgenlandstr. 13, 2486 Landeck, Österreich);
⚭ Wien 25.3.2013 Anna **v. Wedel** a.d.H. Malchow, * Hamburg 20.2. 1983 (gesch. … 1.7.2021), T.d. Holzkaufm. Wedigo v. W. u.d. Laurette Brenninkmeyer
(…).

Kinder:

(1) **Gf László** Benedict Max Nikolaus, * Wien 19.6.2013.

(2) **Gfin Alexa** Margit Laura Maria, * Wien 21.4.2017.

2) **Gfin Clarissa** Maria Sophie Eleonore, * Wien 14.10.1967, freiberufl. Künstlerin, Modedesignerin
(Georges Huynenstraat 5, 1560 Hoeilaart, Belgien);
⚭ Lockenhaus, Burgenland, 13.7.1996 Léon **de La Torre** Krais, * Washington D.C., USA, 7.7.1969, Kgl. span. Botschafter (gesch. …).

3) **Gfin Melinda** Katharina Margit Dorothea, * Wien 20.10.1970, Werbekauffrau;
(Hauptplatz 8, 7442 Lockenhaus, Österreich);
⚭ Münster 19.11.1999 Johannes **Schönefeld**, * Aachen 13.9.1960, kaufm. Angest. (gesch. …).

4) **Gfin Maria-Christina** Margrita Helene, * Frankfurt am Main 19.2 .1974, Grafik-Designerin;
⚭ Lockenhaus, Burgenland, 12.8.2000 Martin **Kammerlander**, * Wien 15.2.1968, Designer
(Praterstr. 15/1/18, 1020 Wien, Österreich).

3. **Gfin Clarissa** Rosario Luisa Dorothea, * Jüterbog bei Berlin 14.10.1936, † Wangen im Allgäu 27.9.2020;

⚭ (standesamtl.) München 23.5., (kirchl.) Pommersfelden 21.6.1956 Aloysius (Alois) **Gf v. Waldburg zu Zeil u. Trauchburg**, * Zeil 20.9.1933, † Wangen im Allgäu 14.12.2014, Land- u. Forstwirt, MdB, Präs. d. Inst. f. Auslandsbeziehungen Stuttgart.

4. **Gf Franz Clemens** Karl Alexander Hubertus, * Breslau 3.10.1939, Bankdir. i.R.
(11745 Church St. C, Princess Anne, MD 21853, USA);
⚭ I. Vevey bei Lausanne (standesamtl.) 6.1., (kirchl.) 14.1.1964 Tatjana **Fstin Gortchacow**, * New York 25.7.1940, führt wieder den Geburtsnamen (gesch. Zürich 21.2.1974), T.d. Bankiers Konstantin Alexandrowitsch Fst G. u.d. Maria Alexandrowna Wyrubow (aus russ. Adel)
(21 Chemin de la Fontanettaz, 1009 Pully, Schweiz);
⚭ II. München 25.10.1974 Felizitas **Przssin Reuß**, * Mauritzen, Bez. Frohnleiten, Steiermark, 26.10.1946 (gesch. … 10.3.1992; ⚭ I. [standesamtl.] Rabertshausen, Kr. Gießen, 1.7., [kirchl.] Graz 9.7.1967 Peter Pr. zu Sayn-Wittgenstein-Berleburg, * Hamburg 5.2.1940, Kaufm., gesch. München 3.7.1974), T.d. Dr.jur., Dr.biol. Heinrich III. Pr. R. u.d. Franziska Freiin Mayr v. Melnhof a.d.H. Pfannberg
(La Renardière, 7 Chemin du Mapraz, 1225 Chêne Bourg, Schweiz).

Kinder: a) erster Ehe:

1) **Gf Clemens** Franz Alexander Constantin Eustachius, * New York 29.9.1964, Kaufm.;
⚭ Negrar, Prov. Verona, Italien, 18.9.2010 Orsola Teresa **Rizzardi**, * Mailand 4.11.1970, …, T.d. … Antonio R. u.d. Maria-Cristina Loredan
(Rue Ch Jean Pavvillard 20, 1009 Pully, Schweiz).

Söhne:

(1) **Gf Hugo** Filipp Antonio Franz Maria, * Peschiera del Garda 3.5. 2013.

(2) **Gf Maximilian** Giovanni Constantin Maria, * Peschiera de Garda 28.6.2015.

2) **Gf Constantin** Manfred Sebastian Lothar-Franz, * Zürich 29.3.1966, Architekt;
⚭ Bologna 23.9.2002 Maria Carla **Bargagli Petrucci**, * Bologna 18.8.1973, T.d. Unternehmers Conte palatino Barduccio B. P., Patrizier v. Siena, u.d. Giovanna Sassoli dei Marchesi De Bianchi di Piano
(Av. Juste Olivier 11, 1006 Lausanne, Schweiz).

Kinder:

(1) **Gf Ludwig** Franz Barduccio Nikolaus Maria, * Lausanne 5.3.2004, …
(…).

(2) **Gfin Ludmilla** Maria Angelica Giovanella Tatiana, * Lausanne 8.11.2005, …
(…).

(3) **Gf Leopold** Barduccio Constantin Bernard, * Lausanne 21.9.2007.

3) **Gfin Alexandra** Maria Dorothea Nadine Cecilia, * Zürich 2.9.1967;
⚭ I. Pully, Schweiz, 4.11.1989 Dom Pedro Paulo **de Mello de Vasconcellos** e Souza, * Cascais, Portugal, 9.8.1965, Önologe (gesch. Nelas, Portugal, 20.2.1995, Ehe kirchl. annull. Villars-sur-Glâne, Kt. Freiburg, 14.2.2000);
⚭ II. Genf (standesamtl.) 2.6., (kirchl.) 17.6.2000 Francesco **Pr. v. Bourbon-Sizilien**, * Ravensburg, Württ., 20.6.1960, Bankdir.
(Reinacherstr. 8, 8032 Zürich, Schweiz).

b) zweiter Ehe:

4) **Gf Gregor** Franz Friedrich Karl Teilhard, * Genf 18.4.1977, Grafikdesigner
(Rue des Plantaporrêts 6, 1205 Genf, Schweiz).

III. Linie: Schönborn

Stammvater: Gf Friedrich Karl, * 1781, † 1849. Erbl. Mitgl. d. ehem. Herrenh. d. österr. Reichsrats 18.4.1861. — Die Mitglieder dieser Linie führen den Namen Graf bzw. Gräfin v. Schönborn.

Chef: **Philipp Graf v. Schönborn,** * 1943.

1. Ast

Johann Nepomuk Maria Friedrich Karl Josef Eugen Richard **Graf v. Schönborn,** * Prag 3.4.1864, † ebd. 7.6.1912, K.u.K. Km., erbl. Mitgl. d. Herrenh. d. österr. Reichsrats;
⚭ Prag 17.6.1889 Anna **Gfin v. Wurmbrand-Stuppach**, * Wien 23.4.1868, † Prag 2.3.1938, StkrD., T.d. Heinrich Gf v. W.-St. auf Sonnenberg u.d. Eugenie Gfin v. Schönborn-Buchheim.

Söhne (von 2 Söhnen, 1 Tochter):

1. Maria **Karl Johann** Aloysius Andreas Heinrich Erwein **Graf v. Schönborn,** * Prag 28.11.1890, † München 31.8.1952, K.u.K. Lt;
   ⚭ I. Prag 9.6.1914 Elisabeth **Gfin v. Nostitz-Rieneck**, * Teplitz 18.5.1890, † Zangberg, OBayern, 19.3.1984, StkrD. (gesch. Prag 21.6.1920), T.d. K.u.K. Km. u. OLts Heinrich Gf v. N.-R. u.d. Maria Gfin Chotek v. Chotkowa u. Wognin;
   ⚭ II. Prag 11.11.1929 Vera **Przssin zu Hohenlohe-Waldenburg-Schillingsfürst-Kaunitz**, * Görz 22.5.1882, † Prag 1.12.1940 (österr. Namen- u. Wappenvereinigung mit denen der Gfn v. Kaunitz durch A.E. vom 9.4.1902, Diplom Wien 11.8.1904), K.u.K. PD. (⚭ I. Prag 7.6.1903 Rudolf Gf Czernin v. Chudenitz u. Morzin, * Prag 15.2.1881, † Wien 24.3. 1928, auf Hohenelbe usw., K.u.K. Km., gesch. Prag 5.4.1920), T.d. Egon Karl Pr. zu H.-W.-S. u.d. Marie Gfin v. Kaunitz, Fkhrin auf Neuschloß u. Böhmisch-Leipa;
   ⚭ III. Friedeberg, OSchles., 15.8.1944 Alexandra **Völcker**, * Hamburg 28.3.1904, † ebd. ... 1992 (gesch. Hamburg 4.2.1949; ⚭ I. Hamburg 1.7.

1939 Karl Heinz Görs, * ..., † ..., ..., gesch. Prag 1.7.1944), T.d. Reeders Siegfried V. u.d. Albertine Rieper;
⚭ IV. Hamburg 11.2.1949 Gabriele **Freiin v. Seydlitz-Kurzbach**, * Altona-Bahrenfeld 1.4.1920, † Unkel am Rhein 29.4.1992 (ev.) (⚭ I. Altona 24.8.1940 Erwin v. Lehsten, * Hamburg 10.3.1915, † Unkel 29.4.1992, Kaufm., gesch. Hamburg 23.12.1943; ⚭ III. [standesamtl.] Karby, Holst., 2.2., [kirchl.] Kappeln an der Schlei 4.2.1962 Herbert v. Klenze, * Kiel 5.11.1907, † Unkel 7.4.1987, Forstwirt), T.d. AmtsgerRats Richard Frhr v. S.-K. u.d. Hertha Tanck.

Kinder erster Ehe:

1) **Gfin** Maria **Johanna** Nepomucena Olga Desideria Philippa, * Lukawitz, Böhmen, 23.5.1915, † Vaduz, Liechtenstein, 2.4.2006;
⚭ Salzburg 27.11.1937 Ferdinand **Frhr v. Skal u. Groß-Ellguth**, * Endersdorf, Kr. Grottkau, 9.7.1903, † München 20.9.1972, auf Jungferndorf u. Schwarzwasser (§), Schles. (gesch. München 28.4.1960).

2) Maria **Hugo-Damian** Adalbert Josef Hubertus **Graf v. Schönborn**, * Lukawitz 22.9.1916, † Wien 6.3.1979, Maler;
⚭ I. Prag 10.5.1942 Eleonore **Freiin v. Doblhoff**, * Brünn 14.4.1920, † Schruns, Vorarlberg, 25.2.2022, StkrD. (gesch. Feldkirch 13.3.1959), T.d. Dr.jur. Herbert Frhr v. D. u.d. Gertrud v. Skutezky;
⚭ II. Wien 10.5.1963 Johanna **Moser**, * Gmünd, Kärnten, 29.11.1935, † Wien ... 2002, Malerin, T.d. ... Josef M. u.d. Maria Egger.

Kinder erster Ehe:

(1) Johann **Philipp** Maria Karl Herbert Ferdinand **Graf v. Schönborn**, * Prag 27.1.1943, Fotograf
(Georgenstr. 4, 80799 München);
⚭ Altenmuhr, MFranken, 10.10.1970 Adelheid **v. Buchwaldt**, * Berlin-Gatow 16.9.1938, Gartenarchitektin (gesch. München 15.7.2020), T.d. Rechtsanwalts Friedrich (Fritz) v. B. u.d. Elisabeth Charlotte (Liselotte) v. Le Suire a.d.H. Altenmuhr
(Schloßstr. 18, 91735 Muhr am See).

Töchter:

a. **Gfin Johanna** Maria, * Gunzenhausen 14.11.1972, Landschaftsarchitektin, führt den Geburtsnamen;
(Strada Hilib 174A, 527126 Hilib, Jod. Covasua, Rumänien);
⚭ (standesamtl.) Muhr am See 12.9., (kirchl.) Altenmuhr 13.9.2003 Armin **v. Samson-Himmelstjerna**, * Falkenberg bei Schleswig 4.3.1970, Assessor jur., Justitiar (gesch. Schleswig 16.3.2018).

b. **Gfin Anna** Katharina, * Gunzenhausen 7.11.1979, Fotografin, führt den Geburtsnamen;
⚭ Altenmuhr 31.12.2011 Florian **Schumann**, * München 18.9. 1979, MaschinenbauIng.
(Fünfbronn 22, 91174 Spalt).

(2) **Gf Christoph** Maria Michael Hugo Damian Peter Adalbert, * Skalken 22.1.1945, Pater im DominikanerO., Dr.theol., o.Prof. an der Univ. Freiburg, Schweiz, Erzbischof von Wien, Kardinal, EBailli u. DevGroßkrRr d. souv. MaltRrO.
(Erzbischöfl. Palais, Wollzeile 2, 1010 Wien, Österreich).

(3) **Gfin Barbara** Maria Anna Michaela Elisabeth, * Graz 23.9.1947, führt den Geburtsnamen
(Kirchplatz 17, 6780 Schruns, Österreich);
⚭ I. Paris 22.3.1973 Daniel **Manchon**, * Paris 21.3.1934, Fotograf (gesch. Paris 22.10.1984);
⚭ II. Schruns, Vorarlberg, 22.9.1985 Maurice **Dor de Lastours**, * Paris 17.3.1948, Land- u. Forstwirt, Grundbes.
(Haras de Gruchy, 14330 Saon, Frankreich).

(4) **Gf Michael** Anatol Maria Hugo Karl, * Schruns 2.11.1954, Schauspieler
(Wahrenberger Weg 10, 39615 Geestgottberg);

⚭ Hamburg 30.8.1995 Barbara **Neureiter**, * Bad Ischl 2.2.1962, Regisseurin (gesch. Hamburg 5.5.2003), T.d. Malermeisters Heinrich N. u.d. Elisabeth ...
(...).

3) **Gfin** Maria **Anna** Elisabeth Cyrilla Franziska von Paula, * Prag 29.3. 1919, † Leitmeritz, Böhmen, 30.6.2004, Schwester Theresia.

2. **Gf Heinrich** Maria Johann Adalbert Alexander Aloys, * Prag 13.2.1895, † Neuhaus bei Schliersee, OBayern, 11.10.1976, OLt, Kaufm.;
⚭ Prag-Karolinental 7.10.1936 Margarethe **Gerstenberger**, * Graslitz 29.7.1910, † North Hollywood, Kalifornien, 20.11.1991 (⚭ I. Prag 15.4. 1933 Nikolaj R. Peter, * ..., † ..., Slowakei, ... 1947, Ing., gesch. Prag 25.2. 1936), T.d. ... Bruno Wilhelm G. u.d. Josephine Riedl.

Kinder:

1) **Gf Alexander** Maria Karl Heinrich Franz, * Prag 29.1.1938, Prof. emer. f. Philosophie;
⚭ I. Seattle, Washington, 14.6.1970 Maureen **Dufault**, * Hollywood, Kalifornien, 29.9.1943 (gesch. Austin, Texas, 10.4.1975), T.d. Managers Rosaire Honoré D. u.d. Kathleen Ann McNeice
(...);
⚭ II. Corpus Christi, Texas, 12.8.1978 Mary Leona **Grote**, * Mason, Texas, 4.10.1955, B.Sc. (Innendesign), T.d. Ranchers Gordon G. u.d. June LaVerne Viser
(3308 Crawford Street, Columbia, MO 65203, USA).

Sohn zweiter Ehe:

Gf Damian Andreas, * Columbia, Missouri, 14.7.1987, M.Sc., Data Scientist, Produktmanager;
⚭ St. Paul, Minnesota, 2.8.2013 Julie **Hoye**, * Minneapolis 24.5. 1987, D.Sc., T.d. D.Sc. Thomas Robert H. u.d. D.Sc. Rebecca Cowan
(1821 Dayton Ave., St. Paul, MN 55104, USA).

Tochter:

Lola Hoye, * St. Paul, Minnesota, 13.8.2018.

2) **Gfin** Maria **Elisabeth** Anna Henriette Dionysia, * Prag 9.10.1940, † Glendale, Kalifornien, 26.1.1999;
⚭ I. Los Angeles, Kalifornien, 27.1.1962 James Christian **Specht**, * Los Angeles 13.6.1938, † Coeur d'Alene, Idaho, 20.4,2017, Börsenmakler (gesch. Los Angeles 14.11.1978);
⚭ II. Los Angeles 7.2.1979 Glen Lee **Hollinger**, * Los Angeles 24.6. 1936, † ebd. 17.8.2010, Dr.med.

3) **Gf** Maria **Lothar Franz** Maria Hugo Damian Eduard, * Prag 9.6.1943, Stadtbaumeister
(1831 Hollyvista Avenue, Los Angeles, CA 90027, USA).

2. Ast

Zdenko Maria Aloys Karl Wilhelm **Graf v. Schönborn**, * Prag 10.2.1879, † Krumbach, Schwaben, 11.2.1960, K.u.K. Km. u. Rittmeister, Landtagsabg. von Böhmen;
⚭ Prag 9.5.1905 Marie **Gfin v. Coudenhove**, * Seehof 22.2.1886, † Rheydt 20.1.1940, auf Kauth-Chodenschloß (§), Bez. Taus, Böhmen, T.d. K.u.K. Km. Gerolf Gf v. C. auf Seehof, Elfershausen usw., u.d. Gisela Gfin v. Stadion-Warthausen u. Thannhausen, auf Kauth-Chodenschloß usw.

Söhne (von 2 Söhnen, 3 Töchtern):

1. **Gf Gerolf** Max Karl Zdenko Rudolf Hieronymus Maria, * Chlum 30.9. 1915, † Wiesbaden 27.4.1991, auf Kauth-Chodenschloß (§), Kaufm.;
⚭ I. München 5.11.1942 Blanka **Knapp**, * Biberach an der Riß 24.5.1916, † Seon, Kt. Aargau, 24.10.1943, T.d. ... Alfons K. u.d. Blanka Lautenschlager;
⚭ II. Wiesbaden 22.8.1953 Johanna-Maria **Alberts**, * Braunschweig 22.6. 1924, † Ehingen, Württ., 18.8.1969 (⚭ I. [standesamtl.] Wiesbaden 18.3. 1948 Udo v. Oven, * Wiesbaden 28.8.1919, † ... (? München ... 2000),

akadem. Bildhauer, gesch. Wiesbaden 27.5.1952), T.d. Dr.jur. Maximilian A. u.d. Johanna v. Carnap;
⚭ III. Wiesbaden 17.11.1972 Ilse **Gemündt**, * Lübeck 30.1.1922, † Wiesbaden 1.11.2018, T.d. Ing. Dionys G. u.d. Mathilde Beez.

2. **Gf Zdenko** Friedrich Franz Edmund Theophil Cajetan Maria, * Prag 22.4.1917, † Oberstadion 18.3.1993, auf Oberstadion bei Ehingen, Württ.;
⚭ I. München 5.12.1939 Ingeborg (Inge) **v. Bomhard**, * München 9.5. 1918, † ebd. 10.9.1999, Geschäftsinh. (gesch. München 5.11.1947), T.d. Oberstlts Nikolaus (Klaus) v. B. u.d. Mathilde (Thilda) Oldenbourg;
⚭ II. Oberstadion 29.11.1947 Maria Johanna **Hirsch**, * Regensburg 17.7. 1922, † Kempten, Allgäu, 22.4.1981 (gesch. München 13.2.1952), T.d. ... Georg H. u.d. Babette Oberdorfer;
⚭ III. München 13.12.1954 Katharina **Märkl**, * Würzburg 19.3.1911, † Oberstadion 7.2.1967 (⚭ I. München 22.5.1950 Hans Pfingstler, * ..., † ..., ..., gesch. München 15.11.1954), T.d. Bankbeamten Josef M. u.d. Katharina Heil;
⚭ IV. Oberstadion 21.3.1968 Margret **Gschwind**, * Therwil, Kt. Basel, 12.6.1927, † Horgen, Kt. Zürich, 13.9.2017, T.d. ... Anton G. u.d. Madelaine Beuret.

Kinder erster Ehe:

1) **Gf Alexander** Friedrich, * München 5.6.1941, † Ehingen an der Donau 7.8.2023, auf Oberstadion, Forstwirt;
⚭ I. Schöntal an der Jagst 12.9.1966 Mechtild **Gfin v. Zeppelin-Aschhausen**, * Heidelberg 20.10.1937 (gesch. Günzburg 19.11.1996), T.d. Dr.rer.pol. Friedrich-Hermann Gf v. Z.-A. auf Aschhausen u. Buchhof u.d. Elisabeth Gfin Zedtwitz v. Moraván u. Duppau
(von-Eichendorff-Str. 28, 86470 Thannhausen);
⚭ II. Ziemetshausen 6.12.1996 Susanne (Sissi) **Fischer**, * Ravensburg 24.11.1959, Dipl.-Kaufm., T.d. Land- u. Forstwirts Bruno F. u.d. Rosalie Miller
(Schloßberg 17, 89613 Oberstadion).

Kinder: a) erster Ehe:

(1) **Gf** Johann-**Philipp** Konstantin Alexander Zdenko Friedrich-Wilhelm Alfred, * München 14.9.1967, Dipl.-Betriebswirt (FH); ⚭ Erbach bei Ulm 5.9.1998 Concordia **Freiin v. Ulm zu Erbach**, * Ulm 5.5.1969, Dipl.-Betriebswirtin (FH), T.d. Franz Frhr v. U. zu E. auf Erbach u.d. Adelheid Gfin v. Preysing-Lichtenegg-Moos
(Beltweg 18, 80805 München).

Kinder:

a. **Gf** Johann **Damian** Ludwig Franz Maria, * München 1.8.2006.

b. **Gfin Amalia** Elisabeth Adelheid Mechthild Maria, * München 4.9.2008.

(2) **Gf Konstantin** Alexander Friedrich-Karl Ludolf Ludwig Burkhart Franz, * München 7.11.1968, Dr.jur., Unternehmensberater; ⚭ Kloster Roggenburg bei Weissenhorn, Schwaben, 18.10.2003 Alexandra **Freiin v. Mauchenheim gen. Bechtolsheim**, * München 30.9.1966, M.A. (Geschichte), Groß- u. Außenhandelskauffrau, T.d. Geschäftsf. Georg Frhr v. M. gen. B. u.d. Denise Lauschmann
(Veterinärstr. 2a, 80539 München).

Kinder:

a. **Gfin Sophia** Alexandra Maria Mechthild Denise, * München 10.11.2004, stud. Int. Business
(Veterinärstr. 2a, 80539 München).

b. **Gf Georg** Konstantin Maria Antonius Benedikt, * München 31.10.2007.

(3) **Gf Wolfgang** Georg Eugen Kurt, * München 5.5.1973, Dr.jur., Rechtsanwalt;

⚭ Madrid 25.9.2010 Amaya **Medina** García, * Madrid 21.1.1977, Key Account Managerin, T.d. Dipl.-Ing. José M. u.d. Angeles G. Higuera
(Elisabethstr. 34, 80796 München).

Söhne:

a. **Gf Maximilian** Hugo Paul Antonio, * München 29.1.2012.

b. **Gf Nicolas** Moritz Friedrich Antonio, * München 30.3.2014.

c. **Gf Leopold** Gabriel Georg Antonio, * München 17.10.2016.

b) zweiter Ehe:

(4) **Gfin Marie-Christine** Sophie Therese Elisabeth, * Augsburg 2.6. 1993, M.A. (Hon.)
(Schloßberg 17, 89613 Oberstadion).

(5) **Gf Franz-Georg** Albrecht Eugen Alexander Friedrich Maria, * Augsburg 16.4.1995, LL.B., Rechtsanwalt
(Schloßberg 17, 89613 Oberstadion).

(6) **Gfin Marie-Isabelle** Elisabeth Sophie Thérèse, * Augsburg 6.3. 1998, M.Sc.
(Schloßberg 17, 89613 Oberstadion).

(7) **Gf Friedrich-Karl** Franz-Georg Ferdinand Alexander Maria, * Augsburg 23.2.2000, M.Sc.
(Schloßberg 17, 89613 Oberstadion).

2) **Gfin Angela** (Aya) Elisabeth, * Oberstadion 24.8.1942, † … 27.3.2022; ⚭ I. South San Gabriel, Kalifornien, 6.11.1965 Andrzej Jan (Andrew John) **Ruttié** (aus poln. Adel, Wappen Bojomir), * Posen 6.2.1938, † Ventura, Kalifornien, 18.8.8.1986, … (gesch. Santa Barbara, Kalifornien, 11.8.1972, kirchl. annulliert Los Angeles 15.4.1997);

⚭ II. Oberstadion 19.9.1975 Gerwin **Franzen**, * Eberswalde 2.9.1929, † ... (? Bognor Regis, Gfschaft West Sussex), Großbritannien, 20.2.2010, Dr.-Ing. (gesch. München 13.10.1985);
⚭ III. (standesamtl.) Ziemetshausen 16.1.1986, (kirchl.) Seyfriedsberg 22.9.1997 Wolfgang **Pr. zu Oettingen-Oettingen u. Oettingen-Wallerstein**, * München 1.8.1924, † Seyfriedsberg 4.4.2001, Hr d. früheren SekundogeniturHrschaft Seyfriedsberg, Lt.

3. Ast

Im Mannesstamm erloschen.

Maria **Adalbert** Erwein Karl Laurenz **Graf v. Schönborn**, * Malesitz 16.8. 1881, † Klattau 18.1.1946, Gutsbes., K.u.K. Bezirkshauptm.;
⚭ I. Běšiny 18.6.1907 Rosine **Gfin Czernin v. Chudenitz**, * Prag 14.10.1880, † Skotschitz bei Budweis 23.9. 1926, T.d. K.u.K. Rittmeisters Joseph Gf Cz. v. Ch. u.d. Maria Gfin Des Fours-Walderode zu Mont u. Athienville;
⚭ II. Prag 1.6.1941 Selina **Freiin v. Ringhoffer**, * Horka an der Iser 8.9.1911, † Prag 19.10.1953, T.d. Großindustriellen Alfred Frhr v. R. u.d. Maria-Anna Gfin v. Nostitz-Rieneck.

Sohn erster Ehe (von 1 Sohn, 1 Tochter):

Gf Maria **Carl** Zdenko Adalbert Markus, * Linz 25.4.1910, † Bad Reichenhall 26.7.1991, Dr.jur.;
⚭ I. Wuppertal-Barmen (standesamtl.) 24.4., (kirchl.) 25.4.1935 Ilse **Pfarr**, * Langerfeld bei Wuppertal 2.12.1908, † Thambach bei Mühldorf am Inn 11.7.1990 (ev.), führte seit 8.9.1954 wieder den Namen des ersten Gemahls (gesch. Wuppertal 23.1.1951; ⚭ II. ... 30.6.1951 Michael Albert Puhris, * Fraunberg 14.6.1913, † Los Angeles, USA, 16.1.1993, ..., gesch. ... 23.6.1954), T.d. Ing. u. Fabrikanten Georg Otto P. u.d. Pauline (Paula) Hartmann;
⚭ II. Burg an der Wupper 1.2.1961 Annelore **Dicke**, * Barmen 11.3.1923, † Bad Reichenhall 27.1.2023 (⚭ I. ... Hans-Joachim Züge, * ... 15.11.1913, † ... 2002, Dr.med.vet., gesch. ...), T.d. ... Julius D. u.d. Cläre Altenhain.

Tochter erster Ehe (von 2 Töchtern):

Gfin Edda Maria Paula Charlotte, * Wuppertal-Barmen 21.2.1938; ⚭ I. Bonn 24.9.1955 Wolf **van Riesenbeck**, * Wuppertal 8.11.1931, † ..., Spanien, ... 1982, Referendar (gesch. Hamburg 22.7.1967); ⚭ II. München 6.5.1975 Klaus **Wondratscheck**, * Rudolstadt 6.5. 1938, † ... (? La Manga bei Murcia, Spanien) 6.4.2016, Oberstlt *(...)*.

Adoptivtochter.

Friedrich Karl Graf v. Schönborn-Buchheim
Paul Graf v. Schönborn-Wiesentheid
Philipp Graf v. Schönborn

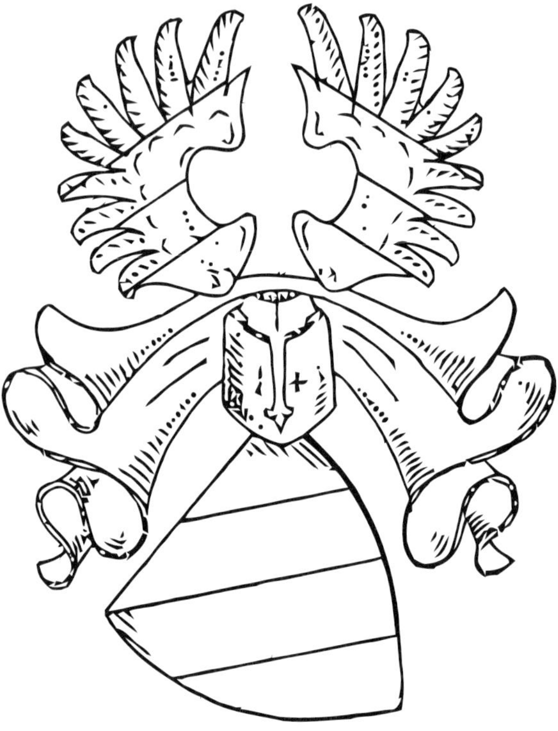

Schönburg

Luth. u. kath. — Fränkisch-thür. edelfreies Geschlecht, das mit Ulricus de Schunenberg (Sconenberg) 1130, 1157 und 1161-1166 urkundl. (Cod. dipl. sax. I, 2, Nr. 83, und Dobenecker, Regesta hist. Thuring. I, Nr. 1249, bzw. II, Nr. 166, 210 u. 320) zuerst auftritt, um 1182 ein reichsunmittelbares Gebiet in der Gegend von Geringswalde (1590 an Kursachsen verloren) besaß und 1256 im Besitz von Glauchau, 1286 von Lichtenstein, 1378 von Waldenburg erscheint. Die sichere Stammreihe beginnt mit Hermannus de Sconeburg, urkundl. 1212-1224. — Kais. Belehnung mit der 1406 erworbenen Gfschaft Hartenstein, Konstanz 30.4.1417 und Frankfurt 31.7.1442; Erwerb der Hrschaft Penig und Wechselburg 1543, der Hrschaft Rochsburg 1548; Kais. Verleihung d. Präd. »Wohlgeboren« Regensburg 26.10.1640 (für die Brüder u. Vettern Haug zu Waldenburg, Johann Heinrich zu Remse, Johann Caspar zu Forderglauchau, Christian zu Zschillen, Georg Ernst zu Lichtenstein, Otto Albrecht zu Hartenstein, Veit zu Stein u. Oelsnitz u. Wolfgang Heinrich Hrn v. Schönburg zu Penig); Reichsgfnstand mit »Hoch- u. Wohlgeboren« Wien 7.8.1700 (für die Brüder u. Vettern Samuel Heinrich zu Wechselburg, Otto Ludwig zu Hartenstein, Wolfgang Heinrich zu Penig, Christian Ernst zu Hinterglauchau u. August Ernst Hrn v. Schönburg zu Rochsburg); das Gesamthaus hatte seit 4.9.1831 zwei Sitze in der Ersten Kammer d. Kgr. Sachsen.

Stammwappen (ältestes Siegel von 1233): Von Rot u. Silber dreimal schrägrechts geteilt; auf dem Helm mit rot-silbernen Decken ein wie der Schild bezeichneter offener Flug.

Literatur: Hinweise s. GHdA, Adelslexikon, Bd XIII (2002) u. XVII (2008). Letztaufnahme der Genealogie: GGH, Fstl. Häuser, Bd 1 (2015).

I. Obere (Fürstliche) Linie

Stammvater: Hugo I., * 1530, † 1566.

Reichsfstnstand mit »Hochgeboren« Frankfurt am Main 9.10.1790 (für Otto Karl Friedrich Gf v. Schönburg); Besitzteilung 1813 zwischen zwei Söhnen des 1. Fstn Otto Karl Friedrich, * 1758, † 1800.

1. Ast: Schönburg-Waldenburg

Stammvater: Fst Otto Victor, * 1785, † 1859.

Luth. u. kath. — Zuständigkeit des Präd. »Durchlaucht« lt Bundestagsbeschluß vom 18.8.1825, österr. Durchführung desselben 4.11.1825; österr. Bestätigung 22.2.1847; sächs. Bestätigung bzw. Ausdehnung auf die gesamte Nachkommenschaft 29.10.1878. — Die Nachgeborenen und deren Gemahlinnen führen den Namen Prinz bzw. Prinzessin v. Schönburg-Waldenburg und das Präd. »Durchlaucht«.

Chef: **Kai-Philipp Fürst, Graf und Herr v. Schönburg**, * 1969.

1. Zweig (Droyßig)

Im Mannesstamm erloschen.
Stammvater: Pr. Hugo, * 1822, † 1897.

Hugo Prinz v. Schönburg-Waldenburg, * Droyßig 15.10.1910, ⚔ bei Knutowo 16.1.1942, Lt in einem KavRgt;
⚭ Leipzig 4.11.1937 Waltraut Benedicta **v. Klüchtzner**, * Sondershausen 2.7.1918, † München 2.9.1979 (⚭ II. München 17.9.1954 Jürgen v. Goerne, * Allenstein 12.2.1908, † München 3.3.2001, Oberst, Unternehmer), T.d. thür. StMin. Wilko v. K. auf Haynrode, Eichsfeld, u.d. Ottilie (Tilly) Greiner.

Tochter (von 2 Töchtern):

Przssin Michaela, * Berlin 9.3.1940;
⚭ I. Fuschl 7.6.1963 Alexander **Fst zu Hohenlohe-Jagstberg**, * Haltenbergstetten, Württ., 25.8.1937 (gesch. Bückeburg 12.11.1974);
⚭ II. Wachtberg-Berkum 14.2.1975 Wolfgang **Pr. zu Oettingen-Oettingen u. Oettingen-Wallerstein**, * München 1.8.1924, † Seyfriedsberg 4.4.2001, Hr der früheren Sekundogeniturhrschaft Seyfriedsberg, Lt (gesch. München 23.1.1985);
⚭ III. Buenos Aires, Argentinien, 20.9.1985 Alfonso **v. der Becke-Klüchtzner**, * Buenos Aires 18.3.1929, † Marbella, Prov. Málaga, Spanien, 16.10.2019, Dr.med., GenKonsul
(...).

2. Zweig (Guteborn)

Stammvater: Pr. Georg, * 1828, † 1900.

Ulrich Georg **Prinz v. Schönburg-Waldenburg**, * Hermsdorf bei Dresden 25.8.1869, † Guteborn 1.12.1939, auf Guteborn bei Ruhland, Schles., u. Gusow, Mark, RRr d. JohO.;
⚭ Frankfurt am Main 24.2.1900 Pauline **Przssin zu Löwenstein-Wertheim-Freudenberg**, * Heidelberg 16.10.1881, † Miltitz, Sachsen, 24.4.1945, T.d. Kgl. preuß. Oberstlts Alfred Pr. zu L.-W.-F. u.d. Pauline Gfin v. Reichenbach-Lessonitz.

Söhne (von 3 Söhnen, 2 Töchtern):

1. **Wolf** Georg Alfred **6. Fürst, Graf u. Herr v. Schönburg** usw., * Dresden 26.11.1902, † Florenz 24.11.1983 (Adoptivsohn [Vertrag ..., gerichtl. best. ...1941] des Hermann Pr. v. Schönburg-Waldenburg, † 1943); folgt seinem Vetter, dem 5. Fstn Günther, † 1960, als Chef des Hauses;
⚭ Asciano 16.10.1944 Luciana **Bargagli Stoffi**, * Bologna 17.1.1921, † Florenz 26.3.1984 (kath.), T.d. Luigi B. St., Patrizier von Siena, u.d. Giuseppina Rovatti.

Töchter (kath.):

1) **Przssin Grazia** Dorothea Guglielmina, * Asciano 4.3.1946, Kunsthistorikerin;
⚭ Asciano 26.6.1976 Nob. Gianfranco **Vailati**, * Offanengo 17.10. 1937, Richter am Kassationshof a.D.
(Villa di Lappeggi, 50011 Antella, Prov. Florenz, Italien).

2) **Przssin Alessandra** Luisa Carlotta, * Asciano 18.4.1949, † Rom 24.2. 2018;
⚭ Asciano 11.7.1981 Riccardo **Tanturri** de Horatio, * Neapel 1.11. 1944, † Rom 21.12.2001, Prof., Journalist.

3) **Przssin Anna-Luisa** Ermanna Pia Cecilia, * Asciano 22.11.1952, Dr. rer.pol., Schriftstellerin;
⚭ Rom 2.4.1977 **Don** Fabrizio **Pignatelli della Leonessa** a.d.H. der Principi di Monteroduni, * Rom 2.8.1952, Dr.rer.pol., Diplomat
(Via di Villa Ada 10, 00199 Rom, Italien; Palazzo Sta Lucia, 5 Via delle Erbe, 53045 Montepulciano, Prov. Siena, Italien).

2. **Pr. Georg** Ulrich, * Guteborn 18.11.1908, † Ueberackern, OÖsterr., 4.8. 1982, auf Guteborn (§), RRr d. JohO.;
⚭ (standesamtl.) Burghausen, Kr. Altötting, 30.4., (kirchl.) München 4.5.1935 Pauline **Gfin zu Castell-Castell**, * Langenzell 5.9.1906, † Überackern 18.2.2002, T.d. Kgl. bayer. GenMajors Otto Gf zu C.-C. u.d. Amélie Przssin zu Löwenstein-Wertheim-Freudenberg.

Töchter:

1) **Przssin Anna-Amelie** Madeleine Charlotte Marie Therese Sibylle Ulrike, * Frankfurt an der Oder 22.1.1936, † Frankenmarkt, OÖsterr., 7.10.1966;
⚭ Hochburg bei Ach, OÖsterr., 26.4.1962 Franz Salvator **Ehzg v. Österreich**, * Wallsee, Österr., 10.9.1927, † ... 13.2.2012, Ing.

2) **Przssin Clementine** Pauline Hermine Dorothea Antonie Ottilie, * Frankfurt an der Oder 22.1.1936 (Zwillingsschwester d. Vorigen) *(Weilhartstr. 1, 5122 Überackern, Österreich).*

3) **Przssin Stephanie** Pauline Amelie Walpurgis Alexandrine, * Gusow 22.9.1938 (kath.), StkrD.;
⚭ Hochburg (standesamtl.) 17.8., (kirchl.) 7.9.1960 Ludwig **Gf v. Waldburg zu Wolfegg u. Waldsee**, * Pähl bei Weilheim 15.6.1934, † Löwenstein 23.4.2017, auf Assumstadt, Landwirt
(Schloß Assumstadt, 74219 Möckmühl-Züttlingen).

4) **Przssin Luise** Pauline Amelie Vibeke Emma, * Frankfurt an der Oder 12.10.1943;
⚭ (standesamtl.) Ueberackern 14.8., (kirchl.) Burghausen 9.9.1968 Andreas **Pr. zu Hohenlohe-Langenburg**, * Schwäbisch Hall 24.11. 1938, † München 28.10.2021, Bankkaufm. i.R.
(Tristanstr. 18 A, 80804 München).

3. **Pr. Wilhelm**, * Guteborn 3.4.1913, ⚔ bei Parfouru, Normandie, 11.6.1944 (Adoptivsohn [Vertrag ... 4.1., amtsgerichtl. best. Sondershausen 18.7. 1942] der Fstin Anna Luise zu Schwarzburg, Przssin v. Schönburg-Waldenburg, † 1951), auf Guteborn, Oberstlt u. Kmdr d. Panzer-Lehr-Abt.;
⚭ Roßla, Prov. Sachsen, 27.9.1939 Marie-Elisabeth **Przssin zu Stolberg-Roßla**, * Roßla 1.10.1921, † Ortenberg, OHessen, 11.7.1975, T.d. Christoph Fst zu St.-R. u.d. Ida Przssin Reuß Ä.L.

Söhne:

1) **Pr. Ulrich**, * Dresden 9.10.1940, † Hamburg 19.2.2022 (Adoptivsohn [Vertrag ... 4.1., amtsgerichtl. best. Sondershausen 18.7.1942) der Fstin Anna Luise zu Schwarzburg, Przssin v. Schönburg-Waldenburg, † 1951), Grafiker;
⚭ (standesamtl.) Köln 14.7.1972, (kirchl.) Falkenhagen 18.12.1977 Brigitte **Hirschle**, * Ravensburg 31.3.1943, † Hamburg 27.8.2017, techn. Zeichnerin, T.d. Kaufm. Norbert H. u.d. Hildegard Lucas.

Tochter:

Przssin Verena Alexandra Natalie, * Köln 3.11.1971, Künstlerin *(...).*

2) **Pr. Wolf Christoph**, * Dresden 3.4.1943, † Lüneburg 4.12.2023, Dr.phil., Journalist;
⚭ Lüneburg 6.12.1968 Evelin **Mente**, * Hindenburg, OSchles., 6.6. 1944, Fremdsprachenkorrespondentin, T.d. Ing. Werner M. u.d. Johanna Kutter
(...).

Sohn:

Kai-Philipp Wolf **Fürst, Graf u. Herr v. Schönburg**, Graf u. Herr zu Glauchau und Waldenburg, auch der niederen Gfschaft Hartenstein (Durchlaucht), * Hamburg 24.4.1969, Dipl.-Instrumentalpädagoge u. Dipl.-Musiker
(...);
⚭ Brasilia 14.1.1994 Isabelle **Borges Sampaio**, * Salvador, Brasilien, 13.5.1966, Malerin (gesch. Berlin 5.9.2001), T.d. Prof. f. Wirtschaftswissenschaften Renelson Ribeiro S. u.d. Maria Hortencia Borges Sampaio
(...).

3. Zweig (Gauernitz)

Stammvater: Pr. Karl Ernst, * 1836, † 1915.
Erloschen.

2. Ast: Schönburg-Hartenstein

Stammvater: Fst Heinrich Eduard, * 1787, † 1872.

Kath. — Zuständigkeit des Präd. »Durchlaucht« (primog.) lt Bundestagsbeschluß vom 18.8.1825, österr. Durchführung desselben 9.10.1843 und Ausdehnung auf die gesamte Nachkommenschaft lt A.E. 27.4.1869 (intimiert durch Erlaß des Min. des Innern 9.5.1869); böhm. Inkolat Wien 26.9. 1818; steir. Herrenstand 16.10.1834; böhm. Inkolat im Herrenstand 26.9. 1845; erbl. Mitgl. des Herrenhauses des österr. Reichsrats Wien 18.4.1861. — Die Nachgeborenen und deren Gemahlinnen führen den Namen Prinz bzw. Prinzessin v. Schönburg-Hartenstein und das Präd. »Durchlaucht«.

Chef: **Johannes Fürst v. Schönburg-Hartenstein**, * 1951.

Josef **Alexander** Heinrich Otto Paul Friedrich **3. Fürst v. Schönburg-Hartenstein**, * Wien 5.3.1826, † ebd. 1.10.1896, folgt seinem Vater 16.11.1872, K.K. GehRat, Km. u. Gesandter, Rr d. O. vom GVlies;
⚭ Wien 3.6.1855 Karoline **Przssin v. u. zu Liechtenstein**, * Wien 27.2.1836, † ebd. 28.3.1885, StkrD., T.d. Aloys II. Fst v. u. zu L. u.d. Franziska Gfin Kinsky v. Wchinitz u. Tettau.

Söhne (von 3 Söhnen, 3 Töchtern):

1. Eduard **Aloys** Maria Alexander Konrad **4. Fürst v. Schönburg-Hartenstein**, * Karlsruhe 21.11.1858, † Hartenstein, Sachsen, 20.9.1944, folgt seinem Vater, K.u.K. GehRat u. Km., GenOberst, österr. Min. f. Landesverteidigung, Vizepräs. d. Herrenhauses d. österr. Reichsrats, Rr d. O. vom GVlies, Kmdr des österr. Mil.-Maria-TheresienO. usw.;
   ⚭ Wien 23.4.1887 Johanna **Gfin v. Colloredo-Mannsfeld**, * Dobřiš, Böhmen, 27.7.1867, † Brünn 26.8.1938, PD. der Kaiserin Elisabeth v. Österreich, StkrD., E- u. DevD. d. souv. MaltRrO., T.d. Hieronymus Gf v. C.-M. u.d. Aglaë Gfin Festetics de Tolna.

   Sohn (von 2 Söhnen, 5 Töchtern):

   Alexander Hieronymus Maria Aloys Karl Innocenz **5. Fürst v. Schönburg-Hartenstein**, * Wolfsthal, NÖsterr., 28.7.1888, † Wien 20.1.1956, folgt seinem Vater, Dr.jur.;
   ⚭ Wien 2.4.1913 Agathe **Przssin v. Auersperg**, * Goldegg bei St. Pölten 6.4.1888, † Wien 13.10.1973, K.u.K. PD., StkrD., T.d. K.u.K. WGehRats u. Obersten Karl Fst v. A. u.d. Eleonore Gfin Breunner.

Kinder:

(1) **Przssin Eleonore Maria** Johanne Agathe Gobertina Victoria, * Goldegg 23.9.1914, † Wien 4.7.1986;
⚭ Rom 25.7.1950 Thomas A. **Emmet**, * New York 14.10.1915, † ebd. 7.4.1990, … (gesch. … 1961).

(2) **Erbpr. Aloys** Franz Josef Hieronymus Maria, * Goldegg 18.8. 1916, ⚔ († an der erlittenen Verwundung im Lazarett) Prag 13.5. 1945, OLt;
⚭ (standesamtl.) Hartenstein 31.12.1944, (kirchl.) Aue, Sachsen, 1.1.1945 Elisabeth **v. Trotha**, * Frankfurt am Main 7.7.1920, † Medingen 13.12.1994, T.d. Kais. Kreischefs Thilo v. T. auf Skopau u. Collenbey, Kr. Merseburg, usw. u.d. Ida Przssin zu Ysenburg u. Büdingen in Wächtersbach.

(3) **Pr. Karl** Alexander Hieronymus Maria, * Goldegg 20.2.1918, † (Motorradunfall) Aue 31.7.1938.

(4) **Pr. Johannes** Rupprecht Franziskus Maria, * Achensee, Tirol, 13.9.1919, ⚔ (vermisst) bei Stalingrad … 2.1943, …

(5) **Hieronymus** Günther Maria **7. Fürst v. Schönburg-Hartenstein**, * Hartenstein 1.11.1920, † Kreuth 31.10.1992, folgt seinem Neffen, dem 6. Fstn Alois (Aloys), Dipl.-Ing., seit 1982 als Bruder Rupert OSB in der Benediktinerabtei St. Georgenberg-Fiecht bei Schwaz, Tirol;
⚭ (standesamtl.) München 29.3., (kirchl.) Maxensruh bei Immenstadt, Allgäu, 2.4.1946 Mathilde **Gfin v. Tattenbach**, * München 20.9.1905, † unweit der Hati-Brücke über den Ibati, Natal, Südafrika, 6.7.1981, StkrD., T.d. Kgl. bayer. Km. u. Oberstlts Gottfried Gf v. T. u.d. Maria Gfin v. Quadt zu Wykradt u. Isny.

(6) **Przssin Johanna** Aglae Eleonore Maria, * Hartenstein 6.6.1922, † Ebreichsdorf 2.11.1985, StkrD.;

⚭ Wien (standesamtl.) 16.2., (kirchl.) 18.2.1943 Ignaz **Gf v. Attems**, * Wien 23.6.1918, † Ebreichsdorf 24.2.1986, Divisionär d. österr. Bundesheeres.

(7) **Pr. Adolf** Alexander Karl Maria, * Wien 8.12.1923, ⚔ bei Schlüsselburg, Gouvt St. Petersburg, Rußland, 2.5.1943, Uffz.

(8) **Pr. Alfred** Karl Paul Maria, * Hartenstein 27.2.1926, ⚔ bei St. Avold, Saar, 26.11.1944, ...

(9) **Pr. Herward**, * Hartenstein 2.10.1927, ⚔ bei Othfresen, Harz, 10.4.1945, ...

(10) Karl **Alexander** Oktavian Franziskus Severin Maria **8. Fürst v. Schönburg-Hartenstein**, * Hartenstein 8.1.1930, † Wien 15.11. 2018, folgt seinem Bruder, dem 7. Fstn Hieronymus, Rr d. O. vom GVlies;

⚭ I. Wien 16.2.1950 Margarethe **Przssin zu Windisch-Graetz**, * Weidlingau 11.9.1928, † Wien 21.7.2006, StkrD., T.d. Johann (Hans) Pr. zu W.-G. u.d. Lucie Wettel;

⚭ II. (kirchl.) Wien 22.9.2007 Eva **Mayer-Mallenau**, * Wien 7.9. 1929, † ebd. 8.11.2017, kirchl. Trauung ohne zivil- u. adelsrechtliche Wirkungen, führte den Namen des ersten Gemahls »Foglar-Deinhardstein« (⚭ I. Wien 10.6.1950 Harald v. Foglar-Deinhardstein, * Wien 20.4.1924, † ebd. 24.3.1991, Dr.jur., Rechtsanwalt; ⚭ II. [kirchl.] Wien 29.9.1994 Eberhardt Bucher v. Ulmenau, * Wien 25.4.1915, † ebd. 19.6.2000, ...), T.d. GenDir. Felix M.-M. u.d. Martha Schmidl.

Kinder erster Ehe:

a. **Johannes** Karl Alexander Franziskus Alfred Valentin Maria **9. Fürst v. Schönburg-Hartenstein** (Durchlaucht), * Wien 7.1.1951, folgt seinem Vater, Mag.jur.;

⚭ (standesamtl.) Wien 25.5., (kirchl.) Mariazell, Steiermark, 18.6.1977 Alexandra **Gfin v. Attems**, * Diadema, Argentinien, 11.8.1953, StkrD., T.d. Dipl.-Berging. Joseph Gf v. A.-Gilleis u.d. Marie-Christine (Christa) Gfin v. Thurn u. Valsássina-Como-Vercelli
(Schwindgasse 7, 1040 Wien, Österreich; Oberort 42, 2014 Puch, Österreich).

Kinder:

a) **Przssin Aglaë** Alexandra Franziska Gobertine Johanna Stephanie Maria, * Wien 26.12.1977, Mag.rer.soc.oec.;
⚭ Großweikersdorf, NÖsterr., 30.6.2001 Maximilian **Salzer**, * St. Pölten 14.9.1976, Mag.rer.soc.oec.
(Josefsgasse 7, 1080 Wien, Österreich).

b) **Przssin Johanna** Alexandra Sophie Franziska Ludovika Gabrielle Maria, * Wien 15.5.1979, Möbelrestauratorin;
⚭ Großweikersdorf 11.6.2004 Stephan **Fuhrmann**, * Wien 7.1.1973, Dr.med., Internist
(Krugerstr. 16, 1010 Wien, Österreich).

c) **Erbpr. Aloys** (Louis) Konrad Johannes Alexander Maximilian Felix Otto Maria, * Wien 20.11.1982, M.A. HSG, Bankangest.;
⚭ (standesamtl.) Wien 29.1., (kirchl.) Kainach, Steiermark, 4.6.2011 Elisabeth **Gfin v. Beaufort-Spontin**, * Köln 18.3.1982, Mag.phil., T.d. UnivDozenten Dr.med. Friedrich Hzg und Fst v. Beaufort, Hzg v. Beaufort-Spontin u.d. Dr. med. Astrid Deeg
(Taubstummengasse 2, 1040 Wien, Österreich).

Söhne:

(a) **Pr. Alexander** Kilian Johannes Friedrich Nikolaus Felix Maria, * Frankfurt am Main 25.3.2012.

(b) **Pr. Johannes** Friedrich Otto Heinrich Björn Maximilian Maria, * Wien 2.7.2014.

(c) **Pr. Maximilian** Friedrich Constantin Aloys Johannes Hubertus Maria, * Wien 8.5.2017.

d) **Przssin Franziska** Sophie Margarethe Alexandra Christine Zita Maria, * Wien 27.4.1985, Physiotherapeutin;
⚭ (standesamtl.) Wien 19.3., (kirchl.) Großweikersdorf 16.7.2011 Simon **Severino**, * Rom 30.3.1980, Mag.phil., Unternehmensberater
(Auhofstr. 8, 1130 Wien, Österreich).

b. **Pr. Alfred** Alexander Josef Antonius Gabriel Victor Maria, * Wien 23.12.1953, Dr.jur., Justiz- u. GroßkrRr d. KonstantinO. von St. Georg, E- u. DevRr u. Botschafter d. souv. MaltRrO.;
⚭ (standesamtl.) Baden bei Wien 29.8., (kirchl.) Zell am See, Salzburg, 14.10.1978 Marie Thérèse **Kastner-Lanjus-Wellenburg**, * Graz 5.4.1955, E- u. DevD. d. souv. MaltRrO., T.d. Dipl.-Ing. Hermann K.-L.-W. u.d. Elfriede Tausch
(Rochusgasse 11, 1030 Wien, Österreich; Burg Stein, 08118 Hartenstein).

Kinder:

a) **Pr. Alexander** Alfred Andreas Eduard Philipp Eusebius Maria, * Wien 2.8.1979, M.A., MBA;
⚭ (standesamtl.) Burg Stein bei Hartenstein 31.5., (kirchl.) Gutenstein 2.8.2014 Clara **Gfin v. Waldburg zu Wolfegg u. Waldsee**, * München 6.10.1985, Modedesignerin, T.d. Architekten Dr.-Ing. Franz Gf v. W. zu W. u. W. u.d. Veronica Gfin v. Hoyos, Freiin zu Stichsenstein
(Stettiner Str. 16, 31618 Liebenau; Burg Stein, 08118 Hartenstein).

Kinder:

(a) **Pr. Constantin** Alexander Alfred Anton Moritz Carl Maria, * Berlin 30.3.2016.

(b) **Przssin Theresia** Clara Caroline Laurentia Flora Maria, * Berlin 4.5.2018.

(c) **Przssin Cosima** Clara Luise Johanna Alice Maria, * Berlin 22.10.2020.

(d) **Przssin Maxima** Clara Aglae Bernadette Johanna Maria, * Hannover 11.10.2023.

b) **Przssin Caroline** Theresia Luise Anna Marcesine Fidelis Maria, * Wien 24.4.1981, M.A.;
⚭ (standesamtl.) Korneuburg 26.5., (kirchl.) Zwickau 9.6. 2007 Johannes **Rudnay de Rudnó et Divék-Újfalu**, * Wien 20.12.1979, M.A.
(Kirchenplatz 2, 2004 Niederhollabrunn, Österreich).

c) **Pr. Ferdinand** Alfred Franz Karl Alexander Willibald Maria, * Wien 7.7.1984, Mag.rer.soc.oec., Unternehmer;
⚭ (standesamtl.) Burg Stein 1.8., (kirchl.) Niederlana, Südtirol, 19.9.2015 Eleonora Anna Maria **Gfin u. Hrin zu Brandis**, * Bozen 8.8.1984, Goldschmiedin u. Juwelierin, T.d. Landwirts u. Gastronomen Jakob Gf u. Hr zu B. auf Leonburg u. Fahlburg u.d. Veronica Lutterotti v. Gazzolis u. Langenthal
(Leonburg, Via Ackpfeif 2, 39011 Lana BZ, Italien).

Kinder:

(a) **Pr. Anton** Ferdinand Paul Alexander Alfred Angelus Maria, * Wien 5.5.2017.

(b) **Przssin Laetitia** Eleonora Cecilia Caroline Marie-Therese Pia Maria, * Wien 23.9.2019.

(c) **Przssin Ida** Eleonora Marietta Fatima Marie-Therese Flavia Maria, * Wien 5.10.2021.

d) **Przssin Marieluise** Theresia Pia Eleonore Kunigunde Maria, * Wien 3.3.1991, M.A., M.Sc.;
⚭ (standesamtl.) Kammern im Liesingtal 27.5., (kirchl.) Penig 26.8.2023 Felix **Frhr Mayr v. Melnhof-Saurau**, * Graz 22.3.1989, MBA
(Spiegelgasse 13/11, 1010 Wien, Österreich).

c. **Przssin Aglaë** Lucia Agathe Gabrielle Ferdinanda Maria, * Wien 30.5.1955;
⚭ (standesamtl.) Saint Benin d'Azy, Dept Nièvre, Frankr., 7.3., (kirchl.) Wien 26.5.1984 Charles R. **Tyser**, * Oxford 16.1.1959, Landwirt
(Moulin de Valotte, 58270 Saint Benin d'Azy, Dept Nièvre, Frankreich).

d. **Przssin Gabrielle** Mathilde Barbara Maria, * Wien 4.12.1959, führt den Geburtsnamen
(Franz-Hochedlinger-Gasse 25/11, 1020 Wien, Österreich);
⚭ Rio de Janeiro 6.7.2006 Julio **Bandeira**, * Rio de Janeiro 11.10.1957, Kunsthistoriker, Schriftsteller (gesch. ...).

(11) **Przssin Karoline** Constantine Rosa Maria, * Graz-Ragnitz 18.12. 1931, führt wieder den Geburtsnamen
(Schwarzenbergplatz 10, 1040 Wien, Österreich);
⚭ Panama-City (standesamtl.) 30.7., (kirchl.) 31.7.1987 Mario **Laserna** Pinzón, * Paris 21.8.1923, † Ibagué, Kolumbien, 16.7.2013, Botschafter (gesch. ...).

(12) **Pr. Constantin** Rudolf, * Graz-Ragnitz 11.7.1933, † Kaltern an der Weinstraße 12.7.2022, Dipl.-Ing., Architekt;
⚭ Wien (standesamtl.) 1.8., (kirchl.) 4.8.1958 Mathilde **Hartenstein**, * São Paulo 14.7.1929, † Wien 10.12.2022, T.d. Ing. u. Industriellen Juan Cayetan H. u.d. Virginia Moyrano y Mora.

Kinder:

a. **Pr. Alexander** Maria Constantin Pius Johannes, * Wien 11.3. 1959, Unternehmer;
⚭ I. Stainz (standesamtl.) 11.12., (kirchl.) 12.12.1982 Marie Therese **Gfin v. Meran**, * Brandhof, Oststeiermark, 28.8.1962, führt den Namen »Schönburg-Meran« (gesch. Graz 26.9. 1984, Ehe kirchl. annulliert Wien 31.1.2002; ⚭ II. Gußwerk, Steiermark, 21.6.1993 Hans-Christian Hoschek, * Graz 17.1. 1944, Kaufm., gesch. Graz 15.4.1996), T.d. Johann Gf v. M. auf Stainz, Weststeiermark, u. Brandhof, Oststeiermark, u.d. Ingrid Messner
(Forsthaus Schöneck 64, 8510 Stainz, Österreich);
⚭ II. Greenwich, Connecticut, USA, 15.9.1990 Elizabeth **Kenney**, * New York 20.9.1965 (gesch. New York 14.7.1993), T.d. ... John J. K. u.d. Rosemary Fitzgerald
(...);
⚭ III. (standesamtl.) New York 20.2.1995, (kirchl.) Leipzig 28.2.2003 Selma **Navarro**, * São Paulo 19.4.1962, T.d. Privatiers Luiz N. u.d. Evelina Simonini
(Favoritenstr. 24/17, 1040 Wien, Österreich).

Kinder: a) erster Ehe:

a) **Pr. Constantin** Johann Maria Pius Alois Eduard, * Madrid 14.5.1983, Musiker
(Elisabethstr. 31, 8010 Graz, Österreich).

b) dritter Ehe:

b) **Pr. Mathias** Maria Luiz Alexander Pius Herward Eduard, * São Paulo 26.7.1995, B.A. (Business Administration u. Economics), Account Manager
(Erich-Kästner-Str. 16, 80796 München).

c) **Przssin Maria Pia** Lourdes Antonieta Caroline Agathe Gabrielle, * Wien 10.9.1999, B.A. (Cinematography, Film- u. Videoproduktion), Filmproduzentin
(Lübecker Str. 27, 10559 Berlin).

b. **Pr. Michael** Maria Constantin Aloys, * Wien 22.2.1960, B.Sc., MBA, Unternehmer;
⚭ Florenz 11.10.1997 Victoria Taves **Pullen**, * Rio de Janeiro 7.3.1957, Kauffrau (⚭ I. [standesamtl.] Korneuburg, NÖsterr., 1.8.1978 Georg Pr. zu Fürstenberg, * Strobl 13.8.1923, † Mollmannsdorf, NÖsterr., 7.1.2008, Dr.jur., gesch. Korneuburg 26.2.1997), T.d. ... Guy Hunter P. u.d. Maria Thereza Taves
(Quinta da Penha Longa C14, 2645-103 Alcabideche, Portugal; Calle General Diaz Porlier, 12 3ero D, 28001 Madrid, Spanien; 98 Victory Street, ISL 1162, Malta; 6-8 Cami d'Algendar, 07712 Sant Climent, Menorca, Spanien).

c. **Przssin Karoline** Mathilde Eleonore Maria Cayetana, * Wien 13.2.1962, Schmuckdesignerin u. Goldschmiedin;
⚭ (standesamtl.) Bozen, Südtirol, 10.7.1992, (kirchl.) Punta del Este, Uruguay, 6.3.1993 Gregor **Gf Khuen v. Belasi**, * Bozen 20.10.1961, Fotograf
(Goldgasse 11, 39052 Kaltern an der Weinstraße, Italien).

d. **Przssin Christine** Mathilde Ernestine Maria Caetana, * São Paulo 16.10.1965, Schmuckdesignerin u. Goldschmiedin
(Kübeckgasse 9/5-6, 1030 Wien, Österreich);
⚭ São Paulo 18.9.2007 João Candido Bothelho **Gomes**, * São Paulo 20.9.1955, Unternehmer (gesch. ... 6.8.2021).

e. **Pr. Eduard** Maria Constantin Heinrich Friedrich Alfred, * São Paulo 1.11.1966, Unternehmer, E- u. DevRr d. souv. MaltRrO.;

⚭ São Paulo (standesamtl.) 8.4., (kirchl.) 4.5.1996 Angela **Pinto e Silva**, * São Paulo 9.12.1966, B.A., Landwirtin, T.d. Rechtsanwalts Dr.jur. Nelson P. e S. u.d. Gisela Margarethe Schiefferdecker
(Rua Carvalho 1, Chacara Tres Caravelas, 04926-140 São Paulo, Brasilien).

Töchter:

a) **Przssin Gloria** Maria Augusta Eleonora Angela, * São Paulo 6.7.1998, MArch, Architektin
(Rua Carvalho 1, Chacara Tres Caravelas, 04926-140 São Paulo, Brasilien).

b) **Przssin Carolina** Maria Victoria Agathe Angela, * São Paulo 3.11.2000, BArch, Architektin
(Rua Carvalho 1, Chacara Tres Caravelas, 04926-140 São Paulo, Brasilien).

f. **Przssin Sophie** Mathilde Maria del Pilar Eugenia Josephine, * São Paulo 15.1.1970, Werberedakteurin, führt den Geburtsnamen
(Rua Comandante Garcia d'Avila 310, casa 7, CEP 05654-040 São Paulo, Brasilien);
⚭ São Paulo (standesamtl.) 20.7., (kirchl.) 24.7.2004 Fernando Flavio Barreto **Nascimento**, * Salvador 10.11.1969, Ziviling. (gesch. São Paulo 15.8.2008).

2. **Pr. Johannes** Maria Aloys Otto Heinrich Alexander, * Enzesfeld, NÖsterr., 12.9.1864, † Wien 30.3.1937, K.u.K. GehRat u. Km., Botschafter, Bailli u. EGroßkr. d. souv. MaltRrO., Rr d. O. vom GVlies;
⚭ Wien 27.4.1897 Sophie **Przssin zu Oettingen-Oettingen u. Oettingen-Wallerstein**, * Hlubosch, Böhmen, 4.10.1878, † (durch Luftangriff) Wien 10.9.1944, StkrD., T.d. Karl Fst u. Hr zu Oe.-Oe. u. Oe.-W. u.d. Ernestine Gfin Czernin v. Chudenitz.

Kinder (von 4 Söhnen, 5 Töchtern):

1) **Pr. Aloys** Alexander, * London 24.3.1906, † Bad Ischl 18.6.1998;
⚭ I. London 20.9.1935 Dilys **Marten**, * Glamorgan, Wales, 7.3.1912, † Tenby, Wales, 3.11.1943, T.d. Kgl. großbrit. Majors Edward Ralph M. u.d. Gladys Williams;
⚭ II. Salzburg 21.7.1949 Christine **Strohschneider**, * Steeg bei Bad Ischl, Österr., 9.11.1924, † Strobl 17.10.2021 (⚭ I. St. Agatha, OÖsterr., 4.1.1941 Franz Forstinger, * Bad Ischl 22.2.1906, ⚔ ..., Böhmen, 4.4.1945, Prokurist, ...), T.d. Dr.chem. Wolfgang St. u.d. Hertha Ramsauer.

Söhne: a) erster Ehe:

(1) **Pr. Johannes** Carl, * Linz 13.2.1938, † Salzburg 30.7.2022, Dipl.-Ing.;
⚭ Salzburg 20.7.1968 Karin **Strohschneider**, * Salzburg 29.11.1937 (⚭ I. Salzburg 30.10.1956 Peter Rr Seemann v. Treuenwart, * Wien 17.6.1915, † ... 15.6.2013, Architekt, gesch. Vaduz 3.6.1966), T.d. Dr.med. Wolfgang St. u.d. Charlotte v. Foregger zum Greiffenthurn
(Josef-Kainz-Str. 8, 5026 Salzburg, Österreich).

Töchter:

a. **Przssin Sophie**, * Salzburg 8.2.1969;
⚭ Salzburg 23.5.1995 Wolfgang **Beindl**, * Salzburg 26.1.1966, Dr.rer.nat.
(Lili-Lehmann-Gasse 8, 5020 Salzburg, Österreich).

b. **Przssin Margriet** Marie Veronika, * Salzburg 17.1.1970, Dipl.-Ing.;
⚭ Salzburg 5.6.1999 Bernhard **Kurzweil**, * Salzburg 13.5.1967, Dipl.-Architekt
(Traungasse 38, 5026 Salzburg, Österreich).

(2) **Pr. Nikolaus** Alexander, * Tenby 6.4.1940, Dr.phil. et jur.; ⚭ (standesamtl.) Korneuburg 7.8., (kirchl.) Mondsee, OÖsterr., 14.8.1969 Johanna **Fetter**, * Korneuburg 4.12.1942, Dr.phil., T.d. Kaufm. August F. u.d. Johanna Koch
(Bräunerstr. 7, 1010 Wien, Österreich).

Kinder:

a. **Przssin Therese**, * Wien 8.2.1970, Mag.jur.; ⚭ Wien (standesamtl.) 5.2., (kirchl.) 27.2.1993 Stephan **Rr v. Stockert**, * Wien 10.2.1962, Dr.jur.
(Plankengasse 1, 1010 Wien, Österreich).

b. **Pr. Johannes** Carl, * Wien 20.4.1972, Mag.rer.oec.; ⚭ (standesamtl.) St. Gilgen, Salzburg, 25.4., (kirchl.) Klosterneuburg 9.5.2009 Katharina **Ritschl**, * Krems 1.9.1983, MMag., T.d. UnivProf. Dr.med. Peter R. u.d. Ilse Gächter
(Saarplatz 3/3, 1190 Wien, Österreich).

Kinder:

a) **Przssin Philippa** Alexandra, * Wien 22.3.2012.

b) **Przssin Camilla** Johanna, * Wien 6.6.2014.

c) **Pr. Alexander** Nikolaus Peter Aloys Carl, * Wien 2.7.2017.

b) zweiter Ehe:

(3) **Pr. Michael** Alexander, * Steeg, Österr., 26.6.1950, † ebd. 10.5. 1965.

(4) **Pr. Alexander**, * Bad Goisern, OÖsterr., 1.10.1955, † Strobl 8.5. 2022.

2) **Pr. Peter** Karl Marie Anton Pius Benediktus Markus Johannes, * Rom 25.4.1915, † New York 7.11.2003;

⚭ I. Tena, Kolumbien, 8.9.1945 Lyna **Rodriguez** Maldonado, * Brüssel 3.6.1914, † Lausanne 21.4.2006 (gesch. … 1951), T.d. Diplomaten Carlos R. auf Tena u.d. Carlota Maldonado;
⚭ II. Havanna, Kuba, 8.3.1951 Lee Russell **Jones**, * New York 27.1. 1924, † ebd. 27.5.2005, Journalistin, T.d. … Charles Maury J. u.d. Katharine Hoagland.

Kinder: a) erster Ehe:

(1) **Przssin Alexandra** Carlota Sophie Emma, * Bogotá, Kolumbien, 26.9.1946, führt den Geburtsnamen;
⚭ I. New York 5.3.1982 Taki **Theodoracopulos**, * Athen 11.8.1936, Schriftsteller (gesch. New York 11.3.1985);
⚭ II. Bern 2.9.2010 ihren ersten Gemahl
(Chalet La Renarde, Gsteigstr. 119, 3783 Grund bei Gstaad, Schweiz).

b) zweiter Ehe:

(2) **Pr. Peter**, * New York 1.3.1953, Dr.jur., Rechtsanwalt;
⚭ Sandwich, New Hampshire, USA, 8.8.1981 Jane West **McGrath**, * …, Insel Okinawa, Japan, 1.4.1954, Ärztin, T.d. Diplomaten David Black McG. u.d. Sally Carter Vincent
(1614 Bayita Lane NW, Albuquerque, NM 87107, USA).

Söhne:

a. **Pr.** David **Johannes**, * Albuquerque, New Mexico, 22.6.1987, † ebd. 30.6.2020.

b. **Pr.** Peter **Benjamin**, * Albuquerque 26.5.1989, …;
⚭ … 23.9.2023 Hollis Lockwood **Moore**, * Morristown, New Jersey, 12.7.1991, T.d. … Frederick Cromwell M. Jr. u.d. Sally Kay Streltz
(1614 Bayita Lane NW, Albuquerque, NM 87107, USA).

(3) **Przssin Victoria**, * New York 28.12.1955;

⚭ Claryville, New York, 29.8.1987 Brian Marx **Culhane**, * New York 2.9.1954, Dr.phil.
(503 North 61st Street, Seattle, WA 98103, USA).

3) **Przssin Sophie** Marie Karoline Johanna Ernestine, * Wien 19.4.1917, † Bogotá 14.1.2017;
⚭ Bogotá 30.7.1948 Alberto **Carillo** Leiser, * Barranquilla, Kolumbien, 15.8.1920, † Bogotá 28.5.2008, …

II. Untere (Gräfliche) Linie: Schönburg-Glauchau

Stammvater: Wolf II, * 1532, † 1581.

Kath. — Zuständigkeit des Präd. »Erlaucht« (primog.) lt Bundestagsbeschluß vom 13.2.1829; österr. Bestätigung 22.2.1847; Kgl. sächs. Ausdehnung desselben auf alle Mitglieder des Hauses 29.10.1878. — Die Nachgeborenen führen den Namen Graf u. Herr bzw. Gräfin u. Herrin v. Schönburg-Glauchau und das Präd. »Erlaucht«.

Chef: **Alexander Graf u. Herr v. Schönburg**, * 1969.

Friedrich **Carl** Heinrich Ludwig Bohuslaw Anton Jakob Joseph Joachim Maria **Graf u. Herr v. Schönburg, Graf u. Herr zu Glauchau u. Waldenburg** usw., * Wechselburg 26.7.1899, ⚔ Breslau 12.4.1945, auf Forder- u. Hinterglauchau, Penig, Wechselburg u. Rochsburg, Lt z.V., E- u. DevRr d. souv. MaltRrO., Rr d. bayer. St. GeorgO.;
⚭ Wien 28.4.1927 Maria Anna **Gfin Baworowska**, * Kopyczyńce 16.9.1902, † Bendorf 24.11.1988, StkrD., T.d. K.u.K. Km. u. erbl. Mitgl. d. Herrenhauses d. österr. Reichsrats Rudolf Gf B., Ordinaten auf Nizbork-Czabarówka, auf Kopyczyńce usw., Polen, u.d. Fanny Gfin Chorinsky.

Kinder:

1. **Gfin** Maria **Franziska** Adelheid Josepha Philomena Coletta Rudolfine Octavie Theresia Dorothea Felicitas, * Glauchau 5.3.1928, † Engelskirchen 28.6.2014.

2. **Joachim** Heinrich Maria Carl Rudolf Franz Xaver Joseph Antonius Christophorus Hubertus **Graf u. Herr v. Schönburg, Graf u. Herr zu Glauchau u. Waldenburg** usw., * Glauchau 4.2.1929, † Aicha vorm Wald 29.9.1998, Schriftsteller u. Journalist, MdB (1990-1994);
⚭ I. (standesamtl.) Wadersloh 21.10., (kirchl.) Münster 23.10.1957 Beatrix **Gfin Széchényi de Sárvár-Felsővidék**, * Heiligenstein (Hegykö), Kom. Ödenburg, Ungarn, 30.1.1930, † Regensburg 30.9.2021 (gesch. München 25.4.1986), T.d. Bálint Gf Sz. de S. et F. auf Heiligenstein u.d. Maria Pawlowna Fstin Galitzin;
⚭ II. München 18.7.1986 Ursula **Zwicker**, * Gauting 30.4.1951, T.d. Zimmermanns Martin Z. u.d. Dorothea Thiele
(Röcklmühle 1, 94529 Aicha vorm Wald).

Kinder: a) erster Ehe:

1) **Gfin** Maria **(Maya-)Felicitas** Alexandra Albertina Assunta Anna Fernanda Beatrix, * Berlin-Steglitz 15.8.1958, † München 27.1.2019, Juristin, führte wieder den Geburtsnamen;
⚭ (standesamtl.) München 29.8.1985 Friedrich Christian **Flick**, * Sulzbach-Rosenberg 19.9.1944, Dr.jur., Industrieller (gesch. London 15.7.1993).

2) **Gfin Mariae Gloria** Ferdinanda Joachima Josephine Wilhelmine Huberta, * Stuttgart-Degerloch 23.2.1960, StkrD.;
⚭ Regensburg (standesamtl.) 30.5., (kirchl.) 31.5.1980 Johannes **Fst v. Thurn u. Taxis**, * Schloß Höfling bei Regensburg 5.6.1926, † München 14.12.1990
(Schloß, Emmeramsplatz 5, 93047 Regensburg).

3) **Gf Carl-Alban** Maria László Gebhard Rudolf Johannes Georg Hubertus Kisito, * Lomé, Togo, 2.2.1966, verzichtet auf die Nachfolgerechte im standesherrl. Haus, Hamburg 24.8.1995, Immobilien-Investmentberater, E- u. DevRr d. souv. MaltRrO., Rr d. bayer. St. GeorgO.;

⚭ (standesamtl.) London 1.8., (kirchl.) Hamburg 2.9.1995 Juliet **Fowler**, * Hamburg 10.8.1966, T.d. Industriekaufm. Nicholas F. u.d. Jutta Gfin v. Pfeil u. Klein-Ellguth
(Cedar Wood, Wood Lane, Englefield Green, Surrey TW20 OXA, Großbritannien).

Söhne:

(1) **Gf Hubertus** Maria Joachim Nicholas Maximilian Leopold Carl Ludwig Denis, * Hamburg 19.12.1996, Dipl.-Jurist
(Cedar Wood, Wood Lane, Englefield Green, Surrey TW20 OXA, Großbritannien).

(2) **Gf Benedict** Maria Leopold Joseph Friedrich Jacob Franziskus Gilroy, * Hamburg 7.9.1999, Team Leader Northern Europe, Business Development
(Cedar Wood, Wood Lane, Englefield Green, Surrey TW20 OXA, Großbritannien).

4) **Alexander** Georg Maria Ernst Heinrich István Ludwig Kisito Hubertus **Graf u. Herr v. Schönburg, Graf u. Herr zu Glauchau u. Waldenburg** usw. (Erlaucht), * Mogadischu, Somalia, 15.8.1969, B.A., Journalist, E- u. DevRr d. souv. MaltRrO., Rr d. bayer. St. GeorgO.;
⚭ (standesamtl.) Berlin 30.4., (kirchl.) Heusenstamm 29.5.1999 Irina **Przssin v. Hessen**, * München 1.4.1971, Bankkauffrau, T.d. Karl Pr. v. H. u.d. Yvonne Gfin Szápáry de Muraszombath, Széchysziget et Szápár
(Schloßstr. 20, 08371 Glauchau; Heilbronner Str. 9, 10711 Berlin).

Kinder:

(1) **Gfin Maria Laetitia** Jolanta Patricia, * Berlin 30.7.2001, ...
(Heilbronner Str. 9, 10711 Berlin).

(2) **Erbgf Maximus** Carolus Joachim Maria, * Berlin 25.5.2003, ...
(Heilbronner Str. 9, 10711 Berlin).

(3) **Gf Valentin** Polykarp Josef Maria, * Berlin 23.2.2005 *(Heilbronner Str. 9, 10711 Berlin).*

b) zweiter Ehe:

5) **Gfin Anabel** Maya-Felicitas Sarah Christin, * München 10.6.1980, Dipl.-Restauratorin, führt wieder den Geburtsnamen *(Blumensteinstr. 2, 4552 Derendingen, Schweiz);*
⚭ Solothurn 2.10.2010 Moritz **Schiess**, * Bern 12.7.1980, Zimmermann (gesch. ... 11.9.2023).

3. **Gfin** Marie **Octavie** Antonia Maximiliana Philomena Josepha Theresia Augustina, * Wechselburg 13.6.1930, † Meisenheim 7.11.2020;
⚭ (standesamtl.) Stuttgart 7.6., (kirchl.) Heiligenberg, Baden, 8.6.1953 Albert **Bartels**, * Zerbst 17.9.1911, † München 1.5.1973, Dr.med.

4. **Gf Rudolf** Maria Emil Franz Friedrich Carl Antonius Christopherus Hubertus Joseph Wenzel Michael, * Wechselburg 25.9.1932, Hoteldir., E- u. DevRr d. souv. MaltRrO., KapitularGroßkomtur d. bayer. St. GeorgO.;
⚭ (standesamtl.) Hechingen 19.5., (kirchl.) Donaueschingen 22.5.1971 Marie Louise **Przssin v. Preußen**, * Konstanz 18.9.1945, Kinderkrankenschwester, StkrD., T.d. GenVertreters einer Versicherungsgesellschaft Wilhelm Victor Pr. v. P. u.d. Marie-Antoinette Gfin v. Hoyos, Freiin zu Stichsenstein
(Quinta Maria Louisa, Avenida Conde Rudi, 29600 Marbella, Prov. Malaga, Spanien).

Kinder:

1) **Gfin Sophie** Anastasia Wilhelmine Marie Antoinette, * Malaga 17.5. 1979, Eventmanagerin, Unternehmerin;
⚭ Ronda 21.9.2013 Carlos Andreu **Alacreu**, * Valencia 29.6.1978, Unternehmer, Grafiker
(Calle Caballeros 47, Pa 8, 46001 Valencia, Spanien).

2) **Gf Friedrich** Wilhelm Simeon Heinrich Dionysius Joachim Rudolf Maria Adalbert, * Malaga 27.4.1985, Hotelier
(Calle Lopez de Hoyos 7, 4izq, 28006 Madrid, Spanien).

5. **Gfin Maria Assunta** Adelheid Josepha Benedikta Philomena Theresia Pudentiana, * Wechselburg 19.5.1935, † Smardzowice, Polen, 23.12.2020, StkrD.;
⚭ (standesamtl.) Heiligenberg, Baden, 18.7., (kirchl.) Birnau am Bodensee 10.9.1958 Josef Ferdinand **Gf v. Oppersdorff**, * Ober-Altwaltersdorf 26.3.1922, † München 8.7.2008, Bankier, OLt.

6. **Gf Johannes** Ernst Heinrich Maria Carl Antonius Hubertus Christopherus Benedictus Georg, * Wechselburg 10.6.1938, Bankkaufm., E- u. DevRr d. souv. MaltRrO.
(Seniorenheim St. Anna, Dürheimer Str. 12, 70372 Stuttgart - Bad Canstatt);
⚭ Stuttgart (standesamtl.) 30.4., (kirchl.) 17.5.1971 Margarete **Bartler**, * Schwenningen am Neckar 26.11.1936 (gesch. Stuttgart 17.1.1986; ⚭ I. Stuttgart 18.12.1958 Martin Stephani, * Freiburg im Breisgau 18.11.1935, ..., gesch. Donaueschingen 26.1.1966), T.d. Mechanikers Walter B. u.d. Martha Grimm
(Irmastr. 1b, 78166 Donaueschingen).

Tochter:

Gfin Marie-Antonia Josepha Huberta Margarete Beatrix, * Stuttgart 30.1.1972, Dipl.-Kauffrau
(104 Rotunda Garden, Apartment 3, Colombo 3, Sri Lanka).

7. **Gf** Carl **Georg** Adam Ernst Heinrich Joseph Antonius Benedictus Christophorus Hubertus Sylvester Maria, * Wechselburg 31.12.1940, † Glauchau 5.2.2024, Oberstlt, E- u. DevRr d. souv. MaltRrO.;
⚭ (standesamtl.) Schwanewede 21.3., (kirchl.) Heggen 16.5.1970 Madeleine **Gfin v. Spee**, * Ahausen bei Finnentrop, Sauerland, 25.2.1949, T.d. Dr.agr. Ferdinand Gf v. Sp. auf Ahausen u.d. Huberta Freiin v. Twickel
(Rothenbacher Str. 57b, 08371 Glauchau).

Kinder:

1) **Gf Friedrich-Christian** Carl Georg Hubertus Joachim Antonius Christopherus Paphnutius Timotheus Joseph Maria, * Bremen 22.8.1971, Dipl.-Kaufm., Geschäftsf., Hauptm. d. Res.;
⚭ Zwickau (standesamtl.) 6.7., (kirchl.) 7.7.2001 Claudia **Ullmann**, * Zwickau 19.9.1972, Unternehmerin, Beraterin, T.d. Dipl.-Ing. Harry Paul U. u.d. Petra Thuy
(Rheinstr. 226, 53332 Bornheim-Hersel).

Söhne:

(1) **Gf Constantin** Franz Ferdinand Carl Josef Maria, * Werdau, Sachsen, 27.2.2001, B.Sc., stud. Ing.
(Rheinstr. 226, 53332 Bornheim-Hersel).

(2) **Gf Ludwig** Maximilian Johannes Hubertus Josef Maria, * Speyer 14.7.2003, stud. IT
(Rheinstr. 226, 53332 Bornheim-Hersel).

(3) **Gf Philipp** Emanuel Alexander Joachim Josef Maria, * Kandel 10.10.2006
(Rheinstr. 226, 53332 Bornheim-Hersel)

2) **Gfin Stephanie** Maria Assunta Adelheid Madeleine Huberta Martina, * Ansbach 30.1.1974, Bankkauffrau u. Betriebswirtin
(Bahnhofstr. 26, 71409 Schwaikheim).

3) **Gfin Michaela** Maria Elisabeth Rudolfine Madeleine Huberta Jacoba, * Würzburg 25.7.1975, Hotelbetriebswirtin;
⚭ (standesamtl.) Wien 2.4., (kirchl.) Wechselburg 15.5.2004 Alexander **Rr v. Miller zu Aichholz**, * Wien 13.8.1966, Mag.rer.soc.oec., Bankangest.
(Am Heumarkt 11/2/9, 1030 Wien, Österreich).

4) **Gfin Gabriela** Maria Octavia Walburga Huberta Madeleine Jacoba, * Würzburg 25.7.1975 (Zwillingschwester d. Vorigen), OStudienrätin
(Crailsheimer Str. 30, 74523 Schwäbisch Hall).

5) **Gf Johannes** Joachim Carl Georg Michael Wolf Heinrich Hubertus Antonius Christopherus Alban Maria, * Albstadt-Ebingen 29.9.1976, Dipl.-Kaufm., Unternehmer, OLt d. Res.;
⚭ (standesamtl.) Glauchau 5.5., (kirchl.) Ettal, OBayern, 19.5.2007 Ivonne **v. Opel**, * Mainz 13.6.1973, M.A., Musikwissenschaftlerin, Redakteurin, T.d. Dr.jur. Heinz v. O. auf Westerhaus u.d. Claudia Ulrike Hurlin
(Schloss Westerhaus, 55218 Ingelheim).

Kinder:

(1) **Gf** Carl **Georg** Benedikt Thaddäus Alban Maria, * Mainz 29.2.2008.

(2) **Gfin Maximiliane** Louise Gabriela Huberta Johanna Maria, * Mainz 30.5.2009.

(3) **Gf Albert** Christian Ernst Hubertus Johannes Maria, * Mainz 17.7.2010.

(4) **Gfin Elisabeth** Madeleine Claudia Aline Michaela Maria, * Mainz 5.10.2011.

(5) **Gfin Zita** Johanna Sophie Cäcilia Catharina Marie de Neige, * Mainz 22.11.2014.

8. **Gfin** Maria **Josephine** Luitgarde Franziska Philomena Antonia Coletta Adelheid Gertrud Elisabeth, * Wechselburg 16.11.1943;
⚭ (standesamtl.) Lintorf, Bez. Düsseldorf, 31.3., (kirchl.) Bad Waldsee 19.6.1971 Franz Egon **Frhr v. Wendt**, * Untermaubach 6.3.1944, Oberstlt a.D.
(Triftstr. 40b, 53919 Weilerswist).

Kai-Philipp Fürst, Graf u. Herr v. Schönburg
Johannes Fürst v. Schönburg-Hartenstein
Alexander Graf u. Herr v. Schönburg

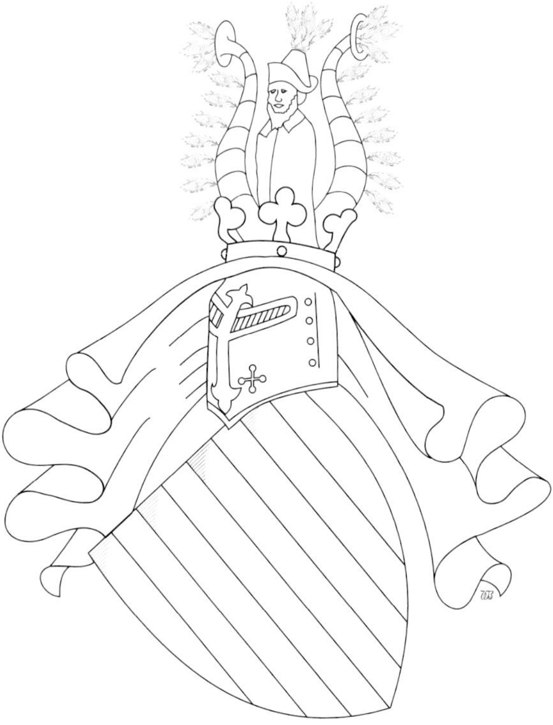

Schwarzenberg

Kath. — Fränkischer Uradel, eines Stammes mit den † Gfn v. Seinsheim, der mit Sifridus de Sowensheim (später Saunsheim, jetzt Seinsheim in UFranken) 1172 urkundl. (Orig. im HauptStArchiv München, abgedruckt in »Die geöffneten Archive f. die Gesch. des Kgr. Baiern« 1823/24, 2. Heft) zuerst erscheint u. zu dem vermutlich auch Eispertus de Sowensheim, homo condicionis ingenue, 1155 (vgl. Erich Frhr v. Guttenberg in: 79. Bericht des Hist. Vereins f. die Pflege der Gesch. d. ehem. Fstbistums Bamberg, [1927], S. 260) zu rechnen ist. — Erwerb der Hrschaft Schwarzenberg in Mittelfranken 1405-1421; Reichsfrhrnstand auf der reichsunmittelbaren Hrschaft Schwarzenberg Preßburg 10.8.1429 (für Erkinger v. Seinsheim, auf Schwarzenberg u. Hohenlandsberg); Sitz u. Stimme im fränkischen Reichskreis 1524 (für Johann Frhrn zu Schwarzenberg u. Hohenlandsberg); Erwerb der Hrschaft Gimborn im Jülich-Bergischen Land 1550 (für Wilhelm II. Frhrn zu Schwarzenberg, [Niederländische, dann Rheinische Linie]); Reichsgfnstand mit Wappenbesserung sowie Erhebung der Herrschaft Schwarzenberg zu Grafschaft Augsburg 21.5.1566 (für den Enkelsohn des vorgenannten Frhrn Johann, Johann Frhrn zu Schwarzenberg u. dessen Brüder u. Vettern, Nachkommen der Hohenlandsberger Linie [erloschen]); Reichsgfnstand mit »Wohlgeboren« u. Wappenbesserung Prag 5.6.1599 (für den Enkelsohn Wilhelm II., Adolf Frhrn zu Schwarzenberg auf Gimborn, Bovenberg u. Aldenrath, Kais. Obersten Feldmarschall, Kriegsrat u. Kmdten von Wien [Rheinische, dann Fürstliche Linie]); Erwerb des Amtes Neustadt u. Vereinigung zur reichsunmittelbaren Hrschaft Gimborn-Neustadt 1.10.1630 (für seinen Sohn Adam Gfn zu Schwarzenberg); Vereinigung auf die Rheinische Linie nach dem Tod Georg Ludwig Gfn zu Schwarzenberg auf Hohenlandsberg u. Murau (ältere Bayerische Linie [erloschen]) 22.7.1646; Landmannschaft in Steiermark 6.4.1647; böhm. Inkolat Regensburg 25.4.1654; Ererbung der Hrschaft Seinsheim u. des damit verbundenen Sitzes im fränkischen Reichskreis sowie der Kuriatstimme im fränkischen Gfnkollegium 1655; ungar. Indigenat 1659; Reichsfstnstand (primog.) Wien 14.7.1670 (alles für seinen Sohn Johann Adolf Gfn zu Schwarzenberg auf Hohenlandsberg, Gimborn, Murau, Wittingau u. Frauenberg, Kais. GehRat); Kais. Verleihung des Großen Palatinats u. Erhebung der Gfschaft Schwarzenberg zur gefürsteten Gfschaft Wien 20.10.1671; Transgression auf die Fürstenbank im fränkischen Reichskreis 11.5.1672; Einführung in das Reichsfstnkollegium mit Virilstimme 1.9.1674; Sitz u. Stimme im niederrhein.-westf. Reichsgfnkollegium 13.4.1682 (alles für denselben als Kais. Km. u. Reichshofratspräs.); Sukzession der Gfn zu Sulz mit dem damit verbundenen Kais. Erbhofrichteramt zu Rottweil 1687; Sitz u. Stimme im schwäbischen Gfnkollegium 12.12.1687 (für seinen Sohn Ferdinand Fstn zu Schwarzenberg nach † Johann Ludwig Gf zu Sulz; Kais. Namen- u. Wappenvereinigung mit denen der Gfn zu Sulz (im Schwarzwald) u. Landgfn im Kleggau (Klettgau bei Schaffhausen) Wien 8.2.1688 (für die Kinder d. Ferdinand Fstn zu Schwarzenberg mit seiner Gattin Maria Anna, Erbtochter des Johann Ludwig Gfn zu Sulz u. Landgfn im Kleggau, Letztem des Geschlechts); Kais. Erhebung der Gfschaft Kleggau zur gefürsteten Landgfschaft Wien 20.7.1689 (für dieselben); NÖsterr. alter Herrenstand 11.2. 1694; Sitz u. Stimme auf der schwäbischen Fstnbank 30.11.1696 (beides für den vorgenannten Fstn Ferdinand); Sitz u. Stimme im schwäbischen Reichskreis 1698; Sitz u. Stimme im westfälischen Gfnkollegium 1702; Stiftung zweier Majorate 22.10.1703; Ererbung d. Hzgt. Krumau in Böhmen 1719; böhm. Hzg zu Krumau Prag 25.9.1723 (alles für seinen Sohn Adam Franz Fstn zu Schwarzenberg, Kais. Km., GehRat, Reichshofrat u. Obersthofmarschall); böhm. Fstnstand (unbeschränkt) Wien 5.12.1746; Reichsfstnstand (unbeschränkt) mit »Hochgeboren« Wien 8.12.1746 für alle Nachgeborenen (beides für die Deszendenz seines Sohnes d. Fstn Joseph zu Schwarzenberg); Errichtung eines zweiten Majorates auf Worlik 13.12.1802 (für Karl I. Philipp Fstn zu Schwarzenberg, bereits 1789 ererbt); Wappenbesserung 1814 (für denselben); Zuständigkeit des Präd. »Durchlaucht« (primog.) lt Bundestagsbeschluß vom 18.8.1825, österr. Durchführung desselben 7.10.1825; österr. Bestätigung 22.2.1847; erbl. Mitgl. d. Herrenh. d. österr. Reichsrats (geknüpft an den Bes. d. Fkm. Wittingau usw.) Wien 18.4.1861 (für Johann Adolf II. Fstn zu Schwarzenberg); österr. Ausdehnung d. Präd. »Durchlaucht« (unbeschränkt) durch A.E. vom 27.4. 1869; erbl. Mitgl. d. Herrenh. d. österr. Reichsrats (geknüpft an den Bes. d. Fkm. Worlik usw.) Wien 20.9.1879 (für Karl III. Fstn zu Schwarzenberg). — Lt Edikt zur Verfassungsurkunde für das Kgreich Bayern vom 26.5.1818 ist vom Erstgeborenen der Titel »Fürst u. Herr«, von den Nachgeborenen der Titel »Fürst« zu führen. Nach überliefertem maßgeblichem Brauch führt der Erstgeborene den Titel u. das Präd. »Fürst zu Schwarzenberg«, die Nachgeborenen »Prinz« bzw. »Prinzessin zu Schwarzenberg« (Durchlaucht).

Stammwappen: Von Silber u. Blau 7mal gespalten (Seinsheim um zwei Spaltungen vermehrt); auf dem Helm mit blau-silbernen Decken ein bärtiger Mannesrumpf in rotem Rock mit silbernem Kragen u. gekröntem silbergestulptem roten Spitzhut, der mit 3 natürlichen Pfauenfedern besteckt ist, zwischen 2 in den Mündungen mit je 3, außen mit je 7 natürlichen Pfauenfedern besteckten, von Blau u. Silber 7mal geteilten offenen Büffelhörnern.

Wappen (1688): Geviert und belegt mit gespaltenem Herzschild, darin rechts in Rot ein auf schwarzem Dreiberg stehender silberner 4eckiger Zinnenturm mit schwarzem von quadratischen Steinen eingefasstem Tor, 3 (2,1) schwarzen Fenstern, u. oben über gemauertem Kranz 3 Zinnen († Gfn v. Schwarzenberg 21.5.1566); links in Blau 3 (2,1) goldene Garben pfahlweise (Landgfschaft Kle[tt]ggau), 1 Stammwappen, 2 in Silber 3 aufsteigende rote Spitzen († Gfn zu Sulz), 3 in Silber schrägrechts ein knorriger schwarzer Ast mit 3 Stummeln u. am oberen Ende rotem Brand († Frhrn v. Brandis im Kanton Bern), 4 in Gold ein abgetrennter Osmanenkopf mit schwarzem Oberlippenbart u. Haarschopf, darauf ein rechtsgekehrter schwarzer Rabe mit goldenem Halsband, der rechte Fuß kratzt das linke Auge des Osmanen, der linke dessen Hals. (Gnadenwappen 5.6. 1599 für Schlacht bei Raab). 5 Helme, 1. mit schwarz-goldenen Decken, über dem Fürstenhut Kopf und Rabe des 4. Feldes vor 6, je 3 auf beiden Seiten, von Schwarz u. Gold geteilten Lanzen, mit von Gold u. Schwarz geteilten Fähnchen, 2. mit blau-silbernen Decken ein Mannesrumpf mit spitzem schwarzen Bart in von Silber u. Blau 7mal gespaltenem Rock mit silbernem Kragen u. silbergestulptem, von Silber u. Blau 7mal gespaltenem Spitzhut, der mit 3 (blau, silbern, blau) Straußenfedern besteckt ist, 3. mit blau-silbernen Decken 2 in den Mündungen mit je einer, außen mit je 4 natürlichen Pfauenfedern besteckte offene Büffelhörner, von Blau u. Silber 7mal geteilt, 4. mit rot-silbernen Decken eine Mitra von Silber u. Rot mit drei aufsteigenden Spitzen geteilt, 5. mit schwarz-silbernen Decken der brennende Ast pfahlweise; Schildhalter: 2 den jeweils äußeren Helm tragende goldene Löwen. Hermelin gefütterter Fürstenmantel u. -hut.

Motto: Nil nisi rectum (dt.: Nichts als das Rechte).

Wappen (1814): Wie 1688, jedoch zwischen Feld 1 u. 2 eingeschoben ein 2mal gespaltenes Feld, darin rechts in Gold ein blau-gekrönter u. -bewehrter roter Löwe (Habsburg), mitten in Rot ein silberner Balken (Österreich) pfahlweise belegt mit einem gold-begrifftem silbernen Schwert, links in Gold ein mit 3 gestümmelten silbernen Adlern belegter roter Schrägrechtsbalken (Lothringen); 5 Helme wie 1688; Fürstenhut u. -mantel.

Literatur: Hinweise s. GHdA, Adelslexikon, Bd XIII (2003). — Hdb. Bayern, Bd XXXIII (2020).
Letztaufnahme der Genealogie:GGH, Fstl. Häuser, Bd 2 (2018).

Chef: **Johannes 13. Fürst zu Schwarzenberg**, * 1967.

I. Linie (1. Majorat)

Im Mannesstamm erloschen.

Stammvater: Fst Joseph, * 1769, † 1833. — Erbl. Mitgl. des Herrenh. des österr. Reichsrats Wien 18.4.1861.

Felix Maria Hubertus Adolf Medardus **Prinz zu Schwarzenberg, Hzg zu Krumau**, * Libejitz, Böhmen, 8.6.1867, † Gusterheim, Steiermark, 18.11. 1946, GenMajor;

⚭ Kleinheubach, Franken, 15.6.1897 Anna **Przssin zu Löwenstein-Wertheim-Rosenberg**, * Kleinheubach 28.9.1873, † Wien 27.6.1936, K.u.K. PD., StkrD., T.d. Karl Fst zu L.-W.-R. u.d. Sophie Przssin v. u. zu Liechtenstein.

Söhne (von 2 Söhnen, 3 Töchtern):

1. **Josef** Maria Adolf Titus **11. Fürst zu Schwarzenberg, Herzog zu Krumau, gefürsteter Landgraf im Kleggau, Graf zu Sulz**, Hr zu Krumau, Wittingau, Frauenberg, Postelberg, Kornhaus, Tauschetin, Bzi, Ninonitz, Lobositz, Wršowic, Neuschloss, Zittolieb, Protiwin, Drahenz, Wallern, Winterberg, Cheynov, Stubenbach, Langendorf, Goldenkron, Libejitz u. Nettolitz (§), Böhmen, Murau, Frauenburg, Reifenstein, Schrattenberg u. Goppelsbach, Steiermark, u.d. Standesherrschaft Schwarzenberg, Franken, * Preßburg 3.1.1900, † Wien 25.10.1979, folgte seinem Vetter Fst Adolf als Haupt des Hauses, Rr d. O. vom GVlies, E- u. DevGroßkrBailli d. souv. MaltRrO.

2. **Pr. Heinrich** Karl Borromäus Maria Franz von Sales Johannes Eleomosinarius Dominikus Benediktus, * Preßburg 29.1.1903, † Wien 18.6.1965 (immatrikuliert ad personam bei der Tiroler Matrikelstiftung Innsbruck ... 1963), Bes. der Güter des 1. Majorats, Dr.jur., MinSekr., ResOffzAnwärter, E- u. DevRr d. souv. MaltRrO.;
⚭ (standesamtl.) Micheldorf, OÖsterr., 29.11, (kirchl.) Kirchdorf an der Krems, OÖsterr., 30.11.1946 Eleonore **Gfin zu Stolberg-Stolberg**, * Micheldorf 8.8.1920, † Pöls, Steiermark, 27.12.1994, StkrD., T.d. Hauptm. Georg Gf zu St.-St. u.d. Regina Przssin Reuß.

   Tochter:

   Przssin Elisabeth Regina Maria Gabriele, * Wien 1.10.1947, auf Gusterheim, Adoptivtochter (Vertrag Gusterheim 24.1., bezgerichtl. bestät. ... 25.1.1993) der Amalie Przssin zu Schwarzenberg, geb. Przssin v. Lobkowicz, * 1921, † 2013, s.u., II. Linie);

⚭ Pöls (standesamtl.) 16.5., (kirchl.) 31.5.1970 Rüdiger **v. Pezold**, * Würzburg 11.7.1941, † Knittelfeld, Steiermark, 12.11.2017, Rechtsanwalt
(Schloß Gusterheim, 8761 Pöls, Österreich; U. Mlyna 24, 14000 Prag 4, Tschechien).

Adoptivsohn (Vertrag Wien 24.11.1960, bezgerichtl. bestät. 12.12.1960) d. Pr. Heinrich:

Karl Johannes Fst zu Schwarzenberg, * Prag 10.12.1937, † Wien 12.11.2023 (s.u., II. Linie).

II. Linie (2. Majorat)

Stammvater: Fst Karl Philipp, * 1771, † 1820. — Aktivierung des in der FkmStiftung Wien 22.10.1703 vorgesehenen 2. Majorats nach Eintritt der Voraussetzung durch Vertrag 13.12.1802 zwischen dem Fstn Joseph, * 1769, † 1833 (s. I. Linie), und seinem jüngeren Bruder Fst Karl Philipp; Österr. Wappenmehrung Paris 21.4.1814; erbl. Mitgl. d. Herrenh. d. österr. Reichsrats (am 2. Majorat) durch A.E. Schönbrunn 20.9.1879, Diplom Wien 7.2.1882.

Karl Friedrich Edmund Emanuel **4. Fürst zu Schwarzenberg, gefürsteter Landgraf im Kleggau, Graf zu Sulz**, * Čimelitz, Böhmen, 1.7.1859, † Worlik 4.10.1913, Majoratshr auf Worlik, Böhmen, usw., K.u.K. GehRat, K.K. Lt d. Landw, Rr d. O. vom GVlies, E- u. DevRr d. souv. MaltRrO.;
⚭ I. Wien 20.5.1885 Marie **Gfin Kinsky v. Wchinitz u. Tettau**, * Ischl, OÖsterr., 18.10.1866, † Wossow, Böhmen, 11.5.1889, StkrD., T.d. K.u.K. GehRats, Km. u. Rittmeisters Friedrich Karl Gf K. v. W. u. T. auf Adlerkosteletz, Böhmen, u.d. K.u.K. PD. Sofie Gfin v. Mensdorff-Pouilly;
⚭ II. Wien 24.11.1891 Ida **Gfin v. Hoyos**, Freiin zu Stichsenstein, * Horn, NÖsterr., 31.8.1870, † Wien 27.1.1946, K.u.K. PD., StkrD., D. d. ElisabethO. 1. Kl, E- u. DevD. d. souv. MaltRrO., T.d. K.u.K. Km. u. WGehRats Ernst Gf v. H.-Sprinzenstein, Frhr zu St., Fkhrn auf Stixenstein, Gutenstein, Hohenberg, Horn, Raan, Rosenburg, Drosendorf, NÖsterr., usw. u.d. K.u.K. PD. Eleonore Gfin Paar.

Wappen (1814) der Fürsten zu Schwarzenberg

Söhne (von 4 Söhnen, 2 Töchtern): a) erster Ehe:

1. **Karl** Borromäus Friedrich Johann Nepomuk Alfons Ignaz Alexander **5. Fürst zu Schwarzenberg** usw., * Prag 26.2.1886, ⚔ Vukovár, Slawonien, 6.9.1914, Majoratshr auf Worlik usw., Dr.jur., K.u.K. Lt im Ulanen-Regiment Nr. 2, E- u. DevRr d. souv. MaltRrO., JustizRr d. KonstantinO. von St. Georg;
⚭ Wien 5.2.1910 Eleonore **Gfin v. Clam u. Gallas**, * Friedland, Böhmen, 4.11.1887, † Wien 31.5.1967, StkrD., E- u. DevD. d. souv. MaltRrO. (⚭ II. Prag 7.6.1921 Zdenko Radslav Gf Kinsky v. Wchinitz u. Tettau, * Chlumetz 14.7.1896, † Rom 1.1.1975, Fkhr auf Chlumetz [§], Böhmen, Oberst-Erblandhofmeister in Böhmen, tschechoslow. Rittmeister), T.d. K.u.K. GehRats, Km. u. Rittmeisters Franz Gf v. C. u. G. zum Schloß Campo u. Freyenthurn auf Friedland, Reichenberg, Grafenstein u. Lämberg [§], Böhmen, u.d. K.u.K. PD. Marie Gfin v. Hoyos, Freiin zu Stichsenstein.

   Söhne:

   1) **Karl** Franz Friedrich Maria Josef Ernst Eduard Johann Nepomuk Cyrill Method **6. Fürst zu Schwarzenberg**, Hr zu Worlik, Čimelitz, Warwaschau, Wossow u. Sedletz, Böhmen, * Čimelitz 5.7.1911, † Wien 9.4.1986, Majoratshr auf Worlik, Dr.phil., Lt d. Res., Rr d. O. vom GVlies, E- u. DevGroßkrBailli in Oboedienz d. souv. MaltRrO., Großkr. d. RrO. vom Hl. Grab zu Jerusalem, Bailli u. JustizGroßkr. d. KonstantinO. von St. Georg, Großkr. d. Hl. JanuariusO., Komtur d. bayer. St. GeorgsO., Komtur d. O. vom Hl. Karl von Monaco;
   ⚭ Prag 30.6.1934 Antonie Przssin zu **Fürstenberg**, * Brüssel 12.1.1905, † Wien 24.12.1988, StkrD., E- u. DevD. d. souv. MaltRrO., D. d. KonstantinO. von St. Georg, T.d. K.u.K. GehRats, Km. u. Botschafters Karl Emil Pr. zu F. u.d. K.u.K. PD. Maria Gfin Festetics de Tolna.

      Kinder:

      (1) **Przssin Marie Eleonora** Anna Anastasie Theresia, * Prag 11.4. 1936, † Berlin 6.5.2024;

⚭ Wien 26.1.1969 Leopold-Bill **v. Bredow**, * Potsdam 2.1.1933, Botschafter
(Wundstr. 66 14057 Berlin; Entengasse 25, 5121 Ostermiething, Österreich).

(2) **Karl Johannes** Nepomuk Josef Friedrich Antonius Norbert Vratislav Mena **12. Fürst zu Schwarzenberg, Herzog zu Krumau, 7. Fürst zu Schwarzenberg, gefürsteter Landgraf im Kleggau, Graf zu Sulz,** usw., * Prag 10.12.1937, † Wien 12.11.2023 (Adoptivsohn des Dr.jur. Heinrich Pr. zu Schwarzenberg, Hzg v. Krumau, * 1903, † 1965; s.o., I. Linie), folgte dem Bruder seines Adoptivvaters, dem 11. Fstn Josef zu Schwarzenberg, * 1900, † 1979, als Haupt d. Primogenitur u. seinem Vater, dem 6. Fstn Karl zu Schwarzenberg, * 1911, † 1986, als Haupt d. Sekundogenitur, Hr beider Majorate, auf Murau, Schwarzenberg, Worlik, usw., vorm. Kanzler d. StPräs. d. Tschechischen und Slowakischen Föderativen Republik, stellv. MinPräs. u. Außenmin. d. Tschechischen Republik, Senator u. Abg. d. Parlaments d. Tschechischen Republik, Rr. d. O. vom GVlies, E- u. DevRr d. souv. MaltRrO., Justiz-Großkr. d. KonstantinO. von St. Georg, Großkomtur d. bayer. St. GeorgO., Großkr. d. O. d. Weißen Löwen I. Kl., EBürger d. Städte Prag, Murau u. vieler mehr;
⚭ (standesamtl.) Murau, Steiermark, 19.4., (kirchl.) Seefeld, NÖsterr., 22.4.1967 Therese **Gfin zu Hardegg auf Glatz u. im Machlande**, * Wien 17.2.1940, Dr.med. (gesch. Wien 18.10.1988; wiedervermählt Murau 25.7.2008), T.d. OLts Dr.jur. Johannes Gf zu H. auf G. u. im M. auf Kadolz, NÖsterr., usw., u.d. Johanna Gfin u. Hrin v. u. zu Firmian
(Rennweg 2, 1030 Wien, Österreich; Schloss, 8850 Murau, Österreich).

Kinder:

a. **Johannes** Nepomucenus Andreas Heinrich Joseph Karl Ferdinand Johannes Evangelist die Heiligen Drei Könige Achaz

Michael Maria **13. Fürst zu Schwarzenberg, Herzog zu Krumau, 8. Fürst zu Schwarzenberg, gefürsteter Landgraf im Kleggau, Graf zu Sulz**, usw. (Durchlaucht), * Wien 13.12. 1967, Hr beider Majorate, auf Murau, Schwarzenberg, Worlik, usw. B.A., Angest.;

⚭ I. (standesamtl.) Wien 17.3., (kirchl.) Neuberg an der Mürz, Steiermark, 20.3.2010 Diana **Orgoványi-Hanstein**, * Wien 30.11.1971, Grafikerin, Metallkünstlerin (gesch. Wien 17.11. 2015), T.d. Forstwirts Attila O.-H. u.d. Historikerin u. Forstwirtin Britta Winternitz

(...);

⚭ II. Murau 8.4.2017 Nob. **Donna** Francesca dei Duchi **Riario Sforza**, * Florenz 21.11.1974, Dottoressa, Autorin, T.d. Nob. Don Paolo dei Duchi R. Sf. u.d. Maria Gaia La Greca dei Marchesi di Polignano

(Rennweg 2, 1030 Wien, Österreich; Schloss, 8850 Murau, Österreich; Zámek Orlík, 39807 Orlík nad Vltavou, Tschechische Republik; Schloss Schwarzenberg, 91443 Scheinfeld).

b. **Przssin Anna Carolina** Antoinette Elisabeth Theresie Olga Adelheid Maria, * Wien 16.12.1968;

⚭ (standesamtl.) London 28.7., (kirchl.) Murau 6.9.1997 Peter **Morgan**, * Wimbledon 10.4.1963, Drehbuchautor

(10 Gloucester Square, London W2 2TJ, Großbritannien; Zirkusgasse 24/7 Z, 1020 Wien, Österreich).

c. **Pr. Karl Philipp** Ernst Ferdinand Alwig, * Wien 12.5.1979, M.A., Bankkaufm., Forstwirt, auf Ödenkirchen, NÖsterr., führt infolge Adoption (Vertrag ... 25.11.1987, bezgerichtl. best. Wien, Innere Stadt, 16.5.1988) durch Dipl.-Ing. Thomas Prinzhorn, * Wien 5.3.1943, den Namen »**Prinzhorn**«.

(3) **Pr. Friedrich** Karl Josef Johann von Nepomuk Antonius Bartholomäus Juda Thaddäus Konrad von Parzham, * Prag 24.8.1940,

† Nový Dvůr, Böhmen, 13.4.2014, Dipl.-Kaufm., Dr.rer.oec., Bankdir., E- u. DevGroßkrBailli d. souv. MaltRrO.;
⚭ Zürich 12.10.1984 Regula **Schlegel**, * Zürich 16.4.1956, T.d. OberstLt d. Schweizer Armee u. Privatdozenten f. Chirurgie an der Univ. Zürich Dr.med. Jakob Sch. u.d. Brigitte Brunner
(Alte Landstr. 123, 8702 Zollikon, Schweiz; Nový Dvůr, Obora u Cerhonic 14, 398 04 Cerhonice, Tschechische Republik).

Kinder:

a. **Przssin Marie** Helene Antoinette Teresa Maximiliane, * Zürich 29.4.1987, † ebd. 18.5.2019.

b. **Pr. Ferdinand** Karl Friedrich Johann Nepomuk Jakob Alexius, * Zürich 17.7.1989, auf Neuhof, Böhmen, M.A., E- u. DevRr d. souv. MaltRrO., Rr d. bayer. St. GeorgO., JustizRr d. KonstantinO. von St. Georg, OLt der Schweizer Armee;
⚭ (standesamtl.) Brasschaat, Flandern, 13.5., (kirchl.) Attersee am Attersee, OÖsterr., 15.7.2023 Marie **Friling**, * Antwerpen 10.11.1992, T.d. Sous-Lts Antonius F. auf Eikelenberg, Flandern, u.d. Nicole v. Oswald
(Nový Dvůr, Obora u Cerhonic 14, 398 04 Cerhonice, Tschechische Republik).

Sohn:

Pr. Friedrich Antonius Ferdinand Johannes Nepomucenus Carl Alfons Maria, * Brasschaat 1.8.2024.

(4) **Przssin Anna** Maria ad Nives Eleonora Ignatia Theresia Carolina Sophia, * Prag 31.7.1946, Dr.phil., StkrD.;
⚭ Wien (standesamtl.) 21.12.1979, (kirchl.) 19.1.1980 **Elmar Frhr v. Haxthausen**, * Bökendorf 20.10.1925, † Höxter 2.1.2023, auf Abbenburg, Bökendorf u. Vörden, Westfalen, Land- u. Forstwirt, Erbhofmeister d. Fstt. Paderborn
(Schloss Vörden, 37696 Marienmünster; Prinz-Eugen-Str. 14, 1040 Wien, Österreich).

2) **Pr. Franz** von Assisi Friedrich Maria Josef Johann Nepomuk Adolf Eduard Paschalis Gabriel, * Prag 24.3.1913, † Unzmarkt, Steiermark, 9.3.1992, Dr.jur., Prof. emer. d. politischen Wissenschaften an der Loyola-Univ. Chicago, OLt, E- u. DevGroßkr. d. souv. MaltRrO., Bailli u. JustizGroßkr. d. KonstantinO. von St. Georg, Rr d. franz. Ehrenlegion;
⚭ Unterbeřkovic 23.5.1944 Amalie **Przssin v. Lobkowicz**, * Unterbeřkovic 25.1.1921, † Wien 3.4.2013, E- u. DevD. d. souv. MaltRrO., T.d. OLts u. K.u.K. Km. Leopold Pr. v. L. auf Unterbeřkovic, Winteritz, Böhmen, usw., u.d. Franziska Przssin v. Montenuovo.

Kinder:

(1) **Przssin Ludmila** Maria de Victoria Franziska de Paula Eleonora Leonharda Thaddea Agnes de Bohemia, * Prag 25.7.1945;
⚭ I. (standesamtl.) New Hope, Pennsylvania, USA, (kirchl.) Solebury, Pennsylvania, 14.2.1998 Carl **Hess**, * Chicago, Illinois, 28.10.1912, † New York 15.2.2011, B.A., Geschäftsf.;
⚭ II. New York 14.9.2013 James **Bidwell** Jr., * New York 2.1.1934, LL.B., B.A., Rechtsanwalt
(2 Sutton Place South, New York City, NY 10022, USA).

(2) **Przssin Isabella** Eleonora Maria Franziska Romana Pia Leonharda Thaddäa Sidonia, * Rom 22.6.1946, Grafikerin, StkrD.;
⚭ (standesamtl.) Gräfelfing bei München 15.7., (kirchl.) Wien 25.7.1970 Louis **v. Harnier Frhr v. Regendorf**, * München 3.7.1938, † ebd. 23.12.2023, Dipl.-Physiker, RegDir.
(Scharnitzer Str. 54, 82166 Gräfelfing).

(3) **Pr. Jan** Nepomuk Maria Heinrich Franz Leonhard Thaddäus Thomas von Aquin, * Chicago 19.2.1957, B.A., B.Sc., M.A., Officer of the United States, vorm. US Navy Special Operations Officer, Deputy Dir. of US Pacific Command's Joint Interagency Coordination Group for Counterterrorism u. Commander of

the Int. Security Assistance Force Combined Joint Task Force Paladin in Afghanistan, Kpt. zur See d. US Navy i.R.;
⚭ Unzmarkt 19.9.1982 Regina **Hogan**, * Milford, New York, USA, 22.10.1949, J.D. (Doctor of Jurisprudence) (⚭ I. Framingham, Massachusetts, 6.9.1975 Andrew Paull, * Beaufort, South Carolina, 2.12.1945, † Medway, Massachusetts, 22.2.1977, ...), T.d. Kaufm. Charles H. u.d. Helen Holden
(1101 S. Joyce Str, Apt 2325, Arlington, VA 22202, USA; »Skippers Lea«, 105 Kane Avenue, Middletown, RI 02842, USA; 1020 Aoloa Pl, #408B, Kailua, HI 96734, USA).

Sohn:

Pr. Alexander Holden, * Newport, Rhode Island, 5.4.1984, B.Sc. (Criminal Justice), USMC (US Marine Corps) Law Enforcement Police Officer, DoD/USMC Field Training Officer, Corporal, Seargent des US Treasury Department
(»Skippers Lea«, 105 Kane Avenue, Middletown, RI 02842, USA; 5001 White Settlement Road Apt #2306, Fort Worth, TX 76114, USA).

Adoptivtochter (Vertrag Gusterheim 24.1., bezgerichtl. best. ... 25.1.1993) der Amalie Przssin zu Schwarzenberg, Przssin v. Lobkowicz:

Przssin Elisabeth, * Wien 1.10.1947, s.o., I. Linie.

b) zweiter Ehe:

2. **Pr. Johannes** von Nepomuk Erkinger Alfred Josef Maria Peter, * Prag 31.1.1903, † (Verkehrsunfall) Cittá della Pieve bei Orvieto, Prov. Terni, Italien, 26.5.1978, Dr.jur.utr., österr. Botschafter, E- u. DevGroßkr. u. Gesandter d. souv. MaltRrO. bei der Republik Italien, Großkr. des großbrit. Königlichen Victorianischen O., GroßKr. des VerdienstO. d. Italienischen Republik;

⚭ Wespelaar, Flandern, 1.9.1931 Kathleen **Vicomtesse de Spoelberch**, * Brüssel 19.5.1905, † (Verkehrsunfall) Città della Pieve 26.5.1978, T.d. Ing. Guillaume Vicomte de Sp. u.d. Colienne de Neufforge.

Kinder:

1) **Pr.** Karl **Erkinger** Josef Thaddäus Johannes Franziskus, * Wien 8.4. 1933, † San Casciano in Val di Pesa, Toskana, 28.4.2022, Dr.phil.;
⚭ I. Athen 26.7.1962 Elisabeth **Constantinides**, * Athen 2.11.1943, † Wien 9.11.2023 (gesch. Wien 29.10.1975; ⚭ II. Klagenfurt 29.10. 1988 Ernst-Friedrich Gf v. Goëss, * Klagenfurt 12.3.1932, † ebd. 30.7. 1999, Kaufm., Honorarkonsul d. Republik Finnland), T.d. Kaufm. Constantin C. u.d. Elisabeth Angeliki Filini
(Schloß Ratzenegg, 9062 Moosburg, Österreich);
⚭ II. (standesamtl.) San Casciano 13.7.1977 Claudia **Gfin u. Hrin zu Brandis**, * Fahlburg 10.5.1949, T.d. erbländ. OberstErbsilberkm. in Tirol u. Lts Dr.jur. Clemens Gf u. Hr zu B. auf Brandis, Leonburg u. Fahlburg bei Meran, Südtirol, u.d. Irmgard Weithaler
(L'Ugolino, Castelbonsi, 50026 San Casciano in Val di Pesa, Italien).

Kinder: a) erster Ehe:

(1) **Pr. Johannes**, * Florenz 17.2.1963, auf Ratzenegg, Kärnten, M. Sc., Dr.rer.nat., Dr.med.univ., Arzt;
⚭ Wien 20.4.2019 Julia **Huemer**, * Amstetten, NÖsterr., 2.7. 1981, Dr.med.univ., Ärztin, Privatdozentin, T.d. Dr.med.univ. Franziskus H. u.d. Maria Malaschofsky
(Schloss Ratzenegg, 9062 Moosburg, Österreich).

Kinder:

a. **Lara** Valentina Maria Montana, * Wien 4.12.2017.

b. **Nicholas** Carl Erkinger Thaddeus Franziskus Johannes, * Wien 19.5.2019.

(2) **Przssin** Anna **Gabriella**, * Athen 14.9.1964, Mag. phil.;
⚭ I. Wien 5.9.1987 Philipp **Frhr v. Waechter**, * Wien 18.10.1959, Dr.phil. (gesch. Wien 23.3.1993);
⚭ II. Klagenfurt 3.6.1995 Adam **Dixon**, * New York 12.3.1960, ... (gesch. Wien 27.3.2023)
(Bösendorferstr. 6, 1010 Wien, Österreich).

(3) **Pr. Alexander** Konstantin, * Athen 28.8.1971, B.Sc.
(Rennweg 2, 1030 Wien, Österreich);
⚭ I. (kirchl.) Korfu, Griechenland, 7.7., (standesamtl.) Ratzenegg, Kärnten, 2.11.2001 Annabel **Dimitriadi**, * Athen 8.9.1973, M.A., ... (gesch. Wien 19.10.2009), T.d. ... Efstratios D. u.d. Jennifer Thomas
(...);
⚭ II. Wien 19.5.2011 **Donna** Elena **Bonanno** dei Principi di Linguaglossa, * Rom 29.4.1980, LL.M., ... (gesch. Wien ... 2013), T.d. Dr.rer.pol. Don Giuseppe B. Principe di L., Barone di Maeggio e di Delia u.d. Claude Forthomme Ruyters
(...).

Kinder: a) erster Ehe:

a. **Pr. Karl-Philipp** Erkinger, * Athen 2.3.2003, ...
(Rennweg 2, 1030 Wien, Österreich).

b. **Przssin Anna-Gabriella** Angeliki, * Athen 21.8.2005
(Rennweg 2, 1030 Wien, Österreich).

b) zweiter Ehe:

c. **Przssin Anna** Elisabetta Alice Olimpia, * Wien 28.12.2011
(Rennweg 2, 1030 Wien, Österreich).

b) zweiter Ehe:

(4) **Przssin Gaia** Maria, * Florenz 23.2.1978, Hutmacherin
(Prinz Eugen-Str. 44/5, 1040 Wien, Österreich);

⚭ Florenz 23.9.2000 Loïc **van Cutsem**, * Uccle bei Brüssel, Belgien, 13.7.1975, … (gesch. Brüssel … 2016).

(5) **Przssin Ida** Letizia, * Florenz 9.10.1980;
⚭ Florenz 2.9.2006 Baudouin **de Troostembergh**, * Louvain, Flandern, 30.8.1980, Unternehmer
(Zonienbooslaan 18, 3090 Overijse, Belgien).

2) **Przssin Colienne** Ida Franziska Kathleen Eleonore Maria, * Berlin 16.2.1937;
⚭ Wien 16.9.1961 Maximilian Joseph **Gf v. Meran**, * Csákberény, Kom. Fejér, Ungarn, 20.4.1930, Dr. …, Bankdir.
(»Pirkerhube«, Großbuchstr. 104, 9061 Klagenfurt-Wölfnitz, Österreich).

Johannes Fürst zu Schwarzenberg

Solms s. GGH, Fstl. Häuser, Bd 1 (2015)

† **Stadion** s. GHdA, Fstl. Häuser, Bd VI (1961)

Starhemberg *

Kath. — OÖsterr. Herrengeschlecht, das seine Stammreihe mit Gundaker de Stainpach (de Styria), Vogt zu Garsten, 1150 urkundl. (UrkBuch d. Hzgts Steiermark I, 310), beginnt, dessen Enkel Gundaker sich als Erbauer der Burg auf dem Storchenberg (Starhemberg bei Haag am Hausruck) 1.12. 1240 urkundl. (UrkBuch des Landes ob der Enns III, 82) »de Storichenberg« nannte. — Kais. Wappenbesserung Eger 24.7.1437 (für Rüdiger v. Starchenberg auf Wildberg, Rappottenstein usw., nachm. Kais. Km., Rat, Obersten Feldhauptm. u. Landmarschall in Österreich unter der Enns); Kais. Verleihung der Rotwachsfreiheit Wiener Neustadt 11.7.1467 (für denselben u. für seine Vettern, die Brüder Johann, Kais. Km., Rat u. Landeshauptm. in Österreich ob der Enns, u. Ulrich v. Starhemberg, Kais. Rat, Hauptm. u. Pfleger zu Freistadt, sowie für deren Neffen Caspar v. Starhemberg); Ererbung von Schaunberg, Eferding usw., OÖsterr., u. erbländ.-österr. Wappenvereinigung mit dem der Gfn zu Schaunberg Augsburg 23.7. 1559 (für Erasmus Frhrn v. Starhemberg, ⚭ 1530 Anna Gfin zu Schaunberg, † 1551, Schwester des 2.6.1559 † Kais. Rats Wolfgang Gfn zu Sch., Letzten seines Geschlechts); böhm. Gfnstandsbestätigung 24.6.1645 (für das Gesamtgeschlecht). — Erbländ.-österr. Gfnstand als »Gf u. Herr v. Starhemberg« Wien 27.2.1643 (für Heinrich Wilhelm v. Starhemberg, GehRat, Km., Oberst-Hofmarschall) und 3.3.1643 (für Conrad Balthasar v. Starhemberg, Kais. Oberstlt u. RegRat, nachm. Km. u. WGehRat); böhm. Inkolat im Herrenstande Wien 4.8.1667 (für denselben). — Erblandmarschall in Österreich ob u. unter der Enns Wien 16.5.1717; ungar. Indigenat 1723 (beides für Thomas Gundacker Gfn v. Starhemberg auf Eschelberg usw., nachm. K.K. Km., WGehRat u. Konferenzmin.); nach Erlöschen der älteren Linie zu Eferding (böhm. Fstnstand mit »Hochgeboren« [primog.] Wien 13.11.1765; Reichsfstnstand mit »Hochgeboren« u. »Lieber Oheim« sowie Wappenbesserung u. Großes Palatinat [primog.] Wien 18.11.1765) Ererbung d. Fkm. Eferding u. des damit verbundenen Fsttitels (primog.) 7.4.1860 (durch Camillo Gfn v. Starhemberg, Fkhrn auf Wildberg, Eschelberg, Waxenberg usw., K.K. Km.); erbl. Mitgl. d. Herrenhauses d. österr.

Reichsrats 18.4.1861 (für denselben). — Die Nachgeborenen führen den Namen Graf bzw. Gräfin v. Starhemberg. — Die 1.1.1995 gegründete »H.R. Fürstlich Starhemberg'sche Familienstiftung« hat ihren Sitz im Schloß Starhemberg in Eferding. — Website: https://starhemberg.com

Stammwappen: In Silber ein aus rotem Schildesfuß wachsender feuerspeiender rot-gehörnter blauer Panther; auf dem Helm mit blau-silbernen Decken der Panther wachsend, die Rückseite mit rotem Grat besetzt, der mit 8 silbernen Federbüschen bestückt ist. Wahlspruch: «Non nobis, sed posteris« (Nicht für uns, sondern für unsere Nachfahren).

Wappen (1765): Geviert u. belegt mit einem Herzschild, darin über einem roten Schildfuß, belegt mit einem »L«, überhöht von einer Kaiserkrone, in Silber ein wachsender rechtsgekehrter golden-gekrönter doppelschwänziger blauer Panther, aus dessen Rachen u. Ohren Flammen schlagen, in der Rechten einen lorbeerumwundenen Degen, in der Linken einen Türkenkopf haltend (Stammwappen), 1 von Silber u. Rot gespalten (Schaunberg), rechts die alte Bastei von Wien mit dem Turm des St. Stephan Doms mit dem goldenen Patriarchenkreuz u. dem herabfallenden ottomanischen Mond- u. Sternzeichen auf der Spitze am Spalt, links ohne Bild 2 in von Silber u. Rot 5mal geteiltem Felde ein blauer Sparren (Julbach), 3 in Rot ein gestürzter nach rechts gelehnter silberner Anker mit goldenem Querholz, 4 in Gold eine aufwärts geschlungene golden-gekrönte rot-bezungte blaue Schlange (Pettau); umgeben von einem roten mit Hermelin gefütterten Mantel mit Fürstenhut.

Literatur: Hinweise s. GHdA, Adelslexikon, Bd XIV (2003).
Letztaufnahme der Genealogie: GGH, Fstl. Häuser, Bd 2 (2018).

Chef: **Georg Adam 9. Fürst v. Starhemberg**, * 1961.

Ernst Rüdiger 6. Fürst v. Starhemberg, * Bergheim, OÖsterr., 30.11.1861, † Schloß Auhof bei Linz 16.11.1927, Fkhr (zum Fkm. gestiftet 15.3.1668, best. 24.7.1675), erbl. Mitgl. d. Herrenhauses d. österr. Reichsrats, Erblandmarschall in Österreich ob u. unter der Enns, K.u.K. Km. u. GehRat, K.u.K. Oberst, Rr d. O. vom GVlies;

⚭ Wien 28.7.1898 Franziska **Gfin Larisch v. Moennich**, * Wien 24.10.1875, † Bad Darkau 27.4.1943, K.u.K. PD., StkrD., T.d. K.K. Km. Eugen Gf L. v. M. auf Reichwaldau, usw. u.d. Maria Deym Gfin v. Střítez.

Söhne:

1. **Ernst Rüdiger** Camillo Maria **7. Fürst v. Starhemberg**, * Eferding 10.5. 1899, † Schruns, Vorarlberg, 15.3.1956, auf Schaunberg u. Eferding (im Bes. d. Fam. seit 1572), Waxenberg (im Bes. d. Fam. seit 1640) (restituiert 1954) usw., OÖsterr., österr. Vizekanzler;
   ⚭ I. Wien 4.9.1928 Marie Elisabeth **Altgfin zu Salm-Reifferscheidt-Raitz**, * Donaueschingen 1.3.1908, † Gmunden 10.4.1984 (Ehe für nichtig erklärt Salzburg 22.3.1937), T.d. Karl Altgf zu S.-R.-R. u.d. Elisabeth Przssin zu Fürstenberg;
   ⚭ II. Wien 2.12.1937 Eleonora (Nora) **Gregor**, * Görz, Österr.-Ungarn, 3.2.1901, † Viña del Mar, Chile, 20.1.1949, Filmschaupielerin u. Schauspielerin am Burgtheater in Wien, führte als Künstlernamen den Geburtsnamen, (⚭ I. Berlin-Wilmersdorf 28.12.1925 Dimitri Heinrich Arnold [Mitja] Nikisch, * Leipzig 21.5.1899, † Venedig 5.8.1936, Pianist, Komponist, Tanzorchesterleiter, gesch. Berlin 7.6.1933), T.d. Geschäftsinh. f. Uhren u. optische Geräte u. Juweliers Carl G. u.d. Maria Erminia Brunold.

   Sohn zweiter Ehe:

   Heinrich Rüdiger Karl Georg Franciscus **8. Fürst v. Starhemberg**, * Luzern 4.10.1934, † Buenos Aires 30.1.1997, auf Schaunberg, Waxenberg, Eferding, usw., Autor, Regisseur, Schauspieler, Gründer d. Filmproduktionsgesellschaft »Producciones Gregor«, freischaffender Künstler (Pseudonym »Enrique Gregor«, »Henry Gregor«, »Enrique Starhemberg«).

   Adoptivsohn (Vertrag Wien 11.7.1994, gerichtl. best. Eferding 25.10.1994):

   Georg Adam Salvator Franz Josef Ernst Rüdiger Camillo Maria **9. Fürst v. Starhemberg**, * Klagenfurt 7.4.1961, s.u.

2. **Gf Georg** Adam Wilhelm Gottfried Maria, * Eferding 10.4.1904, † Moosburg, Kärnten, 12.2.1978, Dipl.-Forstwirt;
⚭ Birstein 17.4.1929 Anna Agnes **Przssin v. Isenburg**, * Birstein 7.3.1904, † Klagenfurt 5.11.1970, StkrD., T.d. Dr.phil. h.c. Franz Joseph Fst v. I. u.d. Friederike Przssin zu Solms-Braunfels.

Kinder:

1) **Gfin Franziska** Sophie Marie Friederike, * Eisenkappel, Kärnten, 10.7.1930;
⚭ Eltville 23.5.1956 Karl Theodor **Mayer**, * Wien 5.2.1924, † Oberjeserz bei Rosegg, Kärnten, 5.7.1990, Firmenrepräsentant
(Kögelngasse 12, 1130 Wien-Lainz, Österreich).

2) **Gfin Sophie** Marie Elisabeth Therese Franziska Alexandra Anna, * Eisenkappel 14.9.1931, † Annental 20.7.2006, StkrD.;
⚭ Eisenkappel 14.5.1951 Alexander **Matz Gf v. Spiegelfeld**, * Graz 2.11.1925, † Wien 28.4.2023, Dr.rer.pol.

3) **Gf Franz Joseph** Salvator Ernst Rüdiger Georg Thaddäus Friedrich Maria, * Bad Ischl 18.7.1933, † Moosburg 28.9.1995, Sägeleiter;
⚭ Maria Wörth 25.6.1960 Itha **Hauninger Edle v. Haueningen**, * Wien 24.11.1938, Mag.art., Bühnenbildnerin u. Innenarchitektin, T.d. Ing. Franz H. Edler v. H. u.d. Maria v. Raits
(Gradenegg 24, 9262 Moosburg, Österreich).

Kinder:

(1) **Georg Adam** (Gocki) Salvator Franz Josef Ernst Rüdiger Camillo Maria **9. Fürst v. Starhemberg** (Durchlaucht), * Klagenfurt 7.4.1961, auf Schaunberg, Waxenberg, Eferding usw., Adoptivsohn (Vertrag Wien 11.7.1994, gerichtl. best. Eferding 25.10.1994) d. Heinrich 8. Fst v. Starhemberg, † 1997 (s.o.), Rr d. O. vom GVlies;

⚭ Maissau, NÖsterr., (standesamtl.) 2.9., (kirchl.) 4.9.1988 Nadejda (Deda) **Gfin v. Abensperg u. Traun**, * Köln-Lindenthal 29.6.1961, T.d. Ing. Ernst Ferdinand Gf v. A. u. T. auf Maissau u.d. Felicia Guépin
(Kirchenplatz 1, 4070 Eferding, Österreich).

Kinder:

a. **Gfin** Larissa (Lara) Maria Katharina Franziska, * Madrid 9.9.1989, Kuratorin;
⚭ (standesamtl.) Dürnstein, NÖsterr., 8.7., (kirchl.) Eferding 12.9.2015 Clemens **Freiherr v. Waechter**, * Wien 27.7.1983, Manager
(Passauerplatz 3, 1010 Wien, Österreich).

b. **Gfin Kalina** Maria Felicia Cecilia, * Madrid 25.1.1991, Singer/Songwriter, professionelle Sprecherin, Management Kultur-Marketing Schloß Loosdorf, NÖsterr.;
⚭ (standesamtl.) Loosdorf 18.6., (kirchl.) Eferding 17.7.2021 Gabriel **Graf u. Marchese Piatti**, * Loosdorf 24.11.1986, LL.M., Ing., Land- u. Forstwirt, Manager
(Praterstr. 13, 1020 Wien, Österreich).

c. **Erbgf Constantin** Franz-Josef Ernst Gundacker Maria, * Wien 17.9.1992, Univ.-Dozent;
⚭ (standesamtl.) Dürnstein 15.9.2018, (kirchl.) Neulengbach 4.5.2019 Elena **Gräfin v. Trauttmansdorff-Weinsberg**, * München 28.6.1993, Inklusionspädagogin in Ausb., T.d. Unternehmers Dr.jur. Markus Gf v. T.-W. u.d. Natalie Gfin v. Hartig
(Kirchenplatz 1, 4070 Eferding, Österreich).

Kinder:

a) **Gfin Alba** Nadejda Natalie, * Barcelona 13.7.2020.

b) **Gf Luis** Johannes Ernst-Ferdinand, * Barcelona 26.4.2022.

d. **Gf Ernst** Ferdinand Michael Simeon Franz Josef Maria, * Linz 13.8.1995, Senior Associate
(Calle del Espejo, 5 izqB, 28013 Madrid, Spanien).

(2) **Gf Franz Josef** (Gigi) Johannes Salvator Clemens Maria, * Klagenfurt 24.6.1963, Unternehmer
(Gradenegg 24, 9262 Moosburg, Österreich);
⚭ Karnburg, Kärnten, 30.9.2000 Georgina **Tennant**, * Klagenfurt 31.1.1978, ... (gesch. Klagenfurt 4.9.2004), T.d. Unternehmers Nicholas T. u.d. Künstlerin Linda Saxby
(Haus Tennant, Göriacherstr. 30, 9220 Velden am Wörthersee, Österreich).

Kinder:

a. **Gf Nicolaus** Franz-Josef Salvator Maximilian Petrus Maria, * Klagenfurt 18.1.2001
(Haus Tennant, Göriacherstr. 30, 9220 Velden am Wörthersee, Österreich).

b. **Gfin Anna** Carolina Georgina Maria, * Klagenfurt 3.11.2002
(Haus Tennant, Göriacherstr. 30, 9220 Velden am Wörthersee, Österreich).

(3) **Gfin Franziska** (Fanny) Sophie Benedikta Anna Agnes Maria, * Klagenfurt 2.12.1964;
⚭ (standesamtl.) Moosburg 6.3., (kirchl.) Gurk, Kärnten, 3.4. 1993 Ernst Benedikt **Hoffmann v. Rumerstein**, * Wien 29.2. 1964, Mag.rer.soc.oec., Betriebswirt
(Schlossgasse 12, 6065 Thaur, Österreich).

(4) **Gfin Felicia** Friederike Camilla Bernadette Katharina Maria, * Klagenfurt 6.4.1967;
⚭ Moosburg 7.5.1994 Gustav **Pichelmann**, * Wien 12.2.1955, Architekt
(Ungargasse 47/7, 1030 Wien, Österreich).

4) **Gfin Friederike** Olivia Helene Louise Ludviga Stefanie Maria, * Reichwaldau 20.8.1936, StkrD.;
⚭ Eisenkappel (standesamtl.) 16.5., (kirchl.) 8.6.1955 Karl **Pr. v. Auersperg-Breunner**, * Goldegg, NÖsterr., 26.4.1930, † Schloß Wald, Gem. Pyhra, NÖsterr., 1.5.2024, Land- u. Forstwirt *(Schloßweg 1, Schloß Wald, 3144 Wald, Österreich; Estancia Los Leones, RA-6614 Rivas, Prov. Buenos Aires, Argentinien).*

5) **Gfin Irene**, * Birstein 7.3.1940, † Wien 25.6.2018, führte wieder den Geburtsnamen;
⚭ I. Eisenkappel 16.7.1959 Johannes **Pr. v. Auersperg**, * Weitwörth 29.1.1934, † Wien 24.4.2019, Kontrabassist, Dirigent, emer. o. Univ.-Prof. f. Musik am Institut Oberschützen d. Grazer Kunstuniv. (gesch. Korneuburg 11.8.1971, Ehe kirchl. annulliert Wien 12.4.1988);
⚭ II. Wien 1.9.1972 Johann Heinrich (Heinz) **Frhr v. Tinti**, * Pöchlarn an der Donau 2.4.1919, † ebd. 23.12.1986, auf Pöchlarn an der Donau (gesch. Wien 12.4.1985).

Georg Adam Fürst zu Starhemberg

Stolberg s. GGH, Fstl. Häuser, Bd 2 (2018)

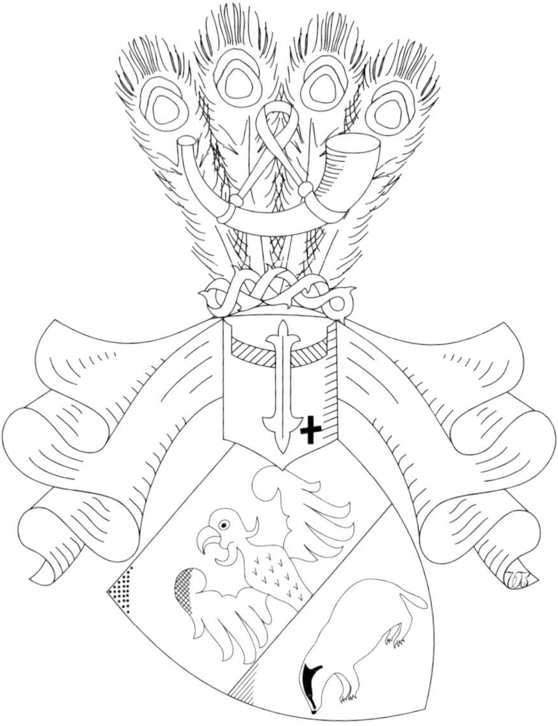

Thurn und Taxis

Kath. — Lombardisches Geschlecht, das mit Reinerius de Tasso 1117 urkundl. zuerst erscheint (vgl. Ughelli, Italia Sacra, Tomus V., Romae 1653, pag. 1598) und mit Odonus de Taxo 1146 erstmals in der Valle Brembana, nördlich Bergamo, erwähnt wird (vgl. Solerti, Vita di Torquato Tasso, Torino-Roma 1895, Documenti, pag. 83), während die Stammreihe mit Omodeo de Tassis del Cornello, genannt 14.5.1251, beginnt. — Reichsadelsstand mit Wappenbesserung Trier 31.5.1512 (für 4 Brüder und deren 4 Vettern, ebenfalls Brüder, de Taxis); Reichsadelsbestätigung sowie Erneuerung und Vermehrung des Wappens Saragossa 5.1.1534 (für Johann Baptist v. Taxis); GenOberpostmeister im Heilig. Römischen Reich Prag 16.6.1595; Reichsbanner- und Frhrnstand Prag 16.1.1608 (für Leonhard v. Taxis). ErbGenPostmeister des Reiches Prag 27.7.1615; Reichsgfnstand Wien 8.6.1624; Genehmigung des Namens Tour et Tassis Wien 24.12.1650; spanisch-niederländ. Fst de la Tour et Tassis Madrid 19.2.1681, Reichsfstnstand mit »Hochgeboren« Wien 4.10.1695 (für die gesamte Nachkommenschaft); Mitglied des kurrhein. Kreises auf der Fürstenbank 26.11.1704; Mitgl. des schwäb. Reichsgfnkollegiums 30.9.1724 auf Grund der Erwerbung der Reichshrschaft Eglingen (1723); Inhaberschaft des ehem. 2. bayer. Chevauxlegers-Rgts Taxis seit seiner Verleihung an Pr. Friedrich August 1747 an Stelle des von Pr. Christian Adam Egon 1742 errichteten, 1745 wieder aufgelösten Dragoner-Rgts Taxis; Prinzipalkommissariat 1.2.1743; Erhebung der ReichsErbGenPostmeister-Würde zum Reichsthronlehen und Kais. u. ReichsErbGen- und OHofPostmeisteramt 2.7.1744; Virilstimme im Reichsfstnrat 30.5.1754 infolge des ReichsErbGenPostmeisteramts; Belehnung mit dem ReichsErbGenPostmeisteramt Wien 27.12.1774 (für Carl Anselm Fstn v. Thurn u. Taxis); Erwerbung der Gfschaft Friedberg nebst den Hrschaften Scheer, Dürmentingen und Bussen, Württ., 22.10.1785; Erhebung dieser Besitzungen zur gefürsteten Reichsgfschaft Friedberg-Scheer mit entsprechender Wappenvermehrung Wien 16.7.1787 (beides für denselben); Böhm. Inkolat im Rrstand Wien 18.9.1797 und im Herrenstand 29.11.1832 (für Maximilian Joseph Pr. v. Thurn u. Taxis); Landmann in Tirol Wien 9.10.1838; österr. Ausdehnung d. Präd. »Durchlaucht« auf sämtl. Mitglieder lt A.E. 27.4.1869 (intimiert durch Erlaß des Min. des Innern 5.5.1869) (beides für denselben). — Die Nachgeborenen und deren Gemahlinnen führen den Namen Prinz bzw. Prinzessin v. Thurn und Taxis und das Prädikat »Durchlaucht«. Von den Söhnen (Halbbrüdern) des 3. Fstn Alexander Ferdinand, * 1704, † 1773, stammen die folgenden Linien.

Stammwappen: Von Gelb u. Blau geteilt, oben ein wachsender schwarzer Adler, unten ein schreitender silberner Dachs; auf dem Helm mit geflochtener Krone und schwarz-goldenen Decken ein goldenes Jagd- oder Botenhorn vor 4 natürlichen Pfauenfedern.

Literatur: Hinweise s. GHdA, Adelslexikon, Bd XIV (2003).
Letztaufnahme der Genealogie: GGH, Fstl. Häuser, Bd 1 (2015).

Chef: **Albert II. Fürst v. Thurn und Taxis**, * 1983.

I. Linie

Stammvater: **Fst Carl Anselm**, * 1733, † 1805. — Belehnung mit dem ReichsErbGenPostmeisteramt Wien 27.12.1774; Entschädigung für den Verlust am Postertrag aus den 1801 abgetretenen linksrhein. Besitzungen durch Buchau, Marchtal, Neresheim usw., Württ., und Erhebung dieser Hrschaften zum Fstt. Buchau nebst 2. Virilstimme 25.2.1803; KronOberstpostmeister in Bayern 1.5.1808; erbl. Mitgl. der ehem. Kammer der Reichsräte in Bayern 26.5.1818; preuß. Fst v. Krotoszyn Berlin 29.5.1819; erbl. Mitgl. der ehem. Ersten Kammer in Württemberg 25.9.1819; böhm. Inkolat im Herrenstand 6.3.1823. Zuständigkeit des Präd. »Durchlaucht« (primog.) lt Bundestagsbeschluß vom 18.8.1825; Landmann in Tirol Wien 9.10. 1838; österr. Bestätigung d. Präd. »Durchlaucht« (primog.) 22.2.1847; erbl. Mitgl. des ehem. preuß. Herrenhauses 12.10.1851, des ehem. Herrenh. des österr. Reichsrats (am Fkm. Chotieschau usw.) Wien 5.4.1862; bayer. Herzog zu Wörth und Donaustauf München 8.5.1899; Ausdehnung des Präd. »Durchlaucht« auf alle Nachgeborenen durch bayer. Anordnung 7.3.1911.

Albert I. Maria Joseph Maximilian Lamoral **8. Fürst v. Thurn und Taxis** usw., * Regensburg 8.5.1867, † ebd. 22.1.1952, folgte seinem Bruder, dem 7. Fstn Maximilian, † 1885, Dr.phil. h.c., EBailli u. GroßkrRr d. souv. MaltRrO.;
⚭ Budapest 15.7.1890 Margarete **Ehzgin v. Österreich**, Kgl. Przssin v. Ungarn usw., * Alcsut 6.7.1870, † Regensburg 2.5.1955, StkrD., EGroßkrD. d. souv. MaltRrO., T.d. Joseph Ehzg v. Ö. u.d. Clotilde Przssin v. Sachsen-Coburg u. Gotha, Hzgin zu Sachsen.

Söhne (von 6 Söhnen, 1 Tochter):

1. **Franz Joseph** Maximilian Maria Antonius Ignatius Lamoral **9. Fürst v. Thurn und Taxis** usw., * Regensburg 21.12.1893, † Haus bei Regensburg 13.7.1971, EBailli u. GroßkrRr d. souv. MaltRrO., Großkr. d. PiusO., EBürger der Stadt Regensburg;
⚭ Bronnbach 23.11.1920 Elisabeth **v. Braganza, Infantin v. Portugal**, * Kleinheubach 19.11.1894, † Regensburg 12.1.1970, StkrD., T.d. Michael (Miguel) Hzg v. B. u.d. Therese Przssin zu Löwenstein-Wertheim-Rosenberg.

   Tochter (von 1 Sohn, 4 Töchtern):

   Przssin Maria **Fernanda** Eudoxia Michaela Gabriela Raphaela, * Haus 19.12.1927, † München 9.6.2018, führte wieder den Geburtsnamen;
⚭ Regensburg 15.7.1950 Franz Joseph **Pr. v. Hohenzollern**, * Umkirch 15.3.1926, † Sigmaringen 13.3.1996, Landwirt (gesch. Freiburg im Breisgau 30.10.1951, Ehe vom Hl. Stuhl durch Reskript vom 7.12.1954 annulliert).

   Adoptivtochter.

2. **Karl August** Joseph Maria Maximilian Lamoral Antonius Ignatius Benediktus Valentin **10. Fürst v. Thurn und Taxis** usw., * Garatshausen bei Tutzing am Starnberger See 23.7.1898, † Regensburg 26.4.1982, Rr d. O. vom GVlies, Rr d. O. der Rautenkr., E- u. DevRr d. souv. MaltRrO.;

⚭ Taxis bei Trugenhofen 18.8.1921 Maria Anna **v. Braganza, Infantin v. Portugal**, * Fischhorn, Land Salzburg, 3.9.1899, † Feldafing 23.6.1971, StkrD., T.d. Michael (Miguel) Hzg v. B. u.d. Therese Przssin zu Löwenstein-Wertheim-Rosenberg.

Sohn (von 2 Söhnen, 2 Töchtern):

Johannes Baptista de Jesus Maria Louis Miguel Friedrich Bonifazius Lamoral **11. Fürst v. Thurn und Taxis** usw., * Höfling bei Regensburg 5.6.1926, † München 14.12.1990, Rr d. O. der Rautenkr., E- u. DevRr d. souv. MaltRrO.;
⚭ Regensburg (standesamtl.) 30.5., (kirchl.) 31.5.1980 Mariae Gloria **Gfin u. Hrin v. Schönburg-Glauchau**, * Stuttgart-Degerloch 23.2. 1960, E- u. DevD. d. souv. MaltRrO., StkrD., T.d. Bundestagsabg., Schriftstellers u. Journalisten Joachim Gf u. Hr v. Sch., Gf u. Hr zu G. u. Waldenburg u.d. Beatrix Gfin Széchényi de Sárvár-Felsővidék *(Schloß, Emmeramsplatz 5, 93047 Regensburg)*.

Kinder:

(1) **Przssin Maria Theresia** Ludowika Klothilde Helene Alexandra, * Regensburg 28.11.1980, E- u. DevD. d. souv. MaltRrO.;
⚭ Tutzing 13.9.2014 Hugo **Wilson**, * London 11.1.1982, Künstler *(Schloß, Emmeramsplatz 5, 93047 Regensburg)*.

(2) **Przssin Elisabeth** Margarete Maria Anna Beatrix, * Regensburg 24.3.1982, E- u. DevD. d. souv. MaltRrO.
(Schloß, Emmeramsplatz 5, 93047 Regensburg).

(3) **Albert II.** Maria Lamoral Miguel Johannes Gabriel **12. Fürst v. Thurn und Taxis,** Fürst zu Buchau und Fürst v. Krotoszyn, Herzog zu Wörth und Donaustauf, gefürsteter Graf zu Friedberg-Scheer, Graf zu Valle-Sássina, auch zu Marchtal, Neresheim usw. (Durchlaucht), * Regensburg 24.6.1983, ErbGenPostmeister, E- u. DevRr d. souv. MaltRrO.
(Schloß, Emmeramsplatz 5, 93047 Regensburg).

3. **Pr. Raphael Rainer** Karl Maria Joseph Antonius Ignatius Hubertus Lamoral, * Regensburg 30.5.1906, † Schwangau 8.6.1993, Rr d. O. der Rautenkr., E- u. DevRr d. souv. MaltRrO.;
⚭ Regensburg 24.5.1932 Margarete (Rita) **Przssin v. Thurn u. Taxis**, * Berlin 19.10.1913, † Füssen 16.6.1997, T.d. Kgl. preuß. Majors Maximilian Theodor Pr. v. Th. u. T. u.d. Pauline Przssin v. Metternich-Winneburg.

Sohn:

Pr. Max Emanuel Maria Albert Paul Isabella Klemens Lamoral, * Schloß Bullachberg bei Füssen 7.9.1935, † Schwangau 5.3.2020;
⚭ I. (in nicht hausgesetzmäßiger Ehe) Schwangau (standesamtl.) 20.5., (kirchl.) 22.5.1969 Anna Maria (Mirzl) **Gfin v. Pocci**, * Heidenheim a.d. Brenz 1.4.1944, † Füssen 29.12.2008, führte wieder den Geburtsnamen (Ehe aufgehoben Kempten 6.7.1970, Ehe kirchl. annulliert Augsburg 17.10.1972; ⚭ II. Füssen 6.11.1970 Walter Stanner, * München 5.12.1940, † Füssen 21.11.2003, Unternehmer, gesch. Kaufbeuren 25.3.1997), T.d. Land- u. Forstwirts Konrad Albert Gf v. P. u.d. Anna Elisabeth Hartmann;
⚭ II. (in nicht hausgesetzmäßiger Ehe) (standesamtl.) Schwangau 14.3., (kirchl.) Bullachberg 15.3.1973 Christa **Heinle**, * Heidenheim an der Brenz 14.12.1941, ehem. Präs. d. Bayer. Roten Kreuzes, T.d. Kaufm. Erich H. u.d. Ingeborg Würzner
(Kurparkweg 10, 87645 Schwangau).

Söhne zweiter Ehe:

(1) **Pr. Hubertus** Raphael Franz Josef Ulrich Maria Lamoral, * Füssen 22.6.1973, Hotelbetriebswirt;
⚭ Schwangau 27.8.2011 Marion **Friedrich**, * Mannheim 25.3.1971, T.d. ... Günter F. u.d. Waltraud Frank
(Roman-Boos-Str. 2, 87672 Roßhaupten).

Sohn:

Pr. David Raphael Max Emanuel Philipp Albert Lamoral, * Füssen 16.6.2011.

(2) **Pr. Philipp** Gabriel Franz Josef Magnus Maria Lamoral, * Füssen 19.4.1975, Dipl.-Betriebswirt;
⚭ (standesamtl.) Schwangau 17.5., (kirchl.) ebd. 18.5.2019 Alessandra **Caspari**, * …, …, T.d. … u.d. …
(Forsthaus Eisenköppel, 56335 Neuhäusel).

4. **Pr. Philipp Ernst** Maria Adalbert Joseph Maximilian Antonius Ignatius Stanislaus Lamoral, * Prüfening 7.5.1908, † Hohenberg bei Seeshaupt, OBayern, 23.7.1964, Rr d. O. der Rautenkr., E- u. DevRr d. souv. MaltRrO.;
⚭ Schloß Taxis 8.9.1929 Eulalia (Illa) **Przssin v. Thurn u. Taxis,** * Biskupitz 21.12.1908, † Hohenberg 30.12.1993, StkrD., T.d. K.u.K. Km. u. Oberstlts Friedrich Pr. v. Th. u. T. u.d. Eleonore Przssin v. Ligne.

Kinder:

1) **Pr. Albert Friedrich** Maria Lamoral Kilian, * Prüfening 5.7.1930, † Garmisch-Partenkirchen 17.7.2021, Kunstschmied;
⚭ (in nicht hausgesetzmäßiger Ehe) (standesamtl.) Seeshaupt 28.7., (kirchl.) Birkenstein 30.7.1962 Alexandra **Baronesse v. der Ropp**, * Königsberg i.Pr. 31.10.1932, † Garmisch-Partenkirchen 6.2.2018, Schauspielerin, T.d. GenAgenten Schweter Baron v. der R. u.d. Ursula v. Boetticher.

2) **Przssin Margarete Eleonore** Maria Franziska Antonius von Padua, * Hohenberg 1.12.1933, † ebd. 29.12.2019.

3) **Przssin Antonia** Maria Margareta Theresia vom Kinde Jesu, * Hohenberg 28.1.1936
(Hohenberg, 82402 Seeshaupt).

II. Linie

Stammvater: Pr. Maximilian Joseph, * 1769, † 1831 (Halbbruder des Stammvaters der I. Linie). — Böhm. Inkolat im Rrstand Wien 18.9.1797 und im Herrenstand 29.11.1832; Landmann in Tirol Wien 9.10.1838; österr. Ausdehnung d. Präd. »Durchlaucht« auf sämtl. Mitglieder lt A.E. 27.4.1869 (intimiert durch Erlaß des Min. des Innern 5.5.1869).

1. Ast

Stammvater: Pr. Carl Anselm, * 1792, † 1844.

Erich Lamoral Hugo Egon Maria **Prinz v. Thurn und Taxis**, * Mzell, Kr. Gitschin, Böhmen, 11.1.1876, † Kremsegg, OÖsterr., 20.10.1952, K.u.K. Km., E- u. DevRr d. souv. MaltRrO.;
⚭ Wien 21.2.1903 Gabriele **Gfin Kinsky v. Wchinitz u. Tettau**, * Wien 28.3.1883, † Kremsegg 28.10.1970, K.u.K. PD., StkrD., T.d. Rudolf Fst K. v. W. u. T. u.d. Marie Gfin v. Wilczek.

Söhne (von 5 Söhnen, 4 Töchtern):

1. **Pr. Alexander** Ferdinand Hans Hugo Karl Egon Rudolf Lamoral Erich, * Mzell 31.8.1906, † München 16.12.1992, ...;
⚭ (in nicht hausgesetzmäßiger Ehe) Prag 26.10.1935 Marie Valerie **Gfin v. Mazzuchelli**, * Wien 15.4.1913, † ebd. 20.7.2001, T.d. Beamten der Stadt Wien Ludwig Gf v. M. u.d. Johanna Mátyás.

Söhne:

1) **Pr. Lamoral** Karl Johannes, * Prag 15.5.1937, † Wien 28.1.2010;
⚭ Wien 29.7.1961 Dorothea Auguste **Hornberg**, * Wien 12.3.1942, † ebd. 15.7.1999 (gesch. Wien 19.6.1978), T.d. GenDir. August Wilhelm Karl H. u.d. Ellida Siegmann.

Söhne:

(1) **Pr. Max-Emanuel** Karl Lamoral, * Wien 8.6.1965, † ... 14.3.2021, Kaufm.;

⚭ Wien 14.3.1986 Carine **Lackner**, * Wien … 1962, (gesch. Wien … 1986), T.d. … u.d. …
(…).

(2) **Pr. Stefan** Alexander Lamoral, * Wien 7.5.1967, † ebd. 3.6.2005.

(3) **Pr. Andreas** Patrick Lamoral, * Wien 30.3.1970, …
(Meißauerstr. 14/13, 1220 Wien, Österreich);
⚭ Wien 8.8.1998 Nina **Zeiringer**, * Wien 7.7.1973 (gesch. Wien 23.2.2011), T.d. … Erich Z. u.d. Elisabeth Majarek
(Wehrbrücklstr. 37/3/8, 1220 Wien, Österreich).

Söhne:

a. **Pr. Benjamin** Philipp, * Wien 13.5.2002
(…).

b. **Pr. Konstantin** Thomas, * Wien 25.12.2009.

2) **Pr. Egmont** Erich Johann Lamoral Karl Maria Joseph Alexander Ferdinand Pius Antonius Hadrian, * Prag 26.2.1939, † Wien 29.8. 2023, …
(Beckmanngasse 34/III, 1140 Wien, Österreich);
⚭ Wien 2.7.1977 Maria-Christiane **Gfin v. Waldstein, Hrin v. Wartenberg**, * Wien 8.12.1936, † ebd. 23.2.1989, führte wieder den Geburtsnamen (gesch. Wien 2.7.1981), T.d. österr. MinKommissärs Dr.jur. Eugen Gf v. W. Hr v. W. u.d. Marie Elisabeth Przssin v. Croÿ.

2. **Pr. Johann** (Hans) von Nepomuk Emmerich Lamoral Leo Udalrich Emmo Maria Josef Erich Gabriel Ignatius, * Mzell 28.6.1908, † Freiburg im Breisgau 3.4.1959, auf Lissa (§), Dipl.-Landwirt, E- u. DevRr d. souv. MaltRrO.;
⚭ Prag 26.1.1939 Maria Julie **Przssin v. Lobkowicz**, * Prag 25.2.1919, † München 20.5.2008, StkrD., T.d. OLts u. K.u.K. Km. Leopold Pr. v. L. auf Unterbeřkovic, Winteritz, Böhmen, usw., u.d. Franziska (Fanny) Przssin v. Montenuovo.

Kinder:

1) **Przssin Maria Alexandra** (Almerie) Franziska Gabriele Leonhardine Kaspara Ursula, * Prag 21.10.1939;
⚭ München 22.9.1962 Rudolf **Gf v. Colloredo-Mannsfeld**, * Paris 10.8.1938, † Sierndorf 28.9.2024, auf Sierndorf, Land- u. Forstwirt
(Im Schloßpark 1, 2011 Sierndorf, Österreich).

2) **Pr. Leopold** Erich Maria Lamoral Leonhard Karl Anselm Kaspar Petrus, * Komotau 29.4.1943, † Graz 8.12.1957.

3) **Pr. Friedrich** (Fritz) Leonhard Ignatius Josef Maria Lamoral Balthasar, * Linz an der Donau 22.6.1950, Journalist;
⚭ (in nicht hausgesetzmäßiger Ehe) München 4.6.1977 Beata **Béry** (aus ungar. Adel), * Budapest 21.2.1947, StkrD., T.d. Journalisten Ladislaus (Laszlo) B. (aus ungar. Adel) u.d. Paula Gfin Apponyi de Nagy-Appony
(Prinzregentenstr. 81, 81675 München).

4) **Pr. Karl Ferdinand** Maria Lamoral Leonhard Ignatius Anselm, * Linz an der Donau 13.4.1952, Dipl.-Kaufm., E- u. DevGroßkr. d. souv. MaltRrO.;
⚭ (in nicht hausgesetzmäßiger Ehe) (standesamtl.) Seevetal-Hittfeld 14.5., (kirchl.) Seevetal-Ramelsloh 16.5.1982 Viola **Pauen**, * Hamburg 10.6.1960, T.d. Architekten Egon P. u.d. Laura Jebe
(Birk 9, 53359 Rheinbach-Todenfeld).

Kinder:

(1) **Przssin Alice** Marie Stephanie, * Flensburg 16.8.1985;
⚭ (standesamtl.) Radonice, Tschechien, 23.8., (kirchl.) Melnik, Tschechien, 25.8.2012 Hans **Stachels**, * Bergisch-Gladbach 25.5.1981, Dr.jur., ...
(Heimhuder Str. 51, 20148 Hamburg).

(2) **Pr. Stanislaus** Johann Franz, * Flensburg 29.4.1987
(...).

(3) **Pr. Raphael** Ferdinand Egon, * Flensburg 10.3.1992
(...).

(4) **Pr. Benedikt** Nikolaus Anselm, * Bonn 16.10.1996
(...).

5) **Pr. Maximilian** (Max) Anselm Andreas Paulinus Leonhard Lamoral Maria, * Linz an der Donau 22.6.1955, ...
(Pflegerbauer Str. 3, 81925 München).

3. **Pr. Rudolf** Ferdinand Lamoral Franz Joseph Maria Ignatius Adam, * Lissa an der Elbe 23.12.1913, † Graz 1.6.1986, Dr.rer.pol., Dipl.-Kaufm., Beamter der Finanzlandesdirektion für Steiermark, E- u. DevRr d. souv. MaltRrO.;
⚭ (in nicht hausgesetzmäßiger Ehe) (standesamtl.) Graz 7.1., (kirchl.) Kremsegg 10.1.1960 Anna Maria (Annemarie) **Zhuber v. Okróg**, * Klagenfurt 28.1.1934, † Graz 3.6.2006, T.d. Rechtsanwalts Dr.jur. Otto Z. v. O. u.d. Elsa Rauscher.

Kinder:

1) **Pr. Paul Ferdinand**, * Graz 23.8.1961, Gastgewerbekaufm.;
⚭ Graz 19.6.2004 Marlies **Trogbacher**, * Graz 21.10.1955, Mag.rer. nat. (Ernährungswissenschaften), T.d. Versicherungskaufm. Herbert T. u.d. Sophie Tropper
(Konsumweg 3, 8020 Graz, Österreich).

2) **Przssin Elisabeth** Gabriele Maria Theresia, * Graz 7.3.1963;
⚭ Klein St. Paul, Kärnten, 1.5.1999 Richard **Klinzer**, * St. Veit an der Glan, Kärnten, 26.4.1955, Landwirt
(Klinzerhof, Sittenberg 9, 9373 Klein St. Paul, Österreich).

3) **Pr. Karl Alexander**, * Graz 10.1.1965, Antiquitätentischler;
⚭ St. Veit in der Gegend, Steiermark, 16.6.1990 Anja **Krapinger**, * Friesach 30.5.1963, † ebd. 16.12.2002, T.d. ... Walter K. u.d. Inge Grießer
(...).

4. **Pr. Franz** von Assisi Josef Ferdinand Wilhelm Paulus Rudolf Emil Lamoral Alexander Ignatius Theodor Pius Maria, * Lissa 15.4.1915, † Wien 17.4.1997;
⚭ I. (in nicht hausgesetzmäßiger Ehe) Wien 27.5.1950 Beatrix Estella de **Gamas**, * Buenos Aires 27.2.1928 (gesch. Wien 27.3.1952, Ehe kirchl. annulliert … 2.11.1963; ⚭ II. … Carlos Aristimuno, …), T.d. … Miguel Angel de G. u.d. Elena Mascias
(…, 75000 Paris, Frankreich);
⚭ II. (standesamtl.) München 22.12.1961, (kirchl.) Andechs 16.1.1964 Mafalda **Przssin v. Thurn u. Taxis**, * Regensburg 6.3.1924, † München 23.7.1989, T.d. Karl August Fst v. Th. u. T. u.d. Maria Anna v. Braganza, Infantin v. Portugal.

Tochter zweiter Ehe:

Przssin Daria Maria Gabriele, * München 6.3.1962, StkrD.
(Knöbelstr. 26, 80538 München).

2. Ast

Stammvater: Pr. Friedrich, * 1799, † 1857.

Friedrich Lamoral Joseph Maria Anton **Prinz v. Thurn und Taxis**, * Raab 23.12.1871, † (ermordet) Biskupitz 10.5.1945, K.u.K. Km., Oberstlt;
⚭ La Neuville-sous-Huy, Frankreich, 30.11.1907 Eleonore **Przssin v. Ligne**, * Brüssel 25.1.1877, † Hohenberg 13.8.1959, K.u.K. PD., StkrD., T.d. Edouard Pr. v. L. u.d. Eulalie Przssin zu Solms-Braunfels.

Söhne (von 2 Söhnen, 1 Tochter):

1. **Pr. Georg** Lamoral Alexander Anton Joseph Maria, * Biskupitz 26.4.1910, † München 4.10.1986;
⚭ I. (in nicht hausgesetzmäßiger Ehe) Berlin-Steglitz (standesamtl.) 6.1., (kirchl.) 7.1.1943 Editha **Scheer**, * Königsberg i.Pr. 9.8.1921, † Bryanston, Südafrika, 7.12.2011 (ev.), techn. Zeichnerin (gesch. Johannesburg,

Südafrika, 21.4.1954; ⚭ II. ... 1962 Horst Ganske, * ..., Dr.jur., Rechtsanwalt), T.d. Obersten Max Sch. u.d. Käthe Patzig;
⚭ II. (in nicht hausgesetzmäßiger Ehe) München (standesamtl.) 13.6. 1969 Anneliese-Sonja **Zerbst**, * Berlin 13.10.1922, † ... 4.1.2015, T.d. ... Willy Z. u.d. Emme Meske.

Tochter erster Ehe:

Przssin Maria Katharina Eleonore, * Brünn 22.4.1944, führt den Namen »Prinzessin von Thurn und Taxis - Köster«;
⚭ I. Rom 14.10.1968 Anton **Weiler**, * Köln 3.8.1925, Vorstandsmitgl. (gesch. Köln 11.7.1979);
⚭ II. Königstein, Taunus, 1.7.1981 Heinz **Köster**, * Köln 2.7.1931, † Bad Soden am Taunus, 28.12.2010, Dr.jur, GenDir.
(Mainblick 3, 61462 Königstein).

2. **Pr. Hugo** Lamoral Nikolaus, * Biskupitz 21.9.1916, † München 6.5.1975, Dipl.-Kaufm.;
⚭ I. (in nicht hausgesetzmäßiger Ehe) Wien 16.12.1940 Ingeborg **Sponer**, * Wien 8.9.1921, † Kirchseeon 25.5.2011, führte wieder den Geburtsnamen (gesch. Brünn 11.12.1945; ⚭ II. ... 23.12.1985 Gunther Kollmann, * ..., Dr.med.), T.d. ... Karl Sp. u.d. Elisabeth Budig;
⚭ II. (in nicht hausgesetzmäßiger Ehe) München 31.7.1953 Beatrice **Gfin v. Bethusy-Huc**, * Bankau 17.4.1925, † Perlach bei München 13.12. 1954, T.d. Kgl. preuß. Lts Otto (Ottfried) Gf v. B.-H. u.d. Sibylle v. Gersdorff;
⚭ III. (in nicht hausgesetzmäßiger Ehe) München 29.12.1961 Dorothea **van der Elst**, * Dessau 29.10.1931, T.d. Oberstlts Wolfgang van der E. u.d. Luise Ebermaier
(Schneckenburger Str. 24b, 81675 München).

Kinder: a) erster Ehe:

1) **Pr. Carl Friedrich** Lamoral Hugo, * Pähl, OBayern, 20.6.1941, Kaufm., Major i.G. d. Res.;

⚭ I. Hannover 30.6.1965 Monika **Brückner**, * Wien 11.4.1942, Kauffrau (gesch. Rosenheim ...12.1988), T.d. ... Herbert B. u.d. Anna Danzinger
(Wolfsberger Str. 35, 83209 Breitbrunn);
⚭ II. München 10.8.1989 Nancy **Hess**, * Keyser, West Virginia, USA, 14.6.1940, T.d. ... Earl Kieffer H. u.d. Louise Welch
(Giselastr. 6, 80802 München).

Kinder erster Ehe:

(1) **Przssin Beatrice** Antonie, * Weingarten 5.1.1966, Unternehmerin, führt den Geburtsnamen;
⚭ Gmund am Tegernsee 4.3.2005 Markus **Steininger**, * Tegernsee 17.7.1965, † Gmund am Tegernsee 2.9.2010
(Mühlthalstr. 4a, 83703 Gmund am Tegernsee).

(2) **Pr. Georg** Lamoral Alexander, * Weingarten 2.8.1967, ...
(Apianstr. 5, 80796 München);
⚭ (standesamtl.) Frauenchiemsee 9.6., (kirchl.) Rio de Janeiro 28.12.2000 Ursulla **Franco Silva**, * Rio de Janeiro 28.9.1977 (gesch. München 28.5.2009), T.d. ... Adilson F. S. u.d. Jonilza ...
(...).

(3) **Przssin Julia** Christina Verena, * Bad Reichenhall 17.4.1980, Designerin
(Wolfsberger Str. 35, 83209 Breitbrunn).

2) **Pr. Friedrich** Lamoral, * Kornitz, Mähren, 8.9.1943, Dipl.-Kaufm.;
⚭ Birkfeld, Steiermark, 12.12.1970 Angelica **Tacoli**, * Graz 24.5.1951, T.d. Land- u. Forstwirts Gherardo Marchese T. a.d.H. der Marchesi di San Possidonio, auf Birkenstein, Oststeiermark, u.d. Marga Baronesse Musulin de Gomirje
(Tilgnerstr. 5, 1040 Wien, Österreich).

Kinder:

(1) **Pr. Philipp** Lamoral Alfonso Thaddäus, * Salzburg 22.6.1971, Mag.jur.;
⚭ Natoye, Belgien, 22.8.1998 Pauline **Gfin v. Aspremont-Lynden**, * Brüssel 24.8.1974, T.d. Dr.jur. Arnould Gf. v. A.-L. auf Mouffrin u.d. Hedwig Gfin v. Thurn u. Valsássina-Como-Vercelli
(Wohllebengasse 15/3, 1040 Wien).

Kinder:

a. **Przssin Elisa** Marie Eleonore Gobertine, * Brüssel 15.4.2002 *(...).*

b. **Pr. Hugo** Lamoral Gobert, * Heidelberg 14.9.2004 *(...).*

c. **Przssin Georgina** Maria, * Wien 4.3.2009.

(2) **Przssin Olivia** Maria, * Wien 16.2.1973;
⚭ Pomarolo bei Rovereto 19.6.1999 Johannes **Volpini de Maestri**, * Amstetten, NÖsterr., 7.11.1972, Mag.jur., Steuerberater
(Palazzo Lodron, 38060 Nogaredo TN, Italien).

(3) **Pr. Alfonso** Lamoral Hugo Maria, * Wien 20.7.1976, Kaufm.;
⚭ Altenburg, NÖsterreich, 19.7.2008 Anna **Gfin v. u. zu Trauttmansdorff-Weinsberg,** * Wien 1.10.1980, T.d. Botschafters Dr. jur. Ferdinand Gf v. u. zu T.-W. u.d. Margrit Scholtz-Rautenstrauch
(Argentinierstr. 35/8, 1040 Wien, Österreich).

Töchter:

a. **Przssin Ida** Magdalena Maria, * Wien 1.1.2010.

b. **Przssin Sophia** Andrea Maria, * Salzburg 22.1.2011.

b) dritter Ehe:

3) **Przssin Marie-Luise** Eleonore Dorothea, * München 30.7.1963, Dipl.-Ing., Architektin;
⚭ (standesamtl.) Wedel 29.12.1996, (kirchl.) München 25.1.1997 Jan **Fischer**, * München 5.2.1966, Dipl.-Kaufm.
(Maria-Theresia-Str. 26, 81675 München).

4) **Przssin Eleonore** Melanie Susanne Friederike, * München 3.6.1965, Dr.med., Kinderärztin;
⚭ (standesamtl.) Berlin 11.8., (kirchl.) Baumburg bei Altenmarkt an der Alz 16.9.1995 Hubertus **v. der Schulenburg**, * Erlangen 24.3.1966, Dipl.-Ing.agr.
(Ottilienstr. 82, 81827 München).

Albert II. Fürst v. Thurn u. Taxis

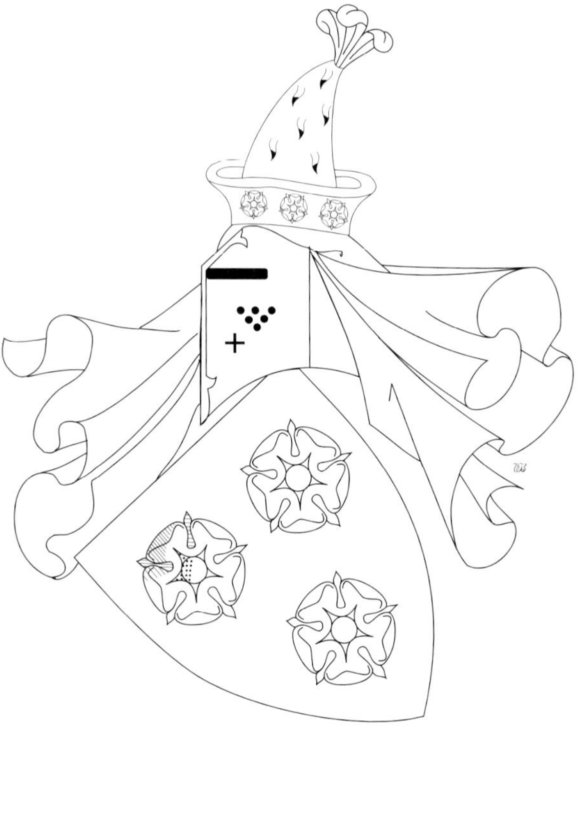

Toerring-Jettenbach

Kath. — Oberbayer. Uradel mit dem Stammsitz Törring bei Tittmoning, dessen Stammreihe mit Udalschalk v. Törring, urkundl. 1135-1160, Gfl. kraiburg. Ministerialen, beginnt. — Erwerbung von Stein an der Traun um 1200; Ererbung von Jettenbach 1255, von Seefeld 1472; Kais. Wappenvereinigung mit dem der † v. Seefeld Nürnberg 27.7.1491 (für Veit v. Törring auf Jettenbach, Kais. Rat); Reichsfrhrnstand Augsburg 3.6.1566 (für die Brüder Georg, auf Seefeld usw., Hans Veit, auf Jettenbach usw., u. Adam v. Törring, auf Stein usw.); Verleihung d. Erblandjägermeisteramtes im Hzgt. Bayern (primog.) München 18.7.1607 (für des Ersteren Sohn Eustach Frhrn v. Törring); Erbkm. d. Hzgt. Salzburg 1618; Reichsgfnstand mit »Wohlgeboren« Regensburg 21.10.1630 (für die Brüder u. Vettern Ladislaus, Johann, auf Jettenbach, Ferdinand, auf Seefeld, u. Ladislaus Oswald Frhrn v. Törring, auf Törring, Stein, Pertenstein usw.); Kais. Wappenbriefe Regensburg 19.12.1653 u. 12.4.1654 (für dieselben); Erwerbung der Reichsgfschaft Gronsfeld bei Maastricht 1745 (Verlust 1801; Entschädigung durch die ehem. Reichsabtei Gutenzell bei Biberach 25.2.1803); Immatrikulation im Kgr. Bayern bei der Gfnklasse 18.3.1809 (für Anton Clemens Gfn v. Törring auf Seefeld usw., Kgl. bayer. Km., WGehRat u. Obersthofmarschall, sowie für Joseph August Gfn v. Törring zu Gutenzell auf Jettenbach usw., Kgl. bayer. Km. u. WGehRat, nebst Geschwistern); erbl. Reichsrat der Krone Bayern 26.5.1818 (für dieselben); bayer. Namen- u. Wappenvereinigung mit denen der Gfn Minucci als »Gf v. Törring-Minucci« … 10.4.1824 (für Anton Gfn v. Törring-Seefeld, Kgl. bayer. Km., Verlobten [⚭ 9.5.1824] der Francisca Gfin Minucci, Letzten ihres Geschlechts); Immatrikulation im Kgr. Bayern bei der Gfnklasse 12.4.1824 (für denselben); österr. Anerkennung d. Präd. »Erlaucht« (primog.) Wien 22.2.1847 (für Maximilian Gfn v. Törring-Jettenbach zu Gutenzell, Kgl. bayer. Km., erbl. Reichsrat der Krone Bayern u. Standeshrn in Württemberg); Ererbung von Gutenzell 30.4.1860 (durch Clemens Gfn v. Törring-Minucci als Erben des vorgenannten Maximilian Gfn v. Törring-Jettenbach zu Gutenzell); bayer. Bewilligung zur Annahme d. Namens Gf zu Törring-Jettenbach durch A.E. vom 4.8.1866; württ. Anerkennung des hohen Adels als Rechtsnachfolger d. standesherrl. Hauses Törring-Gutenzell mit dem Recht, das dem Haupt desselben nach dem Bundestagsbeschluß vom 13.2. 1829 zuständige Präd. »Erlaucht« zu führen, durch A.E. vom 9.10.1888; bayer. Anerkennung durch A.E. vom 27.10.1888 (alles für den vorgenannten Clemens Gfn zu Törring-Jettenbach als Fkhrn auf Pörnbach mit Pertenstein u. Jettenbach, Fkhrn auf Seefeld, auf Gutenzell, Kgl. bayer. Km. u. erbl. Reichsrat der Krone Bayern). — Die Nachgeborenen führen gemäß bayer. Erlaß vom 7.3.1911 den Namen Graf bzw. Gräfin zu Toerring-Jettenbach mit »Erlaucht«.

Stammwappen: In Silber 3 (2, 1) rote Rosen mit goldenen Butzen u. grünen Kelchblättern; auf dem Helm mit rot-silbernen Decken ein mit 3 (rot, silbern, rot) Straußenfedern bestückter Hermelin-Spitzhut, dessen silberner Stulp mit 3 roten Rosen belegt ist.

Literatur: Hinweise s. GHdA, Adelslexikon, Bd XIV (2003). — GHBy, Bd XXXIV (2022).
Letztaufnahme der Genealogie: GGH, Fstl. Häuser, Bd 2 (2018).

Chef: **Hans Veit Graf zu Toerring-Jettenbach**, * 1935.

Hans Veit Graf zu Toerring-Jettenbach, Graf zu Gutenzell, Freiherr v. Seefeld, * Augsburg 7.4.1862, † München 29.10.1929, Fkhr auf Pörnbach mit Pertenstein u. Jettenbach, Fkhr auf Seefeld c.p., Bayern, sowie der vorm. reichsständischen Hrschaft Gutenzell, Württ., erbl. Reichsrat der Krone Bayern;
⚭ München 26.7.1898 Sophie **Hzgin in Bayern**, * Possenhofen 22.2.1875, † Kreuth 4.9.1957, ED. d. bayer. TheresienO. u. D. d. St. ElisabethenO., T.d. Karl Theodor Hzg in B. u.d. Maria Josepha (José) Infantin v. Portugal.

Söhne:

1. **Carl Theodor** Klemens **Graf zu Toerring-Jettenbach** usw., * Winhöring, OBayern, 22.9.1900, † München 14.5.1967, Hr d. ehem. Fkm. Pörnbach-Pertenstein-Jettenbach, Bayern, u. Gutenzell, Württ.;

⚭ (standesamtl.) München 9.1., (kirchl.) Schloß Seefeld am Pilsensee, OBayern, 10.1.1934 Elisabeth **Przssin v. Griechenland u. Dänemark**, * Schloß Tatoi bei Athen 11./24.5.1904, † München 11.1.1955, T.d. Nicolaus Pr. v. G. u. D. u.d. Helen Gfstin v. Rußland.

Kinder:

1) **Hans Veit** Kaspar Nikolaus **Graf zu Toerring-Jettenbach**, Graf zu Gutenzell, Freiherr v. Seefeld (Erlaucht), * München 11.1.1935, Hr d. ehem. Fkm. Pörnbach-Pertenstein-Jettenbach u. Gutenzell;
⚭ Bartenstein, Württ., (standesamtl.) 22.3., (kirchl.) 20.4.1964 Henriette **Przssin zu Hohenlohe-Bartenstein**, * Bartenstein 23.8.1938, Sozialfürsorgerin, T.d. Karl Fst zu H.-B. u.d. Clara Freiin v. Meyern-Hohenberg
(Cuvilliésstr. 8, 81679 München; Steubstr. 12, 81925 München).

Kinder:

(1) **Gfin Clarissa** Beatrix Eleonore Maria, * München 31.3.1965, Künstlerin;
⚭ (standesamtl.) Tulln, NÖsterr., 8.6., (kirchl.) Winhöring 4.7.1999 Tassilo **Metternich-Sándor Pr. v. Ratibor u. Corvey**, Pr. zu Hohenlohe-Schillingsfürst, * Wien 23.10.1965, Land- u. Forstwirt
(Schloß Neuaigen, 3430 Tulln, Österreich).

(2) **Erbgf Ignatius** (Ignaz) Maximilian Karl Veit, * München 30.3.1966, Unternehmer, Rr d. bayer. St. GeorgO.;
⚭ Cavenago d'Adda, Prov. Lodi, Italien, 15.5.2004 Robinia **Mentasti Granelli**, * Mailand 13.1.1976, T.d. Unternehmers Bruno M. G. u.d. Floriana Bianchi
(Cuvilliésstr. 8, 81679 München).

Töchter:

a. **Gfin Floriana** Antonia Carla, * Mailand 5.3.2005.

b. **Gfin Giorgiana** Josepha Lavinia, * Mailand 11.7.2006.

c. **Gfin Elisabeth** Valeria Ricciarda, * Mailand 18.6.2008.

d. **Gfin Elena** Innocenzia Maria Maximiliana Isabella Rita, * München 28.12.2010.

e. **Gfin Maximiliana** Marina Nicola Maria-Rosa Viviana, * München 7.12.2012.

(3) **Gf Carl Theodor** Ferdinand, * München 17.2.1969, Dipl.-Volkswirt;
⚭ Frankfurt am Main 28.10.2009 Natalia Alexeivna **Ivanova**, * St. Petersburg 25.4.1975, T.d. Prof. f. Schöne Künste an der Staatl. Pädagogischen Herzen-Univ. St. Petersburg Alexey Leonidovich I. u.d. Restauratorin Olga Vasilievna Afanasieva
(Schlossplatz 1, 85309 Pörnbach).

Söhne:

a. **Gf Karl-Albrecht** Alexander, * Paris 9.4.2009.

b. **Gf Alexander** August, * Frankfurt am Main 3.8.2011.

c. **Gf Lawrence** August Elliot, * Berlin 11.4.2016.

2) **Gfin Helen** Marina Elisabeth, * Winhöring 20.5.1937, StkrD.;
⚭ (standesamtl.) München 6.4., (kirchl.) Seefeld am Pilsensee 10.4. 1956 Ferdinand **Ehzg v. Österreich**, * Wien 6.12.1918, † Ulm 6.8. 2004, Exportkaufm.
(Eisgrabenstr. 22, 5081 Anif, Österreich).

2. **Gf Hans Heribert** Wilhelm Veit Adolf, * Winhöring 25.12.1903, † Murnau, OBayern, 16.3.1977, auf Seefeld (vorm. Fkm.) usw.;

⚭ I. München (standesamtl.) 19.10., (kirchl.) 20.10.1938 Victoria **Lindpaintner**, * Frankfurt am Main 13.2.1918, † Tegernsee 29.4.1965 (Ehe aufgelöst u. für nichtig erklärt Augsburg 23.10.1947; ⚭ II. Tegernsee 12.12.1947 Rudolf Hantschel, * Teplitz-Schönau, Böhmen, 21.2.1910, † Kreuth am Tegernsee 18.3.1985, Kaufm.), T.d. Kunsthändlers u. Ing. Paul L. u.d. Maria Wegemann;
⚭ II. Oberalting-Seefeld 10.12.1947 Maria Immaculata **Freiin Waldbott v. Bassenheim**, * Harmashutta, Ungarn, 27.7.1921, † Moorenweis-Dünzelbach 8.9.2020, T.d. Dr.rer.pol. Friedrich Heinrich Frhr W. v. B., Gutsbes. in Sátoraljaujhely, Kom. Zemplin, u.d. Maria Alice Ehzgin v. Österreich.

Kinder zweiter Ehe:

1) **Gfin Alice** Maria Immaculata Sophie Isabella, * München 5.6.1949, freischaffende Künstlerin
(Schloß, 82229 Seefeld).

2) **Gfin Maria Josefa** (Marie-José) Gabriele Stefanie Antonie, * München 27.10.1950, Dr.rer.nat., Biologin
(Engelhardtstr. 32/V, 81927 München).

3) **Gf Hans-Caspar** Heribert Veit Friedrich, * München 22.7.1953, auf Seefeld (vorm. Fkm.), Groß-Komtur d. bayer. St. GeorgO., Großkr. d. O. Unserer Lieben Frau zur Empfängnis von Vila Viçosa;
⚭ (standesamtl.) Moorenweis 30.4., (kirchl.) Schloß Zeil 23.5.1980 Elisabeth **Gfin v. Waldburg zu Zeil u. Trauchburg**, * Glashütte/Wengen 6.1.1954, StkrD., Großkr. d. Kgl. O. der Heiligen Isabel, T.d. Konstantin Gf v. W. zu Z. u. T. u.d. Eleonore Przssin v. Bayern
(St.-Nikolaus-Str. 65, 82272 Dünzelbach).

Kinder:

(1) **Gfin Maria-Antonia** Sophie Immaculata, * München 22.6.1981, Dr.med., OÄrztin f. Anästhesie, führt den Geburtsnamen
(Herzogstr. 40, 80803 München);

⚭ (standesamtl.) München 14.12.2007, (kirchl.) Kloster Andechs 31.5.2008 Felix **Gf v. Spiegel zum Diesenberg-Hanxleden**, * München 10.1.1975, Dr.med., OArzt f. Plastische Chirurgie (gesch. … 7.10.2021).

(2) **Gfin Eleonore** Gabriele Isabelle, * Toronto, Ontario, Kanada, 16.2.1984, M.A. (Art History and Management);
⚭ (standesamtl.) München 10.7., (kirchl.) Kloster Andechs 29.8. 2015 Franz-Clemens **Pr. v. Altenburg**, * Wien 25.9.1985, Mag. jur., Unternehmensberater
(Kellberberg 34, 82266 Inning am Ammersee).

(3) **Gfin Fernanda** Marie Alice, * München 17.12.1985, B.A. (Medienkunst), M.A. (Film), Eventmanagerin;
⚭ (standesamtl.) München 31.7., (kirchl.) Kloster Andechs 30.8. 2014 Maximilian **Döbler**, * Kempten 18.4.1985, Dr.jur., Venture Capital Management
(Kerschlager Weg 7, 82346 Andechs).

(4) **Gf Cajetan** Anton Gaudenz Tassilo, * München 29.12.1986, M.A., Unternehmer, Rr d. bayer. St. GeorgO.;
⚭ (standesamtl.) Vaduz, Liechtenstein, 26.6., (kirchl.) Waldstein, Steiermark, 17.7.2021 Therese **Przssin v. u. zu Liechtenstein**, * München 22.2.1987, Ph.D., Investment Associate, T.d. Mag.rer.soc. et oec. Michael Pr. v. u. zu L. u.d. Unternehmerin Dr.-Ing. Hildegard Peters
(Graf-Toerring-Seefeld-Str. 11, 82229 Seefeld).

Sohn:

Gf Maximilian Cajetan Michael Caspar, * München 12.7.2023.

(5) **Gf Georg** Clemens Friedrich, * München 3.11.1989, B.Sc. (Management and Int. Business), Immobilienfachwirt, Rr d. bayer. St. GeorgO.
(St.-Nikolaus-Str. 65, 82272 Dünzelbach).

4) **Gf Maximilian-Gaudenz**, * München 29.1.1955, † Krautheim an der Jagst 6.1.1997.

5) **Gfin Sophie** Maria Antonia Eleonore, * München 26.3.1957, Restauratorin
(Schloß, 82229 Seefeld).

Hans Veit Graf zu Toerring-Jettenbach

Trauttmansdorff-Weinsberg s. GHdA, Fstl. Häuser, Bd XIX (2011)

Ujest s. Hohenlohe

Waldbott v. Bassenheim s. GGH, Fstl. Häuser, Bd 1 (2015)

Waldburg

Kath. — Schwäbischer Uradel, der mit Ebirhardus de Tanne (heute Alttann, Gmde Wolfegg, Kr. Ravensburg, Württemberg) um 1170 urkundl. (Orig. im Archiv Hechingen, abgedr. im Württ. UrkBuch II, 138) zuerst erscheint. Welfische u. staufische Kgsdienstmannen als ministeriales im Gefolge Friedrichs I. 1187 urkundl. (a. a. O. II, 249 und C. F. Stälin, Wirt. Gesch. II, 440); pincerna de Tanne 1197 (s. Württ. UrkBuch II, 321); dapifer = Truchseß 1214 (a. a. O. III, 11); Truchseß v. Waldburg 1219. — Erwerbung von Wolfegg um 1200, von Trauchburg 1306, von Zeil 1337, von Waldsee 21.6.1386, Erbeinigung 1463. — Reichsfrhrnstand Ulm 4.7.1502; Reichserbtruchseß 1525 (endgültig 1594); württ. ReichsErbOHofmeister 23.7.1808 (für den jedesmaligen Senior des Gesamtgeschlechtes). — Die Stammväter der nachfolgenden Linien waren Brüder, die 1601 eine Teilung vornahmen.

Stammwappen: In Gold 3 schreitende schwarze Leoparden; auf dem Helm mit schwarz-goldenen Decken ein golden-bequastetes rotes Kissen, darauf ein natürlicher Pfauenwedel; hinter dem Wappen rechts eine schräggestellte Standarte mit dem Schildbild.

Literatur: Hinweise s. GHdA, Adelslexikon, Bd XV (2004).
Letztaufnahme der Genealogie: GGH, Fstl. Häuser, Bd 2 (2018).

I. Linie: Wolfegg

Stammvater: Heinrich Reichserbtruchseß Frhr zu Waldburg, Herr zu Wolfegg, Waldsee usw., * 1568, † 1637. — Reichsgfnstand mit Wappenvermehrung u. »Hoch- u. Wohlgeboren« unter gleichzeitiger Erhebung von Wolfegg zur Reichsgfschaft Prag 29.2.1628 (für den Obengenannten); Reichsfstnstand (primog.) mit »Hochgeboren« als »Fürst v. Waldburg« Wien 21.3.1803 (für Joseph Anton Xaver Reichserbtruchseß Frhr zu Waldburg, Gf zu Wolffegg); erbl. Mitgl. der Ersten Kammer in Württemberg 25.9.1819; Zuständigkeit des Präd. »Durchlaucht« (primog.) lt Bundestagsbeschluß vom 18.8.1825. — Die Nachgeborenen und deren Gemahlinnen führen den Namen Graf bzw. Gräfin v. Waldburg zu Wolfegg u. Waldsee.

Chef: **Johannes Fürst v. Waldburg zu Wolfegg u. Waldsee**, * 1957.

1. Ast

Maximilian Wunibald Maria Josef Servatius Reichserbtruchseß **Fürst v. Waldburg zu Wolfegg u. Waldsee**, * Waldsee 13.5.1863, † Chur 27.9.1950, Kapitulargroßkomtur d. bayer. St. GeorgO.;
⚭ Hořin bei Melnik 26.7.1890 Sidonie **Przssin v. Lobkowicz**, * Drhovl 12.8.1869, † Wolfegg 24.7.1941, StkrD., T.d. Georg Christian Fst v. L. u.d. Anna Przssin v. u. zu Liechtenstein.

Söhne:

1. **Franz** Xaver Maria **Ludwig** Josef Andreas Willibald Aloysius Alfons Reichserbtruchseß **Fürst v. Waldburg zu Wolfegg u. Waldsee**, * Waldsee 25.8.1892, † Florenz 1.5.1989, Großkomtur d. bayer. St. GeorgO., EBailli u. Großkr. d. souv. MaltRrO.;
⚭ Wechselburg 6.5.1920 Adelheid **Gfin u. Hrin v. Schönburg-Glauchau**, * Wechselburg 28.7.1900, † Bad Waldsee 7.1.1987, E- u. DevD. d. souv. MaltRrO., StkrD., T.d. Kgl. sächs. Majors Joachim Gf u. Hr v. Sch., Gf u. Hr zu G. u. Waldenburg, u.d. Oktavia Gfin Chotek v. Chotkowa u. Wognin.

Kinder (von 4 Söhnen, 2 Töchtern):

1) Maximilian (**Max**) **Willibald** Maria Franz Xaver Benedikt Johann Baptist Reichserbtruchseß **Fürst v. Waldburg zu Wolfegg u. Waldsee**, * Waldsee 22.6.1924, † Wolfegg 5.9.1998, Dipl.-Forstwirt;
⚭ I. (standesamtl.) Wolfegg 8.1., (kirchl.) Salzburg 8.2.1955 Ida **Gfin Khuen v. Belasi**, * Prag 1.5.1928, † Wolfegg 6.6.1987, E- u. DevGroßkrD. d. souv. MaltRrO., T.d. Gutsbes. Heinrich Gf K.v. B. u.d. Maria Przssin v. Lobkowicz;

⚭ II. (standesamtl.) Stuttgart 30.11.1991 Elisabeth **Mérey de Kaposmérő et Kisdovorán**, * Hartfield, East Sussex, England, 12.8. 1948 (⚭ I. [standesamtl.] Neuheim, Kt. Zug, Schweiz, 12.8., [kirchl.] Oberägeri, Kt. Zug, 23.9.1972 Maximilian Frhr Wiedersperger v. Wiedersperg, * Holzkirchen 18.3.1946, Kaufm., gesch. Neuß 28.3. 1989, Ehe kirchl. annull. Rom 29.7.2005), T.d. Dr.rer.pol. Georg M. de K. et K. u.d. Elisabeth Baronesse Ullmann de Baranyavár *(Kirrlohstr. 32, 88339 Bad Waldsee).*

Kinder erster Ehe:

(1) **Gfin Maria Katharina** (Marie-Catherine) Walburga Ida Oktavia Leonarda Theresia vom Kinde Jesu Johanna, * Ravensburg 18.3.1956, Assessor jur., Mediatorin, E- u. DevGroßkrD. d. souv. MaltRrO.;
⚭ Wolfegg (standesamtl.) 2.5., (kirchl.) 3.5.1983 Valentin **Frhr Heereman v. Zuydtwyck**, * Misburg, Hann., 22.11.1942, † Berlin 16.4.2009, Dipl.-Kaufm., geschäftsf. Gesellschafter
(Landauer Str. 11, 14197 Berlin).

(2) **Johannes** Baptista Franz Xaver Willibald Maria Josef Philipp Jeningen Leonhard Reichserbtruchseß **Fürst v. Waldburg zu Wolfegg u. Waldsee** (Durchlaucht), * Ravensburg 9.3.1957, lic. oec., E- u. DevRr d. souv. MaltRrO., Rr d. bayer. St. GeorgO., Lt d. Res.;
⚭ (standesamtl. u. kirchl.) Fiesole, Prov. Florenz, 29.4.1989 Viviana dei Conti **Rimbotti**, * Florenz 11.2.1963, T.d. Dr.-Ing. Vittorio Emmanuele Conte R. u.d. Donna Maria Vittoria Colonna dei Principi di Summonte
(Schloss Wolfegg, 88364 Wolfegg).

Kinder:

a. **Erbgf Ludwig** Franz Willibald Maria Josef Leonhard, * Ravensburg 12.7.1990, B.A. (Gesch.).
(Schloss Wolfegg, 88364 Wolfegg).

b. **Gfin Vittoria** Ida Walburga Maria Josefa Leonharda, * Ravensburg 4.4.1992, B.Sc., MBA;
⚭ Wolfegg (standesamtl.) 30.5., (kirchl.) 26.9.2020 Ferdinand **Lovrek**, * Salzburg 21.5.1985, Dr.med., Arzt
(Parkgasse 6/18, 1030 Wien, Österreich).

c. **Gf Leonardo** Maximilian Wunibald Maria Josef Bruno, * Ravensburg 6.10.1995, M.A. (phil.)
(Auguststr. 62, 10117 Berlin).

(3) **Gf Jakob** Heinrich Wunibald Maria Josef Rupert Leonhard, * Ravensburg 9.3.1957 (Zwillingsbruder d. Vorigen), Lic.sc.oec., Bankdir., E- u. DevRr d. souv. MaltRrO., Lt d. Res.;
⚭ (standesamtl.) Wolfegg 28.4., (kirchl.) Greinburg, OÖsterr., 11.5.1991 Eilika **Gfin zu Solms-Baruth**, * Freising 8.8.1966, T.d. Dr.chem. Hubertus Gf zu S.-B. u.d. Elisabeth-Charlotte v. Kerssenbrock
(Wächterhof 1, 85635 Höhenkirchen-Siegertsbrunn).

Kinder:

a. **Gfin Lioba** Maria Walburga Nina Elisabeth, * Frankfurt am Main 14.10.1994, B.Sc.;
⚭ (standesamtl.) Lütjenburg 21.5., (kirchl.) Wolfegg 22.10.2022 Bodo Achaz **Gf v. Brockdorff**, * Schleswig 6.6.1991, Unternehmer
(Husemannstr. 7, 10435 Berlin).

b. **Gf August** Wilhelm Wunibald Maria Joseph Adalbert Basilius, * Prag 2.1.1997, M.A., Groß- u. Außenhandelskaufm.
(Wächterhof 1, 85635 Höhenkirchen-Siegertsbrunn).

c. **Gf Theodor** Johannes Nepomuk Willibald Maria Joseph Richard Hubertus, * Prag 9.6.1998, B.A., Kaufm. f. Spedition u. Logistik
(Wächterhof 1, 85635 Höhenkirchen-Siegertsbrunn).

d. **Gfin Laetitia** Maria Walburga Viktoria Andrea, * Esslingen am Neckar 8.10.2000, stud. Psychologie
(Wächterhof 1, 85635 Höhenkirchen-Siegertsbrunn).

(4) **Gf Thomas** Georg Willibald Maria Johannes Vianney Leonhard, * Ravensburg 28.7.1960, Dr.med., Osteopath D.O., E- u. DevRr d. souv. MaltRrO.
(Avenue Eugène Plasky 80, 1030 Brüssel, Belgien);
⚭ La Forge Roussel, Florenville, Belgien (standesamtl.) 9.10., (kirchl.) 10.10.1991 Charlotte **Baronesse de Mevius**, * Katana, Belg.-Kongo, 15.1.1958 (gesch. Brüssel 3.9.2015), T.d. Landwirts u. Kgl. belg. Lts d. Res. Michel Baron de M. u.d. Françoise Le Boeuf
(Welriekende Dreef 23, 3090 Overijse, Belgien).

Kinder:

a. **Gfin Sophie** Walburga Johanna Barbara, * Ravensburg 1.9. 1992, Hippotherapeutin
(Domöne Rurhof, Am Rurbusch 3, 4750 Bütgenbach, Belgien).

b. **Gf Gregor** Josef Willibald, * Uccle, Belgien, 16.3.1994, Pilot
(Welriekende Dreef 23, 3090 Overijse, Belgien).

(5) **Gfin** Maria **Adelheid** Franziska Josefa Leonharda Walburga, * Ravensburg 31.8.1963, M.A. (Gesch.), Kommunikationswirtin, E- u. DevD. d. souv. MaltRrO;
⚭ Wolfegg (standesamtl.) 14.10., (kirchl.) 19.10.1991 Eberhard **Frhr v. Gemmingen-Hornberg**, * Bamberg 8.12.1957, Grundhr zu Friedenfels, Land- u. Forstwirt
(Forsthaus Köhlerlohe 3, 95688 Friedenfels).

(6) **Gf Andreas** Maria Wunibald Johannes Leonhard Josef Bernhard, * Ravensburg 30.1.1966, M.A. (phil.), Rr d. bayer. St. GeorgO., OLt d. Res.

⚭ Woodstock, New York, USA, 9.9.2017 Naomi Regina **Beckwith**, * Chicago 9.3.1976, M.A., T.d. Richard B. u.d. Dr. Patricia Habtemichael
(Apt. 14b, 60 W 57th Str., New York NY 10019, USA).

2) **Gfin Marie Oktavia** Monika Coletta Christophora Sophie Johanna Walburga, * Wechselburg 1.8.1926, † Wien 22.3.2024, StkrD.;
⚭ Bad Waldsee 6.5.1958 Dietrich **Gf v. Brühl**, * Königsberg i.Pr. 1.12.1925, † Wien 13.11.2010, Botschafter.

3) **Gfin** Maria **Sidonia** Josefa Walburga Ignatia Coletta Ursula, * Waldsee 20.10.1929, † Hauzenstein 6.8.2022, StkrD.;
⚭ Waldsee 28.9.1955 Leopold **Gf v. Walderdorff**, * Kürn 7.4.1928, † Regensburg 10.4.2007, Dipl.agr.

4) **Gf Gebhard** Heinrich Maria Willibald Benedikt Eucharius, * Waldsee 8.12.1930, † München 14.11.2013, Dipl.-Holzwirt;
⚭ (standesamtl.) Bad Waldsee 31.8., (kirchl.) Fulda 14.9.1968 Birgit **Riedesel Freiin zu Eisenbach**, * Hannover 12.3.1942, † ... 29.11.2020 (ev.), T.d. Land- u. Forstwirts Max R. Frhr zu E. u.d. Claire Kück.

Kinder:

(1) **Gfin Caroline** Antoinette Franziska Maria Walburga, * München 18.4.1971, Fernsehjournalistin;
⚭ I. (standesamtl.) Wernigerode 21.4., (kirchl.) Wolfegg 19.5. 2001 Philipp **Fürst zu Stolberg-Wernigerode**, * Frankfurt am Main 8.6.1967, Dipl.-Betriebswirt, Unternehmer (gesch. Berlin 26.6.2003);
⚭ II. Bad Waldsee 10.12.2005 Constantin **Frhr v. Dalwigk zu Lichtenfels**, * München 28.10.1970, Dipl.-Betriebswirt
(Bad Brunnthal 5, 81675 München).

(2) **Gf Moritz** Rudolf Joachim Maria Willibald Gabriel, * München 24.3.1973, Touristikberater;

⚭ (standesamtl.) Bad Waldsee 27.6., (kirchl.) Lindau, Bodensee, 5.7.2003 Isabelle **Freiin v. Herman**, * München 29.1.1976, Kommunikationswirtin, T.d. Land- u. Forstwirts Benedikt-Joachim Frhr v. H. auf Wain u.d. Karin Henkel
(Sophie-Stehle-Str. 6, 80639 München).

Kinder:

a. **Gfin Olivia** Tatiana Walburga Maria, * München 4.9.2007.

b. **Gfin Louisa** Katharina Carolin Sophie Thessa Walburga, * München 1.9.2009.

c. **Gf Heinrich** Benedikt Johannes Willibald, * München 14.6. 2013.

5) **Gf Ferdinand** Ludwig Josef Maria Wunibald Konrad von Parzham Christophorus, * Waldsee 17.12.1933, † Kitzbühel 12.6.2001, Druckereidir., Kapitularkomtur d. bayer. St. GeorgO.;
⚭ (standesamtl.) München 20.5., (kirchl.) Aurach bei Kitzbühel 8.6.1964 Emma **Przssin v. Croÿ**, * Sutton, Sussex, England, 30.12. 1943, T.d. Alexander Pr. v. C. u.d. Anne Campbell
(Waldtruderinger Str. 60, 81827 München).

Kinder:

(1) **Gf Richard** Heinrich Gebhard Wunibald Bernhard, * Augsburg 20.5.1965, B.Sc., MBA, Geschäftsf., Aufsichtsratmitglied der Villeroy & Boch AG, Rr d. bayer. St. GeorgO.;
⚭ Mettlach 19.7.2003 Cynthia **Przssin zu Solms-Hohensolms-Lich**, * Saarlouis 24.11.1967, Dipl.-Wirtin Regionalwiss. Lateinamerika, Entwicklungshelferin, T.d. Univ.-Prof. Dr.phil. Wilhelm Pr. zu S.-H.-L. u.d. Milicent v. Boch-Galhau
(Mandlstr. 19, 80802 München).

Kinder:

a. **Gfin Mafalda** Maria Millicent Giacobea Walburga, * Samedan, Schweiz, 27.9.2004, stud.oec.
(…).

b. **Gf Thaddeus** Richard Giacomo Wunibald Gangolf, * Samedan 15.4.2006.

c. **Gf Cajetan** Seraphin Lucio Willibald Josef, * Samedan 2.10. 2008.

(2) **Gf Sebastian** Willibald Dietrich Florian, * Augsburg 19.1.1967, M.A., MBA, Dir., Rr d. bayer. St. GeorgO.;
⚭ Barcelona, Spanien, 27.6.1998 Teresa **Guardans** Hontoria, * Barcelona 8.9.1972, T.d. Geschäftsf. Francesc G. Cambó u.d. Marisa Hontoria Gaya
(Escuelas Pías 15, 08019 Barcelona, Spanien).

Kinder:

a. **Gf Ferdinand** Willibald Ramon Andreas, * Barcelona 16.9. 2001, B.Sc.
(…).

b. **Gf Tassilo** Louis Wunibald Benedict, * Barcelona 26.9.2005, …
(…).

c. **Gfin Marina** Alexandra Walburga Maria, * Barcelona 26.6. 2008.

(3) **Gfin Camilla** Miriam Walburga Ludovica Elisabeth, * München 30.5.1976, B.A., Erziehungstherapeutin
(2F Chatsworth Way, London SE27 9HL, Großbritannien).

2. **Gf Johannes Nepomuk** Maria Wunibald Anton Laurentius, * Waldsee 10.8.1904, † Kißlegg 17.5.1966, Dr.phil., Rr d. bayer. St. GeorgO.;

⚭ Milleschau am Donnersberg, Böhmen, 19.9.1938 Franziska **Gfin v. Ledebur-Wicheln**, * Milleschau 18.6.1913, † Kißlegg 9.4.2002, T.d. K.u.K. Km., Land- u. Volkswirtschaftsing. Dr.jur.utr. Eugen Gf v. L.-W. auf Kostenblatt usw., Böhmen, u.d. Eleonore Gfin Larisch v. Moennich.

Kinder:

1) **Gfin Eleonore** Henriette Walburga Therese Maria, * Petersburg, Bez. Karlsbad, 15.7.1939, † Bonn 13.10.2017;
⚭ Kißlegg 16.5.1962 Mario **Gf v. Matuschka**, Frhr v. Toppolczan u. Spaetgen, * Oppeln, OSchles., 27.2.1931, Dr.jur., Botschafter a.D.
(Godesberger Hof 14, 53173 Bonn-Bad Godesberg).

2) **Gf Friedrich** Maximilian Willibald Johann Nepomuk Michael Anton Maria, * Prag 29.10.1940, † Landsberg am Lech 27.12.1968.

3) **Gf** Eugen **Wunibald** Hubert Augustinus Lukas Maria, * Krzemusch bei Dux, Böhmen, 18.10.1943, auf Kißlegg, Geschäftsf., Ing.;
⚭ München 8.6.1974 Michaela **v. Oertzen**, * Hamburg 11.7.1948, T.d. ... Joachim v. Oe. a.d.H. Liessow u.d. Gerda v. Siemens
(Fürst-Maximilian-Str. 8, 88353 Kißlegg).

Kinder:

(1) **Gfin Sophie** Margarete Walburga, * Wangen, Allgäu, 10.12.1975, Dipl.-Textilbetriebswirtin;
⚭ Kißlegg (standesamtl.) 25.11.2006, (kirchl.) 10.2.2007 Giovanni **Barone Malfatti v. Montetretto**, * Rom 7.4.1971, Consultant
(Avenue des Chalets 34, 1180 Uccle, Belgien).

(2) **Gfin Isabelle** Katharina, * Wangen 31.1.1978;
⚭ Kißlegg (standesamtl.) 17.6., (kirchl.) 22.7.2006 Georg-Christian **Frhr v. Massenbach**, * Lübeck 6.2.1975, Dipl.-Kaufm.
(Glasenbartlstr. 5, 81245 München).

(3) **Gf Ferdinand** Georg Wunibald, * Tettnang 30.7.1981, B.A., Projektleiter;

⚭ (standesamtl.) Kißlegg 30.7., (kirchl.) Eberndorf, Kärnten, 24.9.2016 Anna **Treppo**, * Salzburg 11.7.1984, ..., T.d. Peter T. u.d. Birgitta Gfin v. Orsini u. Rosenberg
(Fürst-Maximilian-Str. 8, 88353 Kißlegg).

Kinder:

a. **Gf Johannes** Nepomuk Joseph Ferdinand Wunibald, * Friedrichshafen 12.10.2017.

b. **Gf Antonius** Clemens Paul Willibald, * Friedrichshafen 30.10.2019.

c. **Gfin Clara** Catharina Maria Walburga, * Friedrichshafen 23.12.2022.

4) **Gf Franz** Willibald Ignatius Omnes Sancti, * Wolfegg 1.11.1946, Dr.-Ing., Dipl.-Ing.arch., Architekt;
⚭ Gutenstein, NÖsterr., 12.6.1983 Veronica **Gfin v. Hoyos, Freiin zu Stichsenstein**, * Petropolis, Prov. Rio de Janeiro, Brasilien, 10.7.1955, T.d. Dr.jur. Heinrich Gf v. H., Frhr zu St. auf Gutenstein u.d. Therese Freiin Mayr v. Melnhof
(Dorfring 2, 06618 Mertendorf-Pauscha).

Kinder:

(1) **Gf Anton** Friedrich Willibald Maria, * München 25.5.1984, B.A. (Design & Marketing);
⚭ Droyssig 3.9.2016 Elisabeth Maria Christine **Umlauft**, * Salzburg 23.10.1983, M.A., T.d. Dr.med. primarius Manfred U. u.d. Dr.med. Helgard Baumgärtner
(Belvederegasse 7/5, 1040 Wien, Österreich).

Söhne:

a. **Gf Paul** Ferdinand Maria, * Salzburg 24.4.2017.

b. **Gf Theodor** Louis Maria, * Wien 10.2.2021.

c. **Gf Maximilian** August Maria, Wien 10.2.2021 (Zwillingsbruder d. Vorigen).

(2) **Gfin Clara** Maria Johanna Hemma, * München 6.10.1985, Modedesignerin;
⚭ Gutenstein 2.8.2014 Alexander **Pr. v. Schönburg-Hartenstein**, * Wien 2.8.1979, M.A., MBA
(Stettiner Str. 16, 31618 Liebenau).

(3) **Gf Lorenz** Maria Thomas Paul, * München 8.3.1992, B.A. (Management u. Enterpreneurship);
⚭ San Martino Alfieri 10.6.2023 Luisa Amelie **Gfn v. u. zu Trauttmansdorff-Weinsberg**, * Wien 27.6.1991, M.Sc., T.d. Dipl.-Ing. Maximilian Gf v. u. zu T.- W. u.d. Lidia dei conti Rossi di Montelera
(Gußhausstr. 17/9, 1040 Wien, Österreich).

5) **Gfin Elisabeth** Marie Walburga Magdalena Rosa, * Wolfegg 19.2.1948, Dipl.-Psychologin;
⚭ Kißlegg 9.9.1972 Wendelin **Gf v. Kageneck**, * Freiburg im Breisgau 9.7.1943, Rechtsanwalt
(Schloßbuck 9, 79112 Freiburg-Munzingen).

6) **Gfin Maria** Sidonia Walburga Katharina Anna, * Wolfegg 19.2.1948 (Zwillingsschwester d. Vorigen), Journalistin;
⚭ Kißlegg 27.6.1981 Benedikt **Frhr v. Perfall**, * Hamburg 4.4.1947, Dipl.-Betriebswirt
(Schloß, 86926 Greifenberg am Ammersee; Montsalvatstr. 1b, 80804 München).

7) **Gfin Monika** Maria Anna Antonia Walburga, * Kißlegg 2.2.1952
(Hermannstr. 29, 14169 Berlin);
⚭ Kißlegg 25.10.1975 Ferreol **Jay von Seldeneck**, * Baden-Baden 4.11.1943, Rechtsanwalt u. Notar (gesch. Berlin ... 2012).

3. **Gf Heinrich** Maria Willibald Benedikt Albrecht Philipp Ulrich, * Wolfegg 16.9.1911, † Stuttgart 25.5.1972, E- u. DevRr d. souv. MaltRrO.; ⚭ Sigmaringen 4.1.1942 Maria Antonia **Przssin v. Hohenzollern**, * Sigmaringen 19.2.1921, † ebd. 11.10.2011, E- u. DevGroßkrD. d. souv. MaltRrO., StkrD., T.d. Friedrich Fst v. H. u.d. Margarete Przssin v. Sachsen, Hzgin zu Sachsen.

Kinder:

1) **Gfin** Maria **Sidonia** Margarete Elisabeth Walburga Caspara Meinrad Barbara, * Freiburg im Breisgau 4.12.1942, † Genf 8.5.2023, Innenarchitektin;
⚭ (standesamtl.) Eberhardzell 12.9., (kirchl.) Heinrichsburg 10.10. 1970 Alexander (Sándor) **Gf Esterházy de Galántha**, * Budapest 15.7.1943, † Genf 30.8.2017, Bankdir.

2) **Gfin** Maria **Sophie** Theresia Victoria Walburga Elisabeth, * Krauchenwies 9.7.1946, † Innsbruck 31.3.2016, Gemälderestauratorin;
⚭ Heinrichsburg 5.10.1968 Matthäus **Lill-Rastern v. Lilienbach**, * Krumbach, Schwaben, 16.1.1947, Dr.jur., Handelskaufm.
(Oberes Feld 161a, 6072 Lans, Österreich).

3) **Gf** Maria **Friedrich** Maximilian Wunibald Meinrad Michael Gebhard Konstantin, * Wolfegg 21.5.1948, † Wasserburg am Bodensee 30.11.1999, B.A.

4) **Gf** Maria **Josef** Anton Wunibald Fidelis Petrus Canisius, * Heinrichsburg 15.12.1950, † Augsburg 5.1.2017, Marketing- u. Werbeberater, Geschäftsf.;
⚭ (in nicht hausgesetzmäßiger Ehe) (standesamtl.) München 1.6., (kirchl.) Rottach-Egern 6.6.1985 Claudia Isabelle **Dyckerhoff**, * Büderich 9.12.1959, Journalistin, führt ihren Geburtsnamen (gesch. München 11.7.1989), T.d. Industriellen Dr.-Ing. Klaus D. u.d. Edith Gatzke
(Kreuzbergstr. 37-38, 10965 Berlin).

5) **Gfin** Maria **Margarete** Theresa Walburga Dionysia, * Heinrichsburg 26.2.1953, B.A., Illustratorin
(...).

6) **Gfin** Maria **Anna** Adelheid Jacobe Walburga Petrusa Bernhardine, * Heinrichsburg 20.8.1954, Dipl.-Ing.agr.;
⚭ Hohenstein bei Oldenburg, Ostholst., 12.7.1980 Hubertus **Neuschäffer**, * Pfaffengrund, Kr. Hirschberg, Riesengeb., 9.9.1944, Dr. phil., Historiker
(Seekamp, 24306 Rathjensdorf).

7) **Gf** Maria **Hubert** Willibald Pius Johannes Nepomuk, * Heinrichsburg 25.6.1956, † Ravensburg 8.11.2013, Krankenpfleger.

8) **Gfin Maria Theresia** Viktoria Walburga Franziska Epiphania, * Heinrichsburg 8.1.1958, Textilrestauratorin, führt den Geburtsnamen
(Raiffeisenweg 10, 86920 Epfach);
⚭ München 20.7.1991 Manfred **Kramer**, * Legau, Schwaben, 30.8. 1955, Redakteur (gesch. Landsberg am Lech 11.6.2001).

9) ...

10) **Gfin Ludmila** Walburga Martha Ida Johanna Vianney, * Biberach an der Riß 29.7.1964;
⚭ Steinhausen, Kr. Biberach, 16.7.1988 Matthias **Matz Gf v. Spiegelfeld**, * Wien 27.12.1960, † Düsseldorf 10.4.2016, Journalist
(Gut Aichhof 7/25, 3034 Maria Anzbach, OT Gschwendt, Österreich).

2. Ast

Stammvater: Gf Ludwig, * 1871, † 1906.

Hubert Maria Aloysius Wunibald Pius **Graf v. Waldburg zu Wolfegg u. Waldsee**, * Kißlegg 7.1.1906, † Möckmühl 30.1.1976, auf Assumstadt, Kr. Heilbronn, E- u. DevRr d. souv. MaltRrO.;

ꝏ Adldorf, NBayern, 12.9.1933 Anna-Elisabeth (Annalies) **Gfin Arco auf Valley**, * Adldorf 10.8.1909, † Marquartstein 31.12. 1981, StkrD., T.d. Kgl. bayer. Km. Maximilian Gf v. A. auf V., Fkhrn auf Adldorf usw., u.d. Adelheid Freiin v. Aretin.

Kinder:

1. **Gf Ludwig** Karl Maximilian Hubert Willibald Modestus, * Pähl bei Weilheim 15.6.1934, † Löwenstein 22.4.2017, auf Assumstadt, Landwirt, E- u. DevRr d. souv. MaltRrO., Großkomtur d. bayer. St. GeorgO.;
   ꝏ Hochburg (standesamtl.) 17.8., (kirchl.) 7.9.1960 Stephanie **Przssin v. Schönburg-Waldenburg**, * Gusow, Mark, 22.9.1938, StkrD., T.d. Georg Pr. v. Sch.-W. auf Guteborn, Sachsen, u.d. Pauline Gfin zu Castell-Castell
   (Schloß Assumstadt, 74219 Möckmühl-Züttlingen).

   Kinder:

   1) **Gfin Elisabeth** Pauline Anna Amelie Maria Walburga, * Möckmühl 7.6.1962;
   ꝏ (standesamtl.) Kreuzwertheim am Main 4.8., (kirchl.) Schöntal 12.9.1987 Ludwig **Fürst zu Löwenstein-Wertheim-Freudenberg**, * Kreuzwertheim 24.5.1951 (ev.), Dipl.-Kaufm., OLt d. Res.
   (Schloß, Hauptstr. 37, 97892 Kreuzwertheim am Main).

   2) **Gf Hubertus** Georg Karl Maria Willibald Johannes, * Möckmühl 15.5.1964, Land- u. Forstwirt, E- u. DevRr d. souv. MaltRrO.;
   ꝏ (standesamtl.) Möckmühl 7.6.1993, (kirchl.) Hochosterwitz, Kärnten, 19.6.1993 Melanie **Gfin v. Khevenhüller-Metsch**, * Madrid 22.4.1967, StkrD., E- u. DevD. d. souv. MaltRrO., T.d. Max Fst v. K.-M. auf Hochosterwitz, Kärnten, u. Pellendorf, NÖsterr., u.d. Wilhelmine Gfin Henckel v. Donnersmarck
   (Schloß Assumstadt, 74219 Möckmühl-Züttlingen).

Kinder:

(1) **Gfin** Marie **Isabel** Walburga Anna Clementine Leonhardine Henriette, * Öhringen 18.1.1996, B.A.
(Schloß Assumstadt, 74219 Möckmühl-Züttlingen).

(2) **Gfin Anna** Waldburga Lavinia Stefanie Wilhelmine Franziska Henriette, * Öhringen 26.10.1997, stud. ...
(Schloß Assumstadt, 74219 Möckmühl-Züttlingen).

(3) **Gf Georg** Maria Willibald Karl-Eugen Leonard Heinrich, * Öhringen 9.1.2000, stud.oec.
(Schloß Assumstadt, 74219 Möckmühl-Züttlingen).

2. **Gf Maximilian** Otto Wunibald Maria Hubert Agapitus, * Adldorf 18.8. 1935, Dießen am Ammersee 5.11.2020, Architekt;
⚭ Unsleben, UFranken, (standesamtl.) 16.7., (kirchl.) 11.8.1960 Henriette **Freiin v. Habermann**, * Würzburg 8.11.1937, T.d. Kunstmalers Hugo Frhr v. H. u.d. Johanna Rhomberg
(Romenthal, 86911 Dießen am Ammersee).

Söhne:

1) **Gf Christoph** Hubertus Willibald Maria Maximilian Eusebius, * München 2.12.1961, M.A., Kunsthistoriker;
⚭ Heimerzheim 11.3.2000 Viktoria **Freiin v. Rosenberg**, * Bremen 11.7.1969, Dipl.-Kulturwirtin, Referentin für Öffentlichkeitsarbeit, T.d. Bankassessors Adalbert Frhr v. R. u.d. Heidi Zimmer
(Schloß, 97618 Unsleben).

Kinder:

(1) **Gfin Juliane** Viktoria Walburga Rosa Ita Maria, * Dortmund 15.1.2001, ...
(...).

(2) **Gfin Amelie** Viktoria Walburga Eleonore Maria, * Dortmund 21.11.2002, …
(…).

(3) **Gf Moritz** Christoph Willibald Paulus Maria, * Schweinfurt 6.11.2005.

2) **Gf Ludwig** Niklas Maria Wunibald Maximilian Bernhard, * München 20.8.1971, Designer;
⚭ (standesamtl.) Berlin 7.12.2007, (kirchl.) Potsdam-Sacrow 23.5. 2008 Alexandra Luise **v. Poser u. Groß-Naedlitz**, * Neuß 17.7.1972, Kulturjournalistin, T.d. Rechtsanwalts Friedrich v. P. u. G.-N. u.d. Grundschullehrerin Marie-Luise v. Kummer
(Offenbacher Str. 5, 14197 Berlin).

Töchter:

(1) **Gfin Helena** Marie Walburga Luise Celestina, * Berlin 18.3.2009.

(2) **Gfin Martha** Elisabeth Maria Walburga Luise, * Berlin 1.1.2012.

3. **Gf Franz Ferdinand** Maria Hubert Willibald Johannes, * Augsburg 8.2. 1939, Landwirt;
⚭ Dublin 21.12.1974 Sarah Louise **Freeman**, * Dublin 10.5.1955, T.d. Dr.med. Brian F. u.d. Helene Mitchell
(Ballyshemane House, Rathdrum, Co. Wicklow, Irland).

Kinder:

1) **Gfin Anna** Elisabeth Maria, * Dublin 30.4.1976, Projektkoordinatorin;
⚭ Glendalough, Co. Wicklow, Irland, 14.10.2006 Stanislao **dei Marchesi Lepri**, * Pietrasanta, Italien, 10.9.1973, Agrarwiss.
(Via della Chiesa Nuova 11, 00186 Rom, Italien).

2) **Gf Hubert** Brian Willibald, * Dublin 1.1.1978, Architecture Technologist
(408/136 Curlewis St, Bondi Beach, Sydney NSW 2026, Australien).

3) **Gf Maximilian** Douglas, * Dublin 18.3.1981, Unternehmer;
⚭ Ennis, Co. Clare, Irland, 16.4.2011 Jane **McManus**, * Rathgar, Co. Dublin, 8.8.1984, Dr.med., Ärztin, T.d. Unternehmers Owen McM. u.d. Geraldine Fitzgerald O'Farrell
(148 Clonliffe Road, Dublin 3, Irland).

4. **Gf Karl** Ernst Maria Hubertus Wunibald Dionys, * Augsburg 17.11.1940, Landwirt
(Belcamp Hutchinson, Balgriffin, Dublin 17, Irland);
⚭ Mettlach an der Saar 16.9.1967 Dorothee **v. Boch-Galhau**, * Mettlach 15.6.1941 (gesch. Dublin 3.2.1984; ⚭ II. Hamburg 16.10.1987 Bernhard v. Hohberg u. Buchwald, * München 1.7.1953, Heilpraktiker), T.d. Land- u. Forstwirts, Gesellschafters der Villeroy & Boch Keramischen Werke KG Franz Egon v. B.-G. auf Linslerhof, Britten u. Hausbach u.d. Agnes de Garnerin Gfin v. Montgelas
(Baron-Voght-Str. 61, 22609 Hamburg).

Kinder:

1) **Gfin Lavinia** Isabella Christiana Walburga Maria Monika, * Dublin 25.12.1969, Landschaftsarchitektin;
⚭ Howth, Irland, 3.11.2007 Jacques Maximilian **Comte de Lalaing**, * Uccle, Belgien, 7.8.1970, B.Sc., M.Ing., Geschäftsf.
(Château de Zandbergen, le Colombier, 9506 Zandbergen, Belgien).

2) **Gf Georg** Friedrich Karl Christian Hubertus Maria, * Dublin 10.1.1972, Dipl.-Betriebswirt, Dir., E- u. DevRr d. souv. MaltRrO.;
⚭ Genarp, Schweden, 7.6.2014 Anna **Freiin Gyllenkrok** (aus schwed. Adel), * Linköping 7.6.1979, T.d. Ziviling. Frhr Gustav G. u.d. Ingela Uhlen
(31 Larnach Rd., London W6 9NX, Großbritannien).

Kinder:

(1) **Gfin Cecilia** Alice Aluna Isabel Maria Theresia, * London 22.6.2015.

(2) **Gf Ferdinand** Maximilian Willibald Gustav Atticus Philip, * London 22.6.2015 (Zwillingsbruder d. Vorigen).

5. **Gfin Maria Assunta** Walburga Adelheid Anna Huberta, * Tagmersheim 1.11.1950;
⚭ Züttlingen 17.10.1980 Hans Georg **Wolfhard**, * Heilbronn 18.12.1934, † Brombach 24.5.2024, Dr.med.vet.
(Brombacher Str. 62, 69434 Brombach).

II. Linie: Zeil

Stammvater: Froben Reichserbtruchseß Frhr zu Waldburg, Herr zu Zeil, Wurzach usw., * 1569, † 1614. — Reichsgfnstand mit Wappenvermehrung und »Hoch- und Wohlgeboren« unter gleichzeitiger Erhebung von Zeil zur Reichsgfschaft, Wien 7.9.1628, Wappenvermehrung Wien ...2.1631 (beides für Johann Jakob I. Reichserbtruchseß Frhr zu Waldburg auf Zeil); Großes Palatinat (durch den pfälz. Reichsvikar) 1745. — Ererbung von Trauchburg nach Erlöschen einer älteren Linie 6.7.1772; Reichsfst v. Waldburg zu Zeil u. Trauchburg (primog.) mit »Hochgeboren« Wien 21.3.1803 (für Maximilian Wunibald Reichserbtruchseß Gf zu Zeil); erbl. Reichsrat d. Krone Bayern 25.6.1818, erbl. Mitgl. d. Ersten Kammer in Württemberg 25.9.1819, Zuständigkeit des Präd. »Durchlaucht« (primog.) lt Bundestagsbeschluß vom 18.8.1825; Anfall von Wurzach-Kißlegg mit dem Erlöschen des nachfolgeberechtigten Mannesstammes des Astes Zeil-Wurzach 1.8.1903 (s. GHdA, Fstl. Häuser, Bd I, S. 446). — Die Nachgeborenen und deren Gemahlinnen führen, soweit den Hausgesetzen entsprechend, das Prädikat »Erlaucht«, die Mitglieder d. 1. Astes den Namen Graf bzw. Gräfin v. Waldburg zu Zeil u. Trauchburg, die Mitglieder d. 2. Astes führen den Namen Graf bzw. Gräfin v. Waldburg-Zeil-Hohenems.

Chef: **Erich Fürst v. Waldburg zu Zeil u. Trauchburg**, * 1962.

1. Ast

Stammvater: Fst Franz Thaddäus, * 1778, † 1845.

Maria Friedrich **Georg** Maximilian Wunibald Pius Petrus Canisius Reichserbtruchseß **Fürst v. Waldburg zu Zeil u. Trauchburg**, * Schloß Zeil 29.5. 1867, ⚔ bei Hautes-Allaines, Frankr., 2.9.1918, Mitgl. d. Ersten Kammer in Württemberg u. Bayern, Kgl. württ. Major à la suite;
⚭ Wien 8.5.1897 Marie Therese **Altgfin zu Salm-Reifferscheidt-Raitz**, * Florenz 31.10.1869, † Oberau bei Wangen 27.8.1930, T.d. Erich Adolf Altgf zu S.-R.-R. u.d. Doña Maria del Pilar Alvarez de Toledo a.d.H. der Duques de Medina-Sidonia.

Kinder:

1. Maria **Erich August** Wunibald Anton Joseph Reinhard Reichserbtruchseß **Fürst v. Waldburg zu Zeil u. Trauchburg**, * Stuttgart 21.8.1899, † Leutkirch 24.5.1953, Rr d. österr. O. vom GVlies, ERr d. souv. MaltRrO.;
⚭ Kleinheubach (standesamtl.) 5.4., (kirchl.) 6.4.1926 Monika **Przssin zu Löwenstein-Wertheim-Rosenberg**, * Kleinheubach 25.2.1905, † Neutrauchburg bei Isny, Allgäu, 28.12.1992, E- u. DevD. d. souv. MaltRrO., T.d. Aloys Fst zu L.-W.-R. u.d. Josephine Gfin Kinsky v. Wchinitz u. Tettau a.d.fstl.H.

Kinder:

1) Maria **Georg** Konstantin Ignatius Antonius Felix Augustinus Wunibald Kilian Bonifacius Reichserbtruchseß **Fürst v. Waldburg zu Zeil u. Trauchburg**, * Würzburg 5.6.1928, † Schloß Zeil 2.12.2015, Dipl.-Volkswirt, E- u. DevRr d. souv. MaltRrO., Großkr. d. bayer. St. HubertusO., Rr d. österr. O. vom GVlies, Inh. d. Großen Verdienstkr. d. VerdienstO. d. Bundesrepublik Deutschland, ESenator der Univ. Ulm;
⚭ (standesamtl.) Reichenhofen 31.8., (kirchl.) München-Nymphenburg 23.10.1957 Marie Gabriele **Przssin v. Bayern**, * München 30.5. 1931, ED. d. bayer. TheresienO., D. d. St. ElisabethenO., E- u. DevD.

d. souv. MaltRrO., T.d. Albrecht Hzg v. B. u.d. Maria (Marita) Gfin Draskovich v. Trakostjan
(Schloß Zeil, 88299 Leutkirch).

Kinder:

(1) **Gfin** Maria **Walburga** Monica Charlotte Matthäa, * Ravensburg 21.9.1958;
⚭ Schloß Zeil (standesamtl.) 20.6., (kirchl.) 24.8.1986 Carl **Frhr v. Lerchenfeld**, * Bamberg 26.4.1958, Agrarberater, Kunstsachverständiger
(Adamstr. 4, 80636 München).

(2) **Gfin Maria Gabriele** Walburga Cäcilia Theresia, * Ravensburg 22.11.1959, freie Künstlerin;
⚭ (standesamtl.) Monaco 11.9., (kirchl.) Schloß Zeil 23.10.2004 Bernard **de Monseignat**, * Monaco 5.1.1952, Unternehmer
(45, rue Grimaldi, 98000 Monaco, Fürstentum Monaco).

(3) **Gfin** Maria **Monika** Sofie Walburga Nikoletta, * Ravensburg 22.3.1961;
⚭ Schloß Zeil (standesamtl.) 29.5., (kirchl.) 6.9.1987 Christoph **Schenk Gf v. Stauffenberg**, * Bamberg 1.8.1950, Lic.oec., Steuerberater
(Schloß Burggrub, 91332 Heiligenstadt).

(4) Maria **Erich** Wunibald Aloysius Georg Reichserbtruchseß **Fürst v. Waldburg zu Zeil u. Trauchburg** (Durchlaucht), * Ravensburg 21.11.1962, E- u. DevRr d. souv. MaltRrO., Rr d. O. d. württ. Krone, Rr d. bayer. St. GeorgO., Rr d. O. Unserer Lieben Frau zur Empfängnis von Vila Viçosa;
⚭ Altshausen, Kr. Ravensburg, (standesamtl.) 17.11., (kirchl.) 19.11.1988 Mathilde **Hzgin v. Württemberg**, * Friedrichshafen 11.7.1962, T.d. Carl Hzg v. W. u.d. Diane Przssin v. Frankreich
(Schloß Zeil, 88299 Leutkirch).

Töchter:

a. **Gfin Marie Thérèse** Walburga Gabrielle Diane Georgina Franziska, * Memmingen 4.10.1989, Grafikerin, Designerin *(Schloß Zeil, 88299 Leutkirch).*

b. **Gfin** Maria **Elizabeth** Walburga Apollonia Alexandra Frederike, * Ravensburg 31.12.1990, B.A. (Landschaftsarchitektur u. -planung), Landschaftsarchitektin *(Schloß Zeil, 88299 Leutkirch).*

c. **Gfin Maria Charlotte** Walburga Antonia Adelheid Viktoria Henriette, * Ravensburg 10.5.1992, Künstlerin *(Schloß Zeil, 88299 Leutkirch).*

d. **Gfin Maria Hélène** Walburga Yolande Christiana Michaela, * Ravensburg 29.11.1993, B.A. (Geographie) *(Schloß Zeil, 88299 Leutkirch).*

e. **Gfin Marie Gabrielle** Walburga Angelika Antonia Frederike Fleur, * Ravensburg 29.11.1996, B.Sc., M.Sc. *(Schloß Zeil, 88299 Leutkirch).*

(5) **Gfin** Maria **Adelheid** Walburga Rufina, * Ravensburg 28.11.1964; ⚭ Schloß Zeil (standesamtl.) 30.12.1988, (kirchl.) 8.4.1989 Max Emanuel **Gf v. Rechberg u. Rothenlöwen zu Hohenrechberg**, * München 25.9.1959, auf Elkofen *(Schloß Elkofen, 85567 Grafing bei München).*

(6) **Gfin** Maria **Elisabeth** Walburga Priscilla Wiltrud, * Ravensburg 30.7.1966;
⚭ Schloß Zeil (standesamtl.) 16.4., (kirchl.) 7.7.1990 Engelbert **Pr. v. Croÿ**, * Leverkusen-Schlebusch 5.6.1962, Industriekaufm. *(Zur Amtsschlade 43, 58802 Balve).*

2) **Gfin** Maria Immakulata **Josefine** Walburga Theresia Lucia Coletta, * München 13.12.1929, † ebd. 12.3.1999;

⚭ (standesamtl.) Reichenhofen 11.7., (kirchl.) Schloß Zeil 28.8.1953 Nikolaus **Pr. v. Lobkowicz**, * Prag 9.7.1931, † Starnberg 19.9.2019, Dr.phil., Dr.h.c. mult., o. Prof. der Politischen Theorie u. Philosophie an der Univ. München, Dir. des Zentralinstituts f. Mittel- u. Osteuropastudien der Katholischen Univ. Eichstätt.

3) **Gfin** Maria **Theresia** Walburga Elisabeth Antonia, * Schloß Zeil 8.8. 1931, † Schloß Kogl 25.9.2021, StkrD.;
⚭ Schloß Zeil (standesamtl.) 7.8, (kirchl.) 12.9.1962 Alois **Gf v. Nostitz-Rieneck**, * Wien 12.8.1925, † Salzburg 22.4.2003.

4) **Gf** Maria **Aloysius** (Alois) Willibald Eustachius Matthäus Franziskus vom Kreuz, * Schloß Zeil 20.9.1933, † Wangen im Allgäu 14.12. 2014, Land- u. Forstwirt, vorm. MdB (1980-1998), Präs. d. Instituts f. Auslandsbeziehungen in Stuttgart, Inh. d. Verdienstkr. I. Klasse d. VerdienstO. d. Bundesrepublik Deutschland, E- u. DevRr d. souv. MaltRrO.;
⚭ (standesamtl.) München 23.5., (kirchl.) Pommersfelden 21.6.1956 Clarissa **Gfin v. Schönborn-Wiesentheid,** * Jüterbog 14.10.1936, † Wangen im Allgäu 27.9.2020, T.d. Obersten der Luftw. Clemens Gf v. Sch.-W. u.d. Dorothea Gfin zu Pappenheim.

Kinder:

(1) **Gfin** Maria **Monika** Walburga Dorothea Gabriele, * München 26.5.1957, Theologin;
⚭ (standesamtl.) Eisenharz 14.3., (kirchl.) Ratzenried 29.4.1978 Franz Joseph **Gf Wolff Metternich zur Gracht**, * Heppingen, Kr. Ahrweiler, 7.10.1947, Rechtsanwalt
(An der Burgpforte 24, 53474 Bad Neuenahr-Ahrweiler).

(2) **Gf** Maria **Clemens** Franz Erich Thomas Wunibald, * München 13.4.1960, Dipl.-Kaufm., Unternehmer, Geschäftsf., OLt d. Res., E- u. DevRr d. souv. MaltRrO.;
⚭ (standesamtl.) Vaduz 10.10., (kirchl.) Friedrichshafen 23.11. 1985 Georgina **Przssin v. u. zu Liechtenstein, Gfin zu Rietberg**,

* Wien 13.11.1962, T.d. Dipl.-Ing. Dr.-Agraring. Georg Pr. v. u. zu L. u.d. Marie Christine Hzgin v. Württemberg
(Museumstr. 5/16, 1070 Wien, Österreich).

Kinder:

a. **Gfin Maria-Annunciata** Florentine Georgina Michaela Alexandra Antonia Walburga, * Tübingen 24.9.1988, B.A. (Politik u. Spanisch), M.A. (Int. Relations), stellv. Geschäftsf. Global Bridges e.V.;
⚭ (standesamtl.) Prien 27.12.2016, (kirchl.) Ratzenried 9.9. 2017 Cecil **v. Treu**, * Frankfurt am Main 19.12.1987, B.Sc. (Agrarwissenschaften), M.Sc. (Agrarökonomie), Referent im Bundesmin. Ernährung u. Landwirtschaft
(Hildegardstr. 25, 10715 Berlin).

b. **Gfin Maria-Assunta** Christiana Katharina Monika Antonia Walburga, * Stuttgart 11.4.1990, B.A. (Fine Arts), selbst. Fotografin, Künstlerin
(Schloßhalde 1, 88260 Argenbühl-Ratzenried; Atelier, Fleischmanngasse 1/29, 1040 Wien, Österreich).

c. **Gf Maximilian** Aloysius Maria Anselm Franz Joseph Andreas Antonius Wunibald, * Stuttgart 10.2.1992, B.A. HSG (VWL), M.A. HSG (Accounting and Finance), Senior Manager Finance
(Schloßhalde 1, 88260 Argenbühl-Ratzenried).

d. **Gf Constantin** Maria Carl Christoph Raimund Teresianus Antonius Willibald, * Berlin-Wilmersdorf 7.8.1994, B.A. HSG (BWL), Dipl.-Jurist, Rechtsreferendar am OLG München;
⚭ Wien 1.7.2023 Tiziana **Gfin Pachta, Freiin v. Rayhofen**, * Wien 26.11.1994, M.Sc., Logopädin, T.d. Geschäftsf. Mag. rer.soc.oec. Erasmus Gf P., Frhr v. R. u.d. Marie-Thérèse Lippert

(Hohenzollernstr. 146, 80796 München; Schloßhalde 1, 88260 Argenbühl-Ratzenried).

e. **Gfin Philippa** Margarita Maria Theresia Birgitta Andrea Antonia Walburga, * Berlin 26.3.1996, B.A. (BWL), Customer Success Manager
(Schloßhalde 1, 88260 Argenbühl-Ratzenried).

(3) **Gf** Maria **Georg** Aloysius Bartholomäus Willibald, * München 24.8.1961, † Ratzenried 29.6.1989.

(4) **Gfin** Maria **Theresia** Walburga Domitilla Adelheid, * München 31.7.1962;
⚭ (standesamtl.) Eßlingen 8.2., (kirchl.) Ratzenried 6.4.1991 Andreas **Lenhart**, * Stuttgart 7.9.1960, Dr.med., ltd. OArzt
(Seeheimer Str. 24a, 64342 Seeheim-Jugenheim).

(5) **Gf** Maria **Franz-Anton** Josef Erich Wunibald, * Ravensburg 29.4.1964, † Stuttgart 20.11.1987.

5) **Gf** Maria **Karl** Wunibald Josef Friedrich Franz, * Schloß Zeil 10.1.1936, † München 28.1.2017, Bankdir., E- u. DevRr d. souv. MaltRrO.;
⚭ Schloß Zeil 15.5.1965 Maria Victoria **de Verdugo y Peña**, * Barcelona 13.2.1936, † München 14.1.2017, T.d. Kgl. span. Hauptm. Francisco de V. y Sanmartin u.d. Sara Peña y de Freixas.

Sohn:

Gf Raphael Maria Erich Franziskus Karl Josef Wunibald Alexander Oskar, * Basel 19.7.1966, † München 15.1.2021, Gerichtsdolmetscher, Journalist;
⚭ (standesamtl. u. kirchl.) Madrid 29.11.1997 Maria Sonia **Montero** y Trenor, * Madrid 16.2.1966 (gesch. Madrid 30.4.2014), T.d. Rechtsanwalts Luis M. y Vargas-Zuñiga u.d. Maria Trenor Dicenta a.d.H. der Marqueses de Serdañola
(Glorieta López de Hoyos, 8-8°2, 28002 Madrid, Spanien).

6) **Gfin** Maria Magdalena **Sophie** Walburga Elisabeth Notburga Monika, * Schloß Zeil 17.11.1938, † München 30.3.2016;
⚭ Schloß Zeil 15.5.1965 Erwein **Gf v. Matuschka Frhr v. Greiffenklau**, Frhr v. Toppolczan u. Spaetgen, * Würzburg 14.11.1938, † Vollrads 19.8.1997, auf Vollrads, Rheingau (gesch. Rüdesheim 23.11.1983).

7) **Gf** Maria **Eberhard** Willibald Konstantin Josef Franz Konrad, * Schloß Zeil 30.4.1940, † Rohrau 3.3.2013;
⚭ Wien 10.9.1966 Johanna **Gfin v. Harrach zu Rohrau u. Thannhausen**, * Königgrätz 10.7.1944, auf Rohrau, T.d. Johann Gf v. H. zu R. u. Th. auf Prugg u. Rohrau, NÖsterr., u.d. Stephanie Gfin u. Edle Hrin v. u. zu Eltz gen. Faust v. Stromberg
(2471 Schloß Rohrau, Österreich).

Kinder:

(1) **Gfin Stephanie** Elisabeth Maria Monika Walburga, * Wien 9.10.1967, Parlamentarische Assistentin im EU-Parlament
(Gabelsberger Str. 46, 80333 München).

(2) **Gfin Maria** Theresa Walburga, * Wien 28.10.1972;
⚭ Bruck an der Leitha, NÖsterr., (standesamtl.) 6.8., (kirchl.) 28.8.1999 Philipp **Hammer-Purgstall - v. Bernd**, * Wien 14.3.1968, Techn. Qualitätsmanager
(Weinbach 6, 5360 St. Wolfgang im Salzkammergut, Österreich).

(3) **Gf Johannes** Alois Wunibald Erich Josef, * Wien 13.5.1975, Dipl.-Landwirt, E- u. DevRr d. souv. MaltRrO.;
⚭ Rohrau 17.5.2014 Ursula **Daghofer**, * Salzburg 22.4.1976, Dipl.-Reittherapeutin, T.d. Kammeramtsdir. d. Landwirtschaftskammer Salzburg Hofrat Günther D. u.d. Sigrid Schlegel
(2471 Schloß Rohrau, Österreich).

(4) **Gf Karl** Erwein Alexander Maria Willibald, * Wien 22.2.1979, Landwirt
(Drahenice 2, 26285 Drahenice, Tschechische Republik*).*

2. **Gf** Maria **Konstantin** Friedrich Georg Wunibald Wilhelm Josef Anton, * Schloß Zeil 15.3.1909, † Feldafing 27.2.1972, E- u. DevRr d. souv. MaltRrO.;
ꝏ (standesamtl.) Leutstetten 2.8., (kirchl.) München-Nymphenburg 14.8.1951 Eleonore **Przssin v. Bayern**, * Nymphenburg 11.9.1918, † Dünzelbach, Gem. Moorenweis, 19.8.2009, ED. d. bayer. TheresienO., D. d. St. ElisabethenO., T.d. Kgl. bayer. GenMajors a.D. Franz Pr. v. B. u.d. Isabella Przssin v. Croÿ.

Kinder:

1) **Gf** Maria **Erich** Franz Georg Wunibald, * Glashütte bei Wengen 25.9.1952, Lic.oec. (HSG)
(Am Haedler 1a, 97320 Mainstockheim);
ꝏ Andechs 4.6.1982 Antonia **Brunetti**, * Viareggio, Italien, 10.6.1952 (gesch. Lindau 17.12.1993; ꝏ II. Nassau, Bahamas, 15.4.1997 Cornelius Wiedemann, * Wangen 21.3.1949, ...), T.d. Dipl.-Ing. Tito B. u.d. Editha Przssin v. Bayern
(Ladestr. 12, 88131 Lindau).

Tochter:

Gfin Maria **Sophie** Eleonore Editha Walburga, * Tettnang 2.5.1984, dipl. Kunstmalerin;
ꝏ Münster 11.12.2020 Christian **Gruhn**, * Münster 1.6.1965, Arzt
(Königstr. 12, 48413 Münster).

2) **Gfin** Maria **Elisabeth** Therese Eleonore Walburga Monika, * Glashütte 6.1.1954;
ꝏ Schloß Zeil (standesamtl.) 30.4., (kirchl.) 23.5.1980 Hans-Caspar **Gf zu Toerring-Jettenbach**, * München 22.7.1953, auf Seefeld (vorm. Fkm.)
(St.-Nikolaus-Str. 65, 82272 Moorenweis-Dünzelbach).

3) **Gf** Maria **Georg** Konstantin Franz Wunibald Ulrich, * München 1.5.1955, Textilkaufm.;

ꝏ Oberarth, Schweiz, 16.10.1976 Gabriele **Schmidt**, * Frankfurt am Main 23.8.1957, T.d. Textilkaufm. Emil Sch. u.d. Angela Wedderhoff *(Rickenbachstr. 87, 6430 Schwyz, Schweiz).*

Söhne:

(1) **Gf** Maria **Hendrik** Wunibald, * Glarus, Schweiz, 2.5.1977, Dr.med.vet., Tierarzt, OLt d. Art.;
ꝏ Zürich, Schweiz, 21.3.2014 Franca **Pedretti**, * Zürich 10.10.1981, T.d. ... Gino P. u.d. Monika Schwager
(Im Wingert 36, 8049 Zürich, Schweiz).

Kinder:

a) **Gfin Filippa** Isabella Maria, * Zürich 30.6.2014.

b) **Gf Arthus** Alois Maria Wunibald, * Zürich 4.6.2021.

(2) **Gf** Maria **Alexander** Wunibald, * Luzern 3.11.1979, Dipl.-Restaurateur, Hotelier HF, Dipl.-Hotelmanager NDS HF, Wachtmeister;
ꝏ Zürich 12.6.2015 Simone **Portmann**, * Zürich 13.5.1982, eidgenössische dipl. Marketingfachfrau, T.d. Autoelektrikers Josef Ernst P. u.d. Brigitte Spalinger
(Rickenbachstr. 87, 6430 Schwyz, Schweiz).

Sohn:

Gf Rafael Carlo Maria Wunibald, * Zürich 15.8.2018.

4) **Gfin** Maria **Eleonore** Gabriele Theresia Walburga Elisabeth, * München 21.2.1957;
ꝏ München 11.10.1980 Josef **Dichgans**, * Überlingen 18.3.1952, Rechtsanwalt
(Süßenmühle 8, 78354 Sipplingen).

5) **Gf** Maria **Konstantin** Karl Ludwig Willibald Georg, * München 30.7.1958, Schreiner, Holzbildhauer
(225, Walton Street, App. C, Port Hope, Ontario L1A 1G1, Kanada);
⚭ Sutton, Quebec, Kanada, 4.8.1990 Claudia **v. Glasow**, * Montreal, Quebec, 13.2.1961 (gesch. Cobourg, Ontario, 19.11.1998), Kauffrau, T.d. Bauunternehmers Erhard v. G. a.d.H. Wargitten u.d. Inge Scherer
(PR2 9530 Hutsell Rd., Baltimore, Ontario K0K 1C0, Kanada).

Kinder:

(1) **Gfin Louisa** Theresa Walburga, * Petersborough, Ontario, 4.9.1992, B.Sc., B. (Education), M. (Professional Education)
(PR2 9530 Hutsell Rd., Baltimore, Ontario K0K 1C0, Kanada).

(2) **Gfin Caroline** Sophie Walburga, * Petersborough, Ontario, 8.11.1994, B.Sc., M.Sc. Dr.med.vet.;
⚭ London, Ontario, Kanada, 22.6.2024 Matthew Jonathan **McQueen**, * London, Ontario, 21.12.1993, B.Sc.
(1285 Guest Ave., London, ON, N6K 2B3, Kanada).

(3) **Gf Christoph** Erhard, * Cobourg, Ontario, 3.11.1996, B. (Management and Organizational Studies)
(597 Ch. du Bois, Laval, QC, H7Y 1J2, Kanada).

6) **Gfin Maria Theresia** (Therese) Monika Walburga, * München 19.1.1960, M.A. (Kunstgesch.), Verlagskauffrau;
⚭ (standesamtl.) Grünwald bei München 23.7., (kirchl.) Schloß Zeil 6.9.1980 Friedrich-Wilhelm **v. Hesler**, * München 16.1.1952, Dr. med., Arzt
(Türksteinweg 20, 14167 Berlin).

2. Ast

Stammvater: Gf Maximilian, * 1799, † 1868 (Ererbung des ehem. Reichshofes Lustenau u. der Hrschaft Hohenems von seines Vaters Bruder, dem Gfn Klemens, † 1817).

Gf Georg Julius Kaspar Konrad **Graf v. Waldburg-Zeil-Hohenems**, * Hohenems 7.1.1878, † Syrgenstein, Allgäu, 26.10.1955, K.u.K. Km., Rr d. österr. O. vom GVlies;
⚭ I. Niederwallsee 19.9.1912 Elisabeth **Ehzgin v. Österreich**, * Wien 27.1.1892, † Syrgenstein 29.1.1930, StkrD., T.d. K.u.K. Gen d. Kav., Dr.med. h.c. der Univ. Innsbruck Franz Salvator Ehzg v. Ö. u.d. Marie Valerie Ehzgin v. Österreich;
⚭ II. Bad Ischl 29.12.1931 Gertrude **Ehzgin v. Österreich**, * Schloß Wallsee 19.11.1900, † Ravensburg 20.12.1962, StkrD., Schwester d. ersten Gemahlin.

Kinder: a) erster Ehe:

1. **Gfin Marie Valerie** Klementine Franziska Elisabeth Walburga, * Wallsee 28.6.1913, † Salzburg 8.7.2011, StkrD.;
   ⚭ St. Gilgen am Abersee 29.4.1936 Georg **Ehzg v. Österreich**, * Parsch bei Salzburg 22.8.1905, † Altshausen, Württ., 21.3.1952.

2. **Gfin Klementine** Marie Hedwig Elisabeth Agnes Walburga, * Wallsee 5.10.1914, † Syrgenstein 21.9.1941.

3. **Gfin Elisabeth** Hedwig Maria Maria Franziska Walburga Xaveria, * Wallsee 23.2.1917, † Salzburg 18.6.1979.

4. **Gf Franz Josef** Vitus Xaver Georg Wunibald, * Chur 7.3.1927, † Hohenems 31.8.2022, Gutsbes., E- u. DevRr d. souv. MaltRrO.;
   ⚭ Pommersfelden, OFranken, 21.6.1956 Priscilla **Gfin v. Schönborn-Wiesentheid**, * München 5.2.1934, † Hohenems 31.5.2019, T.d. Obersten d. Luftw. Clemens Gf v. Sch.-W. u.d. Dorothea Gfin zu Pappenheim.

Kinder:

1) **Gfin Maria Rosario** Clara Dorothea Walburga, * Hohenems 2.4. 1957, führt wieder ihren Geburtsnamen
(Carrer Leo 10, 04638 Mojácar, Prov. Almería, Spanien);
⚭ (standesamtl.) Hohenems 8.1., (kirchl.) St. Christoph 12.1.1980 José Angel **Villalón** Alonso, * Leon 29.10.1953, Dipl.-Ing. (gesch. Madrid 21.5.2008).

2) **Gfin Carolina** Josepha Graziella Maria Walburga, * Hohenems 15.12.1958, kaufm. Angest., Sängerin
(Pramergasse 10/2/36, 1090 Wien, Österreich).

3) **Gfin Elisabeth** Marie Sophie Aloisia Walburga, * Hohenems 28.1. 1960, † ebd. 30.4.1966.

4) **Gf Franz-Clemens** Maria Josef Willibald, * Hohenems 5.3.1962, Gutsbes., vereidigter Kunstsachverständiger;
⚭ (standesamtl.) Kitzbühel, Tirol, 8.3., (kirchl.) Orsingen 4.5.1991 Stéphanie **Gfin v. Blanckenstein**, * Konstanz 2.7.1966, M.A., T.d. Verlegers Rudolf Gf v. B. u.d. Béatrice Gfin Douglas a.d.H. Langenstein
(Schloßplatz 8, 6845 Hohenems, Österreich).

Töchter:

(1) **Gfin Tatjana** Priscilla Walburga Marie, * Hohenems 30.4.1992, M. (Int. BWL), führt den Geburtsnamen;
⚭ Hohenems (standesamtl.) 6.6., (kirchl.) 2.10.2021 Philipp-Franz **Eisl**, * Hohenems 23.2.1988, Kaufm.
(Schloßplatz 8, 6845 Hohenems, Österreich).

(2) **Gfin Cecilia** Beatrice Natalie Walburga Marie, * Hohenems 11.3. 1994, B.A., Anthropologin
(Schloßplatz 8, 6845 Hohenems, Österreich).

(3) **Gfin Leonie** Alexandrine Walburga Marie, * Hohenems 22.8. 1997, M., Sales Manager and Product Development for Luxury Textiles;
⚭ (standesamtl.) Jüchen, Rheinl., 9.3., (kirchl.) Hohenems 22.6. 2024 Caspar **Gf v. Matuschka**, Frhr v. Toppolczan u. Spaetgen, * Düsseldorf 10.6.1994, M.Sc. (Management)
(Schloßplatz 8, 6845 Hohenems, Österreich).

(4) **Gfin Sophie** Maxima Philippa Walburga Marie, * Hohenems 29.6.2000, B.A. (Eventmanagement)
(Schloßplatz 8, 6845 Hohenems, Österreich).

5) **Gf Stephan-Georg** Manfred Rupert Wunibald, * Hohenems 3.8. 1963, Kaufm., Unternehmer;
⚭ (standesamtl.) Wien 26.2., (kirchl.) St. Jakob im Walde, Steiermark, 26.5.1990 Diana-Maria **Gfin zu Lodron-Laterano u. Castelromano**, * Wien 1.3.1967, Texterin, Erzählerin, StkrD., T.d. ... Georg Gf zu L.-L. u.C. u.d. Alice Freiin v. Steeb
(Ludwigstr. 56, 88131 Lindau).

Söhne:

(1) **Gf Georg** Maria Franz-Joseph Wolfgang Willibald, * Hohenems 6.11.1992, Großhandelskaufm., Bakk. (WISO)
(Pramergasse 10/2, 1090 Wien, Österreich).

(2) **Gf Maximilian** Maria Christian Caspar Wunibald, * Hohenems 15.6.1996, stud. Forstwirtschaft
(Ludwigstr. 56, 88131 Lindau).

6) **Gfin Philippa** Charlotte Gertrud Walburga Maximiliana, * St. Gallen 2.12.1968;
⚭ (standesamtl.) Königseggwald bei Aulendorf, Württ., 23.5., (kirchl.) Hohenems 14.7.1990 Markus **Gf zu Königsegg-Aulendorf**, * München 16.5.1963, Dipl.-Ing.agr.
(Parkstr. 4, 7131 Halbturn, Österreich).

7) **Gf Maximilian** Kaspar Ignatius Wunibald, * St. Gallen 14.11.1976, Buchbindermeister, Restaurateur;
⚭ (standesamtl.) Zwentendorf an der Donau 12.4., (kirchl.) Murstetten 27.4.2013 Clementine **Gfin v. Althann**, Freiin v. der Goldburg zu Murstetten, * Wien 26.9.1980, M.A., T.d. Land- u. Forstwirts Dipl.-Ing. Alexander Gf v. A., Frhr. v. d. G. z. M., u.d. Dr.jur. Maria Kammerlander
(Praterstr. 15/3/27, 1020 Wien, Österreich).

Töchter:

(1) **Gfin Clarissa** Maria Ignatia Walburga, * Wien 14.11.2014.

(2) **Gfin Josephina** Theodora Maria Elisabeth Walburga, * Wien 1.12.2016.

(3) **Gfin Louise** Leopoldina Maria Walburga, * Wien 10.12.2018.

b) zweiter Ehe:

5. **Gfin** Marie **Sophie** Josepha Elisabeth Walburga, * Innsbruck 5.12.1932, † Adendorf 17.9.2024;
⚭ Maria-Thann, Kr. Lindau, 7.5.1957 Wessel **Frhr v. Loë**, * Wissen 8.8. 1928, Land- u. Forstwirt
(Burg Adendorf, 53343 Wachtberg bei Bonn).

6. **Gf Joseph** Klemens Georg Vitus Willibald Konrad von Parzham, * Syrgenstein 12.4.1934, Dr.jur. utr., Inh. d. Verdienstkr. am Bande d. Bundesrepublik Deutschland;
⚭ (standesamtl.) Hütting 8.5., (kirchl.) Bergen bei Neuburg an der Donau 21.5.1960 Maria Benedikta **Freiin v. Redwitz**, * Wertheim am Main 12.4.1937, StkrD., T.d. Kgl. bayer. Kjkrs u. Rittmeisters Alfons Frhr v. R. a.d.H. Küps u.d. Helga Gfin v. Moÿ de Sons
(Am Engelberg 30, 88239 Wangen).

Kinder:

1) **Gf Vitus Franziskus** Rupert Benedikt Josef Wunibald Maria, * München 17.3.1961, Touristikkaufm., zum Priester geweiht Rottenburg 12.7.2020, Pfarrer, Major d. Res., Konventualkaplan mit ewiger Profeß d. souv. MaltRrO.;
   ⚭ (standesamtl.) Kitzbühel 9.3., (kirchl.) Wien 28.4.1990 Marie-Thérèse **Gfin Nemes v. Hidvég u. Oltszem**, * Wien 23.7.1965, † Kempfenhausen 3.4.2018, Mag.phil., T.d. Angest. Franz Gf N. v. H. u. O. u.d. Maria-Antonia (Marie-Antoinette) Gfin v. Thun u. Hohenstein
   (Kirchplatz 2, 89542 Herbrechtingen).

   Kinder:

   (1) **Gfin Marie-Valerie** Thérèse Benedikta Antonia Josefa Walburga, * Stuttgart 19.3.1991, M.Sc. (Management);
   ⚭ (standesamtl.) Lauterbach 6.1., (kirchl.) Bad Wurzach 5.8.2017 Henn-Hubertus **Riedesel Frhr zu Eisenbach**, * Frankfurt-Höchst 11.10.1988, M.Sc. (Finance and Investments), Unternehmensberater, OLt d. Res.
   (Burg 6, 36341 Lauterbach [Hessen]).

   (2) **Gf Benedikt** Vitus Franz Josef Nikolaus Maria Wunibald, * München 8.6.1992, B.Sc. (Holzwirtschaft), M.Sc. (Forstwissenschaft), Unternehmensberater, Wachtmeister im österr. Bundesheer;
   ⚭ Donzdorf (standesamtl.) 14.8., (kirchl.) 15.8.2020 Elisabeth **Gfin Rechberg u. Rothenlöwen zu Hohenrechberg**, * Schwäbisch Gmünd 4.11.1989, M.Sc. (Gesundheit u. Management), Gesundheits- u. Kinderkrankenpflegerin, T.d. Bankkaufm. u. Dipl.-Agraring. Bernhard Gf. R. u. R. zu H. u.d. Barbara Gfin v. Neipperg
   (Paul-Heyse-Str. 31, 80687 München).

Kinder:

a. **Gf Friedrich** Benedikt Konrad Leopold Wunibald Maria, * Frankfurt am Main 29.12.2020.

b. **Gfin Marie-Charlotte** Elisabeth Johanna Aglae Walburga, * Frankfurt am Main 12.1.2022.

c. **Gfin Philippa** Elisabeth Antonia Valerie Walburga Maria, * München 10.10.2024.

(3) **Gf Antonius** Vitus Sebastian Georg Leo Willibald Maria, * München 29.12.1995, Hotelfachm., stud. Wirtschaft u. Recht (⚭ [ohne adelsrechtliche Wirkungen] (standesamtl.) Berlin 8.12.2023 Jonah **Gürtler**, * Moers 5.1.1994, M.Sc (Wirtschaftsingenieurwesen), Unternehmensberater)
(Gotzkowskystr. 26, 10555 Berlin).

(4) **Gfin Maria-Leopoldina** Thérèse Aloisia Gertrud Viola Walburga, * Freiburg im Breisgau 4.7.1998, Maßschneidereigesellin, B. Sc. (Soziologie), in Ausb. zur Ergotherapeutin;
⚭ (standesamtl.) Starzach, Kr. Tübingen, 16.3., (kirchl.) Maria-Thann 14.9.2024 Roman **Speth**, * Überlingen 30.5.1990, B.Sc. (erneuerbare Energien), Vertriebsleiter
(Ebertplatz 11, 50668 Köln).

2) **Gfin Marie-Christine** Sophie Eugenie Walburga Benedikta Josefa, * Ravensburg 2.7.1962;
⚭ (standesamtl.) Vaduz 10.3., (kirchl.) Maria-Thann 20.5.1989 Christian **Pr. v. u. zu Liechtenstein**, **Gf zu Rietberg**, * Klagenfurt 14.11.1961, Dr.med., Kinderarzt
(Moosburger Str. 21, 9210 Pörtschach, Österreich).

3) **Gf Alois** Willibald Johann Baptist Paul Maria, * Ravensburg 23.6.1963, Dr.jur., Assessor, Mitgl. der Gruppenleitung, CEO, Kapitularkomtur d. bayer. St. GeorgO.;

⚭ I. (standesamtl.) Heimenkirch 6.8., (kirchl.) Mariakirchen 10.9. 1994 Maria-Christina **Gfin v. Deym, Freiin v. Střítež**, * Arnstorf 31.7. 1968, † (Autounfall) bei Buchloe 28.5.2000, Goldschmiedin, T.d. Dipl.-Ing. agr. Ferdinand Gf v. D., Frhr v. St. u.d. Waltraud Kathrein v. Andersill;
⚭ II. Pianezza, Italien, 27.9.2003 Antonella dei Conti **Rossi di Montelera**, * Genf 13.5.1970, Licence ès Lettres, M.Sc. (Psychologie), T.d. Dr.jur. Ernesto Conte R. di M. u.d. Emanuela San Martino d'Aglie' a.d.H. der Marchesi di Fontanetto di San Germano
(Südstr. 16, 8008 Zürich, Schweiz).

Kinder a) erster Ehe:

(1) **Gf Clemens** Leonhard Joseph Wunibald Maria, * München 7.7. 1997, B.A. (Corporate Management and Economy), Korporal d. Res. im österr. Bundesheer
(Südstr. 16, 8008 Zürich, Schweiz).

(2) **Gf Ludwig** Willibald Berthold Maria, * München 2.11.1999, † (Autounfall) bei Buchloe 28.5.2000.

b) zweiter Ehe:

(3) **Gf Thaddäus** Wunibald Pietro Maria-Consolata, * Paris 9.11. 2006.

(4) **Gfin Lidia** Walburga Maria, * Leipzig 12.1.2009.

(5) **Gf Emanuel** Willibald Hieronymus Joseph Maria, * Zürich 8.2. 2011.

4) **Gfin** Maria **Josefa** Gabriele Philippa, * Ravensburg 29.8.1964, M.A.;
⚭ (standesamtl.) Kirchlauter 19.8., (kirchl.) Maria-Thann 2.9.1995 Caspar **Schenk Gf v. Stauffenberg**, * München 3.3.1966, B.A., Dipl.-Betriebswirt, Lt d. Res
(Junkersstr. 9, 82131 Gauting).

5) **Gf Nikolaus** Maria Ludwig Georg Alfons Engelbert Wunibald, * Kempten 8.8.1970, staatl. gepr. Restaurator f. Möbel- u. Holzobjekte, Tischler;
⚭ I. (standesamtl.) Achstetten 9.9., (kirchl.) Dellmensingen 11.9.1999 Maria-Theresia (Thesy) **Gfin Reuttner v. Weyl-Mynett**, * Achstetten 8.3.1976 (gesch. Lindau 1.12.2011, kirchl. annulliert 23.9.2013), M.A., T.d. David Gf R. v. W.-M. u.d. Katharina (Kitty) Radda v. Boskowstein, adopt. Gfin Reuttner v. Weyl
(...);
⚭ II. (standesamtl.) Syrgenstein 10.10.2015, (kirchl.) Maria-Thann 10.9.2016 Sophie **Freiin v. Gebsattel**, * München 6.7.1973, T.d. ... Lothar Frhr v. G., u.d. Benedicta Freiin Groß v. Trockau
(Schloß Syrgenstein, 88260 Argenbühl-Eglofs).

Kinder erster Ehe:

(1) **Gfin Xenia** Marie-Therese Katharina Benedikta Alejandra Louisa Walburga, * Galashiels, Schottland, 5.3.2005
(Schloß Syrgenstein, 88260 Argenbühl-Eglofs).

(2) **Gf Balthasar** Maria Joseph Wunibald David Alois Philipp, * Wangen im Allgäu 8.1.2008
(Schloß Syrgenstein, 88260 Argenbühl-Eglofs).

Johannes Fürst v. Waldburg zu Wolfegg u. Waldsee
Erich Fürst v. Waldburg zu Zeil u. Trauchburg

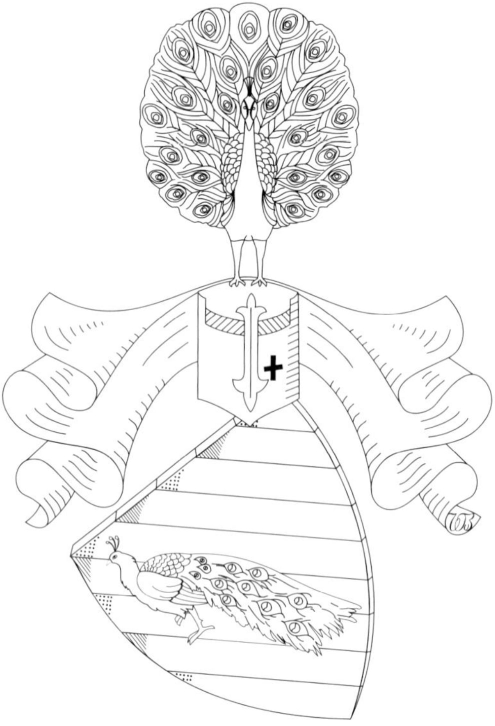

Wied

Ev. — Edelfreies Geschlecht des Engers- und des Niederlahngaues, das die Stammreihe mit Sifrid I. Herrn v. Runkel, urkundl. 1159, beginnt, dessen Sohn, Sifried II., 1181 Mitstifter d. Klosters Seligenstadt ist (vgl. Walter Möller, Stammtafeln westdt. Adelsgeschlechter im Mittelalter 3, Darmstadt 1936). Durch die Söhne Sifrid IV. und Dietrich I. des Sifrid III., Herrn v. Runkel und Westerburg, der 1226 urkundl. (Original im Fürstl. Wiedischen Archiv Neuwied) die Teilung zwischen Westerburg und Runkel errichtete, wurde das Geschlecht in die Häuser Westerburg (s. Art. Leiningen-Westerburg) und Runkel geteilt. Ererbung der Gfschaft Wied an der Wied, einem rechten Nebenfluß des Rheins, 1462 durch Friedrich v. Runkel infolge Heirat seines Vaters Dietrich IV. v. Runkel, † 1460, mit Anastasia, Johannes II. Gfn v. Isenburg-Wied, † 1454, Tochter und Erbin des Gfn Wilhelm II., † 1462. 1595 Teilung der Gfschaft, 1693 erneute Teilung in eine obere (Wied-Runkel, diese Linie † 1824) und eine untere (Wied-Neuwied) Hälfte. — Reichsfürst zu Wied, Herr zu Runkel und Isenburg, mit »Hochgeboren« Wien 29.5.1784 (für Johann Friedrich Alexander Gf zu Wied). Titulatur seit 1804 Reichsfürst zu Wied, Graf zu Isenburg, Herr zu Runkel, seit 1824 Fürst zu Wied, Graf zu Isenburg, Herr zu Runkel u. Neuerburg. Zuständigkeit des Präd. »Durchlaucht« (primog.) lt Bundestagsbeschluß vom 18.8.1825; österr. Bestätigung 22.2.1847; Ausdehnung auf sämtl. Familienmitgl. durch Kgl. preuß. Kabinettsordre 3.3.1833, erbl. Mitgl. des preuß. Herrenhauses 12.10.1854. — Die Nachgeborenen führen den Namen Prinz bzw. Prinzessin zu Wied (»Durchlaucht«).

Wappen (um 1500): Geviert u. mit goldenem Herzschild belegt, darin ein natürlicher radschlagender Pfau, 1 u. 4 in Gold 4 rote Schrägrechtsbalken, belegt mit einem natürlichen Pfau (Wied), 2 in Silber 2 rote Pfähle mit rechtem blauem Freiviertel (Runkel), 3 in Silber 2 rote Balken (Isenburg), auf dem Helm mit rot-goldenen Decken der Pfau. Das fürstliche Wappen zeigt statt des Helms Fürstenhut und -mantel.

Literatur: Hinweise s. GHdA, Adelslexikon, Bd XVI (2005).
Letztaufnahme der Genealogie: GGH, Fstl. Häuser, Bd I (2015).

Chef: **Maximilian Fürst zu Wied,** * 1999.

Wilhelm **Friedrich** Hermann Otto Karl **6. Fürst zu Wied** usw., * Neuwied 27.6.1872, † ebd. 18.6.1945, Kgl. preuß. GenMajor à la suite der Armee, Kgl. württ. GenMajor à la suite d. Kgl. württ. DragonerRgts 26, Kommendator d. JohO.;
⚭ Stuttgart 29.10.1898 Pauline **Przssin v. Württemberg,** * Stuttgart 19.12. 1877, † Ludwigsburg 7.5.1965, T.d. Wilhelm II. Kg v. W. u.d. Marie Przssin zu Waldeck u. Pyrmont.

Söhne:

1. **Erbpr. Hermann** Wilhelm Friedrich, * Potsdam 18.8.1899, † (an einem im Kriegsdienst zugezogenen Leiden) Rzeszów, Polen, 5.11.1941, Dipl. agr., Hauptm. d. Res. in einem PzRgt, ERr d. JohO.;
⚭ Neuwied 29.4.1930 Marie Antonia **Gfin zu Stolberg-Wernigerode,** * Várpalota, Kom. Veszprim, Ungarn, 6.2.1909, † Dierdorf 24.1.2003 (⚭ II. Strahwalde bei Herrnhut, OLausitz, 31.8.1943 Edmund v. Gordon, * Laskowitz 3.10.1901, † Andernach am Rhein 22.9.1986, Chefredakteur), T.d. Kgl. preuß. Majors Carl Gf zu St.-W. u.d. Hilde v. Witzleben a.d.gfl.H. Alt-Doebern.

Kinder:

1) **Friedrich Wilhelm** Heinrich Konstantin **7. Fürst zu Wied** usw., * Stuttgart 2.6.1931, † Salmon Arm, Kanada, 28.8.2000, Exspect. d. Deutschen O., Ballei Utrecht;
⚭ I. Arolsen (standesamtl.) 31.8., (kirchl.) 9.9.1958 Guda **Przssin zu Waldeck u. Pyrmont,** * Arolsen 22.8.1939 (gesch. Koblenz 3.1.1967; ⚭ II Schaumburg bei Diez an der Lahn [standesamtl.] 4.3., [kirchl.] 9.3.1968 Horst **Dierkes,** * Hannover 21.2.1939, † ... 8.7.2017, Dr.med.), T.d. Josias Fst zu W. u. P. u.d. Altburg Hzgin v. Oldenburg
(...);

⚭ II. (standesamtl.) Neuwied 14.7., (kirchl.) Burg Runkel 15.7.1967 Sophie Charlotte **Przssin zu Stolberg-Stolberg**, * Nordhausen 4.10. 1943, T.d. Wolff-Heinrich Fst u. Gf zu St. u.d. Irma Erfert *(Schloßstr. 1, 56564 Neuwied).*

Kinder: a) erster Ehe:

(1) **Pr.** Johann Friedrich **Alexander** Hermann Josias Wilhelm, * Neuwied 29.9.1960, verzichtet am 4.10.2000 auf seine Rechte als erstgeborener Sohn
(…).

(2) Friedrich August Maximilian Wilhelm **Carl 8. Fürst zu Wied** usw., * Neuwied 27.10.1961, † ebd. 12.3.2015;
⚭ Birstein (standesamtl.) 24.4., (kirchl.) 25.4.1998 Isabelle **Przssin v. Isenburg**, * Frankfurt am Main 26.4.1973, T.d. Franz Alexander Fürst v. I. u.d. Christine Gfin v. Saurma, Freiin v. u. zu der Jeltsch
(Schloß, Schloßstr. 1, 56564 Neuwied).

Kinder:

a. **Maximilian** Franz Alexander Friedrich Wilhelm **9. Fürst zu Wied**, Graf zu Isenburg, Herr zu Runkel u. Neuerburg (Durchlaucht), * Neuwied 10.8.1999
(Schloß, Schloßstr. 1, 56564 Neuwied).

b. **Pr. Friedrich Wilhelm** Franz Alexander Heinrich Konstantin, * Neuwied 12.6.2001
(Schloß, Schloßstr. 1, 56564 Neuwied).

c. **Przssin Marie Elisabeth**, * u. † Neuwied 29.3.2003.

d. **Przssin Luise** Anastasia Isabelle, * Neuwied 2.11.2004
(Schloß, Schloßstr. 1, 56564 Neuwied).

b) zweiter Ehe:

(3) **Przssin Christina** Elisabeth Sophie Wilhelmine Friederike, * Neuwied 9.6.1970, Dipl.-Psychologin;
⚭ Neuwied 8.6.1996 Wolf-Eckart **Frhr v. Gemmingen-Hornberg**, * Bamberg 21.10.1959, Dipl.-Kaufm.
(Schloß Babstadt, 74906 Bad Rappenau).

(4) **Pr. Wolff-Heinrich** Friedrich Wilhelm Ello, * Neuwied 12.2.1979, Dipl.-Kaufm., Hauptm. d. Res.;
⚭ Sinsheim 8.9.2018 Lucia **Rüther**, * Andernach 7.3.1980, Dipl.-Bauing., T.d. ... u.d. ...
(Theodor-Körner-Str. 7 B, 65719 Hofheim am Taunus).

Tochter:

Przssin Clara Marie Katharina Sophie, * Frankfurt am Main 18.12.2020.

2) **Pr. Metfried** Alexander Wilhelm Friedrich, * Stuttgart 25.4.1935, † Runkel 24.5.2024, RRr d. JohO.;
⚭ (standesamtl.) Andernach 12.2., (kirchl.) Neuwied 17.2.1968 Felicitas **Freiin v. der Pahlen**, * Linnich, Kr. Jülich, 31.12.1948, T.d. Landwirts Dr.jur. Hans Georg Frhr v. der P. u.d. Irmgard v. Mitzlaff
(Burg, 65549 Runkel a.d. Lahn).

Söhne:

(1) **Pr.** Friedrich **Christian** Hermann Wilhelm Alexis, * Waldbröl 5.8.1968, Rechtsanwalt u. Bankkaufm.;
⚭ Runkel (standesamtl.) 28.6., (kirchl.) 29.6.2002 Sibylle **Garbe**, * Freiburg im Breisgau 29.6.1972, Dipl.-Volkswirtin, T.d. Geschäftsf. Günter G. u.d. Karin Butzin
(Haus Helbringen, Windecker Str. 20, 61130 Nidderau-Heldenbergen).

Söhne:

a. **Pr. Ferdinand Constantin** Georg Friedrich Wilhelm, * Frankfurt am Main 9.10.2003.

b. **Pr.** Friedrich Conrad **Leopold** Günter Wilhelm, * Frankfurt am Main 5.1.2006.

c. **Pr.** Friedrich Carl Metfried **Alexander** Wilhelm, * Frankfurt am Main 20.5.2007.

d. **Pr.** Friedrich Christian Franz **Gustav** Wilhelm Ulrich, * Gelnhausen 17.9.2010.

(2) **Pr. Magnus** Alexander Wilhelm Friedrich, * Waldbröl 6.6.1972, Rechtsanwalt;
⚭ (standesamtl.) München 23.9., (kirchl.) Runkel 2.10.2005 Marie-Therese **Schroth**, * Exeter 8.2.1977, T.d. Rechtsanwalts Dr.jur.habil. Hans-Jürgen Sch. u.d. Assessorin jur. Marie-Therese Gfin v. der Groeben
(Minnholzweg 17, 61476 Kronberg im Taunus).

Kinder:

a. **Przssin Sidonie** Eva Katharina Marie-Therese, * München 28.12.2008.

b. **Przssin Charlotte** Millicent Marie Antonie Felicitas, * München 14.12.2010.

c. **Pr. Caspar** Otto Hans Georg Carl, * Frankfurt am Main 5.8.2016.

3) **Przssin** Wilhelmine Friederike Elisabeth Henriette Anastasia **Osterlind**, * Stuttgart 8.4.1939, † Frankfurt am Main 12.5.2021;
⚭ Neuwied (standesamtl.), 5.9., (kirchl.) 7.9.1964 Werner **v. Klitzing**, * Hannover 3.8.1934, † Langen, Kr. Offenbach, 3.1.2022, Rechtsanwalt.

2. **Pr. Dietrich** Wilhelm Friedrich Karl Paul, * Potsdam 31.10.1901, † Ludwigsburg 8.1.1976;
⚭ Berlin 18.7.1928 Antoinette **Gfin Grote**, * Berlin 9.10.1902, † Ludwigsburg 17.2.1988, T.d. Otto Gf G., vorm. Fkhr auf Varchetin usw., vorm. auf Deven, Amt Malchin, u.d. Alice van Bergen.

Söhne:

1) **Pr.** Wilhelm Friedrich **Ulrich**, * Stuttgart 12.6.1931, † Rottach-Egern 12.9.2010;
⚭ München 2.12.1968 Ilke **Fischer**, * Bonn 9.12.1936, † Meersburg 26.11.2020, T.d. Dr.med. Gottfried F. u.d. Dr.med. Maria Mühlenbein.

Kinder:

(1) **Pr. Wilhelm** Friedrich Ulrich, * München 26.6.1970, M.Sc., Lt d. Res.;
⚭ Fladbury, Gfschaft Worcestershire, England, 1.7.2000 Clarissa Elizabeth **Makepeace Massingham**, * Evesham, Gfschaft Worcestershire, 8.7.1971, B.Sc., T.d. ... George M. M. u.d. Mary E. Stephens
(Cropthorne House, Main Street, Cropthorne WR10 3NB, Großbritannien).

Söhne:

a. **Pr.** Wilhelm **Friedrich** Ulrich Maximilian George, * London 9.5.2001
(...).

b. **Pr. George** Edward August Wilhelm, * London 7.3.2004
(...).

c. **Pr. Philipp** Ulrich Edward Albert Wilhelm, * Cropthorne, Gfschaft Worcestershire, 3.6.2010.

(2) **Przssin Marie** Elisabeth Wilhelmine Frederike Pauline, * München 27.12.1973;
⚭ Altshausen, Württ., (standesamtl.) 11.11., (kirchl.) 13.11.1993 Friedrich **Hzg v. Württemberg**, * Friedrichshafen 1.6.1961, † (Verkehrsunfall) Ebenweiler 9.5.2018
(...).

2) **Pr.** Wilhelm Friedrich Dietrich **Ludwig-Eugen**, * Stuttgart 27.8.1938, † München 11.5.2001, Vors. Richter;
⚭ München (standesamtl.) 30.5., (kirchl.) 8.6.1966 Helga **Gemeinert**, * Sorau, NLausitz, 7.5.1941, † München 11.12.2004, T.d. Ing. Hans G. u.d. Anneliese Kopsch.

Sohn:

Pr. Wilhelm Friedrich Dietrich Ludwig Karl **Edzard**, * München 16.1.1968, Informatiker;
⚭ ... 17.10.2017 Petra **Urpmann**, * ..., T.d. ... u.d. ...
(Lennestr. 34, 58762 Altena).

Maximilian Fürst zu Wied

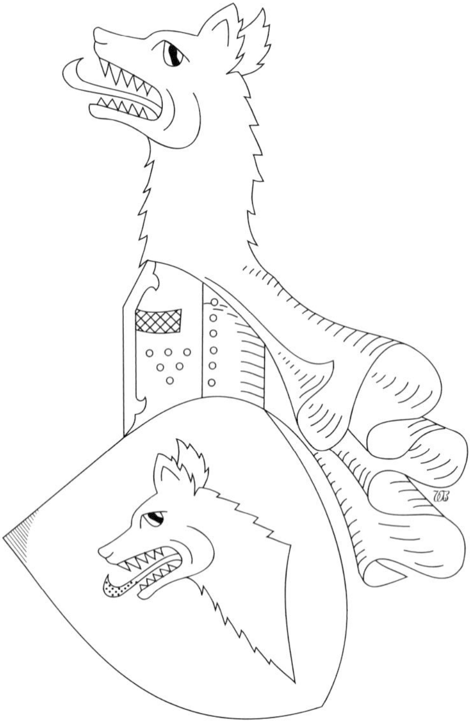

Windisch-Graetz

Kath. — Uradel, vermutlich eines Stammes mit den v. Diengen aus der bayer. Gfschaft Wolfratshausen, die als Ministerialen der Gfn von Andechs in deren innerösterr. Besitzung Windischgraz kamen, wo Wernhardus de Graeze, miles, 1218-1222 urkundl. (Steiermärk. UrkBuch 2, S. 291, Nr. 201) auftritt. Nach Schenkung von Windischgraz »cum omnibus ministerialibus« an das Patriarchat von Aquileja 1251 trat das Geschlecht zur Ministerialität von Aquileja, nach Einnahme von Windischgraz 1270 durch Kg Ottokar II. von Böhmen, Hzg von Steiermark, zur steiermärk. Dienstmannschaft über. Die sichere Stammreihe beginnt mit Conrad v. Windischgracz, urkundl. 1299, † vor 25.9.1339, Landesverweser in Steiermark 1323. — Kgl. Wappenvereinigung mit dem der Gradner Speyer 20.5.1526 (für Siegfried v. Windischgrecz, Kgl. Rat); NÖsterr. Rrstand 1550 (für Erasmus v.Windischgrätz auf Höhenbergen, Pfandhrn auf Schwadorf); Reichsfrhrnstand mit »zu Waldstein u. im Thal« Wien 7.7.1551 (für die Brüder Erasmus, NÖsterr. RegRat, u. Pankraz v. Windischgrätz u. für ihre Vettern, die Brüder Sebastian u. Jacob v. Windischgrätz); Kais. Wappenregulierung Wien 21.11.1557 (für dieselben); Reichsgfnstand als »Gf u. Herr zu Windischgrätz u. im Thal« Wien 24.11.1557 (für die vorgenannten Brüder Erasmus u. Pankraz v. Windischgrätz Frhrn zu Waldstein u. im Thal); Erblandstallmeister im Hzgt. Steiermark 27.6.1565 (für die vorgenannten Brüder Erasmus u. Pankraz Gfn u. Herren zu Windischgrätz u. im Thal); böhm. Inkolat 12.6.1574; NÖsterr. Herrenstand Prugg 10.2.1578 (beides für denselben Pankraz Gfn u. Herrn zu Windischgrätz u. im Thal); ungar. Indigenat Ebersdorf 19.7.1655; Reichsgfnstand mit »Hoch- u. Wohlgeboren« Frankfurt am Main 2.8.1658 (beides für Gottlieb v. Windischgrätz Frhrn v. Waldstein u. im Thal auf Trautmansdorf) bzw. Wien 29.11.1682 (für die Vettern Adam, Johann Christoph, Jacob Ludwig, Georg Ludwig, Johann Ernst u. Johann Jacob v. Windischgrätz Frhrn v. Waldstein u. im Thal); Aufnahme zunächst in das wetterauische Reichsgfnkollegium (als Personalist) 23.1.(11.)1664 und an dessen statt in das fränk. Reichsgfnkollegium (als Personalist) Langenburg 28.1.1684; böhm. Inkolat Wien 26.3.

1689 (beides für den vorgenannten Gottlieb Gfn v. Windischgrätz als Kais. Km., WGehRat u. Reichsvizekanzler); Kais. Verleihung d. Großen Palatinats mit Ausnahme des Rechts der Nobilitierung (primog.) Wien 14.2.1730 (für Leopold Gfn v. Windischgrätz, Kais. Km. u. Reichshofrat, nachm. WGehRat, Finanz- u. Konferenzmin.); ungar. Indigenat Wien 28.9.1736 (für Franz Gfn v. Windischgrätz).

Stammwappen: In Rot Kopf u. Hals eines golden-bezungten silbernen Wolfs; auf dem Helm mit rot-silbernen Decken das Schildbild.

Wappen (1557): Geviert u. belegt mit geviertem Mittelschild († Gradner) samt rotem Herzschild, darin schrägrechts eine goldene Fischgräte, a u. d in Rot eine 3latzige silberne Kirchenfahne mit 3 silbernen Ringen (Pfannstetten), b u. c in Silber ein schwarzer Schräglinksbalken (Schallegg), 1 u. 4 Stammwappen, 2 in Schwarz 3 (2, 1) goldene Ringe (Waldstein), 3 unter silbernem Feldeshaupt in Schwarz ein silberner Sparren (Wolfsthal); 3 Helme, rechts Stammwappenhelm, auf dem mittleren mit rot-silbernen Decken 3 rote Straußenfedern, belegt mit der hier querliegenden Fischgräte († Gradner), auf dem linken mit schwarz-goldenen Decken ein rundes schwarzes Schirmbrett, kreisförmig belegt mit 6 (1, 2, 2, 1) goldenen Ringen (Waldstein).

Wappen (1804, 1822): Wie 1557; Schildhalter: 2 widersehende silberne Wölfe; Fürstenhut u. -mantel.

Literatur: Hinweise s. GHdA, Adelslexikon, Bd XVI (2005).
Letztaufnahme der Genealogie: GGH, Fstl. Häuser, Bd II (2018).

Chef: Ludwig **Anton Fürst zu Windisch-Graetz**, * 1942.

I. Linie

Stammvater: Fst Alfred, * 1787, † 1862. — Erwerbung der Hrschaften Egloffs u. Siggen, Allgäu, 3.4.1804; Reichsfstnstand (primog.) mit »Hochgeboren« u. Wappenbesserung Wien 24.5.1804; Erhebung der Hrschaften Egloffs u. Siggen zum Reichsfstt. Windischgrätz 14.6.1804 (alles für Alfred

Gfn v.Windischgrätz); erbl. Mitgl. der Ersten Kammer im Kgr. Württemberg 25.9.1819; österr. Fstnstand (unbeschränkt) Wien 18.5.1822; Zuständigkeit d. Präd. »Durchlaucht« (primog.) durch Bundestagsbeschluß vom 18.8.1825; österr. Durchführung desselben 7.10.1825; österr. Bestätigung Wien 22.2.1847; erbl. Mitgl. d. Herrenhauses d. österr. Reichsrats (geknüpft an den Bes. d. Fkm. Kladrau usw.) Wien 18.4.1861 (alles für denselben als K.K. Km., GehRat u. GenFeldmarschall); österr. Ausdehnung d. Präd. »Durchlaucht« (unbeschränkt) durch A.E. vom 27.4.1869 (für seine Deszendenz). — Die Nachgeborenen führen den Namen Prinz bzw. Prinzessin zu Windisch-Graetz (Durchlaucht).

1. Ast

Stammvater: Pr. Ludwig, * 1830, † 1904.

Ludwig Alfred Victoria Aurel Markus Felizian **4. Fürst zu Windisch-Graetz** usw., * Krakau 20.10.1882, † Wien 3.2.1968, K.u.K. Km., GehRat u. Min. ohne Portefeuille, SektionsChef im Min. d. Äußeren, verzichtet zugunsten seines Sohnes Aladár 21.5.1928;
⚭ Budapest 18.11.1907 Marie **Gfin Széchényi de Sárvár-Felsővidék**, * Lábod, Kom. Somogy, Ungarn, 8.9.1887, † Wien 3.2.1972, K.u.K. PD., StkrD., T.d. K.u.K. Km. u. OGespans Aladár Gf Sz. de S.-F., Majoratshrn d. gfl. Georg Andrássyschen Fkm. Monok u. Halmaj, auf Görgeteg, u.d. Natalie Gfin Andrássy de Csik-Szent-Kiraly et Kraszna-Horka.

Kinder:

1. **Ludwig Aladár 5. Fürst zu Windisch-Graetz** usw., * Sárospatak, Kom. Zemplin, Ungarn, 4.12.1908, † Lindenberg, Allgäu, 3.5.1990, Oberst-Erblandstallmeister im Hzgt. Steiermark;
   ⚭ Wien 29.7.1936 Christine **Ebert**, * Wien 21.10.1905, † ebd. 24.10.1987 (⚭ I. Wien 17.6.1926 Theodor Frhr v. Fries, * Chudwein, Mähren, 11.8.1896, † Graz 7.7.1963, Gutsbes., K.u.K. OLt, gesch. …, Ehe kirchl. annulliert Wien 25.5.1936), T.d. Industriellen Alfred E. u.d. Christine Kamel-Osteyra.

Söhne:

1) **Pr. Alfred**, * Wien 1.6.1939, verzichtet auf die Erbfolge 18.7.1966, Kaufm.
(Bartensteingasse 3, 1010 Wien, Österreich);
⚭ I. Kitzbühel 30.9.1978 Monika **Rasper**, * Wien 3.3.1954, † Bern 11.3.1991, T.d. Kaufm. Helmuth R. u.d. Maily Freiin Jacobs v. Kantstein;
⚭ II. … (gesch. …).

Kinder erster Ehe:

(1) **Przssin** Marie-Christine **Alexandra**, * Kitzbühel 30.7.1980
(Bartensteingasse 3, 1010 Wien, Österreich).

(2) **Przssin Natalie**, * Kitzbühel 8.1.1983
(Bartensteingasse 3, 1010 Wien, Österreich).

(3) **Pr. Maximilian** Ludwig Wilhelm, * Kitzbühel 30.7.1984
(Bartensteingasse 3, 1010 Wien, Österreich).

2) Ludwig **Anton 6. Fürst zu Windisch-Graetz**, Frhr v. Waldstein u. im Thal (Durchlaucht), * Wien 12.1.1942, Dipl.-Kaufm.;
⚭ New York 9.5.1981 Angelika **Bovenschen**, * Köln 15.3.1943, T.d. Kaufm. Heinrich B. u.d. Gisela Horten
(Prinzregentenstr. 79, 81675 München).

Adoptivsohn (Vertrag München 13.4.2021, amtsgerichtl. best. ebd. 10.3.2022):

Niccolò Pr. zu Windisch-Graetz, * Rom 5.11.1997 (s.u.);

2. **Przssin Elisabeth** (Sissi) Mathilda Zita Carola Rosalia Maria, * Sárospatak 4.9.1923, † Genf 2.5.2022;
⚭ I. Budapest 12.1.1944 Joseph **Gf Esterházy de Galántha**, * Salgócska, Kom. Neutra, 8.9.1917, † Wien 21.1.1980, Kaufm. (gesch. Budapest 22.6. 1949);

⚭ II. (standesamtl.) Genf 30.12.1949, (kirchl.) Chambésy, Kt. Genf, 28.2.1980 Friedrich (Fred) **Dusendschön**, * London 6.8.1911, † Genf 20.11.1986.

2. Ast

Stammvater: Pr. Joseph, * 1831, † 1906.

Franz Seraphim Joseph Nikolaus **Prinz zu Windisch-Graetz**, * Klattau, Böhmen, 3.7.1867, † St. Martin, Innkr., OÖsterr., 13.10.1947, Dr.jur.;
⚭ Wien 2.2.1893 Margarete **Gfin v. Harrach zu Rohrau u. Thannhausen**, * Wien 18.5.1870, † Neu-Pernstein 11.1.1935, T.d. Johann Gf v. H. zu R. u. T., Majoratshrn auf Starkenbach usw., u.d. Maria Przssin v. Lobkowicz.

Söhne:

1. **Pr. Johann** Nepomuk Franz Joseph Liberatus Hubertus Maria, * Rohrau 17.8.1897, † Wien 19.7.1958;
   ⚭ Wien 28.12.1927 Lucie **Wettel**, * Versecz 1.11.1903, † Wien 22.7.1986, T.d. Verlegers Wilhelm W. u.d. Marie Lukits.

   Tochter:

   Przssin Margarethe Maria Mathilde Franziska Johanne Theresia, * Weidlingau bei Wien 11.9.1928, † Wien 21.7.2006, StkrD.;
   ⚭ Wien 16.2.1950 Alexander **Fst v. Schönburg-Hartenstein**, * Hartenstein 8.1.1930, † Wien 15.11.2018.

2. **Pr.** Otto **Franz** Maria Eleonore Telesforus, * Zürich 5.1.1913, † Wien 17.4.2011, Dr.phil., Kunsthistoriker, Hofrat, E- u. DevRr d. souv. MaltRrO.;
   ⚭ Litschau 14.2.1952 Ida **Gfin v. Seilern u. Aspang**, * Manetin, Böhmen, 31.1.1919, † Wien 6.9.2018, StkrD., T.d. K.u.K. Km. Joseph Gf v. S. u. A., Fkhrn auf Litschau, NÖsterr., Kralitz u. Lukow, Mähren, u.d. Theresia (Therese) Gfin Lažanský, Freiin v. Bukowa.

Sohn:

Pr. Johann-Nepomuk **Martin** Maria Franz Josef Heinrich Johannes Chrysostomus, * Wien 27.1.1953, Dr.jur., österr. Gesandter i.R., E- u. DevRr d. souv. MaltRrO.
(Jacquingasse 21, 1030 Wien, Österreich).

II. Linie

Stammvater: Fst Weriand, * 1790, † 1867 — Österr. Fstnstand Wien 18.5. 1822 (für Weriand Gfn v. Windischgrätz); österr. Verleihung d. Präd. »Durchlaucht« (unbeschränkt) Wien 12.1.1902 (für seine Deszendenz); erbl. Mitgl. d. Herrenhauses d. österr. Reichsrats Wien 26.2.1912 (für seinen Enkel Hugo Fstn zu Windisch-Graetz, K.u.K. Km. u. GehRat). — Die Nachgeborenen führen den Namen Prinz bzw. Prinzessin zu Windisch-Graetz (Durchlaucht).

1. Ast

Stammvater: Fst Hugo, * 1823, † 1904.

Hugo Weriand Alexander Wilhelm Alfred **Fürst zu Windisch-Graetz**, * Florenz 17.11.1854, † Haasberg, Krain, 15.5.1920, K.u.K. WGehRat u. Km., erbl. Mitgl. d. Herrenhauses d. österr. Reichsrats;
⚭ Wien 16.5.1885 Christiane **Przssin v. Auersperg**, * Wien 26.2.1866, † Triest 12.7.1962, K.u.K. PD., StkrD., T.d. K.K. WGehRats Vincenz Fst v. A., Erblandmarschalls in Tirol, u.d. Wilhelmine Gfn v. Colloredo-Mannsfeld.

Söhne:

1. **Hugo** Vinzenz Alexander Maria **Fürst zu Windisch-Graetz**, * Haasberg 30.7.1887, † Triest 26.5.1959, Dr.rer.pol., K.u.K. Km., E- u. DevRr d. souv. MaltRrO.;

⚭ Donaueschingen 26.11.1912 Leontine **Przssin zu Fürstenberg**, * Lána, Böhmen, 16.6.1892, † Rom 7.10.1979, K.u.K. PD., StkrD., E- u. DevGroßkrD. d. souv. MaltRrO., T.d. Maximilian Egon Fst zu F. u.d. Irma Gfin v. Schönborn-Buchheim.

Söhne:

1) **Maximilian** Antonius Aegidius Hubertus Maria Hugo **Fürst zu Windisch-Graetz**, * Donaueschingen 1.9.1914, † Sant'Angelo d'Alife, Prov. Caserta, 1.11.1976, Oberstlt d. Res. d. ital. Luftw., E- u. DevGroßkr. d. souv. MaltRrO., EEdelmann d. Papstes;
⚭ Cortina d'Ampezzo 11.11.1946 Maria Luisa (Marlise) **Serra di Gerace**, * Wien 30.7.1921, † Rom 15.10.2008, E- u. DevGroßkrD. d. souv. MaltRrO., JustizD. d. KonstantinO. von St. Georg, AdoptivT.d. Don Giovan Battista Principe u. Marchese S., 12. Principe di Gerace.

Kinder:

(1) **Przssin** Irma **Christiana** Leontine Maximiliane, * Triest 1.7.1951, E- u. DevGroßkrD. d. souv. MaltRrO.;
⚭ Sant'Angelo d'Alife 21.6.1980 **Don** Augusto **Ruffo di Calabria** a.d.fstl.H., * Turin 1.10.1955, Kaufm.
(Via Bigli 4, 20121 Mailand, Italien).

(2) **Przssin Maximiliane** Gratia Maria Leontine Friederika, * Triest 16.11.1952, E- u. DevGroßkrD. d. souv. MaltRrO.;
⚭ (standesamtl.) Sant'Angelo d'Alife 9.10., (kirchl.) Rom 11.11. 1976 Heinrich **Fst zu Fürstenberg**, * Schloß Heiligenberg 17.7. 1950, † Capalbio 11.7.2024
(Schloß, 78166 Donaueschingen).

(3) **Mariano Hugo Fürst zu Windisch-Graetz,** * Triest 27.7.1955, Großindustrieller, EEdelmann d. Papstes, E- u. DevGroßkrRr in Oboedienz u. Botschafter d. souv. MaltRrO., JustizGroßkrRr d. KonstantinO. von St. Georg, Rr d. O. vom GVlies, Rr d. AnnunciatenO., GroßkrRr vom Hl. Grab zu Jerusalem (OESSH);

⚭ Salzburg (standesamtl.) 31.1., (kirchl.) 11.2.1990 Sophie **Ehzgin v. Österreich**, * Boulogne-sur-Seine 19.1.1959, T.d. Ferdinand Ehzg v. Ö. u.d. Helene Gfin zu Toerring-Jettenbach
(Il Palazzo, 81017 Sant'Angelo d'Alife, Italien; Palazzo Taverna, Via Monte Gordano 36, 00186 Rom, Italien).

Kinder:

a. **Pr. Maximilian** Hugo, * Salzburg 4.4.1990, E- u. DevRr d. souv. MaltRrO.
(Il Palazzo, 81017 Sant'Angelo d'Alife, Italien).

b. **Pr. Alexis**, * Rom 7.12.1991, † Sant'Angelo d'Alife 9.2.2010.

c. **Przssin Larissa** Maria Luisa Christina Maria Grazia Leontina Hellena Franziska, * Rom 11.12.1996, E- u. DevD. d. souv. MaltRrO.
(Il Palazzo, 81017 Sant'Angelo d'Alife, Italien).

(4) **Pr. Manfred**, * Triest 1.4.1963, E- u. DevRr d. souv. MaltRrO., JustizRr d. KonstantinO. von St. Georg;
⚭ Marino 12.10.1996 Maria Vittoria **Lepri**, * Rom 22.2.1970, E- u. DevD. d. souv. MaltRrO., D. d. KonstantinO. von St. Georg, T.d. ... Guiseppe L. a.d.H. der Marchesi L. u.d. Maria Luisa Cavallini
(La Torre — 75, Via Ghisalba, 00188 Rom, Italien).

Kinder:

a. **Pr. Niccolò** Maria Hugo Mariano, * Rom 5.11.1997, E- u. DevRr d. souv. MaltRrO., Adoptivsohn des Anton Fst zu Windisch-Graetz u. seiner Gemahlin Angelika Fstin zu Windisch-Graetz geb. Bovenschen (s.o.)
(...).

b. **Przssin Olimpia** Massimiliana Clementina, * Rom 4.3.1999
(...).

Mariano Hugo Fürst zu Windisch-Graetz
* 1955
Großindustrieller,
Ehrenedelmann d. Papstes, E- u. DevGroßkrRr in Oboedienz u. Botschafter d. souv. MaltRrO., JustizRr d. KonstantinO. von St. Georg, Rr d. O. vom GVlies, Rr d. AnnunciatenO., GroßkrRr vom Hl. Grab zu Jerusalem (OESSH)
s. S. 545

c. **Pr. Brando** Maria Cristiano, * Rom 13.11.2008.

2) **Pr. Friedrich** Karl Hugo Maximilian Maria Cyrillus Felix Hubertus, * Heiligenberg, Baden, 7.7.1917, † Gersau, Schweiz, 28.5.2002, Kaufm., OLt, E- u. DevRr d. souv. MaltRrO.;
⚭ (standesamtl.) Schliersee, OBayern, 31.3., (kirchl.) München 1.4. 1959 Dorothea **Przssin v. Hessen**, * Panker, Ostholst., 24.7.1934, T.d. Majors d. Luftw. Christoph Pr. v. H. u.d. Sophie Przssin v. Griechenland u. Dänemark
(Ruetlistr. 34, 6442 Gersau, Schweiz).

Töchter:

(1) **Przssin Marina** Margarita Sophia Leontina Christina, * Mailand 3.12.1960, Möbelrestauratorin;
⚭ Rom (standesamtl.) 28.5.1988, (kirchl.) 15.4.1989 Gyula Lajos **Jakabffy** (aus ungar. Adel), * Neumarkt (Tîrgu-Mures), Rumänien, 14.11.1962, ...
(Ruetlistr. 34, 6442 Gersau, Schweiz).

(2) **Przssin Clarissa** Elisabeth Fiore, * Erba, Prov. Como, 6.8.1966;
⚭ Alserio, Prov. Como, 16.11.1985 Eric **de Waele**, * Brüssel 6.1. 1961, Industrieller, Juwelier
(Ruetlistr. 34, 6442 Gersau, Schweiz).

2. **Pr. Alfred** Veriand, * Gonobitz, Steiermark, 12.3.1890, † Weikersheim, Württ., 7.3.1972, K.u.K. KorvKpt.;
⚭ Wien 29.4.1919 Isabella **Przssin zu Hohenlohe-Langenburg**, * Rothenhaus, Böhmen, 30.5.1891, † Bad Mergentheim 10.9.1982, T.d. K.u.K. GehRats, Km. u. Rittmeisters, erbl. Mitgl. Herrenhauses d. österr. Reichsrats, Gottfried Pr. zu H.-L. u.d. Anna Gfin v. Schönborn-Buchheim.

Kinder:

1) **Przssin Christiane**, * Rothenhaus 10.3.1920, † Weikersheim 18.12. 1993.

2) **Pr. Gottfried** Maximilian Weriand Antonius Maria Piedad, * Wien 5.4.1927, † ... 14.6.2019;
⚭ Manhattan, New York, 7.2.1980 Claudia **Hall**, * New York 3.8.1935, † ..., Baden-Württ., 25.4.2021 (⚭ I. ... John James Buchenau, * New York 11.4.1932, † Lodi, Kalifornien, 3.2.2019, Vertriebsleiter, gesch. Dade, Florida, ... 1955; ⚭ II. Manhattan ... 1958 William Watson, *..., Dr.phil.), T.d. Versicherungssachverständigen George H. u.d. Dorothea Francis Unselt.

3) **Pr.** Hugo **Weriand** Antonius Franziskus Thomas Maria, * Dresden 29.12.1929;
⚭ I. London 21.10.1961 Caroline Jane **Knott**, * Ascot, Berkshire, England, 30.10.1939, † ... (um 2018) (gesch. Mexiko-Stadt 28.8.1967; ⚭ II. Manhattan ... 1968 Howard Gardinier, * New Port, Rhode Island, 4.9.1931, † ebd. 5.7.2020, ..., gesch. ...; ⚭ III. Los Angeles 9.11.1979 William Welsh Graham, * Washington, D.C., 2.5.1943, † ... 20.12.2017, ...), T.d. ... Dudley K. u.d. Joan Sarel;
⚭ II. New York 20.6.1980 Katalin **Baronesse Hatvany de Hatvan**, * Budapest 30.12.1947, Designerin, T.d. ... Josef Baron H. de H. u.d. Irene Maria Halász
(La Joya, 29600 Marbella-Montaña, Spanien).

Söhne erster Ehe:

(1) **Pr. Constantin** Weriand Alfred Maria, * New York 9.7.1962, ...;
⚭ Château de Castellar, Dept Alpes-Maritimes, Frankr., 31.8. 2002 Lesley Anne **Withers**, * ..., T.d. ... Michael W. u.d. ...
(363 - 17th Street, Santa Monica, CA 90402, USA).

Söhne:

a. **Pr. Leopold** Veriand, * London ... 2002.

b. **Pr. Otto**, * London ... 2006.

(2) **Pr. Franz-Karl** Weriand Gottlieb Albrecht Maria, * Würzburg 23.8.1964, ...;
⚭ Conschas China, Mexiko, 27.5.2000 Adriana **Caras**, * Santa Monica, Kalifornien, 2.6.1965, T.d. ... George C. u.d. ...
(...).

Kinder:

a. **Przssin** Maximiliana Anastasia Christiane Isabella, * Los Angeles 5.5.2004
(...).

b. **Pr.** Augustin George Veriand Franziskus Ferdinand, * Los Angeles 28.11.2006
(...).

3. **Pr. Eduard** Vincenz Heinrich, * Gonobitz 15.7.1891, † Eybach 15.2.1976, K.u.K. Lt, Dipl.-Ing.;
⚭ Birstein (standesamtl.) 4.6., (kirchl.) 14.6.1923 Alexandra (Alix) **Przssin v. Isenburg**, * Birstein 21.12.1899, † Triest 22.12.1945, StkrD., T.d. K.u.K. u. Kgl. preuß. Oberstlts, Dr.phil. h.c. Franz Joseph Fst v. I. u.d. Friederike Przssin zu Solms-Braunfels.

Töchter:

1) **Przssin Maria Friederike** Christiane Antoinette Elisabeth Modesta Gertrudis, * Birstein 13.3.1924, † Chested, England, 17.12.1972;
⚭ Johannesburg 10.5.1950 Thomas (Tom) **Weston-Baker**, * London 26.2.1919, † ebd. 7.12.2006, Kgl. großbrit. Major, Bankkaufm.

2) **Przssin Leontine** (Lotti) Christiane Alexandra Louise Elisabeth Olga Wilhelmine Gabriele Marie Antoinette, * Birstein 11.7.1925, † London 3.7.2021;
⚭ Triest 18.2.1947 Robert Anthony **Henley**, * Sheffield, England, 17.5.1921, † London 25.12.1987, Kgl. großbrit. Major.

3) **Przssin Wilhelmine** Gabriele Elisabeth Sophie Maria Christine, * Graz 2.6.1930, † Eybach 23.2.2021, StkrD.;
⚭ Triest 19.9.1957 Gottfried (Götz) **Gf v. Degenfeld-Schonburg**, * Würzburg 3.4.1925, † Geislingen 25.5.2005, vorm. auf Eybach, Lic. phil., Forstwirt.

4) **Przssin Olga** Irma Theresia vom Kinde Jesu Gabrielle Wolfgang, * Graz 26.10.1934;
⚭ Triest 16.5.1961 Karl Anton **v. Riedemann**, * Samaden, Engadin, 3.10.1931, † Vancouver, Kanada, 15.9.2014, Investmentmanager *(5815 Angus Drive, Vancouver, B.C. V6M 3N7, Kanada).*

2. Ast

Stammvater: Pr. Ernst, * 1827, † 1918.

Otto Weriand Hugo Ernst **Prinz zu Windisch-Graetz**, * Graz 7.10.1873, † Lugano 25.12.1952, K.u.K. GehRat u. Km., K.u.K. Oberstlt u. BatKom., Großkr. d. schwed. NordsternO.;
⚭ Wien 23.1.1902 Elisabeth **Ehzgin v. Österreich**, * Laxenburg 2.9.1883, † Wien 16.3.1963 (gesch. Wien 26.3.1924; ⚭ II. Hadersdorf-Weidlingau bei Wien 4.5.1948 Leopold Petznek, * Bruck an der Leitha, NÖsterr., 30.6.1881, † Wien 27.7.1956, Hauptschuldir., Schriftsteller, Mitgl. d. AbgHauses, VizePräs. d. österr. Landtages, Präs. d. österr. Rechnungshofes), T.d. Rudolf Kronpr. v. Ö. u.d. Stephanie Przssin v. Belgien.

Söhne:

1. **Pr. Franz Joseph** Marie Otto Antonius Ignatius Oktavianus, * Prag 22.3. 1904, † Nairobi, Kenia, 1.1.1981;
⚭ Brüssel 3.1.1934 Ghislaine **Comtesse d'Arschot Schoonhoven**, * Ixelles 10.3.1912, † Namur 6.3.1997, T.d. Kgl. belg. Gesandten Dr.jur. Guillaume Comte d'A. Sch. u.d. Eva Nubar-Zarouhi.

Kinder:

1) **Przssin Stephanie** Marie Eva, * Brüssel 17.7.1939, † ebd. 12.7.2019, führte wieder den Geburtsnamen;
⚭ London 16.2.1967 Dermot **Blundell-Hollinshead-Blundell**, * London 18.10.1935, † ... 15.1.2009, Kgl. großbrit. Major (gesch. London ...1973).

2) **Pr. Guillaume** Franz Josef Maria, * Nairobi 19.11.1950 *(... Brüssel, Belgien).*

2. **Pr. Ernst Weriand** (Erni) Maria Otto Antonius Expeditus Anselmus, * Prag 21.4.1905, † Wien 23.12.1952 (altkath.), akad.. Maler;
⚭ I. Wien 17.10.1927 Helena **Skinner**, * Scheibbs, NÖsterr., 6.4.1906, † Wien 11.5.1982 (gesch. Wien 17.6.1938; Ehe kirchl. annulliert Rom ... 1940; ⚭ II. Wien ... 1940 Peter Werfft, * Baden bei Wien 8.10.1904, † Wien 30.7.1970, Dr.rer.pol.), T.d. Ing. Henry S. u.d. Mary Obermüller;
⚭ II. Schwarzenbach an der Pielach, NÖsterr., 11.5.1947 Eva **Freiin v. Isbary**, * Wien 5.4.1921, T.d. Großindustriellen Lothar Frhr v. I. auf Fridau, Kirchberg usw., u.d. Aloisia Freiin Klepsch-Kloth v. Roden *(Schottengasse 7, 1010 Wien, Österreich).*

Kinder: a) erster Ehe:

1) **Pr. Otto** Ernst Wilhelm, * Wien 5.12.1928, † ... 8.2.2013, Photograph;
⚭ I. Wien 27.4.1957 Johanna **Gfin v. Wimpffen**, * Budapest 25.5.1936, † Wien 21.2.2017 (gesch. Wien 4.12.1969; ⚭ II. Bad Aussee 23.7.1974 Gangolf Bernthaler, * Knittelfeld 15.8.1933, † Wien 18.2.1996, Ing. agr.), T.d. Landwirts Franz Gf v. W., Mithrn auf Ercsi, Ungarn, u.d. Katharina (Käthe) Schiffer;
⚭ II. Wien 22.12.1969 Maria Magdalena **Gamper**, * Meran 7.11.1932, Dr.jur. (⚭ I. Wien 7.7.1961 Tibor Pásztory [aus ungar. Adel], * Budapest 8.3.1929, Dipl.-Volkswirt, gesch. Wien 17.11.1969) T.d. Dr.jur. Hans G. u.d. Dr.jur. Sophie Ladurner
(Wickenburggasse 10, 1080 Wien, Österreich).

Kinder: a) erster Ehe:

(1) **Przssin Henriette** Maria Raphaela, * Salzburg 31.1.1958;
⚭ (standesamtl.) Wien 29.11.1996, (kirchl.) Seeboden, Kärnten, 9.5.1997 Wilhelm **Böhm v. Bawerk**, * Wien 5.6.1945, StAnwalt
(...).

(2) **Przssin Désirée** Eleonore Maria Felicitas, * Salzburg 1.7.1959;
⚭ Wien 1.2.1986 Martin **Gf zu Herberstein**, * Wien 1.2.1961, † (Unfall) Gloggnitz 15.12.1992, Veranstaltungsorganisator
(Liechtensteinstr. 25, 1090 Wien, Österreich).

(3) **Pr. Philipp** Amadeus Otto Ernst, * Salzburg 22.10.1960, Landwirt;
⚭ I. Wien 1.2.1986 Andrea Eleonore **Krejci**, * Wien 2.8.1956 (gesch. Wien ... 1996), T.d. Dozenten f. Hals-, Nasen- u. Ohrenheilkunde an der Univ. Wien Dr.med. Friedrich K. u.d. Rosa Maria Hamper
(...);
⚭ II. Grundlsee, Steiermark, 25.7.2003 Sabine **Pscheid**, * Gmünd, NÖsterr., 17.12.1976 (⚭ I. ... Wagner, * ..., ..., gesch. Gmünd ... 1999), T.d. ... Walter P. u.d. Gerlinde Weiland
(Reisert 5, 3553 Schiltern, Österreich).

Kinder erster Ehe:

a. **Pr. Franz Josef** Otto Weriand Friedrich Maria, * Wien 23.9. 1986
(...).

b. **Pr. Maximilian** Konstantin Weriand, * Wien 27.4.1988
(...).

c. **Pr. Konstantin** Gideon Otto Maria, * Wien 22.1.1990
⚭ ... 17.8.2016 Ailyn **Cabunot**, * ..., ..., T.d. ... u.d. ...
(...).

d. **Przssin Melanie** Louise Anastasia, * Wien 11.11.1991
(...).

e. **Pr. Alexander** Napoleon Sebastian, * Wien 21.4.1993
(...).

(4) **Pr. Ernst** Albrecht Weriand Otto Franz Joseph, * Wien 25.9.1962, Theologe u. Psychologe;
⚭ Wien 27.6.1992 Michaela **Puck**, * Wien 12.4.1967, Dr.jur., UnivProf., T.d. Hofrats Dr.jur. Elmar P. u.d. Dr.jur. Karin Rom
(Börsegasse 10, 1010 Wien, Österreich).

Söhne:

a. **Pr. Benedikt** Weriand Otto Elmar Christian, * Wien 22.4.1998
(...).

b. **Pr. Johannes** Florian Ernst Joachim Franz Thomas, * Wien 14.6.2000
(...).

(5) **Przssin Dominique** Beatrice Maria Johanna Katharina Natalia, * Wien 22.4.1966;
⚭ Wien 12.5.1990 Andreas **Baron Dóczy de Német-Keresztúr**, * Wien 10.3.1960, Dr.med., Kinderarzt
(...).

b) zweiter Ehe:

(6) **Pr. Johannes** Hubertus Ladislaus Maria, * Wien 7.2.1971, Referent d. Wirtschaftskammer Österreich;
⚭ Wien (standesamtl.) 21.2., (kirchl.) 22.2.2003 Judith **Wurm**, * Vöcklabruck 6.8.1973, Mag.phil., T.d. Unternehmers Dr. ... Edwin W. u.d. Birgitte Inge Hee
(Borschkegasse 1, 1090 Wien, Österreich).

Kinder:

a. **Przssin Emilia** Sophie Esther Maria, * Wien 3.6.2003
(...).

b. **Pr. Otto** Maximilian Nikolaus, * Wien 20.2.2005
(...).

c. **Przssin Maria Katharina**, * Wien 26.9.2009.

d. **Przssin** Juliane Hella, * ... 6.5.2015.

(7) **Przssin Sophie** Eléonore, * Wien 14.12.1972, Immobilienmaklerin;
⚭ I. Wien (standesamtl.) 14.9., (kirchl.) 29.9.2001 Hubertus **v. Löbbecke**, * Wien 20.11.1967, Mag.jur., Gebäudeverwalter (gesch. ... 2010);
⚭ II. Aflenz, Steiermark, 29.7.2017 Christian **Schmück**, * Bad Kissingen 6.7.1971, ...
(Landstraßer Hauptstr. 4, 1030 Wien, Österreich).

2) **Przssin Stefanie** Maria Magdalena, * Wien 21.1.1933, † ... 11.12.2015;
⚭ Mariazell, NÖsterr., 14.5.1956 Josef **Christoforetti**, * Kurtatsch bei Bozen 27.1.1919, † Salzburg 27.7.2010, Mechaniker- u. Schlossermeister, Reisebüroinh. (gesch. Salzburg ... 1964).

b) zweiter Ehe:

3) **Przssin Eleonore** Aloysia Elisabeth Maria, * Wien 25.8.1947;
⚭ Wien 21.3.1968 Friedrich **Gf zu Hardegg auf Glatz u. im Machlande**, * Wien 5.1.1944, Dr.jur.
(Schottengasse 7, 1010 Wien, Österreich; Karntal, 3212 Schwarzenbach an der Pielach, Österreich).

4) **Przssin Elisabeth** Maria Eva Margarita, * Wien 24.10.1951;

⚭ Kirchberg an der Pielach, NÖsterr., 28.8.1982 Christian Anton **Gf v. Attems-Gilleis**, * Diadema, Argentinien, 2.10.1954, Gebäudeverwalter
(Stallburggasse 4, 1010 Wien, Österreich).

Anton Fürst zu Windisch-Graetz
Mariano Hugo Fürst zu Windisch-Graetz

Wittgenstein s. Sayn

Wurmbrand-Stuppach

Kath. — Niederösterreichischer Uradel, der mit Leupold der Wurmprant 1194 in der Urkunde des Erzbischofs Adalbert von Salzburg, worin dieser die Bewilligung zur Gründung der Pfarre Kirchau erteilt (Salzburger UrkBuch, II. Bd, Nr. 492, S. 666), erstmalig erscheint. Mit Helmwig Wurmprant zu Salloder (bei Gloggnitz, NÖsterr.), der urkundl. 25.7.1322 auftritt (vgl. Prof. Hans v. Zwiedinek »Das reichsgräfl. Wurmbrand'sche Haus- und Familienarchiv zu Steyersberg«, Graz 1906, Veröffentlichungen der histor. Landeskommission für Steiermark), – und seinem Bruder Heinrich v. Wurmprant v. Stuppach (bei Gloggnitz), dessen Grabstein aus dem Jahre 1265 sich in der Kirche des früheren Benediktiner-Klosters Gloggnitz befindet, – beginnt die sichere Stammreihe. — In der Nähe von Krumbach, Bez. Kirchschlag, befindet sich die Ruine der aus dem 12. Jahrhundert stammenden Burg Wurmbrand. — OberstErblandküchenmeister im Hzgt. Steiermark 8.1.1578; Erhebung der Herrschaft Reitenau und Wappenvereinigung mit dem der v. Zebingen 1580 infolge der Heirat Matthias I., † 1584, mit Sibylla v. Zebingen. — NÖsterr. Herrenstand 1607 (für Ehrenreich v. Wurmbrand zu Stuppach). — Erbländ.-österr. Frhrnstand Prag 17.12.1607 (für denselben u. seine Brüder Friedrich, Rudolf u. Matthias sowie ihre Vettern Melchior u. Wolfgang Leonhard v. Wurmbrand zu Stuppach). — Ungar. Indigenat Wien 18.1.1682 (für Ehrenreich und seinen Sohn Johann Frhr v. Wurmbrand); ungar. Gfnstand Wien 21. 3. (intimiert bei den Erblanden 20.5.) 1682 (für Johann Ernst Ehrenreich und seinen Sohn Johann Eustachius sowie seine Vettern Georg und Friedrich Wurmbrandt v. Stuppach Frhrn v. Steyersbergh, Stikkelbergh, Reydenau, Neuhauß u. Saxenbrunn); Reichsgfnstand mit »Hoch- u. Wohlgeboren« Wien 31.8.1701, bestätigt 2.5.1709 (für Johann Josef Wilhelm und Brüder Christian Siegmund und Heinrich Kasimir); Aufnahme in das fränkische Reichsgfnkollegium (als Personalist) 24.5.1726; böhm. Inkolat 18.9.1748 (beides für Johann Wilhelm); Zuständigkeit des Präd. »Erlaucht« (primog.) lt Bundestagsbeschluß vom 13.2.1829; österr. Durchführung desselben 9.10.1829; Indigenat in Böhmen, Mähren und Schlesien 6.4.1836;

österr. Best. d. Präd. »Erlaucht« 22.2.1847; erbl. Mitgl. des ehem. Herrenhauses des österr. Reichsrats (am Fkm. Steyersberg usw.) Wien 26.2.1912. — Wappenbesserung 14.8.1906, Bestätigung Wien 3.1.1907 (für Wilhelm Ernst Maria Gundaccar Graf v. Wurmbrand-Stuppach etc., u. seine Nachkommenschaft). — Die folgenden Linien stammen von 3 Söhnen d. Gfn Heinrich, * 1762, † 1847. — Die Nachgeborenen führen den Namen Gf bzw. Gfin v. Wurmbrand-Stuppach.

Stammwappen: In Silber ein schwarzer Lindwurm mit Stachelschwanz, der einen auf beiden Seiten brennenden Ast im Rachen hält, u. aus dessen Ohren Feuerflammen hervorgehen; auf dem Helm mit schwarz-silbernen Decken das Schildbild.

Wappen (1682): Geviert u. belegt mit silbernem Herzschild, darin auf grünem Hügel der Lindwurm des Stammwappens, 1 u. 4 von Rot u. Silber 3mal gespalten, die roten Felder je pfahlweise belegt mit 3 golden-gefaßten 4eckigen Diamanten, die silbernen Felder geschuppt (Gfschaft Pernstein), 2 u. 3 in Rot eine einwärts-springende vorwärts-gekehrte silberne Katze († v. Zebingen); 3 Helme mit rot-silbernen Decken, auf dem rechten mit rot-silbernen Decken ein von Silber u. Rot 3mal gespaltener Flügel, auf dem mittleren mit schwarz-silbernen Decken der Lindwurm auf dem Hügel (Stammhelm), auf dem linken mit rot-silbernen Decken die hier sitzende u. gold-gekrönte Katze († v. Zebingen).

Wappen (1906): Schild wie 1682, aber im Herzschild ähnlich dem Stammwappen ein auf einer goldenen Laubkrone stehender schuppiger Basilisk, der einen auf beiden Seiten brennenden schwarzen Ast im schnabelartigen Rachen hält u. aus dessen Ohren Flammen hervorgehen, mit Adlerklauen bewehrten Beinen u. einem erst empor geringelten, dann abwärts gewundenen Stachelschwanz sowie 1 u. 4 ohne Diamanten; 3 Helme wie 1682; umgeben von einem roten mit Hermelin gefütterten Mantel mit Erlauchtkrone.

Literatur: Hinweise s. GHdA, Adelslexikon, Bd XVI (2005).
Letztaufnahme der Genealogie: GGH, Fstl. Häuser, Bd 2 (2018).

Chef: **Ernst Gundaccar Graf v. Wurmbrand-Stuppach,** * 1946.

I. Linie

Erloschen.
Stammvater: Erbgf Ernst, * 1804, † 1846.

Degenhart Adolf Gundaccar Maria **Graf v. Wurmbrand-Stuppach** usw., * Krummnußbaum 17.7.1893, † Wien 12.11.1965 (seit 18.2.1946 in den USA naturalisiert), Fkhr auf Steyersberg u. Stickelberg, K.u.K. OLt;
⚭ I. Paris 15.5.1926 Lawton **Filer,** * Salt Lake City, Utah, USA, 1.3.1902, † Hillsborough, Kalifornien, USA, 30.12.1998 (gesch. Carlson City, Nevada, 9.12.1935; ⚭ II. Burlingame, Kalifornien, 20.3.1936 Herbert Fleishhacker Jr., * San Francisco 12.10.1907, † Yuba, Sutter, Kalifornien, 18.12.1968, Bankier, Versicherungsmanager), T.d. Ing. Walter F. u.d. Esther Freed;
⚭ II. ... 1956 Hanna **Smékalová,** * Brünn 2.6.1919, † Los Angeles 9.11.1978, Schauspielerin (Künstlername »Florence Marly«) (gesch. ...1956; ⚭ I. ... 1937 Philippe Cohen, * Brüssel 5.12.1904, † La Garenne-Colombes, Dept Hauts-de-Seine, Frankr., 23.12.1990, Regisseur, Drehbuchautor [Künstlername »Pierre Chenal«], gesch. ...1955), T.d. ... u.d. ...;
⚭ III. Reno, Nevada, 29.12.1957 Juliana **Galich,** * Los Angeles, Kalifornien, 25.8.1928, † ebd. 29.10.2010, T.d. ... John G. u.d. Teresa Pisculich.

Tochter erster Ehe:

Gfin Leonora (Lori) Huberta Maria, * New York 11.4.1927, † Paris 3.12. 2009;
⚭ I. San Francisco ...1947 Robert Folger **Miller,** * San Francisco 9.1.1923, † Hillsborough, Kalifornien, 14.2.2013, Rechtsanwalt (gesch. San Francisco ...);
⚭ II. London 21.12.1965 Thomas-Alfred **Wertheimer,** * Wien 24.2.1922, † Paris 5.9.2004, Kgl. großbrit. Rittmeister.

II. Linie

Stammvater: Gf Wilhelm, * 1806, † 1884.

Paul Graf v. Wurmbrand-Stuppach, * Wien 24.6.1891, † Wiener Neustadt 7.9.1962, Dr.jur., Rechtsanwalt;
⚭ Wien 8.2.1943 Donna Bianca (Blanca) **Massimo**, * Rom 16.4.1906, † Frohsdorf 22.1.1999, T.d. Dr.jur. Don Fabrizio M., Principe di Roviano, u.d. Beatriz Przssin v. Bourbon.

Sohn:

Ernst Gundaccar Maria Rudolf **Graf v. Wurmbrand-Stuppach**, Freiherr v. Steyersberg, Stickelberg, Reitenau u. Neuhaus (Erlaucht), * Wiener Neustadt 1.6.1946;
⚭ Schwarzau am Steinfeld 12.4.1969 Elisabeth **Kahofer**, * Aspang, NÖsterr., 18.7.1947, T.d. Kaufm. Gottfried K. u.d. Maria Holzer
(Tiergartenweg 2, 2821 Lanzenkirchen, Österreich).

Kinder:

1) **Gfin Maria de las Mercedes** Blanca, * Neunkirchen, NÖsterr., 18.8.1969, Gemälderestauratorin;
⚭ Bad Erlach 28.10.2006 Christoph **Gerhold**, * Baden bei Wien 13.2.1971, Dipl.-Ing.
(Frohsdorf 8, 2821 Lanzenkirchen, Österreich).

2) **Erbgf Helmwig** Paul Ernst, * Neunkirchen 23.12.1970, Mag.oec., Unternehmer
(Rosentalerstr. 8/8, 2821 Lanzenkirchen, Österreich).

3) **Gf Gundaccar** Ernst Robert, * Neunkirchen 21.12.1977, Marketing- u. Salesmanager;
⚭ Bad Erlach 26.9.2015 Viktoria **Flechsig**, * Wien 22.11.1991, Immobilienmaklerin, T.d. Dipl.-Ing. Andreas F. u.d. Susanne Margareta Barfuß
(Tiergartenweg 1, 2821 Lanzenkirchen, Österreich).

Töchter:

(1) **Valentina** Blanca Zita, * Wiener Neustadt 18.3.2016.

(2) **Flora** Leonor Máxima, * Wiener Neustadt 2.3.2021.

4) **Gf Paul**, * Neunkirchen 31.12.1984, † (Autounfall) Walpersbach, Bez. Wiener Neustadt, 16.4.2004.

III. Linie

Stammvater: Gf Ferdinand, * 1807, † 1886.
Im Mannesstamm erloschen.

Gf Friedrich (Federico) Karl Gundaker Maria **Graf v. Wurmbrand-Stuppach**, * Kolomea, Galizien, 6.3.1904, † Wien 24.6.1997;
⚭ I. Wien 14.4.1929 Claire **Stevens**, * Rostoff, Rußland, 17.1.1904, † ... (gesch. Wien 3.3.1938; ⚭ II. ...1944 Dario Doria, * ..., † ..., ...), T.d. GenKonsuls John St. u.d. Zoe Atanasova;
⚭ II. Saltsjöbaden bei Stockholm 3.8.1939 Mignon **Freiin v. Berg**, * Wien 10.11.1917, † Paris 28.11.1958 (gesch. ... 1945), T.d. Max Frhr v. B. auf Röjtök, Bánfálu u. Palást, Ungarn, u.d. Hedwig Thyssen;
⚭ III. ... 1.6.1947 Marianne **Hirmann**, * Prag 13.9.1919, † ... (⚭ I. ... Bela Kossuth de Udvard et Kossut, * ..., † ..., Bauing., gesch. ...), T.d. Kgl. ungar. Notars Dr.jur. Gyula H. u.d. Marianne Polonyi.

Sohn erster Ehe:

Gf Johann (Giovanni) **Friedrich**, * Wien 20.7.1931, † Arezzo 6.8.1993;
⚭ ...1957 Adriana **Colle**, * ..., T.d. Zahnarztes A... C. u.d. ...
(Il Mulino di Tavernelle, 52031 Anghiari, Italien).

Kinder:

1) **Gfin Giovanna**, * Cortina d'Ampezzo 5.12.1957, Journalistin, PR-Managerin
(Il Mulino di Tavernelle, 52031 Anghiari, Italien).

2) **Gf Federico** Giovanni, * Paris 22.10.1964, † Anghiari 30.4.2014, Dipl.rer.oec.

Ernst Gundaccar Graf v. Wurmbrand-Stuppach

Ysenburg s. Isenburg

Dritte Abteilung A

Genealogie von anderen, nicht souveränen europäischen Fürstenhäusern

Carolath-Beuthen (Schoenaich-Carolath) *

Ref., luth. u. kath. — Niederlausitzer Uradel, der mit Tytzko (Dietrich) v. Schönaich 1329 urkundl. (vgl. J.G. Worbs, Gesch. der Hrschaft Sorau u. Triebel, Sorau 1826) zuerst erscheint und dessen ununterbrochene Stammreihe mit Johannes v. Schoenaich, † um 1460, beginnt. — Erwerbung der Hrschaften Carolath u. Beuthen 1561; Kais. Majoratsbestätigung mit »Frhr zu Beuthen« Prag 27.10.1601 (für Georg v. Schönaich auf Carolath u. Beuthen); erbländ.-österr. Frhrnstandsbestätigung Prag 28.6.1616 (für das Gesamtgeschlecht) u. Erhebung d. Hrschaft Carolath-Beuthen zur Freien Standeshrschaft mit Sitz u. Stimme auf dem schles. Fstentag; Reichsgfnstand mit »Hoch- u. Wohlgeboren« u. Wappenbesserung Wien 5.2. 1700 (für Johann Georg Frhrn v. Schönaich, Freien Standeshrn auf Carolath u. Beuthen); böhm. Bestätigung Wien 27.7.1700; Kurfstl. sächs. Anerkennung 10.10.1702 (beides für denselben) bzw. 5.8.1703 (für seinen Sohn Hans Carl Gfn v. Schönaich, Freien Standeshrn auf Carolath u. Beuthen); preuß. Fstnstand mit »Hochgeboren« als »zu Carolath-Beuthen« (primog.) mit Erhebung der Freien Standeshrschaft Carolath-Beuthen zum Niederschles. Fstentum Breslau 6.11.1741 (für denselben als Kgl. preuß. StMin.); preuß. Ausdehnung d. Fstnstandes als »v. Schoenaich-Carolath« (unbeschränkt) Berlin 18.1.1753 (für die Deszendenz des Letzteren Sohnes Friedrich Carl); Kurfstl. sächs. Anerkennung Dresden 15.12.1792 (für dieselbe); poln. Indigenat 1764 (für Hans Carl Fstn zu Carolath-Beuthen). — I. Linie: Erbl. Mitgl. d. preuß. Herrenhauses für den Fstn zu Carolath-Beuthen sowie den Freien Standeshrn auf Amtitz Berlin 12.10.1854, preuß. Verleihung d. Präd. »Durchlaucht« (primog.) Berlin 22.10.1861 (beides für Heinrich Fstn zu Carolath-Beuthen, Kgl. preuß. GenLt u. OJägermeister a.D.). — II. Linie, 2. Ast: Preuß. Namen- u. Wappenvereinigung mit denen der v. Schilden als »Pr. v. Schoenaich-Carolath-Schilden« (geknüpft an den Besitz des v. Schilden'schen Fkm. Haseldorf bei Uetersen, Kr. Pinneberg) durch A.KO. Neues Palais bei Potsdam 25.10.1897, Diplom Kiel (an Bord S.M. Yacht »Hohenzollern«) 22.6.1899 (für Emil Pr. v. Schoenaich-Carolath, Fkhrn auf Haseldorf, Kgl. preuß. OLt a.D.). —

Die Nachgeborenen führen den Namen Prinz bzw. Prinzessin v. Schoenaich-Carolath (Fstl. Gnaden).

Stammwappen: In Gold ein geflochtener grüner Eichenkranz, der mit Eichenblättern und 8 goldenen Eicheln abwechselnd besteckt ist; auf dem Helm mit rot-goldenen Decken der Kranz.

Literatur: Hinweise s. GHdA, Adelslexikon, Bd XIII (2002).
Letztaufnahme der Genealogie: GHdA, Fstl. Häuser, Bd XVII (2004).

Chef: **Claus-Peter Fürst zu Carolath-Beuthen**, * 1968.

I. Linie (Carolath)

Stammvater: Pr. Karl, * 1785, † 1820.

Hans-Karl Erdmann Ludwig Hugo Heinrich Ferdinand **6. Fürst zu Carolath-Beuthen** usw., * Carolath 9.8.1892, † Breslau 15.9.1933, Freier Standeshr auf Beuthen usw.;
⚭ Carolath 21.4.1920 Irene **v. Anderten**, * Berlin 6.1.1897, † Hamburg 1.10.1948, T.d. Kgl. preuß. Obersten Klaus v. A. u.d. Marie Gallus.

Kinder (von 1 Sohn, 3 Töchtern) [**Pr.** bzw. **Przssin v. Schoenaich-Carolath**, außer 4.]:

1. **Przssin Elisabeth** Katharina Maria Hermine Irene Leonie Edith Sabine, * Breslau 12.1.1921, † ...;
   ⚭ Tübingen 29.9.1946 Walter **Führer**, * Bendiglauken, Kr. Tilsit, 27.3.1916, † Bad Urach ..., Dr.med., Arzt f. Allgemeinmedizin.

2. **Przssin Marie-Luise** Katharina Friederike Jane Leonie Anga, * Carolath 2.6.1922, † Lüdenscheid 14.1.1984;
   ⚭ I. Haseldorf, Holst., 11.4.1947 Viktor **v. Rège**, * Bremen 16.8.1892, † Lübeck 11.1.1969, verwaltender Vorsteher der v. Rège'schen Stiftsgüter Lubosin u. Karlshöhe (§), Kr. Samter (gesch. Bad Ems 10.5.1955);
   ⚭ II. Remagen 16.5.1959 Alfred (Fred) **Keilig**, * Oberneuschönberg, Erzgebirge, 27.3.1913, † Lüdenscheid 16.9.1983, Ing. f. Druckmaschinen.

3. **Przssin Inez** Dorothea Luise Wanda Sophie, * Carolath 23.6.1925, † … 15.8.2015;
⚭ Wien 10.11.1951 Heinrich (Heinz) **Mrkos**, * Wien 3.7.1924, † … 10.10.2019, Dipl.-Ing.

4. **Carl-Erdmann** Georg Siegfried **7. Fürst zu Carolath-Beuthen** usw., * Carolath 19.10.1930, † Coburg 22.10.2016, Freier Standeshr auf Beuthen (§), techn. Kaufm.;
⚭ I. Hamburg 8.8.1953 Gerda **Meyn**, * Hamburg 9.5.1923, † Stelle, Lüneburg, 31.1.1999, führte wieder den Geburtsnamen (gesch. Hamburg 6.2.1956; ⚭ I. …, Dr.med., Arzt, gesch. … 1951), T.d. Schiffsreeders Louis Joachim M. u.d. Sophie Elise Körting;
⚭ II. Wiesbaden 29.7.1956 Viola **v. Anderten**, * Gera 26.8.1929, † Hamburg 6.6.2022 (gesch. Hamburg 16.9.1984), T.d. Hauptm. u. Kais. osman. OLts Peter v. A. u.d. Cläre Bach;
⚭ III. Braunschweig 11.1.1985 Caroline **Staal**, * Amsterdam 27.11.1960 (gesch. Gifhorn 14.2.1995), T.d. Versicherungsmaklers Hans St. u.d. Elisabeth Janse
(Humboldtring 90, 14473 Potsdam).

Kinder: a) erster Ehe:

1) **Przssin Chathia-Maria** Daisy Agnes Elisabeth Erika, * Hamburg 18.5.1955,
(Zur Doven Elbe 3, 21400 Reinstorf-Horndorf);
⚭ I. Hamburg 10.5.1978 Rainer **Schwarze**, * … 29.4.1952, Elektroniker u. Feinmechaniker (gesch. … 24.4.1981);
⚭ II. (standesamtl.) Tondern, Dänemark, 30.6., (kirchl.) Lauenburg an der Elbe 15.7.1995 Garry **Gutzmer**, * Lauenburg 23.9.1960, Dipl.-Ing., Kpt. z. See (gesch. … 14.9.1999).

b) zweiter Ehe:

2) **Przssin Gabriele** Renate Clara Irene, * Hamburg 16.1.1957;

⚭ Miahuatlan, Mexiko, 16.8.1983 José **Gurrola**, * Ciudad Juarez, Mexiko, 9.3.1954, Heilpraktiker
(Apartado postal 50, 70800 Miahuatlan, Oaxaca, Mexiko).

3) **Pr. Volkmar** Hans-Carl Erdmann Hellmut **8. Fürst zu Carolath-Beuthen** usw., * Hamburg 11.8.1958, † Braunschweig 26.10.2016, Kaufm.;
⚭ (standesamtl.) Nassau, Bahamas, 18.10.1999, (kirchl.) Haseldorf 29.4.2000 Petra **Arlt**, * Braunschweig 5.9.1961, T.d. ... Wolfgang A. u.d. Dorothee Schlüter
(Packhofpassage 3, 38100 Braunschweig).

4) **Hans-Carl** Peter Claus Erdmann **9. Fürst zu Carolath-Beuthen** usw., * Weißbad, Kt. Appenzell, Schweiz, 31.10.1960, † ... 20.5.2024, Masseur.

5) **Pr. Claus-Peter** Georg Erdmann **10. Fürst zu Carolath-Beuthen**, Graf v. Schoenaich, Freiherr zu Beuthen (Durchlaucht), * Hamburg 14.3.1968
(...);
⚭ ... 18.4.2006 Guadalupe Ramon **Sosa**, * ..., ... (gesch. ... 2015), T.d. ... u.d. ...
(...).

Tochter:

Adlai Johann, * Oaxaca, Mexiko, 18.11.2010
(Apartado postal 50, 70800 Miahuatlan, Oaxaca, Mexiko).

c) dritter Ehe:

6) **Przssin Natascha** Regina Elisabeth, * Peine 5.1.1986, ...
(...).

7) **Przssin Tatjana** Chatarina, * Peine 31.8.1987, ...
(...).

II. Linie

Stammvater: Pr. Friedrich, * 1790, † 1859.

1. Ast (Saabor, Mellendorf)

Ferdinand Heinrich Erdmann **Prinz v. Schoenaich-Carolath**, * Saabor 26.7.1818, † ebd. 24.5.1893, Majoratshr auf Mellendorf, Kr. Reichenbach, Schles., auf Saabor, Kr. Grünberg, Schles., Kgl. preuß. Rittmeister;
⚭ Stonsdorf, Riesengebirge, 20.7.1843 Johanna (Jenny) **Przssin Reuß-Schleiz-Köstritz**, * Dresden 25.1.1820, † Rohnstock 14.7.1878, T.d. Kgl. preuß. Majors Heinrich XLIII. Fst R.-Sch.-K. auf Klipphausen, Trebschen, Stonsdorf usw. u.d. Eleonore Gfin zu Stolberg-Wernigerode.

Kinder (von 3 Söhnen, 5 Töchtern):

1. **Pr. Georg** Heinrich Friedrich August, * Saabor 12.8.1846, † Mellendorf 23.2.1910, Majoratshr auf Mellendorf, auf Saabor, Präs. der Schles. Landwirtschaftskammer;
   ⚭ München 7.10.1872 Wanda **Przssin v. Schoenaich-Carolath**, * Breslau 15.2.1849, † Mellendorf 29.5.1925, T.d. Ludwig Pr. v. Sch.-C., Majoratshrn auf Amtitz, u.d. Wanda Gfin Henckel v. Donnersmarck.

   Sohn (von 2 Söhnen, 4 Töchtern):

   Pr. Johann Georg Ludwig Ferdinand August, * Saabor 11.9.1873, † Wölfelsgrund 7.4.1920, Majoratshr auf Mellendorf, auf Saabor, Kgl. preuß. Major, vorm. à la suite d. Armee, ERr d. JohO.;
   ⚭ Greiz 7.1.1907 Hermine **Przssin Reuß Ä.L.**, * Greiz 17.12.1887, † (in sowjet. Internierung) Paulinenhof bei Frankfurt an der Oder 7.8.1947, auf Saabor (§) (⚭ II. Haus Doorn 5.11.1922 Wilhelm II. vorm. reg. Deutscher Kaiser und Kg v. Preußen, * Berlin 27.1.1859, † Haus Doorn 4.6.1941), T.d. Kgl preuß. Gen. d. Inf. Heinrich XXII. Fst R. Ä.L. u.d. Ida Przssin zu Schaumburg-Lippe.

Kinder (von 3 Söhnen, 2 Töchtern):

(1) **Pr. Hans Georg** Heinrich Ludwig Friedrich Hermann Ferdinand, * Berlin 3.11.1907, ⚔ bei Mantschina, Rußland, 9.8.1943, auf Mellendorf, Dr.jur.utr., Land- u Forstwirt, Hauptm. d. Res. im InfRgt 7, Rr d. Deutschen O., Balley Utrecht;
⚭ (standesamtl.) Langseifersdorf 20.6., (kirchl.) Saabor 24.6. 1939 Sibylle **Freiin v. Zedlitz u. Leipe**, * Kuchendorf, Kr. Reichenbach, 4.7.1910, † Vilsbiburg-Achldorf 9.10.2006, Mithrin auf Kuchendorf (§), T.d. Landesältesten Günther Frhr v. Z. u. L. auf Kuchendorf u.d. Ilse v. Lieres u. Wilkau.

Kinder:

a. **Przssin Marina** Hermine Ilse Sibylle Huberta, * Breslau 8.5. 1940;
⚭ (standesamtl.) Würzburg, (kirchl.) Karlstadt am Main 28.10.1967 Peter **Frhr Wiedersperger v. Wiedersperg**, * Iglau, Mähren, 12.2.1943 (kath.), Dipl.-Ing.
(Holbeinstr. 14, 81679 München).

b. **Pr. Georg-Dietrich** Heinrich Günther Wilhelm Hubertus, * Breslau 4.1.1943, auf Mellendorf (§), Rechtsanwalt, Steuerberater, ERr d. JohO.;
⚭ (standesamtl.) Wang 27.4., (kirchl.) Isareck 28.4.1979 Monika **Gfin Basselet de La Rosée**, * Isareck 20.7.1945 (kath.), Ergotherapeutin, StkrD., T.d. Forst- u. Landwirts Franz Gf B. de La R. auf Isareck u. Inkofen bei Moosburg, OBayern, u.d. Eleonore Przssin v. Lobkowicz
(Dreitannenriegelstr. 24, 94469 Deggendorf).

(2) **Przssin Hermine Caroline** Wanda Ida Luise Feodora Viktoria Auguste, * Saabor 9.5.1910, † ..., führte wieder den Geburtsnamen;

⚭ Saabor 12.12.1936 Hugo **Hartung**, * Sterkrade 3.7.1908, † (im sowjet. Kriegsgefangenenlager Krasnoarmeisk) … 3.1943 (für tot erklärt durch Beschluß d. Amtsger. Berlin-Charlottenburg v. 7.10.1953 mit Wirkung vom 31.12.1945), Kaufm., Sonderführer.

2. **Pr. Hans** Heinrich Friedrich August, * Saabor 26.8.1849, † Hannover 5./6.5.1910, Kgl. preuß. Oberst;
⚭ Rudolstadt 24.1.1884 Helene **Przssin v. Leutenberg**, * Rudolstadt 2.6.1860, † Hannover 17.5.1937 (schwarzb.-rudolst. Przssin v. Leutenberg Rudolstadt 21.6.1860, österr. Anerkennung 7.7.1860), T.d. Friedrich Günther Fst v. Schwarzburg-Rudolstadt u.d. Helene Gfin v. Reina adopt. Przssin v. Anhalt.

Sohn (von 1 Sohn, 1 Tochter):

Pr. Günther **Sieghard**, * Frankfurt an der Oder 27.1.1886, † Remlingen, UFranken, 5.2.1963 (seit 11.1.1934 Adoptivsohn der Margarete Przssin v. Schoenaich-Carolath, geb. Przssin v. Schönburg-Waldenburg, * 1864, † 1937), auf Starzeddel, Antoinettenruh, Raubarth u. Vettersfelde (§) bei Guben, Landwirt, Kgl. preuß. Hauptm., ERr d. JohO.;
⚭ I. Altenhausen, Kr. Haldensleben, 11.7.1924 Hedwig (Hetti) **Freiin v. Richthofen**, * Gutschdorf, Kr. Striegau, 16.5.1890, † Frankfurt am Main 13.6.1933, Mithrin auf Gutschdorf, T.d. Ulrich Frhr v. R. auf Mittel- u. Nieder-Gutschdorf u.d. Paula Freiin v. Pfeufer;
⚭ II. Rüdenhausen, UFranken, 27 5.1936 Elisabeth **Gfin zu Castell-Rüdenhausen**, * München 28.11.1906, † Würzburg 8.8.1977 (gesch. Würzburg 7.11.1956), T.d. Oberstlts Hermann Gf zu C.-R. u.d. Freda Gfin zu Solms-Sonnenwalde;
⚭ III. Remlingen, UFranken, 13.5.1960 Käthe **Sax**, * …, † Remlingen 17.11.1970 (⚭ I. … Gothe, * …, † …, Rechtsanwalt, gesch. …), T.d. … u.d. …

Kinder: a) erster Ehe:

(1) **Przssin Beate**, * Breslau 18.2.1927, † Würzburg 16.1.1974, Mithrin auf Gutschdorf (§).

(2) **Pr. Sieghard** Hans Udo, * Breslau 5 4.1929, † München 7.12.1995, Mithr auf Gutschdorf (§), Kaufm.;
⚭ Wien 21.7.1955 Marie **Gfin v. Mensdorff-Pouilly**, * Kneschitz, Mähren, 9.6.1928, † Starnberg 30.6.2019 (kath.), StkrD., T.d. Eduard Gf v. M.-P., Fkhrn auf Preitenstein usw., u.d. Giselda Gfin v. Collalto u. San Salvatore.

Kinder (kath.):

a. **Pr. Sebastian** Karl Alexander Eduard Sieghard, * Wien 17.9. 1957, Dipl.-Wirtschaftsing., Vorstandvors. u. Aufsichtsrat diverser Unternehmen, Botschafter des souv. MaltRrO. bei der Republik Österreich, E- u. DevGroßkrRr d. souv. MaltRrO., OLt d. Res.;
⚭ Bodnegg bei Ravensburg 8.9.1984 Manuela-Franziska (Hexe) **Gfin v. Walderdorff**, * Stuttgart 11.10.1959, StkrD., E- u. DevD. d. souv. MaltRrO., T.d. Wilderich Gf v. W. u.d. Mechtild Gfin vom Hagen
(Irrseeblick 20, 4893 Zell am Moos, Österreich; Porzellangasse 2/20, 1090 Wien, Österreich).

Kinder:

a) **Pr. Georg** Maria Stephan Wilderich Sieghard Sebastian, * Düsseldorf 29.5.1985, † Arendonk, Belgien, 20.8.1994.

b) **Pr. Carl** Nikolaus Maria Sieghard Wilderich Sebastian, * Mutlangen 4.8.1986, M.Sc., Wirtschaftsing., Unternehmensberater, OLt d. Res.;

⚭ Demmin 19.5.2018 Carlotta **Freiin v. Maltzahn**, * Münster 6.5.1989, M.Sc., Unternehmensberaterin, T.d. Betriebswirts Jaspar Frhr v. M. u.d. Brigida Gfin v. Spee *(Belsenstr. 17, 40545 Düsseldorf; Horst 2, 48301 Nottuln).*

Söhne:

(a) **Pr. Paul** Ignatius Jaspar Sebastian Carl-Otto, * Düsseldorf 5.5.2020.

(b) **Pr. Louis** Georg Conrad Achaz Carl-Otto, * Düsseldorf 21.3.2022.

c) **Przssin Sophie** Marie Louise Mechtild Irmgard Franziska, * Düsseldorf 8.6.1988, M.A.;
⚭ Mondsee, OÖsterr., 8.9.2018 Rudolf **Henkell - von Ribbentrop**, * Frankfurt am Main 4.7.1989, Rechtsassessor u. Unternehmensberater
(3725W Street NW, 20007 Washington DC, USA; Schwarzenstein 19, 83229 Aschau im Chiemgau).

d) **Przssin Theresa** (Daisy) Marie Johanna Dorothée Elisabeth Mechtild Louise, * Düsseldorf 12.9.1990, B.A. (Journalism and Communication Studies), B.A. (Global History), M.A., Filmproduzentin;
⚭ Mondsee 19.9.2020 Matthew **Travers**, * London 6.12.1987, Kunsthändler
(263 Walmer Road, London W11 4EW, Großbritannien).

e) **Przssin Huberta** Marie Elisabeth Isabella Antoinette Mechtild, * Düsseldorf 5.2.1993, M.Sc., Dipl.-Gesundheits- u. Krankenpflegerin;
⚭ Mondsee 9.10.2021 Felix **Krainhöfner**, * Eisenstadt, Burgenland, 14.6.1984, B.Sc., Cyber Security Consultant
(Hoyosgasse 5/10, 1040 Wien, Österreich).

f) **Przssin Marie** Sigweis Andrea Mechtild Franziska, * Ulm 10.9.1994, B.A., Eventmanagerin
(Schmöllerlgasse 5/10, 1040 Wien, Österreich).

g) **Przssin Ludmilla** Marie Helena Eleonore Mechtild Franziska, *Ulm 24.10.1996, M.Sc., Unternehmens- und HR-Beraterin;
⚭ Mondsee 19.8.2023 Titian **Frhr v. Wendt** a.d.H. Papenhausen, * Göttingen 6.10.1990, M.Sc., geschäftsf. Gesellschafter
(Hafenstr. 19, 55411 Bingen am Rhein).

b. **Przssin Mechtildis** Hedwig Johanna Giselda Marie, * München 25.2.1960, Hauswirtschafterin, Wochenpflegerin, Arzthelferin
(Quantzstr. 2a, 14129 Berlin).

c. **Przssin Eleonore** Teresa Manfreda Giselda Hedwig Marie, * München 18.5.1966, Dipl.-Restauratorin, M.A.
(Sternwartstr. 3, 81679 München).

b) zweiter Ehe:

(3) **Pr. Hans-Hermann** Sieghard Heinrich, * Breslau 11.5.1937, Betriebswirt, ERr d. JohO.;
⚭ (standesamtl.) München 8.9., (kirchl.) Üttingen bei Würzburg 9.9.1972 Alexandra-Friederike **Thomasius**, * Oldenburg in Oldenburg 2.5.1944, Dipl.-Volkswirtin, T.d. Hauptm. Hermann-Christian Th. u.d. Inka Kreysing
(Krohstr. 2, 50968 Köln).

(4) **Pr. Hubertus** Sieghard, * Breslau 19.8.1938, † Würzburg 22.10. 2005, Bankangest.

(5) **Pr. Friedrich** Sieghard Otto, * Breslau 23.1.1943, † Würzburg 25.7.2017, EDV-Kaufm., Lehrer;

⚭ (standesamtl.) Drensteinfurt 8.4., (kirchl.) Paderborn 12.4. 1993 Isabella **Gfin v. Hoyos, Freiin zu Stichsenstein**, * Drensteinfurt 24.3.1949, Dipl.-Ing., Architektin, Lehrerin, Legasthenietherapeutin, T.d. Arztes Dr.med. Constantin Gf v. H., Frhr zu St. u.d. Gabriele Freiin v. Landsberg-Velen
(Schloß 3, 97280 Remlingen; Wiesseer Str. 26, 83703 Gmund).

(6) **Przssin Verena**, * Würzburg 3.9.1945, Goldschmiedin

(Oberföhringer Str. 272, 81925 München).

2. Ast (Haseldorf)

Stammvater: Pr. Karl, * 1820, † 1874.

Emil Rudolf Osman **Prinz v. Schoenaich-Carolath-Schilden**, * Breslau 8.4.1852, † Haseldorf 30 4.1908 (preuß. Namen- und Wappenvereinigung mit Schilden für den jeweiligen Besitzer des v. Schildenschen Fkm. Haseldorf Kiel 22.6.1899), Fkhr auf Haseldorf, Schriftsteller u. Dichter;
⚭ Hannover 1.7.1887 Catharina **v. Knorring**, * Weißenfeld, Estland, 13./25.7. 1867, † Haseldorf 6.11.1946, T.d. Gustav v. K. auf Weißenfeld u.d. Elisabeth Wiese.

Kinder (von 2 Söhnen, 4 Töchtern) [**Pr.** bzw. **Przssin v. Schoenaich-Carolath**, außer 1.]:

1. **Georg** Julius Rudolf **Prinz v. Schoenaich-Carolath-Schilden**, * Davos-Dorf 24.5.1891, † Haseldorf 19.2.1969, auf Haseldorf, RRr d. JohO.;
⚭ Preetz 20.5.1919 Agnes **Gfin v. Platen Hallermund**, * Kaden bei Alveslohe, Holst., 15.8.1890, † Haseldorf 3.11.1970, T.d. Klosterpropstes Georg Gf v. P. H, auf Kaden u.d. Rosalie Gfin v. Moltke.

Tochter (von 1 Sohn, 1 Tochter):

Renata Marie-Luise Gabriele Elisabeth Margarete **Przssin v. Schoenaich-Carolath**, * Haseldorf 19.7.1921, † ebd. 11.11.2007;

⚭ Haseldorf 1.7.1958 Wolfgang **Dallwitz-Wegner**, * Heidelberg 10.7. 1909, † Vero Beach, Florida, USA, 6.7.1995, Dipl.-Landwirt (gesch. ... 1989).

Adoptivsohn.

2. **Pr. Gustav** Rudolf Hans-Heinrich Ferdinand, * Homburg vor der Höhe 9.11.1894, † Berchtesgaden 25.10.1975, OLt;
⚭ Berlin 12.5.1920 Edelgard **Gfin v. Waldersee**, * Berlin 16.7.1891, † Haseldorf 16.10.1981, T.d. Kgl. preuß. GenLts Georg Gf v. W. u.d. Elisabeth Freiin v. Maltzahn a.d.H. Ivenack.

Sohn:

Pr. Parcival, * Berlin 18.3.1923, † São Paulo ... 2006;
⚭ Luanda, Angola, 25.8.1951 Helga **Raiss**, * Hamburg 18.9.1923, † São Paulo 20.6.2007 (⚭ I. Luanda ... 1953 Wilhelm Heinrich Miethoefer, * ..., † ..., ...), T.d. ... Bruno R. u.d. Martha Jutzi.

Kinder:

(1) **Przssin Marion** Gabriela, * Luanda 10.4.1955;
⚭ München (standesamtl.) 10.5., (kirchl.) 30.6.1984 Joseph **Karl**, * Raisting 28.7.1932, † Penzberg 12.9.2024, Heilpraktiker *(Alpenstr. 25, 82377 Penzberg).*

(2) **Pr. Stephan** Georg Alexander, * Luanda 2.11.1956, † Bad Rothenfelde 22.6.2017, Angest.;
⚭ Bad Rothenfelde 31.7.1987 Uta **Schomborg**, * Bad Rothenfelde 27.4.1957, Lehrerin, T.d. Dipl.-Lehrers u. Schulleiters Martin Sch. u.d. Wilma Flethe
(Franz-Schubert-Str. 7, 49214 Bad Rothenfelde).

Söhne:

a. **Pr. Nils** Georg Alexander, * Bad Rothenfeld 18.8.1988, B.Sc., Betriebswirt, Banker;

Gustav Prinz v. Schoenaich-Carolath
* 1894 † 1975
Oberleutnant
s. S. 582

⚭ Neckarsteinach 29.3.2019 Eva **Schmitt**, * Heidelberg 10.5.1990, B.Sc., Betriebswirtin, Yoga-Therapeutin, T.d. Dipl.-Betriebswirts u. Leiters einer Bilanzbuchhaltung Gerhard Sch. u.d. Gabriele Schaller.
(Speicherstr. 37, 60327 Frankfurt am Main).

Tochter:

Przssin Louisa Carolina Therese Wilma, * Frankfurt am Main 17.11.2022.

b. **Pr. Felix** Maximilian, * Bad Rothenfelde 12.1.1991, B.A. (Sozialökonomie), Account Manager;
⚭ Hamburg-Altona 24.1.2020 Stine **Ostermann**, * Sulingen 15.2.1992, B.A. (Sozialökonomie), selbst., T.d. Landwirts Heinrich O. u.d. Andrea Illies
(Dorfstr. 14, 27254 Staffhorst).

Söhne:

a) **Pr. Mikkel**, * Hamburg 16.2.2020.

b) **Pr. Bosse**, * Neustadt am Rübenberge 21.3.2024.

Sebastian Prinz v. Schoenaich-Carolath

ЗА ВѢРЧ
ЦАРЯ
ИОТЕЧЕСТВО

Yourievsky (Jurjewskij)

Orth. — Russ. erbl. Fstnstand als »Jurjewskij« mit »Durchl.« St. Petersburg 5.12.1880[1] (für Jekaterina Michailowna Fstin Dolgorukaja, seit 6.7. 1880 in nicht hausgesetzmäßiger Ehe, zusätzlich legitimiert durch kais. Erlass vom 5.12.1880, Gemahlin d. Kaisers Alexander II. v. Rußland). — Die Mitglieder des Hauses führen den Titel u. Namen Fst bzw. Fstin Jurjewskij (Durchl.).

Wappen (1881): Gespalten, rechts in Gold der russische schwarze Reichsadler, links innerhalb eines mit 8 abwechselnd goldenen u. silbernen Löwenköpfen belegten schwarzen Schildrandes in Silber ein roter Greif mit silbernem Schwert in der Rechten und goldenem Schild mit schwarzem Adler in der Linken; Fürstenkrone u. -mantel; Devise: Für den Glauben, Zar u. Vaterland (Haus Romanow).

Literatur: Hinweise s. GHdA, Adelslexikon, Bd VI (1987). — Michail Medwedew, Gerb Svetlejschich knjazej Jur'jewskich. Tezisy doklada na konferenzii »Alexander II. i ego epocha« [Wappen d. durchl. Fstn Jurjewskij. Thesen d. Berichts auf d. Konferenz »Alexander II. u. seine Zeit«], St. Peterburg 1995. — Andrzej Słowicki, Knjazja Jurjewskije [Fürsten Yourievsky]. Dvorjanskij kalendar [Adelskalender], Heft 10, St. Petersburg 2003.
Letztaufnahme der Genealogie: GGT, Fstl. Häuser, Bd 179 (1942).

Chef: **Hans Georg Fürst Jurjewskij**, * 1961.

Jekaterina (Katja) Michailowna **Fürstin Jurjewskaja**, geb. **Prinzessin Dolgorukaja**, * Moskau 3.11.1847, † Nizza, Dept Alpes-Maritimes, Frankreich, 15.2.1922, Hofdame d. Kaiserin Maria Alexandrowna, Bes. d. Kleinen Marmorpalasts in St. Petersburg, auf Teplowka, Gouv. Poltawa u. B'juk Sarai bei Autka, Kr. Jalta, T.d. Kais. russ. Rittmeisters Michail Michailowitsch Fst D. u.d. Wera Gawrilowna Wischnewskaja;

1 Die Daten im ehem. russ. Kaiserreich sind bis 31.1.1918 nach dem (alten) Julianischen Kalender angegeben.

⚭ (russ. orth., in nicht hausgesetzmäßiger Ehe, zusätzlich legitimiert durch kais. Erlass vom 5.12.1880) Zarskoje Selo 6.7.1880 **Alexander II.** Nikolajewitsch **Kaiser und Selbstherrscher aller Reußen**, * Moskau 17.4.1818, † (ermordet) St. Petersburg 1.3.1881.

Kinder:

1. **Fst Alexander** Alexandrowitsch, * … 1868, † … 1868.

2. **Fst Georgi** Alexandrowitsch, * St. Petersburg 30.4.1872, † Marburg an der Lahn 13.9.1913, B., Kais. russ. Stabsrittmeister d. Garde;
⚭ (russ. orth.) Nizza 16.2.1900 Alexandra **Gfin v. Zarnekau**, * Kutais, Gouvt. Imeretien, … (kurz vor 15.2.1882 oder 27.8.1883), † Paris 28.5.1957 (gesch. St. Petersburg 18.6.1908; ⚭ II. (russ. orth.) Paris … [kurz vor 21.9.] 1908 Lew Wassilewitsch Naryschkin, * Paris 1.1.1876, † Antibes 3.4.1931, Kais. russ. Rittmeister d. Garde, franz. Kpt., gesch. … 1920), T.d. Kais. russ. GenLts Konstantin Hzg v. Oldenburg u.d. Agrafena (Agrippina) Gfin v. Zarnekau, geb. Przssin Dschaparidse (oldenburg. Gfnstand als »v. Zarnekau« Oldenburg 12.12.1882).

   Sohn:

   Fst Alexander Georgiewitsch, * Nizza 21.12.1900, † Männedorf, Kt. Zürich, Schweiz, 29.2.1988, Übersetzer, Lehrer f. Russisch, Französisch u. Englisch;
   ⚭ (standesamtl.) Flims-Dorf, Kt. Graubünden, 23.11.1957, (kirchl.) Flims-Waldhaus 23.11.1957 (kath.) u. Paris 1.12.1957 (russ. orth.) Ursula **Beer**, * Michelsrombach 30.5.1925, † Meilen 8.3.2001, Lehrerin, Bauprojektentwicklerin, führte den Namen »Yourievsky-Beer«, T.d. Fabrikdir. Dr.chem. Thomas B. u.d. Margaritha (Marga) Küschall.

   Sohn:

   Georgi (Hans Georg) Alexandrowitsch (Durchl.) **Fürst Jurjewskij**, * St. Gallen, Schweiz, 8.12.1961, MBA, eidgen. dipl. Tennislehrer, Geschäftsf., Vorstand, Unternehmer;

⚭ I. (standesamtl.) Meilen, Schweiz, 10.10., (kirchl. [russ.-orth.]) Insel Mainau 24.10.2003 Katharina **Verhagen**, * Beerse, Prov. Antwerpen, Belgien, 26.4.1964, Ing., dipl. Hotelier-Restaurateurin, Energetikerin u. Heilpraktikerin (gesch. Domat/Ems 11.4.2012; ⚭ I. Vught, Prov. Noord-Brabant, Niederlande, 23.2.1991 Wouter Berend der Weduwen, * Breda, Prov. Noord-Brabant, 2.5.1961, Ökonom, gesch. Leeuwarden, Prov. Fryslân, 27.3.2002; ⚭ III. Graz, Steiermark, Österr., 23.8.2013 Helmut Posch, * Feldbach, Steiermark, 20.11.1956, Versicherungskaufm., gesch. Weiz, Steiermark, 30.8.2022), T.d. Ing. Brithonius V. u.d. Aloysia Bressers
(...);
⚭ II. Zürich (standesamtl. u. kirchl. [russ.-orth.]) 30.8.2013 Elikonida ..., adopt. **Trumpp**, * Stuttgart 22.12.1968 (orth. seit 16.11.2012), B.A. (Gesundheitsmanagement), Inh. eines Gesundheitsstudios, T.d. ... u.d. Magdalena Huber, später verehel. Sauter, AdoptivT. d. Betriebswirts Dieter T. u.d. Lenelotte Tschui *(contact@yourievsky.net; ...).*

3. **Fstin Olga** Alexandrowna, * B'juk Sarai bei Autka, Jalta, Rußland, 27.10.1873, † Wiesbaden 14.8.1925;
⚭ Nizza (standesamtl.) 11.5., (kirchl. [russ.-orth. u. ev.]) 12.5.1895 Georg **Gf v. Merenberg**, * Wiesbaden 13.2.1871, † ebd. 31.5.1948, Kgl. preuß. Rittmeister, ERr d. JohO.

4. **Fst Boris** Alexandrowitsch, * St. Petersburg 11.2.1876, † ebd. 30.3.1876.

5. **Fstin Jekaterina** Alexandrowna, * B'juk Sarai 9.9.1878, † Havant-Warblington, Hampshire, England, 22.12.1959, Opern- u. Konzertsängerin, Autorin;
⚭ I. Biarritz, Frankr., 18.10.1901 (russ.-orth.) Alexander Wladimirowitsch **Fst Barjatinski**, * St. Petersburg 22.5.1870, † Florenz, Italien, 8.3.1910, Kais. russ. Rittmeister;

⚭ II. Jalta, Krim, 26.9.1916 (russ.-orth.) Sergei Platonowitsch **Fst Obolensky-Neledinsky-Meletzky**, * Zarskoje Selo 20.9.1890, † Grosse Pointe Farms, Michigan, USA, 29.9.1978, stellv. Vorstandsvors. d. Hilton Inc. Co., Inh. einer PR-Firma, Autor, Kais. russ. GardeULt, Oberst d. US Air Force (gesch. London 23.6.1924).

Andrzej Słowicki

Wappen des fürstlichen Hauses Jurjewskij mit Signatur Kaiser Alexanders II.

Zar Alexander II.
* 1818 † 1881
Kaiser und Selbstherrscher aller Reußen
mit seiner Gemahlin (in nicht hausgesetzmäßiger Ehe,
zusätzlich legitimiert durch kaiserlichen Erlass vom 5.12.1880)
Jekaterina Fürstin Jurjewskaja
geb. Prinzessin Dolgorukaja
* 1847 † 1922
Hofdame der Kaiserin Maria Alexandrowna
und den Kindern (v.l.n.r.): Fürst Georgi * 1872 † 1913 und Fürstin Olga * 1873 † 1925
s. S. 587-589

Jekaterina Fürstin Jurjewskaja
geb. Prinzessin Dolgorukaja
* 1847 † 1922
Hofdame der Kaiserin Maria Alexandrowna
s. S. 587

(Aufnahme 1875)

Georgi Fürst Jurjewskij

* 1961

Geschäftsführer, Vorstand, Unternehmer

s. S. 588

Mit der Feldkapelle Alexanders I., vor welcher die Trauung Zar Alexanders II. mit Jekaterina Fürstin Dolgorukaja stattgefunden hat

Kleiner Marmorpalast in St. Petersburg
im ausgehenden 19. Jahrhundert

Georgi Fürst Jurjewskij

* 1872 † 1913

Bachelor, Kaiserlich russischer Stabsrittmeister der Garde

s. S. 588

Alexandra Fürstin Jurjewskij
geb. Gräfin v. Zarnekau
* 1882 oder 1883 † 1957
s. S. 588

Alexander Fürst Jurjewskij
* 1900 † 1988
Übersetzer, Lehrer für Russisch, Französisch und Englisch
s. S. 588

Alexander Fürst Jurjewskij
* 1900 † 1988
mit seiner Gemahlin Ursula
geb. Beer
* 1925 † 2001
Lehrerin, Bauprojektentwicklerin
s. S. 588

Ursula Fürstin Jurjewskij
geb. Beer
* 1925 † 2001
s. S. 588

Georgi Fürst Jurjewskij
* 1961
mit seiner Gemahlin Elikonida
geb. ..., adopt. Trumpp
* 1968
Bachelor (Gesundheitsmanagement),
Inhaberin eines Gesundheitsstudios
s. S. 588-589

Georgi Fürst Jurjewskij
* 1961
mit seiner Gemahlin Elikonida
geb. ..., adopt. Trumpp
* 1968
s. S. 588-589

Russisch-orthodoxe Trauung 2013

Georgi Fürst Jurjewskij
* 1961
mit seiner Gemahlin Elikonida
geb. ..., adopt. Trumpp
* 1968
s. S. 588-589

Standesamtliche Trauung 2013

Olga Fürstin Jurjewskij
* 1873 † 1925
s. S. 589

Nizza 1895

Jekaterina Fürstin Jurjewskij
* 1878 † 1959
Opern- und Konzertsängerin, Autorin
s. S. 589

Paris 190

Dritte Abteilung B

Die in dieser Abteilung nachgewiesenen Familien besitzen kein besonderes Diplom, sondern sind nach besonderer Übereinkunft aus der I. Abteilung übernommen worden.

Hannover

A.

Welf Ernst August Andreas Philipp Georg Wilhelm Ludwig Berthold **Prinz v. Hannover** usw. (s. I. Abt.), * Schloß Marienburg 25.1.1947, † Poona, Indien, 10.1.1981, Landwirt;
⚭ (in nicht hausgesetzmäßiger Ehe) (standesamtl.) München 23.5., (kirchl.) Essen-Bredeney 25.5.1969 Wibke **van Gunsteren**, * Lübbecke 26.11.1948 (gesch. … 1979), T.d. Konsuls Harry van G. u.d. Ursula Schmidt-Prange
(…).

Tochter:

Przssin Tania **Saskia** Victoria-Luise, * Duisburg 24.7.1970;
⚭ I. London 6.7.1990 Michael **Naylor-Leyland** a.d.H. der Baronets N.-L., * London 14.7.1956, † ebd. 16.10.2015, … (gesch. …);
⚭ II. … 27.1.2001 Edward **Hooper**, * London 10.4.1966, …
(…).

B.

Georg Paul Christian **Prinz v. Hannover** usw. (s. I. Abt.), * Salem 9.12.1949, Heilpraktiker;
⚭ (in nicht hausgesetzmäßiger Ehe) (standesamtl.) Schliersee 20.8., (kirchl.) Rottach-Egern 17.9.1973 Victoria Ann **Bee**, * New York 6.3.1951, T.d. Versicherungsbeamten Robert B. u.d. Eleonore (Nora) Gfin Fugger v. Babenhausen
(Rahnhazweg 103, 85521 Ottobrunn).

Töchter:

1. **Przssin Vera** Alice, * München 5.11.1976, Sozialpädagogin;
   ⚭ (standesamtl. u. kirchl.) Chiemgau 12.8.2006 Manuel **Dmoch**, * Barcelona 20.5.1977, …
   (…).

2. **Przssin Nora** Sophie, * München 15.1.1979, Heilpraktikerin;
   ⚭ (standesamtl.) Schliersee 13.5.2006, (kirchl.) Aschbach 3.3.2007 Christian **Falk**, * Halle an der Saale 4.1.1972, …
   (…).

C.

Christian Oskar Ernst August Wilhelm Viktor Georg Heinrich **Prinz v. Hannover** usw. (s. I. Abt.), * Gmunden 1.9.1919, † Lausanne 10.12.1981, Rittmeister;
⚭ (in nicht hausgesetzmäßiger Ehe) (standesamtl.) Salzburg 23.11., (kirchl.) Brüssel 25.11.1963 Mireille **Dutry**, * Chelsea, England, 10.1.1946 (gesch. Brüssel 18.12.1979), T.d. Industriellen Armand D. u.d. Clémentine (Tinou) Soinne
(…).

Töchter:

1. **Przssin Caroline-Luise** Mireille Irene Sophie, * Wels, OÖster., 3.5.1965, …
   ⚭ …
   (…).

2. **Przssin Mireille** Victoria Luise Sophie Friederike Danielle, * Brüssel-Uccle 3.6.1971, …
   (…).

Ernst August Erbprinz v. Hannover

Württemberg

A.

Ludwig Albrecht Maria Philipp Peter Ferdinand Karl Gottfried Georg Alfons **Herzog v. Württemberg** (s. I. Abt.), * Stuttgart 23.10.1930, † Weingarten 6.10.2019, verzichtet Altshausen 29.6.1959 und 19.1.1960 auf seine etwaigen Thronrechte und die Zugehörigkeit zum Kgl. Hause Württemberg, ...;
⚭ I. Stuttgart 16.2.1960 Adelheid (Heidi) **Freiin v. u. zu Bodman** a.d.gfl.H., * Sigmaringen 3.8.1938 (gesch. Stuttgart 17.12.1970), T.d. Dr.med. Franz Frhr v. u. zu B. u.d. Annamaria Otto
(Weiherstr. 35/2, 73730 Esslingen);
⚭ II. München 14.8.1972 Angelika **Kiessig**, * Kiel 17.1.1942 (gesch. Starnberg 14.10.1988), T.d. Dr.med. Hans Joachim K. u.d. Theda Haake
(Hartstr. 28b, 82346 Andechs-Frieding).

Kinder: a) erster Ehe:

1. **Christoph** Albrecht Philipp Maria Bernhard Rudolf Andreas, * Stuttgart 30.11.1960, Steuerberater;
⚭ Esslingen 29.12.2000 Iris Caren **Metzger**, * Pforzheim 19.11.1963, † Filderstadt-Bonlanden 28.4.2022, Kunsthistorikerin, T.d. Zahnarztes u. Schriftstellers Herbert M. u.d. Gertrud Bregler
(Mettenhaldenstr. 24, 73730 Esslingen).

Kinder:

1) **Sylvie** Marie Rosa Florence Laura Madeleine Leandra, * Pforzheim 2.3.2001, ...
(Oberer Metzgerbach 28, 73728 Esslingen).

2) **Louis** Philipp Pascal Marc Maria Michael Herbert Alexander, * Filderstadt-Bonlanden 18.3.2003, ...
(...).

2. **Isabelle** Helene Maria Rositta Christina Alix Andrea, * Stuttgart 30.11. 1960 (Zwillingsschwester d. Vorigen), ...
(Stumpfenbacher Str. 25, 85250 Altomünster).

3. **Sybilla** Rositta Maria-Christina Maria-Magdalena, * Stuttgart 29.5.1963, ...
(Lessingweg 10, 73773 Aichwald).

b) zweiter Ehe:

4. **Christiane** Beate Alexandra, * München 16.9.1973, ...;
⚭ Stuttgart-Solitude 12.7.2003 Till **Kitzing**, * ... 26.8.1972, ...
(Chopinstr. 41, 70195 Stuttgart).

Christoph Herzog v. Württemberg

B.

Eberhard Alois Nikolaus Heinrich Johannes Maria **Herzog v. Württemberg** (s. I. Abt.), * Friedrichshafen 20.6.1963, Unternehmer, E- u. DevRr d. souv. MaltRrO., verzichtet Stuttgart 8.3.2011 für sich und seine Abkömmlinge auf die mögliche Nachfolge in der Position des Chefs des Hauses Württemberg;
⚭ I. Ludwigsburg 17.6.2011 Désirée **Copf**, * Samedan, Schweiz, 29.12.1969, führt wieder den Geburtsnamen (gesch. Heidelberg 15.9.2015), T.d. Prof. Dr.med. Franz C. sen. u.d. Ernestina Klanjsek
(...);
⚭ II. Altshausen (standesamtl.) 14.7., (kirchl.) 21.7.2023 Gaby **Maier**, * ..., ..., T.d. ... Helmut M. u.d. Emma Nikolaus
(...).

Sohn:

Alexander Ferdinand Peter Mathias Maria, * Mannheim 19.1.2010
(...).

Wilhelm Herzog v. Württemberg

Verzeichnis aller vorkommenden Familiennamen

Im Namensregister werden Adelsbezeichnungen nicht aufgeführt.
Hauptartikel sind durch ein vorangestelltes ▸ gekennzeichnet.

A

B

E

H

I

J

K

L

M

N

O

P

S

T

U

V

KOLOPHON

Grafische Konzeption, Layoutentwurf:
Tom Engel, Ebsdorfergrund-Roßberg
Textschrift: Garamond Premier Pro OT
Druck: AZ Druck und Datentechnik GmbH, Kempten
Einbandmaterial: Englisch Buckram Nr. 535
Textpapier: LuxoArt Samt, 115 g/m²

Das Deutsche Adelsarchiv

Das Deutsche Adelsarchiv ist eine Dokumentations- und Forschungsstätte zur Geschichte des Adels und widmet sich im Rahmen seiner Arbeit der Herausgabe der Gothaischen Genealogischen Handbücher, die in über 250jähriger Tradition als Fortführung des Almanach de Gotha, der Gothaischen Genealogischen Taschenbücher und der Genealogischen Handbücher des Adels erscheinen.

Die Gründung des Archivs vor 78 Jahren ging auf den aus Breslau geflüchteten Oberregierungsrat Hans Friedrich v. Ehrenkrook und den aus Mecklenburg vertriebenen Rechtsanwalt Jürgen v. Flotow zurück. Parallel mit den ab 1945 herausgegebenen »Flüchtlingslisten, zusammengestellt durch das Deutsche Adelsarchiv« begann Hans Friedrich v. Ehrenkrook zusammen mit dem Verleger Hans Kretschmer die Fortsetzung der Gothaischen Genealogischen Taschenbücher unter dem Titel »Genealogisches Handbuch des Adels« vorzubereiten. Dessen erster Band erschien 1951; diese Reihe wird nunmehr im Verlag des Deutschen Adelsarchivs als »Gothaisches Genealogisches Handbuch« fortgeführt.

Im Jahr 1961 übernahm die Vereinigung der deutschen Adelsverbände (VdDA) die von Herrn v. Ehrenkrook aufgebaute genealogische Sammlung und gründete das Deutsche Adelsarchiv als eingetragenen Verein. Zur langfristigen Sicherung der Existenz des Adelsarchivs wurde dieser Verein 1994 in eine Stiftung umgewandelt, die wissenschaftlichen Zwecken auf dem Gebiet der historischen Forschung vorrangig zum historischen Adel sowie der Sammlung, Erschließung und Fortschreibung von relevanten Erkenntnissen und deren Bereitstellung für Wissenschaft und Öffentlichkeit dient.

Das Archiv sammelt Unterlagen zu Adelsgeschichte, Genealogie und Heraldik. Es verfügt dabei über ca. 300 lfm an Beständen und Deposita zu regionalen Adelsvereinigungen und verschiedenen Adelsfamilien sowie über genealogische Handschriften, Karteien, Partezettel- und Wappensammlungen. Neben dem Aktenbestand steht den Mitarbeitern und externen Nutzern eine Präsenzbibliothek mit etwa 23.000 Bänden zur Verfügung – darunter neben Monographien, genealogischen Reihenwerken und Zeitschriften auch Nachrichtenblätter des deutschen Adels. Herausragend ist der Umfang der familiengeschichtlichen Sammlung. Das Archiv ist nach Voranmeldung und gegen Entgelt für Nachforschungen in Archivbeständen und Bibliothek öffentlich zugänglich, wissenschaftliche Arbeiten zur Adelsgeschichte werden im weitesten Sinn gefördert. Die Archivmitarbeiter widmen sich darüber hinaus der Beantwortung zahlreich eingehender Anfragen durch wissenschaftliche Einrichtungen, Genealogen und Angehörige des Adels. Auskünfte und gutachterliche Stellungnahmen werden insbesondere auch an Behörden und Einrichtungen wie Standesämter, Staatsanwaltschaften, Gerichte und diplomatische Vertretungen erteilt.

Die Gothaischen Genealogischen Handbücher sind für den historischen Adel selbst wie auch die historisch interessierte Öffentlichkeit und den wissenschaftlich arbeitenden Historiker wie den Soziologen durch ihre genealogischen, historischen und heraldischen Darstellungen von herausragender Bedeutung. Unter Fachaufsicht des Deutschen Adelsrechtsausschusses und auf wissenschaftlicher Grundlage wird festgestellt, welcher Personenkreis im Einzelnen dem historischen Adel zugehörig ist. Ohne diesen genealogischen Nachweis wäre es nicht möglich, verläßliche und im Überblick biographische Informationen über die Angehörigen der einzelnen adeligen Häuser zu ermitteln. Der deutsche Adel erhält die traditionell freiwillige und verantwortliche Transparenz der persönlichen genealogischen Verhältnisse aufrecht. Mit seinem Festhalten an familiären Strukturen und einer Jahrhunderte alten genealogischen Ordnung setzt er Zeichen der Beständigkeit, die sich in den Gothaischen Genealogischen Handbüchern widerspiegeln.

Dr. Alfred Prinz
v. Schönburg-Hartenstein
Vorsitzender des Stiftungsrates der
Stiftung Deutsches Adelsarchiv

Gottfried Graf Finck v. Finckenstein
Direktor des
Deutschen Adelsarchivs